자바 프로그래밍 응용

- 그래픽 중심으로 -

김 성 원 저

컴퓨터를 이용한 자바 프로그램 응용 분야의 그래픽스에는 순수 미술, 만화/셀 애니메이션, 서체디자인, 영화/CF, 인터넷 홈페이지 디자인, 제품디자인, 컴퓨터 게임, 패턴 디자인, 가상현실, 건축설계/실내장식 디자인, CD-ROM/타이틀 등 다양한 분야에 적용되고 있다.
특히 컴퓨터그래픽을 구현하는 방법은 미리 준비된 각종 툴(Tool) 즉 Photoshop이나 CAD/CAM, Studio Paint 3D, Canvas 등을 이용하는 방법과 실질적인 고급 소프트웨어로 즉 자바언어를 이용한 수학적인 좌표계산에 의한 알고리듬 화 된 좌표를 윈도우 화면에 설정하여 그림을 그리는 방법이다.

도서출판 그린

머리말

컴퓨터의 탄생은 21세기 고도의 인류 문명의 질을 바꾸어 놓았다. 이제는 컴퓨터를 통한 Networking이 없이는 단 하루도 삶에 활동을 할 수 없는 시대에 도래되어 있다. 이에 컴퓨터의 다양한 응용 분야는 크게 기업 정보 분야, 국가 행정 분야, 기술과학 분야 등을 들 수 있으며, 여기에 컴퓨터를 이용한 각종 미디어들이 수반되어지게 된다.

특히 컴퓨터를 이용한 자바 프로그램 응용 분야의 그래픽스에는 순수 미술, 만화/셀 애니메이션, 서체디자인, 영화/CF, 인터넷 홈페이지 디자인, 제품디자인, 컴퓨터 개임, 패턴 디자인, 가상현실, 건축설계/실내장식 디자인, CD-ROM/타이틀 등 다양한 분야에 적용되고 있다.

특히 컴퓨터그래픽을 구현하는 방법은 미리 준비된 각종 툴(Tool) 즉 Photoshop이나 CAD/CAM, Studio Paint 3D, Canvas 등을 이용하는 방법과 실질적인 고급 소프트웨어로 즉 자바언어를 이용한 수학적인 좌표계산에 의한 알고리듬 화 된 좌표를 윈도우 화면에 설정하여 그림을 그리는 방법이다.

과거의 그래픽은 Turbo C를 이용하여 MS-DOS상에서 이루어 졌으나, 근래에 와서는 GUI 개념이 도입된 윈도우상에서 컴퓨터 그래픽스를 할 수 있게 되었다. 본서에서는 자바의 기초 이론과 자바 그래픽스에 관련된 Method 및 알고리듬뿐만 아니라, GUI 개념이 도입된 Java2D를 사용하여 다양한 종류의 도형을 구현할 수 있는 많은 예제 프로그램을 수록하였다. 자바 프로그래밍 응용에 사용되어지는 각종 Method들은 과거의 C 언어와 유사하여 자바 언어에 대한 기초 지식이 없이도 쉽게 접근할 수 있으리라 사료된다.

끝으로 이 책이 나오기까지 많은 도움을 준 참고문헌과, 편집과 출간에 힘써주신 그린 출판사 사장님과 임직원 일동에게 깊은 감사를 드립니다.

2007년 12월 안양 수리산 컴퍼스에서

저자 김 성원

목 차

제 1 장 자바 프로그램의 기초

제 2 장 자바 윈도우 프로그래밍

제 3 장 자바 Graphics 2D

제 4 장 도형의 색상과 스트로크

제 5 장 렌더링

제 9 장 카오스와 프랙탈

제 10 장 응용 프로그램

부 록 자바 컴파일러 및 프로그램 에디터 설치

제1장

자바 프로그래밍의 기초

- 1–1 자바 프로그램의 기본 구조
- 1–2 자바 프로그램의 표준 입/출력 문
- 1–3 자바 프로그램의 제어문
- 1–4 자바 프로그램의 Math Class
- 1–5 자바 객체와 클래스
- 1–6 자바 애플리케이션 프로그램과 애플릿 프로그램

CHAPTER 01 자바 프로그램의 기초

1-1 자바 프로그램의 기본 구조

자바 프로그램의 기본 구조는 [그림 1-1]과 같이 클래스(class)로 구성되며 클래스는 "{" (중 갈호)로 시작하여 "}" 로 끝나며 클래스는 그 프로그램을 대표하는 이름을 갖는다. 실행 가능한 클래스는 반드시 main() 메소드를 포함한 클래스 이름(Class_Name)이어야 하며, 그 이름으로 저장 컴파일 되어져야 한다.

```
class Class_Name { // 이 클래스 이름은 Class_Name 이며 반드시 이 이름으로
                   // 저장하여야 함
  멤버변수 정의;   // 사용될 데이터 변수 정의
  public static void main(String[] args){ // main() 메소드 시작
      지역변수 정의;      // 데이터 타입에 맞는 변수 정의
     { 수행 메소드 및 수행문 정의; }
      }  // main() 메소드 문 끝
  }      // 클래스 끝  즉 프로그램 끝
```

[그림 1-1] 자바 프로그램의 기본 구조

클래스 이름 및 메소드의 수행문 블록에 있어서 "{" (중 괄호)가 열린 것만큼 그 블록의 수에 맞게 "}"를 닫아 주어야 한다. 또한 한 문장이 끝나면 반드시 ";"(Semicolon)을 해야 한다. [그림 1-2]는 자바 프로그램의 기본구조의 예이다.

```
class Su_Hap { // 이 클래스 이름은 Su_Hap 이며 반드시 Su_Hap으로 저장하여야 함
   public static void main(String[] args){ // main() 메소드 시작
      int 합=0;       // 정수형 데이터 타입의 변수 hap 으로 정의하고 초기 값 0
      int i;          // 정수형 데이터 타입의 변수 i로 정의
       for(i=1; i<=100; i++){
          합 = 합 + i;
          System.out.println(i+" 일때  = "+합);
            }
      }  // main() 메소드 문 끝
  } // 클래스 끝  즉 프로그램 끝
```

[그림 1-2] 자바 프로그램의 기본 구조의 예

[그림 1-2]의 프로그램은 1부터 100까지 수를 더하는 프로그램이며, 출력을 1부터 100까지의 결과를 일일이 출력하는 결과이다.

1-2 자바 프로그램의 표준 입/출력 문

1-2-1 System.in.read() 문

System.in.read() 의 표준 입력 메소드는 키보드로부터 하나의 문자를 읽고, 그 읽은 문자의 아스키코드(ASCII : American Standard Code for Information Interchange) 값을 정수형으로 변환시키는 기능을 수행하는 표준 입력 메소드이다. [그림 1-3]은 표준 입력문의 예이다.

```
class ReadStatement_1{
 public static void main(String[] args) throws java.io.IOException{
   int 정수;
        정수 = System.in.read();   // 키보드로 한문자만 입력됨
        System.out.println("키보드로 입력된 문자의 아스키코드 값은 = "+정수);
   }
 }
```

[그림 1-3] 표준 입력문의 예

[그림 1-3] 예문에서 정수 = System.in.read(); 문에 의해 키보드로부터 영문자 A가 입력되었다면 영문자 A는 아스키코드 값으로 정수 65가 숫자에 저장되어 출력문에 의해 65가 출력된다.

throws java.io.IOException 문장은 입출력에 오류가 발생하면 예외처리를 하는 문장이다. [그림 1-4]의 예는 키보드로 한 숫자만 입력했을 때 입력된 숫자가 아스키코드 값이 아닌 실제 정수로 출력시키는 예이며 정수 = System.in.read()-48; 의 문장에서 48을 뺀 것은 48은 아스키코드 값으로 숫자 0(Zero)이기 때문이다. 그러므로 실제로 입력된 값이 출력된다.

```
class ReadStatement_2{
 public static void main(String[] args) throws java.io.IOException{
   int 정수;
        정수 = System.in.read()-48;   // 키보드로 한문자만 입력됨
        System.out.println("키보드로 입력된 숫자의 정수 값은 = "+정수);
   }
 }
```

[그림 1-4] 표준 입력문의 예

예를 들어 키보드로 4를 입력하면 4는 아스키코드 값으로 52이다. 52에서 48을 빼면 결국 4가 정수에 저장되어 4가 출력되는 결과이다.

System.in.read() 메소드는 하나의 문자만을 읽는 메소드이므로 키보드로부터 다수개의 숫자나 문자를 입력할 수 있는 형태의 프로그램은 [그림 1-5]와 같다.

```
class ReadStatement_3{
  public static void main(String[] args) throws java.io.IOException{
    char input;
       while((input = (char)System.in.read()) != -1){ // -1은 EOF를 의미
       System.out.print(input);
    }
  }
}
```

[그림 1-5] 다수 입력문자의 예

[그림1-5]에서 while((input = (char)System.in.read()) != -1)의 문장은 while(조건문)에서 조건이 만족하면 계속적으로 read()문을 수행한다. 괄호(char)안의 (char)은 cast 연산자로서 read()문에 의하여 입력된 아스키코드 값이 문자로 형 변환되어 input에 저장되어 연속적으로 입력된 값이 연속적으로 출력된다.

while((input = (char)System.in.read()) != -1)에서 -1은 EOF(End Of File)로서 입력의 끝을 의미하며 Enter 키를 의미한다.

1-2-2 System.out.print(), System.out.println() 문

System.out.print(매개변수) 메소드는 print문의 매개변수의 값을 표준출력 화면에 출력하고, System.out.println(매개변수) 메소드는 println문의 매개변수의 값을 표준출력 화면에 출력한 후 다음 행의 첫 번째 칸으로 커서를 이동한다. [그림 1-6]은 표준 출력문의 예이다.

```
class PrintStatement_1{
  public static void main(String[] args){
    String 이름 = "홍길동", 주민 = "20079030-1234567";
    String 주소 = "경기도 안양시 안양5동 안양대학교";
      System.out.print("주민번호 : " + 주민);
      System.out.println("     이 름 : " + 이름);
```

```
      System.out.println("주 소 : " + 주소);
    }
  }
```

[그림 1-6] 표준 출력문의 예

[그림 1-6]에서 출력결과는 다음과 같다.

System.out.print(매개변수)에 있어서 다수개의 매개변수를 출력하고자 하는 경우는 매개변수와 매개변수 사이에 "+" 연산자를 사용하여 다수의 변수 값을 출력할 수 있다.

다음의 프로그램을 수행한 후 어떤 출력결과 나오는지에 대하여 분석하시오.

```
class PrintStatement_2{
  public static void main(String[] args){
     System.out.println("경기도 안양시 안양5동 708-113");
     System.out.println();
     System.out.println("안양대학교 전기전자공학과 학생입니다.");
     System.out.println();
     }
   }
```

[그림 1-7] 표준 출력문의 예

[그림 1-7] 프로그램과 [그림 1-8]의 프로그램과의 차이점은 무엇인지를 분석하시오.

```
class PrintStatement_3{
  public static void main(String[] args){
     String 주소 ="경기도 안양시 안양5동 708-113";
     String 학교 ="안양대학교 전기전자공학과 학생입니다.";
     System.out.println(주소);
```

```
    System.out.println();
    System.out.println(학교);
    System.out.println();
      }
  }
```

[그림 1-8] 표준 출력문의 예

1-3 자바 프로그램의 제어문

자바에 있어서 제어문(Control Flow Statement)은 프로그램의 흐름을 제어한다. 제어문에는 조건문, 반복문, 분기문 등이 있다.

제어문	조건문 : if문, switch - case 문
	반복문 : for문, while문, do - while 문
	분기문 : break 문, continue 문, return 문

1-3-1 if 문

(1) 단일 if 문

```
일반형식 :  if(조건식) 수행문;
```

다음 프로그램은 단일 if 문의 예이다.

```
class IF_Statement{
  public static void main(String[] args) throws java.io.IOException{
    int 정수;
        System.out.print("Enter a Number = ");
        정수 = System.in.read()-48;  // 0x30 혹은 '0'을 사용해도 같은 결과임
        if(정수 % 2 == 0) System.out.println(정수 + "  는 짝수입니다.");
       System.out.println(정수 + "  는 홀수입니다.");
```

```
  }
}
```

(2) 복합 if 문(if – else)

```
일반형식 :  if(조건식)  수행문-1; else 수행문-2;
```

다음 프로그램은 복합 if 문의 예이다.

```
class IF_else_Statement{
  public static void main(String[] args) throws java.io.IOException{
    int 정수;
         System.out.print("Enter a Number = ");
        정수 = System.in.read()-48;  // 0x30 혹은 '0'을 사용해도 같은 결과임
        if(정수 % 2 == 0) System.out.println(정수 + "  는 짝수입니다.");
        else    System.out.println(정수 + "  는 홀수입니다.");
    }
  }
```

(3) 중첩 if문(Nested if 문–1)

```
일반형식1 : if - else -if- else 문
  if  (조건식-1 )  문장1;
  else  if  (조건식-2)  문장2;
       else  if  (조건식-3)  문장3;
          ...
          else  if  (조건식-n)  문장A;
                else  문장B;
```

(4) 중첩 if문(Nested if 문–2)

```
일반형식2 : if - if -if ... else - else - else 문
   if(조건식-1)
       if(조건식-2)
           ........
             if(조건식-n) 문장_m;
             else 문장-n;
                 ........
       else 문장-2;
   else  문장-1;
```

(5) 중첩 if문(Nested if 문) 예

```
int n = 점수;
 if (n>=90) 학점="A";
 else if(n>=80) 학점="B";
     else if(n>=70) 학점="C";
          else  if(n>=60) 학점="D";
               else 학점="F";
  System.out.println("학점 : "+학점);
```

다음 [그림 1-9, 10]은 Nested if 문의 예를 나타내는 것이며, 수행결과는 동일하게 나온다.

```
import java.io.*;
public class if_else1{
 public static void main(String[] args) throws java.io.IOException{
   BufferedReader input;
   input = new  BufferedReader(new InputStreamReader(System.in),1);
    int n;  String 학점="";
        for(int i=1; i<=5;i++){
        System.out.print("점수 두 자리를 입력 하세요 = ");
        n = Integer.parseInt(input.readLine());//문자열을 정수 화 명령
        if (n>=90) 학점="A";
                    else if(n>=80)  학점="B";
                          else if(n>=70)  학점="C";
                               else if(n>=60) 학점="D";
                                    else   학점="F";
        System.out.println("학점 : "+학점);
       }
    } }
```

[그림 1-9] Nested if Statement

```
import java.io.*;
public class if_else2{
 public static void main(String[] args) throws java.io.IOException{
     BufferedReader input;
      input = new  BufferedReader(new InputStreamReader(System.in),1);
       int n;    String 학점="";
       for(int i=1; i<=5;i++){
       System.out.print("점수 두 자리를 입력 하세요 = ");
       n = Integer.parseInt(input.readLine());
        if (n<=89)
                if(n<=79)
                   if(n<=69)
                     if(n<=59) 학점="F";
                     else      학점="D";
                 else          학점="C";
           else                학점="B";
        else                   학점="A";
      System.out.println("학점 : "+학점);
  } } }
```

[그림 1-10] Nested if Statement

1-3-2 for 문

자바에서 for 문은 가장 많이 사용되는 반복문으로 정해진 횟수만큼 일련의 문장을 반복 실행하는데 사용된다. for 문의 일반형식은 다음과 같다.

```
일반형식 1  :  for(초기식;  조건식; 증감식){ 수행문 불럭; }
```

for 문의 반복 수행은 조건식이 참이면 수행문 불럭을 반복수행하며, 그렇지 않으면 for 문을 벗어나 for 문 수행이 종료된다. 다음의 예는 for 문의 수행 형태를 나타낸 것이다.

예 1 : for(i=1; i<=10; i++){ 수행문 불럭; }

① 먼저 초기 값을 1로 하여 조건식 i 가 1 이므로 조건식이 참(true) 되어 수행문 불럭을 수행한다.

② 수행문 불럭을 수행한 다음 i 을 1 증가 시킨 다음 조건식 비교한다.

③ i 값이 11 이 되이 조건식이 기짓(false)이 되어 for 문을 종료한다.

예 2 : for(i=10; i>=0; i--){ 수행문 블럭; }
① 먼저 초기 값을 10로 하여 조건식 i 가 10 이므로 조건식이 참(true) 되어 수행문 블럭을 수행한다.
② 수행문 블럭을 수행한 다음 i 을 1 감소시킨 다음 조건식 비교한다.
③ i 값이 -1 이 되어 조건식이 거짓(false) 이 되어 for 문을 종료한다.

예 3 : for(i=2; i<=10; i+=2){ 수행문 블럭; }
① 먼저 초기 값을 2로 하여 조건식 i 가 2 이므로 조건식이 참(true) 되어 수행문 블럭을 수행한다.
② 수행문 블럭을 수행한 다음 i 을 2 증가 시킨 다음 조건식 비교한다.
③ i 값이 12 가 되어 조건식이 거짓(false) 이 되어 for 문을 종료한다.

예 4 : for(i=1; i>=10; i++){ 수행문 블럭; }
① 위 문장은 조건식이 거짓(false) 이 되어 for 문이 한 번도 수행되지 않는다.

일반형식 2 : 무한 for loop 문

```
for(초기식; true; 증감식){ 수행문 블럭; }
for(초기식; ; 증감식) { 수행문 블럭; }
for( ; ; ) { 수행문 블럭; }
```

① 위 3 문장은 모두 동일한 형태이다.
② 무한 for loop 문을 종료 시키려면 수행문 블럭내부에서 조건문(if 문)에 의해 break 문을 사용하여 종료시킨다.

[예제 1-1] **다음 1+(1/2)+(1/3)+(1/4)+........+(1/100)까지 합을 구하는 프로그램을 for 문으로 작성하시오.**

```
class Bunsu_hap1{// 1+(1/2)+(1/3)+(1/4)+.........+(1/100)
public static void main(String args[]){
  double 분수합, 총합=0;
  int n;
    for(n=1; n<=100; n++){
          분수합=1/(double)n;   // cast 연산자를 이용 형 변환
          총합 = 총합 + 분수합;
    System.out.println("1/"+n+" =\t" + 분수합 "\t tot= "+총합);
        }
      }
    }
```

[예제 1-1]
수행결과

```
C:\Program Files\EditPlus 2\launcher.exe
1/77 =  0.012987012987012988      tot= 4.927500538276902
1/78 =  0.01282051282051282       tot= 4.940321051097415
1/79 =  0.012658227848101266      tot= 4.9529792789455165
1/80 =  0.0125    tot= 4.965479278945517
1/81 =  0.012345679012345678      tot= 4.977824957957862
1/82 =  0.012195121951219513      tot= 4.9900200799090815
1/83 =  0.012048192771084338      tot= 5.002068272680166
1/84 =  0.011904761904761904      tot= 5.013973034584928
1/85 =  0.011764705882352941      tot= 5.025737740467281
1/86 =  0.011627906976744186      tot= 5.037365647444025
1/87 =  0.011494252873563218      tot= 5.048859900317588
1/88 =  0.011363636363636364      tot= 5.0602235366812245
1/89 =  0.011235955056179775      tot= 5.0714594917374045
1/90 =  0.011111111111111112      tot= 5.082570602848516
1/91 =  0.01098901098901099       tot= 5.0935596138375265
1/92 =  0.010869565217391304      tot= 5.104429179054918
1/93 =  0.010752688172043012      tot= 5.115181867226961
1/94 =  0.010638297872340425      tot= 5.125820165099301
1/95 =  0.010526315789473684      tot= 5.136346480888775
1/96 =  0.010416666666666666      tot= 5.146763147555442
1/97 =  0.010309278350515464      tot= 5.157072425905957
1/98 =  0.01020408163265306       tot= 5.1672765075386105
1/99 =  0.010101010101010102      tot= 5.177377517639621
1/100 = 0.01      tot= 5.187377517639621
```

[예제 1-2] **다음 추의 무게가 2g, 3g, 5g짜리 추가 각각 10개씩 있다. 이 추들의 무게의 합이 85g 이 되는 경우를 모두 출력할 수 있는 프로그램을 작성하시오.**

```
class Chou_gram{
  public static void main(String[] args){
  int i, j, k, m;
       for(i=1; i<=10; i++)
          for(j=1; j<=10; j++)
            for(k=1; k<=10; k++){
              m=i*2+j*3+k*5;
      if(m==85) System.out.println("2g="+i+"    3g="+j+"    5g="+k);}
 }}
```

[예제 1-2]
수행결과

```
C:\Program Files\EditPlus 2\launcher.exe
        2g=4    3g=9    5g=10
        2g=5    3g=10   5g=9
        2g=7    3g=7    5g=10
        2g=8    3g=8    5g=9
        2g=9    3g=9    5g=8
        2g=10   3g=5    5g=10
        2g=10   3g=10   5g=7

Press any key to continue...
```

[예제 1-3] 다음 1-(1/2)+(1/3)-(1/4)+.........-(1/100)까지 합을 구하는 프로그램을 무한 for 문으로 작성하시오.

```
class Bunsu_hap2{// 1-(1/2)+(1/3)-(1/4)+.........-(1/100)
 public static void main(String args[]){
  double sum, tot=0;
  int n=0;
    for( ;  ; ){  // 무한 for 문
       n=n+1;
       sum=1/(double)n;
          if(n > 100) break;  //  break 문사용 for 문 종료
          else
              if(n % 2 ==0)tot=tot-sum;
              else tot=tot+sum;
       System.out.println("1/"+n+" =\t"+sum+"\t tot= "+tot); }
          }
  }
```

[예제 1-3] 수행결과

```
C:\Program Files\EditPlus 2\launcher.exe
1/79 =  0.012658227848101266      tot= 0.6994362400091404
1/80 =  0.0125   tot= 0.6869362400091404
1/81 =  0.012345679012345678      tot= 0.6992819190214861
1/82 =  0.012195121951219513      tot= 0.6870867970702665
1/83 =  0.012048192771084338      tot= 0.6991349898413509
1/84 =  0.011904761904761904      tot= 0.687230227936589
1/85 =  0.011764705882352941      tot= 0.6989994933818942
1/86 =  0.011627906976744186      tot= 0.6873670268421977
1/87 =  0.011494252873563218      tot= 0.698861279715761
1/88 =  0.011363636363636364      tot= 0.6874976433521246
1/89 =  0.011235955056179775      tot= 0.6987335984083044
1/90 =  0.011111111111111112      tot= 0.6876224872971933
1/91 =  0.01098901098901099       tot= 0.6986114982862043
1/92 =  0.010869565217391304      tot= 0.6877419330688129
1/93 =  0.010752688172043012      tot= 0.6984946212408559
1/94 =  0.010638297872340425      tot= 0.6878563233685155
1/95 =  0.010526315789473684      tot= 0.6983826391579893
1/96 =  0.010416666666666666      tot= 0.6879659724913226
1/97 =  0.010309278350515464      tot= 0.6982752508418381
1/98 =  0.01020408163265306       tot= 0.688071169209185
1/99 =  0.010101010101010102      tot= 0.698172179310195
1/100 = 0.01      tot= 0.688172179310195

Press any key to continue...
```

[예제 1-4] **다음 프로그램은 for 문의 변수명을 배열명의 첨자변수로 사용한 자료 분류 프로그램이다. 수행 후 프로그램 분석하시오.**

```
class ArraySort{
 public static void main(String[] args){
 int i, j, temp;
/* 배열의 초값을 주는 배열명*/
  int[] data = {5, 7, 2, 3, 9, 10, 1, 6, 4, 8};
   System.out.print("초기 Data = ");
   for(i=0; i<9; i++){
     System.out.print("  "+data[i]);}
     System.out.println();
 // Data Ascending Sort
         for(i=0; i<=9; i++){
            for(j=i; j<=8; j++)
                     if(data[i] >= data[j+1]){
                      temp = data[i];
                      data[i] = data[j+1];
                      data[j+1] = temp;
              }}
         /*출력부문*/
         System.out.println("\n");
         System.out.print("오름차순 =  ");
         for(i = 0; i<=9; i++){
            System.out.print(" "+data[i]);
            }
           System.out.println();
     }}
```

[예제 1-4] 수행결과

```
C:\Program Files\EditPlus 2\launcher.exe
초기 Data =   5  7  2  3  9  10  1  6  4  8

오름차순 =   1  2  3  4  5  6  7  8  9  10

Press any key to continue...
```

1-3-3 while 문

while 문은 주어진 조건이 만족하면 while 문 블럭을 반복수행하는 제어문으로 while 문과 do - while 문이 있다.

일반형식 1 : while(조건식){ 수행문 블럭; }
① 조건식이 만족하면 수행문 블럭을 반복 수행한다.
② 조건식이 만족하지 않으면 수행문 블럭을 수행하지 않고 while 문을 벗어난다.
③ while(true); 이면 무한 루프가 된다.

다음 [그림 1-11]은 while 문의 예이다.

```
class While_ex1{   // 1/2 + 2/3+ ....... 8/9의 합
  public static void main(String[] args){
    double tot=1.0, sum;
    int n=0;
        while(n++<=9){
          sum=(double)n/(n+1);
          tot=tot+sum;
         System.out.println("while_sum= "+sum+"   while_tot= " + tot);
        }}
  }
```

[그림 1-11] while 문의 예

일반형식 2 : do { 수행문 블럭; } while(조건식);
① 조건식을 비교하기 전에 do 다음에 수행문 블럭을 수행한 후에 조건식을 비교한다.
② while(조건식); 뒤에는 반드시 " ; " 을 부쳐야한다.

다음 [그림 1-12]는 do-while 문의 예이다.

```
class Do_While_ex2{      // 1/2 + 2/3+ ....... 8/9의 합
 public static void main(String[] args){
  double 합계=1.0, 분수합;
  int n=0;
        do{ n++;
```

```
        분수합=(double)n/(n+1);
        합계=합계+분수합;
        System.out.println(" 분수합="+분수합+ " \t  총합계= " + 합계);
        }while(n <= 9);
  }  }
```

[그림 1-12]는 do-while 문의 예

[그림 1-12]의 수행의 예

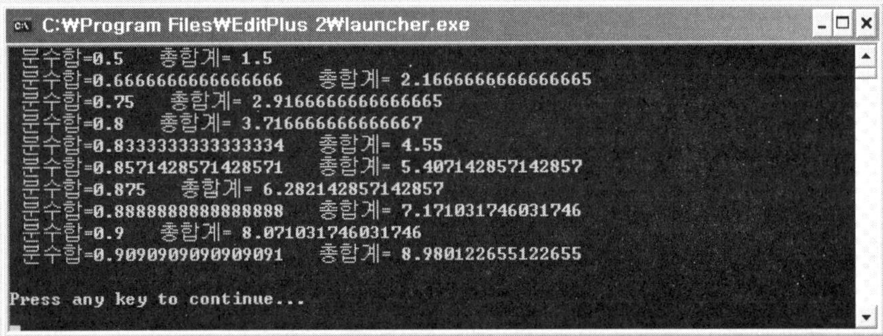

[예제 1-5] 다음 1 에서 100 사이의 숫자가 임의로 50개를 발생시킬 수 있는 프로그램을 while 문으로 작성하시오.

```
class While_Random{
  public static void main(String[] args){
    int n=0, random;
      while(n++<=50){
          random=(int)(101*Math.random()); // 1에서 100사이 임의 수 발생
       System.out.print(random +"    ");
          }}
  }
```

[예제 1-6] 다음 10 에서 15 사이에서 발생한 임의의 수만큼 반복수행 될 수 있는 프로그램을 do-while 문으로 작성하시오.

```
class Do_While_ex{
 public static void main(String[] args){
    int n=0, random, hap=0;
         random=(int)(6*Math.random())+10; // 10에서 15사이 임의 수 발생
         System.out.println(" 임의로 발생된 수는 = "+ random);
        do{ hap=hap+n;
         n++;
        }while(n<=random);
    System.out.println(" 수행된 횟수= "+n+"   1에서"+random+" 까지 합"+hap);
    }
  }
```

1-3-4 switch - case 문, break 문

switch - case 문은 수행문을 다중 선택하고자 할 때 사용되는 제어문이다. break 문은 프로그램 어느 위치에서도 사용가능하며 break 문을 만나면 그 제어문 루틴을 벗어난다.

```
일반형식 : switch(조건식){
           case 조건식값1:{수행문1;} break;
           case 조건식값2:{수행문2;} break;
           case 조건식값3:{수행문3;} break;
            ..............................................................
           default:{수행문1;} break;
```

① 조건식에 의한 결과 값과 일치하는 case문에 분기하게 된다.

② 조건식에 의란 결과 값과 일치하지 않을 때 default 문으로 분기한다.

③ case 문 다음에는 반드시 break 문을 써야하며, break 문을 만나면 switch문을 벗어난다.

[그림 1-13]은 switch - case 문의 예이다.

```
import java.io.*;
 public class switch_1 {
 public static void main(String[] args) throws java.io.IOException{
    BufferedReader input;
      input = new  BufferedReader(new InputStreamReader(System.in),1);
        int n;   String 학점="";
        for(int i=1; i<=5; i++) {
        System.out.print("점수 두 자리를 입력하세요 = ");
        n = Integer.parseInt(input.readLine())/10;
        switch (n) {  // n 값과 같은 위치로 분기함.
        case 10:     학점 = "A"; break;
        case 9 :     학점 = "A"; break;
        case 8 :     학점 = "B"; break;
        case 7 :     학점 = "C"; break;
        case 6 :     학점 = "D"; break;
        default:     학점 = "F"; break;
        }
        System.out.println("학점 : "+학점); }
    }  }
```

[그림1-13] switch – case 문의 예

[예제 1-7] 다음 break 문을 이용하여 한 라인에 10개씩 출력하는 프로그램을 작성하시오.

```
class Break_Statement{
 public static void main(String args[]) {
   int i;
   for(i = 1; i < 100; i++) {
     System.out.print("  " +i);  //  1  라인에  10 씩만 출력
     if(i == 10) break;
   }
 } }
```

[예제 1-8] 다음 프로그램은 4칙 연산자를 이용한 switch 문, case문, break 문의 예이다. 수행 후 분석하시오.

```
class Switch_Case{
public static void main(String args[])throws java.io.IOException{
char op;
```

```
int a=200, b=20, 결과;
    for(int i=1; i<=5; i++){
     op = (char)System.in.read(); //  +, -, *, / 문자 입력
     switch(op){
     case '+': 결과=a+b;
               System.out.println("a+b="+결과);
               break;
     case '-': 결과=a-b;
               System.out.println("a-b="+결과);
               break;
     case '*': 결과=a*b;
               System.out.println("a*b="+결과);
               break;
     case '/': 결과=a/b;
               System.out.println("a/b="+결과);
               break;
     default:
               System.out.println("없는 연산자."); break;
     }
 }}}
```

1-3-4 continue 문

제어문 for 문, while 문, do-while 문의 루프(loop)를 수행하다가 어떤 조건에서 continue 문을 만나면 그 제어문의 처음으로 옮겨져서 수행되는 제어문이다.

[그림 1-14]는 1에 100까지 수 중 에서 짝수만 출력하는 프로그램을 continue 문을 이용한 프로그램이다.

```
class Continue_Statement{
 public static void main(String[] args){
 int n=0;
    while(n++<=100){
       if((n % 2) !=0) continue;   // while 문의 처음으로 점프
    System.out.print("   "+n);
         }
   }}
```

[그림 1-14] continue 문의 예

[그림 1-14] continue 문의 수행 예

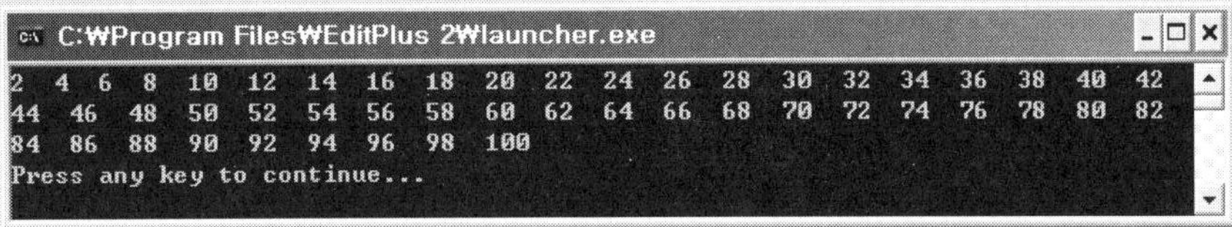

1-3-5 return 문

return 문은 자바에서 객체지향적인 프로그램을 작성할 때 주프로그램에서 전달된 실인수가 부프로그램에서 전달받아 부 프로그램에서 수행된 결과를 주프로그램으로 되돌릴 때 부프로그램에서 사용되는 제어문이다.

[그림 1-15]는 Return 문을 사용한 프로그램의 예이다.

[그림 1-15] Return 문 수행결과

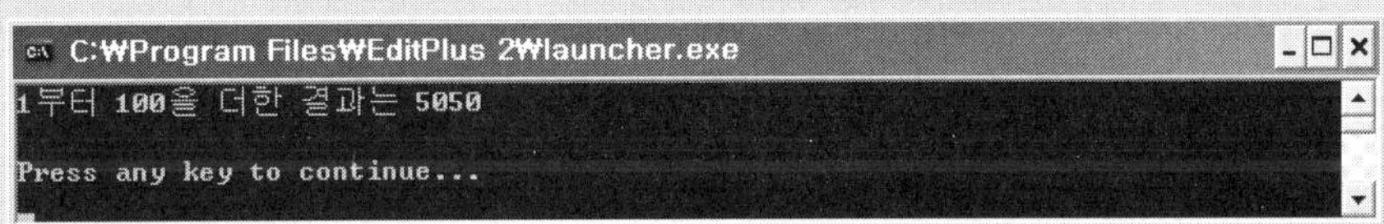


```
class Adder_Object{  // 부프로그램
  int i=0, 합=0;
  public Adder_Object() { };  // 생성사 메소드
  public int adderCalating(int n){
     while(i++<n) 합=합+i;
     return 합;  // 결과를 주프로그램으로 되돌려 보냄
  }  }
class adderTest1{  // 주프로그램
public static void main(String args[]){
 int hap;
   Adder_Object add1 = new Adder_Object();
   hap=add1.adderCalating(100); // 실인수 100을 부프로그램 n으로 보냄
   System.out.println("1부터 100을 더한 결과는 "+hap);
  } }
```

[그림 1-15] Return 문의 예

1-4 자바 프로그램의 Math Class

자바에서 Math class 는 수학적인 함수들을 제공한다. Math class에서 제공되는 메소드들은 다음과 같다.

■ Math 클래스에 정의된 두 개의 상수형 변수

① Math.PI 3.1415926

② Math.E 2.71828182

③ 각각 Π와 e 값을 나타낸다.

■ Math.random(); 메소드

① 0 ~ 0.99999 사이의 실수 난수를 되돌린다.

■ int n= (int)(1000 *Math.random()) ;

② 0 ~ 999 사이의 정수 난수를 구하여 n에 대입한다.

■ int n= (int)(11 *Math.random())-5 ;

③ -5 ~ 5 사이의 정수 난수를 구하여 n에 대입한다.

[예제 1-9] Math.PI를 이용한 객체지향 프로그램이다. 수행 후 분석하시오.

```
class Circle {
  public double radius; // 객체변수
  public double area; // 객체변수
  public Circle() { };    // 생성자 메소드 생략 가능
  public void calculatingCircle() {
    area = Math.PI * radius * radius;  // Math.PI 메소드 사용
    System.out.println("원의 면적은 "+area+"이다.");
  }}
 public class Circle_Main{
  public static void main(String args[]) {
    Circle circle = new Circle(); // circle 객체 생성
            circle.radius=10;
            circle.calculatingCircle();
  }}
```

[예제 1-10] **Math.random 메소드를 이용하여 -5 ~ 5 사이의 정수를 발생시키는 프로그램을 작성하시오.**

```
class Math_random{
 public static void main(String[] args){
   int n = (int)(11 *Math.random())-5 ;
      System.out.println("발생한 난수=" + n);
      if(n>0) System.out.println("양수=" + n);
     else  System.out.println("음수=" + n);
  }}
```

- double y = Math.sin(x);
- double y = Math.cos(x);
- double y = Math.tan(x);

① 각각 x의 각도를 라디안(radian) 값으로 sin., cos, tan 값을 구한다.
② sin 30 도이면 double y=Math.sin(30*Math.PI/180); 로 변환되어야 한다.
③ 즉 30도에 대한 sin 값을 구하여 y에 대입한다.

[예제 1-11] **sin 30도, cos 30도, tan 30도를 계산하는 프로그램을 작성하시오.**

```
class Math_Sin_Cos{
 public static void main(String[] args){
   double s, c, t;
    s = Math.sin(30*Math.PI/180);
    c = Math.cos(30*Math.PI/180);
    t = Math.tan(30*Math.PI/180);
   System.out.println("Sin 값= " + s +"   Cos 값= "+c+"  Tan 값 ="+t);
  }}
```

- double y = Math.asin(x);
- double y = Math.acos(x);
- double y = Math.atan(x);

① 각각 x의 각도를 라디안(radian) 값으로 asin., acos, atan 값을 구한다.
② asin 30 도이면 double y=Math.asin(30*Math.PI/180); 식이 변환된다.
③ 즉 30도에 대한 asin 값을 구하여 y에 대입한다.

■ double y = Math.sqrt(x);

① 제곱근 값을 구한다.

■ double y = Math.exp(x);

② ex 의 값을 구한다.

■ double y = Math.log(x);

③ log x 값을 구한다.

■ double z = Math.pow(x, y);

④ xy 승의 값을 구한다.

■ double(int) m = Math.max(x, y); ■ double(int) m = Math.min(x, y);

⑤ 두 값 x, y 중 큰 수와 작은 수를 각각 반환한다.

■ double(int) a = Math.abs(x);

⑥ x의 절대 값을 구한다.

■ int r = Math.round(x);

⑦ x를 정수로 반올림 한다.

[예제 1-12] **-2 ~ 2 사이의 임의의 수를 발생시켜 그 수에 대하여 제곱근을 구하되 음수가 발생되면 다시 난수를 발생시키고 0이 발생되면 프로그램을 종료하는 프로그램을 작성하시오.**

```
class Math_sqrt{
 public static void main(String[] args){
   int n=1;
   while(n !=0){  // 0이 아니면 수행
        n= (int)(5*Math.random())-2;  // -2 ~ 2 사이 난수 발생
        System.out.print("발생된 난수= "+n+"    ");
        if(n<0) {System.out.println("음수가 발생되었습니다.");
        continue;}
        System.out.print("제곱근 = "+ Math.sqrt(n));
   }
  }}
```

[예제 1-12] 수행결과

```
C:\Program Files\EditPlus 2\launcher.exe
발생된 난수= -1    음수가 발생되었습니다.
발생된 난수= -2    음수가 발생되었습니다.
발생된 난수= 2    제곱근 = 1.4142135623730951
발생된 난수= -2    음수가 발생되었습니다.
발생된 난수= -1    음수가 발생되었습니다.
발생된 난수= 1    제곱근 = 1.0
발생된 난수= 0    제곱근 = 0.0

Press any key to continue...
```

[예제 1-13] **원금 100,000원을 연이율 15%의 복리로 10년간 예금했을 경우 매년 늘어나는 이자와 원금을 계산하는 프로그램을 작성하시오. (원리합계 계산식은 S = 원금*(1+년 이율)^년)**

원리합계는 S = 원금 * Math.pow((1+0.15), 10)) 으로 계산된다.

```
class Wonrihapgae{
 public static void main(String[] args){
  int s, n, 원금 = 100000, 이자;
    for(n=1; n<=10; n++){
       s = (int)(원금 * Math.pow((1+0.15), n));
       이자 = s-원금;
    System.out.println(n+" 년"+"  원금 = "+원금+"  이자 = "+이자+"  원리합계 = "+s);
             }
    }}
```

[예제 1-14] **다음 프로그램은 소수를 찾아 인쇄하는 프로그램이다. 프로그램을 분석하시오.**

```
//소인수 분해
class SoSu{
 public static void main(String[] args){
 int count=0, j, k;
 for(k=2; k < 100; k++){
      j=2;
      while(k % j != 0) j++;
           if(j==k)System.out.print("  "+k); // j == k이면 소수
           }
     }}
```

1-5 자바 객체와 클래스

객체란? 우리의 실세계(Real World)에 존재하는 모든 것들(사람, 동식물, 자동차, 이미지, 사각형 등)의 유무형의 실체들을 말하며, 자바 언어는 객체지향언어(Object-Oriented Programming Language : OOPL)로 실세계에 존재하는 실체들을 프로그램으로 구현하는 것을 말한다.

클래스란? 실세계에 존재하는 유무형의 실체들을 객체지향언어인 자바를 사용하여 구현한 프로그램을 클래스라 한다. 클래스(class)는 프로그램을 대표하는 이름과 변수의 정의뿐만 아니라 정의된 변수를 이용한 어떤 기능을 수행하는 메소드(수행모듈)들을 포함하는 프로그램을 말한다.

[그림 1-16] 자바 객체와 클래스 관계

다음은 객체지향 프로그램의 예이다.

```
class Rectangle {          // 클래스 이름인 Rectangle 로 선언
   int 가로;               // 멤버 변수  정수형 가로를 선언
   int 세로;               // 멤버 변수  정수형 세로를 선언
   int 면적;               // 멤버 변수  정수형 면적을 선언
 public Rectangle() {  };  // 객체 생성자 메소드)
   public void calculatingArea() {   // 면적을 계산하는 메소드
     면적 = 가로 * 세로;
     System.out.println("사각형의 면적은 "+면적+"이다.");
     } }
//-----------------------------------------------------
class MainRectangle{      // 메인 프로그램의 객체 이름
```

```
public static void main(String args[]) {  // 메인 메소드
  Rectangle rec1 = new Rectangle();   // 새로운 객체 rec1 생성
  rec1.가로=10;                       // 멤버 변수에 값을 할당
  rec1.세로=90;
  rec1.calculatingArea();             // 면적 계산 메소드 호출 수행
} }
```

위 프로그램에서 첫 번째 단계로 Rectangle 클래스를 정의하고 Rectangle 클래스에 대한 정보인 가로와 세로, 면적을 정의한다.

두 번째 단계로 객체 생성자 메소드를 정의한다. 생성자 메소드는 반드시 첫 번째 단계의 클래스 이름과 동일한 이름으로 public Rectangle() { }; 와 같이 정의한다. 이 생성자 메소드는 메인 클래스에서 이 생성자 메소드를 통하여 새로운 객체를 생성하고 Rectangle 클래스를 호출하여 Rectangle 클래스 내에 있는 calculatingArea(); 메소드를 수행 시키는 기능을 수행한다.

세 번째 단계에서는 MainRectangle 클래스에서 Rectangle 클래스를 사용하여 새로운 객체 rec1을 Rectangle rec1 = new Rectangle(); 와 같이 new의 연산자를 사용하여 생성한다.

네 번째 단계로 rec1의 객체를 이용하여 Rectangle 클래스에 정의된 맴버 변수에 자료를 전달하고 rec1을 통하여 rec1.calculatingArea(); 메소드를 수행시킨다.

[예제 1-15-a] 다음 프로그램은 삼각형의 면적을 구하는 객체지향 프로그램이다.

```
public class TriangleConstructor{
  public double 가로;
  public double 높이;
  public double 면적;
  public TriangleConstructor(){ };
  public void calculatingTriangle(){
     면적 = 가로 * 높이 /2;
     System.out.println("삼각형 면적은 "+면적+"이다.");
    } }
class MainTriangelConstructor{
  public static void main(String args[]){
     TriangleConstructor Tri = new  TriangleConstructor();
          Tri.가로 = 100;
```

```
        Tri.높이 = 200;
        Tri.calculatingTriangle();
    } }
```

[예제 1-15-b] 다음 프로그램은 삼각형의 면적을 구하는 객체지향 프로그램이다.

```
public class TriangleConstructor{
  public double 가로;
  public double 높이;
  public double 면적;
  public TriangleConstructor(int a, int b){
     가로 = a;
     높이 = b;
   }
  public void calculatingTriangle(){
     면적 = 가로 * 높이 /2;
     System.out.println("삼각형 면적은 "+면적+"이다.");
     } }
class MainTriangelConstructor_1{
  public static void main(String args[]){
     TriangleConstructor Tri = new  TriangleConstructor(100, 200);
     Tri.calculatingTriangle();
     } }
```

위 [예제 1-15-a, b] 수행 결과는 동일한 결과이다.

[예제 1-16] 다음 프로그램은 메소드의 값을 메인 메소드로 반환하는 프로그램의 예이다.

```
class Area{
   public Area(){};  // 생성자 메소드(수행문이 없는 묵시적 생성자)
   public int calculatingArea(int width, int length){
   int result;
      result = width * length;
      return result;
   } }
public class ExecuteArea{
   public static void main(String args[]){
```

```
int area;
Area rec = new Area();
   area = rec.calculatingArea(20, 30);
   System.out.println("면적은 "+area);
 } }
```

[예제 1-17] 다음 프로그램은 메소드의 값을 메인 메소드로 반환하지 않는 프로그램의 예이다. 수행 후 분석하시오.

[예제 1-17] 다음 프로그램은 메소드의 값을 메인 메소드로 반환하지 않는 프로그램의 예이다. 수행 후 분석하시오.

```
class subClss {  // 서브 클래스
 public static void method(int n, int k) {
  int hab=0;
    for (int i=n ; i<=k ; i++){
       System.out.print(i + "  ");
        hab += i;
        }
      System.out.println('\n'+"hab :" + hab);
    } }
//**************************************************************
class Sample1{     //메인 클래스
 public static void main(String[] args){
     subClss.method(1, 100);
     } }
```

[예제 1-18] 첫날은 1원 둘 째날은 2원, 그 다음날 4원, 8원, 16원으로 2의 배수로 저축했을 때 금액이 100만원이 되었을 때의 날수와 금액을 계산하는 프로그램을 작성하시오.

```
class Money{
int d=1, n=1;
int t,won_kum;
public Money() {};
public void kum_ak() {
  while(t <= won_kum){d+=1;  n*=2; t+=n;}
 System.out.println("날수 = " + d + " 마지막 날 금액 = " + n + "  총액 = " + t);
  }}
class MoneyMain{
```

```
public static void main(String[] args){
 Money mm = new Money();
       mm.t = 1;
       mm.won_kum = 1000000;
       mm.kum_ak();
   }}
```

1-6 자바 애플리케이션 프로그램과 애플릿 프로그램

자바 언어를 사용하여 작성할 수 있는 프로그램은 [그림 1-17]과 같이 자바 애플리케이션(Application)과 자바 애플릿(Applet)이다. 자바 애플리케이션 프로그램은 일반적으로 main() 메소드(Method)를 갖는 프로그램으로 자바 응용 시스템에서 단독으로 수행되어진다.

자바 애플릿 프로그램은 인터넷의 웹을 통하여 사용자의 컴퓨터에서 웹 브라우저나 애플릿 뷰어(Applet Viewer)를 통하여 수행되어지는 프로그램을 말한다.

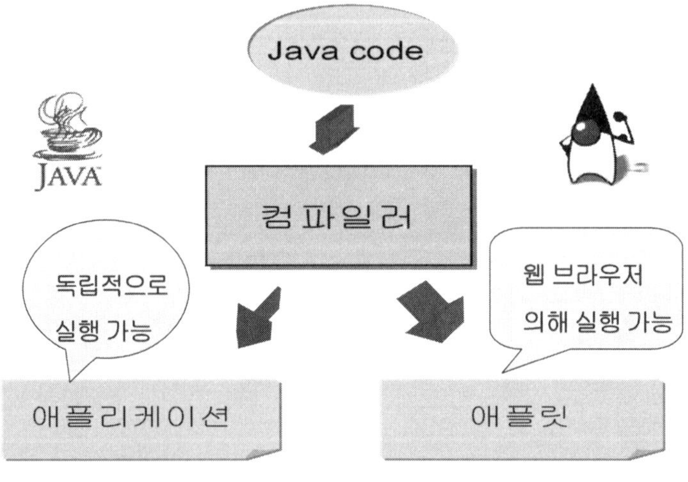

[그림 1-17] 자바 애플리케이션과 프로그램과 애플릿 프로그램 관계

자바 애플릿으로 작성된 프로그램은 자바 컴파일러(Compiler)를 통하여 번역된 후 확장자 .class라는 바이트 코드가 생성되어 이 바이트 코드가 HTML(Hyper Text Make Language)웹 문서에 <APPLET> 태그 안에 있는 CODE 속성에 애플릿 프로그램의 클래스 이름이 삽입되어져 있을 때 애플릿 프로그램이 수행되어진다. 그러므로 자바 애플릿 프로그램을 수행하기 위해서는 HTML 문서를 작성하거나 애플릿 프로그램 안에 주석으로 <APPLET> 태그를 삽입해야한다.

자바 애플리케이션 프로그램은 [그림 1-18]와 같이 프로그램을 대표하는 클래스 이름(Helloworld)라는 것과 하나의 main() 메소드를 갖는 프로그램이며, 프로그램 소스를 저장할 때에는 반드시 클래스 이름(즉 Helloworld)과 같은 이름으로 저장하여야 한다. 이는 프로그램이 수행되어질 때 클래스 이름으로 식별되어 지기 때문이다.

자바 애플릿 프로그램은 웹 윈도우 상에서 그래픽으로 수행되어 지기 때문에 그림을 그릴 수 있는 기능을 갖는 패키지를 가져와야 한다. 이러한 패키지들은 java.awt(Abstract Window Toolkit)에 있다. 그러므로 [그림 1-19]의 Java Applet 프로그램에서와 같이 import.awt.Graphics 해야 한다.

```
class Hello_world{
    public static void main(String[] args){
     System.out.println("이 프로그램은 자바 애플리케이션 프로그램입니다.");
   }
 }
```

[그림 1-18] 자바 애플리케이션 프로그램의 예

```
import java.applet.Applet;  // 자바 Applet 패키지
import java.awt.Graphics;  // 자바에서 그림을 그릴 수 있는 패키지
public class Hello_Applet extends Applet{
  public void paint(Graphics  g){
     g.drawString("이 프로그램은 자바 애플릿 프로그램입니다.", 5, 25 );
   }
 }
```

[그림 1-19] 자바 애플릿 프로그램의 예

자바 애플릿 프로그램이 웹상에서 수행되어 지기 위해서는 java.applet.Applet 라는 패키지에서 상속받아야만 수행되어 질 수 있다. [그림 1-19]에서와 같이 Applet을 상속받기 위해서는 extends 라는 키워드를 사용하여 Applet을 상속받는다.

```
import java.awt.*;  // *는 와일드카드로 awt 패키지에 있는 모든 것.
public class Hello_Applet extends java.applet.Applet{
    public void paint(Graphics  g){
     g.drawString("이 프로그램은 자바 애플릿 프로그램입니다.", 5, 25 );
    }
  }
   혹은
import java.applet.Applet;
import java.awt.*;  // *는 와일드카드로 awt 패키지에 있는 모든 것
public class Hello_Applet extends Applet{
  public void paint(Graphics  g){
     g.drawString("이 프로그램은 자바 애플릿 프로그램입니다.", 5, 25 );
    }
  }
```

[그림 1-20] 자바 애플릿을 import 하는 예

[그림 1-20]의 두 개의 문장들은 동일한 의미를 갖는다. 일반적으로 후자의 것으로 사용하는 것이 간편할지는 독자가 판단하기 바란다.

[그림 1-20]의 애플릿 프로그램에 있어서 윈도우상에 그림을 그리는 메소드가 paint() 메소드이다. paint() 메소드는 Graphics g의 객체를 통해서 각종 그래픽 메소드들이 수행되어진다.

즉 g.drawString("이 프로그램은 자바 애플릿 프로그램입니다.", 5, 25); 는 "이 프로그램은 자바 애플릿 프로그램입니다." 라는 문자열을 윈도우상의 좌표 즉 x좌표 5, y 좌표 25 위치부터 그리라는 명령이다.

[그림 1-21]은 [그림 1-19, 20]를 수행시킬 HTML 문서이다.

```
<HTML>
   <HEAD> <Title> Applet Sample </Title>  </HEAD>
 <BODY>
  <H1> 자바 애플릿 예제 프로그램 </H1>
   <APPLET CODE="Hello_Applet.class" Width=400  Height=400>
   </APPLET>
  </BODY>
</HTML>
```

[그림 1-21] HTML 문서의 예

Width=400 Height=400은 윈도우의 폭과 높이 이며 폭이 400 높이가 400인 윈도우를 생성한다.

[예제 1-15] **다음 프로그램은 HTML 문서에 의한 자바 스크립트를 이용한 1에서 100까지 합을 구하는 프로그램 예입니다.**

```
<HTML>
  <HEAD> <Title> HTML 문서 Sample </Title>  </HEAD>
  <BODY>
   <BR><BR>
   <CENTER>
   <SCRIPT LANGUAGE = "JavaScript">
    sum=0
    for(i = 1; i <= 100; i++){
        sum=sum+i
             }
   document.write("<HR SIZE=5 COLOR=red>")
   document.write("<FONT SIZE=5 COLOR=green>"+"<BR>")
   document.write(" HTML  문서의 사용 예 입니다."+"<BR><BR>")
   document.write(" 1 ~ 100 까지 합 = " +sum)
    </SCRIPT>
  </BODY>
 </HTML>
```

[예제 1-15] 수행결과

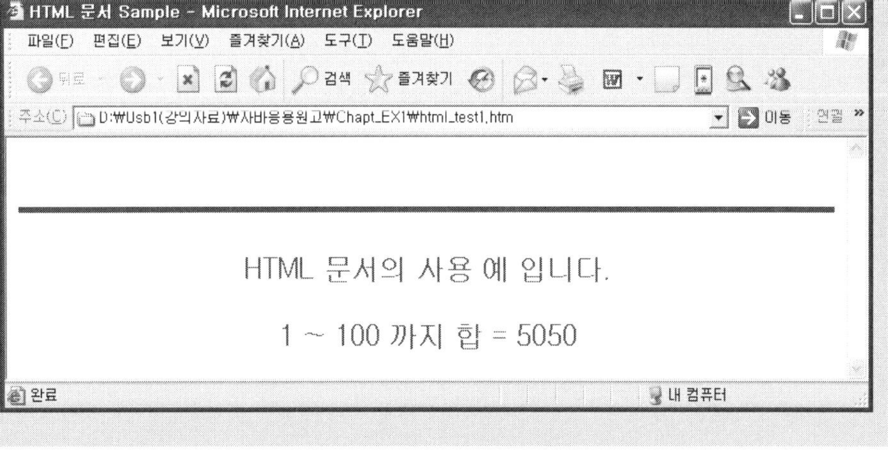

제2장

자바 윈도우 프로그래밍

- 2-1 자바 윈도우 프로그램의 개요
- 2-2 컴포넌트의 배치관리자 클래스
- 2-3 자바 컴포넌트
- 2-4 자바 그래픽스 메소드
- 2-5 점으로 그리는 자바 그래픽스
- 2-6 선으로 그리는 자바 그래픽스
- 2-7 사각형, 타원(원),호를 그리는 자바 그래픽스
- 2-8 다각형을 그리는 자바 그래픽스
- 2-9 그래픽 화면상의 문자 및 이미지 출력

CHAPTER 02 자바 윈도우 프로그래밍

2-1 자바 윈도우 프로그램의 개요

자바 프로그램에서 윈도우를 생성할 수 있는 프로그램 객체는 애플리케이션 프로그램에서는 Frame 클래스, 자바 애플릿 프로그램, 웹상에서 사용되어지는 HTML(Hyper Text Mark Language) 문서를 실행시킴으로서 윈도우를 생성시킨다. 자바에서 윈도우 화면을 구성하는 사용자 인터페이스(Interface) 요소를 컴포넌트(Component)라 하며, 자바의 AWT(Abstract Window Toolkit)에서 제공하는 사용자 인터페이스를 GUI(Graphic User Interface)라 한다. 이러한 컴포넌트들의 종류는 버튼(Button), 체크박스(Checkbox), 초이스(Choice), 레이블(Label), 리스트(List), 텍스트(Text), 스크롤바(Scrollbar), 다이얼로그박스(Dialogbox), 메뉴(Menu), Canvas 등이 있으며, 이것들은 비 컨테이너 컴포넌트 들이다.

컨테이너 컴포넌트들은 윈도우(Window), 프레임(Frame), 다일로그(Dialog), 패널(Panel)로서 그들 자신들의 배치 관리자를 갖고 있다. [그림 2-1]은 AWT에서 제공하고 있는 컴포넌트들에 대한 상속 계층구조를 나타낸 것이다.

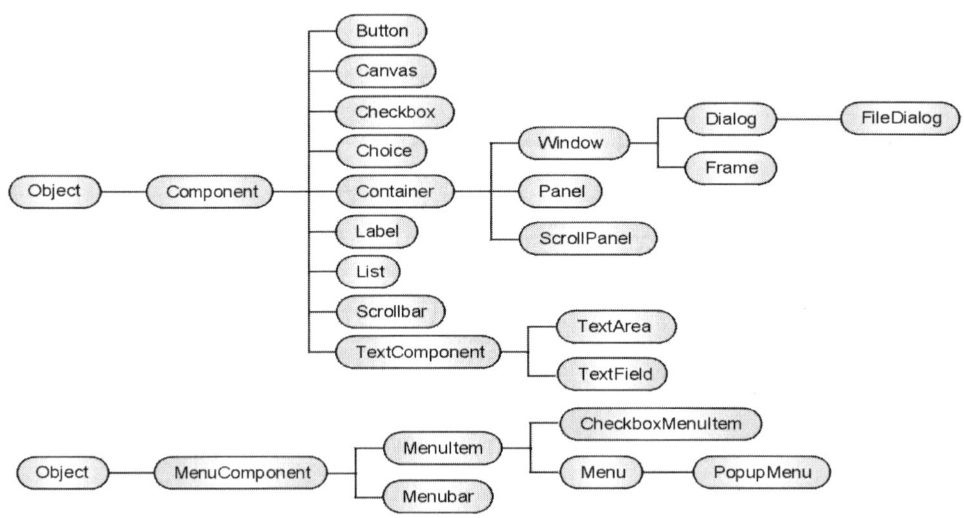

[그림 2-1]은 AWT에서 제공하는 컴포넌트들에 대한 상속 계층구조

2-1-1 프레임 클래스

자바에서는 AWT 패키지를 통해 사용자가 쉽게 사용자 인터페이스(GUI)를 작성할 수 있도록 정보를 보여 주고 대화식으로 자료를 입력으로 받아들일 수 있는 기능을 제공한다. 그러므로 자바 그래픽을 하기 위해서는 자바 그래픽 패키지를 import 해야 한다. 즉 import java.awt.*; 해야 한다.

또한, 자바에서 윈도우를 사용하기 위해서는 우선 윈도우 화면을 생성해야 하는데, 자바에서 윈도우 화면을 생성하는 방법은 자바 Applet이나 자바 Frame 객체를 사용하여 윈도우를 생성할 수 있다.

자바에서 프레임 객체는 애플리케이션이나 애플릿에 윈도우를 제공한다. 윈도우 프로그램을 작성하고자 할 경우는 적어도 하나의 프레임 객체를 가져야 한다.

애플리케이션 프로그램에서 프레임 객체를 사용하는 예는 [그림 2-2]와 같다.

```
import java.awt.*;
  public class TestFrame extends Frame{
    public TestFrame(){setTitle(" 윈도우가 열림");  }
    public  static void main(String[] args){
       Frame f = new TestFrame();
              f.resize(300,200);
              f.show();}
    public boolean handleEvent(Event e) {  // 윈도우를 닫는 이벤트
     if (e.id == Event.WINDOW_DESTROY) System.exit(0);
     return super.handleEvent(e);
       }  }
```

[그림 2-2] 애플리케이션 프로그램에서 프레임 객체를 사용하는 예

다음은 프레임을 생성하는 생성자는 다음과 같다.

```
Frame();              //  Title이 없는 윈도우 생성
Frame(title);        //  Title이 있는 윈도우 생성
```

애플리케이션프로그램에서 프레임을 생성하는 절차는 아래와 같다.

```
1. Frame  f = new Frame( "Title Frame 생성" );  //프레임 객체를 생성
2. setSize(w, h);       // f.setsize(300, 200); //프레임 크기
```

```
3. setVisible(true);  // 프레임 객체가 화면에 보임  // false 이면 안보임
4. f.show();             // 프레임 표시
```

프레임 클래스를 주 클래스로 사용할 경우는 반드시 Frame 클래스로부터 아래와 같이 파생되어야 한다.

```
public  class  Graphic1  extends  Frame{      }
                           └──────► // Frame 클래스로부터 파생
                   └──────► // 주 클래스 이름
```

[예제 2-1] **프레임 클래스를 이용한 애플리케이션 프로그램 예**

```
import java.awt.*;
class Frame_Sample extends Frame{
  public Frame_Sample(){setTitle(" 윈도우가 열림");}
  public void paint(Graphics g){
            setBackground(Color.green);
            g.drawString("자바 프레임 객체 프로그램 입니다.",50,100);
   }
public boolean handleEvent(Event e) {  // 윈도우를 닫는 이벤트
    if (e.id == Event.WINDOW_DESTROY) System.exit(0);
    return super.handleEvent(e);
      }
 public static void main(String[] args){
   Frame   f = new  Frame_Sample();   // 프레임 객체 생성
           f.resize(300,200);          // 프레임크기
           f.show();                  // 프레임표시
 } }
```

[예제 2-1] 수행결과 프레임 클래스 실행결과

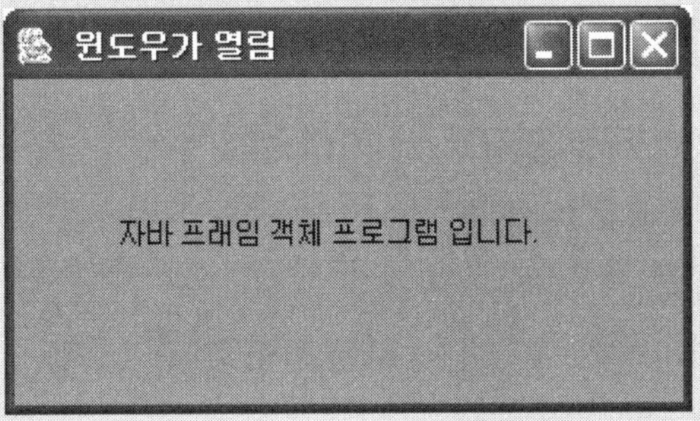

2-1-2 Applet 클래스

애플릿(Applet)은 애플리케이션 프로그램과는 달리 main() 메소드가 없다. 그러므로 애플릿 프로그램의 실행은 웹 브라우저를 통해서 실행되기 때문에 브라우저의 동작에 의존하여 수행된다. 따라서 애플릿은 브라우저가 필요로 하는 기본적인 메소드를 제공해야 한다. 애플릿 실행에 따른 기본적인 메소드 형식은 java.applet 패키지 내에 Applet 클래스에 정의되어 있다. 그러므로 애플릿 프로그램 작성 시에는 반드시 import java.applet.Applet; 혹은 import java.applet.*;를 하고, 애플릿 주 클래스에서 아래와 같이 정의하여야 한다.

```
import java.applet.Applet;
public class Applet1 extends Applet{     }
```

- Applet → // Applet 클래스로부터 파생
- Applet1 → // 수 클래스 이름

[예제 2-2] **Applet 클래스를 이용한 프로그램 예**

```
import java.awt.*;
import java.applet.Applet;
//<Applet code="Applet_Sample.class" width=300 height=200> </Applet>
public class Applet_Sample extends Applet{
    public void paint(Graphics g){
        setBackground(Color.green);
        g.drawString("자바 프레임 객체 프로그램 입니다.", 50, 100);
    }}
```

[예제 2-2] 수행결과

Applet 실행결과

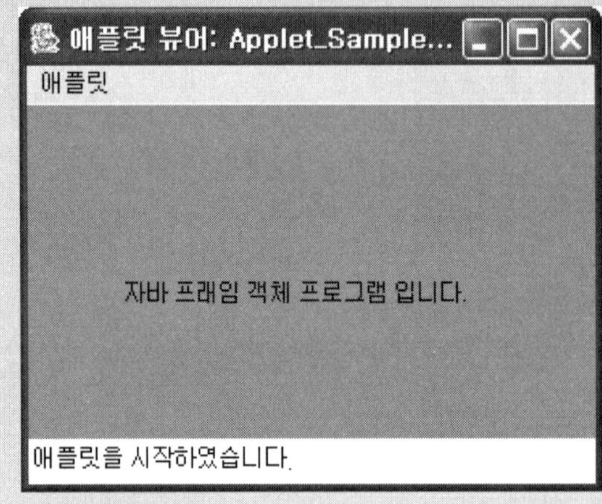

애플릿 프로그램은 웹 브라우저에서 실행할 수 있는 HTML 문서를 아래와 같이 작성해 주어야 하며, 문서의 작성 예는 다음과 같다.

```
<HTML>
  <HEAD>
     <Title> Applet Sample </Title>
   </HEAD>
<BODY>
 <H1> 자바 애플릿 예제 프로그램 </H1>
  <APPLET CODE="Applet_Sample.class" width=300 height=200>
  </APPLET>
 </BODY>
</HTML>
```

2-1-3 Applet 프로그램과 Application 프로그램의 결합

Applet은 자체적으로 윈도우 프레임을 생성한다. 그러므로 애플리케이션 프로그램과 결합하여 프로그램을 작성할 수 있다.

[예제 2-3] **[예제 2-3] 은 Applet 프로그램과 애플리케이션 프로그램을 결합한 예이다.**

```
import java.awt.*;
import java.applet.Applet;
//<Applet code="Applet_Application.class" width=300 height=200> </Applet>
```

```
public class Applet_Application extends Applet{
  Button button;
public Applet_Application(){  // 생성자 메소드
      button = new Button("클릭해주세요");
      add(button);    // 버튼 추가
           }
public void paint(Graphics g){
     setBackground(Color.green);
     g.drawString("자바 프레임 객체 프로그램 입니다.", 50, 100);
   }
//--------------------------------------------------------------
public static void main(String[] args){
    Frame fr = new Frame("프레임");
    Applet_Application f = new Applet_Application();
           fr.add(f);
           fr.resize(300,200);
           fr.show();
            } }
```

[예제 2-3] 은 Applet 프로그램과 애플리케이션 프로그램의 예

[예제 2-3] 수행결과

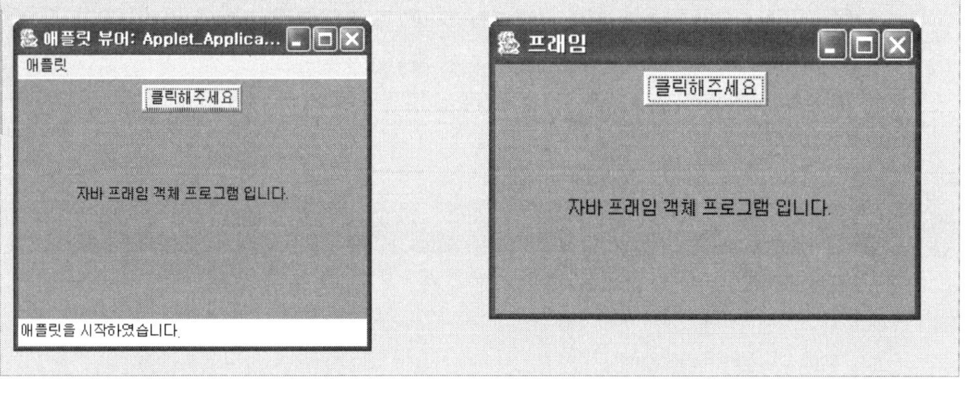

2-2 컴포넌트의 배치관리자 클래스

컨테이너 컴포넌트들은 윈도우(Window), 프레임(Frame), 다일로그(Dialog), 패널(Panel)로서 그들 자신들의 배치 관리자를 갖고 있다. 배치관리자는 컨테이너에 새로운 컴포넌트가 추가될 때 이들의 컴포넌트를 어떻게 배치할 것인가를 결정하는 클래스로 FlowLayout 클래스, BorderLayout 클래스, GridLayout 클래스 등이 있다. 등록된 컴포넌트를 setLayout(new 배치클래스) 메소드에 의해 배치된다.

2-2-1 FlowLayout 클래스

패널 클래스의 기본 관리자이며, 컴포넌트들의 추가되는 순서에 따라 왼쪽에서 오른쪽으로 배치한다.

- FlowLayout(); ① 기본 설정으로 가운데에 정렬한다.
- FlowLayout(align); ② 지정된 align 으로 정렬한다.
  ③ align 은 다음중 하나를 선택할 수 있다.
  FlowLayout.LEFT, FlowLayout.CENTER, FlowLayout.RIGHT
- FlowLayout(align, h, v); ④ 각 컴포넌트를 간의 수평간격(h), 수직간격(v)을 지정한다.
- add(new Button("저장")); ⑤ add 에 의해 "저장" 버튼이 추가됨.
- setLayout(new FlowLayout(FlowLayout.LEFT, 10, 20));
  ⑥ 수평, 수직 간격 10, 20 으로 "저장 " 버튼을 왼쪽에 지정한다.

[예제 2-4] **다음 프로그램은 FlowLayout() 배치 관리자의 예이다.**

```
import java.awt.*;
import java.applet.Applet;
// <Applet code=Flowlayout_Applet1 width=300 height=200> </Applet>
public class Flowlayout_Applet1 extends Applet {
  public Flowlayout_Applet1(){            // Freme 객체에 단추를 추가
        add(new Button("네모"));    add(new Button(" 원 "));
        add(new Button("타원"));
        setLayout(new FlowLayout(FlowLayout.RIGHT,10, 20));
        } // 각 요소를 오른쪽에 배치
public static void main(String[] args){
     Frame f = new Frame();    // 프레임 생성
```

```
    Flowlayout_Applet App = new Flowlayout_Applet1();
        f.add(App);                 // 애플리케이션 추가
        f.resize(300, 200);        // 프레임 크기 : 500*300(화소)
        f.show();                  // 프레임 표시
        } }
```

[예제 2-4] 수행결과

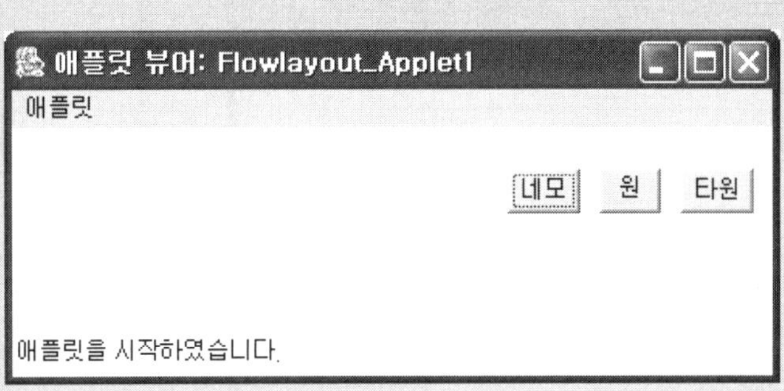

2-2-2 BorderLayout 클래스

대화상자와 같은 윈도우의 기본 배치관리자로서 컴포넌트를 동 서 남 북 그리고 중앙으로 배치한다. 5개 이상의 컴포넌트들은 모두 중앙에 배치한다. 컴포넌트를 추가할 때 반드시 add() 메소드에 이를 명시해 주어야 한다.

- BorderLayout();   ① 컴포넌트를 동 서 남 북 그리고 중앙으로 배치한다.
- BorderLayout(h, v); ② 각 컴포넌트간의 수평(h), 수직(v) 간격을 지정한다.

[예제 2-5] 다음 프로그램은 BorderLayout() 배치 관리자의 예이다.

```
import java.awt.*;
public class BorderTest extends Frame {
  public BorderTest(){
        super("BorderTest");
        setLayout(new BorderLayout(5, 5)); // 수직 수평 간격
        add("North", new Button("북쪽"));
        add("Center", new Button("중앙"));
        add("South", new Button("남쪽"));
        add("West", new Button("서쪽"));
        add("East", new Button("동쪽"));
        setSize(400, 300);
        setVisible(true);   // false 면 나타나지 않음
```

```
        }
public static void main(String args[]){
      new BorderTest();    // BorderTest() 호출
        } }
```

[예제 2-5] 수행결과

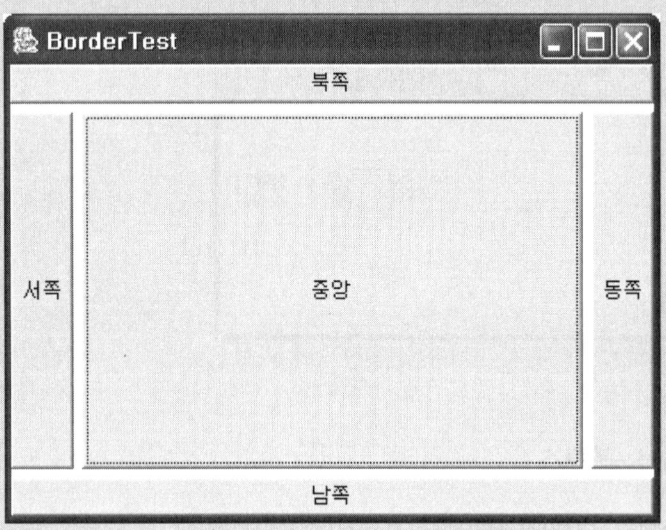

2-2-3 GridLayout 클래스

GridLayout(); 메소드는 각 컴포넌트를 바둑판식으로 배열 배치한다.

■ GridLayout();

① 컴포넌트를 바둑판식 배열로 배치한다.

■ GridLayout(row, col, h, v);

② 각 컴포넌트간의 줄(row), 칸(col), 수평(h), 수직(v) 간격을 지정한다.

[예제 2-6] 다음프로그램은 GridLayout() 배치 관리자의 예이다.

```
import java.awt.*;
import java.applet.Applet;
// <Applet code= Gridlayout_Test width=400 height=200> </Applet>
public class Gridlayout_Test extends Applet{
  public Gridlayout_Test() {  // 생성자 메소드
      add(new Button("네모"));
      add(new Button("원"));
```

```
    add(new Button("타원"));
    add(new Button("세모"));
    add(new Button("삼각형"));
    add(new Button("다각형"));
    setLayout(new GridLayout(3, 3,10,20)); // 수직10 수평20 간격
  } }
```

[예제 2-6]
수행결과

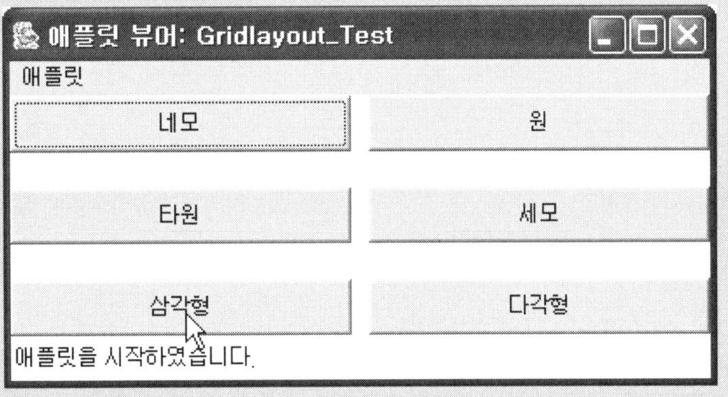

2-3 자바 컴포넌트

2-3-1 버튼(Button)

버튼은 사용자 입력을 받는 가장 간단한 방법으로 버튼을 클릭함으로서 이벤트를 발생시키는 역할을 한다. 버튼을 생성하는 방법은 다음과 같다.

■ Button();

① 문자가 없는 버튼을 생성한다.

■ Button(String);

② 주어진 문자열을 포함한 버튼을 생성한다.

■ 버튼의 생성의 예는 다음과 같다.

```
Button b1 = new Button("확인버튼");
      b1.setBackground(Color.red);    add(b1); // 버튼 등록
```

```
import java.awt.*;
import java.applet.Applet;
```

```
// <Applet code= Button_Test width=400 height=200> </Applet>
public class Button_Test extends Applet{
  Button b1, b2, b3;
  public Button_Test() {
       b1=new Button("네모");   b2=new Button("원");
       b3=new Button("타원");
       setLayout(new FlowLayout());       b1.setBackground(Color.yellow);
       b2.setBackground(Color.green);    b3.setBackground(Color.red);
       add(b1); add(b2); add(b3);
      } }
```

[예제 2-7] 버튼 컴포넌트를 이용한 프로그램의 예이다. 수행 후 분석하시오.

```
import java.awt.*;
import java.applet.Applet;
// <Applet code= Button_Test1 width=400 height=300> </Applet>
public class Button_Test1 extends Applet{
private int num;
static final int NEMO = 1;
static final int WON = 2;
static final int TAWON = 3;
Button b1, b2, b3;
public Dutton_Test1(){
    b1=new Button("네모");
    b2=new Button("원");
    b3=new Button("타원");
 setLayout(new FlowLayout(FlowLayout.RIGHT));
    b1.setBackground(Color.yellow);
    b2.setBackground(Color.green);
    b3.setBackground(Color.red);
    add(b1); add(b2); add(b3);  // 버튼을 추가
          }
public boolean action(Event evt, Object arg){
          if(arg.equals("네모")){
            num=NEMO; b1.disable();            // b1을 사용할 수 없게 한다.
           b2.enable(); b3.enable();        // b2, b3을 사용할 수 있게 한다.
            } else
          if(arg.equals("원")){
            num=WON; b1.enable();
```

```
            b2.disable(); b3.enable();
            } else
          if(arg.equals("타원")){
            num=TAWON; b1.enable();
            b2.enable(); b3.disable();
            } else return super.action(evt,arg);
          repaint();       // paint() 메소드 호출
          return true;
      }
public void paint(Graphics g){
      switch(num){
      case NEMO:   g.setColor(Color.red);
                   g.fillRect(10, 50, 300, 200); break;
      case WON:    g.setColor(Color.green);
                   g.fillOval(10, 50, 200, 200); break;
      case TAWON:  g.setColor(Color.blue);
                   g.fillOval(10, 50, 300, 200); break;
    } }
   }
```

[예제 2-7] 수행결과

2-3-2 패널 (Panel)

패널 객체는 반드시 프레임 포함되어야 한다. 패널의 기본 배치관리자는 FlowLayout 이다.

- Panel();
  ① 기본 배치관리자를 갖는 패널 생성
- Panel(layout-manger);
  ② 지정된 layout-manger 배치관리자를 갖는 패널 생성
- 패널의 생성의 예는 다음과 같다.

```
Panel p = new Panel();
      Button b1= new Button("버튼");
      p.add(b1); // 패널에 버튼 등록
```

[예제 2-8] 패널 프레임 객체를 이용한 프로그램의 예이다. 수행 후 분석하시오.

```
import java.awt.*;
public class Panel_Test extends Frame{
 private int num;
static final int NEMO = 1;
static final int WON =  2;
static final int TAWON = 3;
Button b1, b2, b3;
public Panel_Test(){
 Panel p = new Panel();  // 패널 생성
      b1=new Button("네모");  p.add(b1);
      b2=new Button("원");    p.add(b2);
      b3=new Button("타원");  p.add(b3);
     add("East", p);      //패널 프레임 동쪽에 배치
     p.setBackground(Color.red);
           }
public boolean action(Event evt, Object arg){
          if(arg.equals("네모")){
          num=NEMO; b1.disable();      // b1을 사용할 수 없게 한다.
          b2.enable(); b3.enable();  // b2, b3을 사용할 수 있게 한다.
             } else
          if(arg.equals("원")){
         num=WON; b1.enable();
         b2.disable(); b3.enable();
             } else
```

```
            if(arg.equals("타원")){
            num=TAWON; b1.enable();
            b2.enable();  b3.disable();
              } else return super.action(evt,arg);
            repaint();    // paint() 메소드 호출
            return true;
        }
  public void paint(Graphics g){
        switch(num){
        case NEMO:  g.setColor(Color.red);
                    g.fillRect(10, 50, 300, 200); break;
        case WON:   g.setColor(Color.green);
                    g.fillOval(10, 50, 200, 200); break;
        case TAWON: g.setColor(Color.blue);
                    g.fillOval(10, 50, 300, 200); break;
              } }
  public boolean handleEvent(Event e) {  // 윈도우를 닫는 이벤트
        if (e.id == Event.WINDOW_DESTROY) System.exit(0);
        return super.handleEvent(e);
        }
//---------------------------------------------------------------------
  public static void main(String[] args){
    Frame   f = new Panel_Test(); // 프레임 객체 생성
            f.resize(500,300);       // 프레임크기
            f.show();              // 프레임표시
    }}
```

[예제 2-8] 수행결과

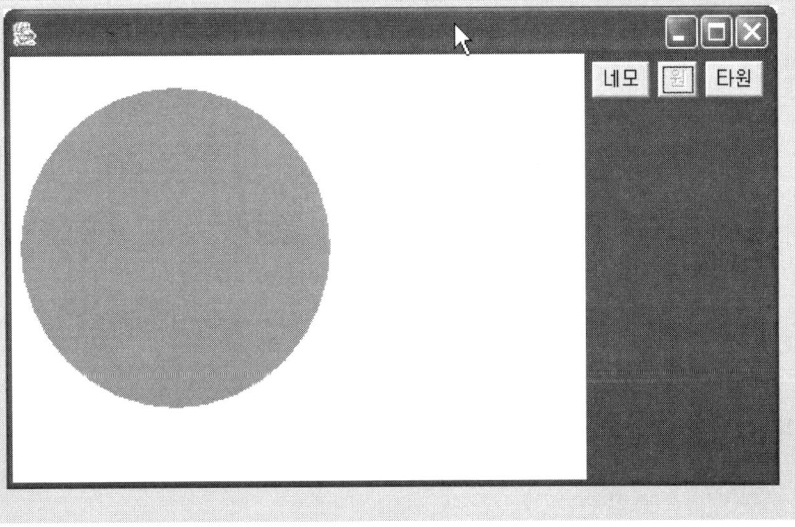

2-3-3 체크박스(Checkbox)

체크박스는 여러 개의 선택 옵션을 한 번에 하나씩 사용자가 선택할 수 있도록 하는 컴포넌트이다.

■ Checkbox();

① 설정된 체크박스를 생성한다.

■ Panel(label);

② 지정된 label을 갖는 체크박스를 생성한다.

■ 체크박스의 생성의 예는 다음과 같다.

```
Panel p = new Panel();
Checkbox b1= new Checkbox("라디오버튼");
        p.add(b1); // 체크박스 등록
```

[예제 2-9] **체크박스 컴포넌트를 이용한 프로그램의 예이다. 수행 후 분석하시오.**

```
import java.awt.*;
public class Checkbox_Test2 extends Frame{
 Checkbox b1, b2, b3;
 public Checkbox_Test2(){
 Panel p = new Panel();  // 패널 생성
   b1=new Checkbox("빨강");    p.add(b1);
   b2=new Checkbox("초록");    p.add(b2);
   b3=new Checkbox("파랑");    p.add(b3);
   add("East", p);                 //패널 프레임을 동쪽에 배치
   p.setBackground(Color.red);   // 배경색 지정
      }
 public boolean action(Event evt, Object arg){
          int r=0, g=0, b=0;
          if(b1.getState()) r = (int)(Math.random()*256); // 임의의 색상 값을 얻음
          if(b2.getState()) g = (int)(Math.random()*256);
          if(b3.getState()) b = (int)(Math.random()*256);
          setBackground(new Color(r, g, b));  // 배경색으로 Red, Green, Blue의 3색의 합성됨.
          return true;
    }
 public boolean handleEvent(Event e) {   // 윈도우를 닫는 이벤트
      if (e.id == Event.WINDOW_DESTROY) System.exit(0);
      return super.handleEvent(e);
      }
public static void main(String[] args){
```

```
        Frame   f = new Checkbox_Test2();   // 프레임 객체 생성
                f.resize(500,300);          // 프레임크기
                f.show();                   // 프레임표시
    }}
```

2-3-4 선택란(CheckboxGroup)

■ CheckboxGroup();

① 설정된 선택란 개체를 생성한다.

■ 선택란의 생성의 예는 다음과 같다.

```
Panel p = new Panel();
CheckboxGroup ckG = new CheckboxGroup();
Checkbox ckb= new Checkbox("라디오버튼", ckG, true);
      p.add(ckb); // 체크박스그룹에 등록
```

[예제 2-10] 선택란 컴포넌트를 이용한 프로그램의 예이다. 수행 후 분석하시오.

```
import java.awt.*;
public class CheckboxGroup_Test extends Frame{
 Checkbox ckb1, ckb2, ckb3;
 CheckboxGroup ckbG;
public CheckboxGroup_Test(){
 Panel p = new Panel();             // 패널 생성
 ckbG = new  CheckboxGroup();   // 선택란 생성
   ckb1=new Checkbox("이미지1", ckbG, true);  p.add(ckb1);
   ckb2=new Checkbox("이미지2", ckbG, false); p.add(ckb2);
   ckb3=new Checkbox("이미지3", ckbG, false); p.add(ckb3);
   add("South", p);     //패널 프레임 남쪽에 배치
   p.setBackground(Color.red);     }
 public boolean action(Event evt, Object arg){
        String file=" ";
        if(ckb1.getState()) file="Clock.gif";
        if(ckb2.getState()) file="kk2.jpg";
        if(ckb3.getState()) file="kkk.jpg";
        Toolkit tk = Toolkit.getDefaultToolkit(); // 이미지를 변십하는 툴 키트
        Image img = tk.getImage("d:/"+file); // 이미지 파일을 읽어드림.
        getGraphics().drawImage(img,0, 30, 500, 200, this); // 이미지를 화면에 그림
        return true;    }
```

```
public boolean handleEvent(Event e) {  // 윈도우를 닫는 이벤트
    if (e.id == Event.WINDOW_DESTROY) System.exit(0);
    return super.handleEvent(e);
    }
public static void main(String[] args){
    Frame   f = new CheckboxGroup_Test(); // 프레임 객체 생성
            f.resize(500,400);       // 프레임크기
            f.show();                // 프레임표시
  }}
```

[예제 2-10] 수행결과

2-3-5 입력란(TextField)

한 줄에 텍스트를 사용자가 입력할 수 있도록 하는 컴포넌트이다. 주로 비밀번호 입력 형태로 많이 활용된다.

■ TextField();

① 빈 텍스트 필드를 생성한다.

■ TextField(cols);

② 칸수를 갖는 텍스트 필드를 생성한다.

■ TextField(txt);

③ 텍스트가 입력된 텍스트 필드를 생성한다.

■ TextField(txt, cols);

④ 텍스트가 입력된 칸수 크기의 텍스트 필드를 생성한다.

다음은 입력란 프로그램의 예이다.

```
import java.awt.*;
import java.applet.Applet;
```

```
//<Applet code= TextField_Sample width=300 height=200> </applet>
public class TextField_Sample extends Applet{
   TextField txt = new TextField(7);    // 7자 입력필드
   Label Ln = new Label("비밀번호입력");
 public  TextField_Sample(){
        setLayout(new FlowLayout());
        txt.setEchoChar('*');
        add(Ln); add(txt);}
public static void main(String[] args){
   Frame fr = new Frame("프레임");
   TextField_Sample win = new  TextField_Sample();
       fr.add(win);
       fr.resize(300,200);
       fr.show();
     }}
```

[예제 2-11] **입력란(TextField) 컴포넌트를 이용한 프로그램의 예이다. 수행 후 분석하시오. (단 n = Integer.valueOf(txt1.getText()).intValue(); 은 문자열로 입력된 숫자를 정수형 숫자로 변환하는 메소드이다.)**

```
import java.awt.*;
 import java.applet.Applet;
 //<Applet code= TextField_Test1 width=400 height=200> </Applet>
 public class TextField_Test1 extends Applet{
    int n;          // 정수형 수행결과 값 저장
    TextField txt1;
    Label Ln;    // 결과를 출력할 문자열을 갖는다.
  public  TextField_Test1(){
          setBackground(Color.lightGray);
          txt1 = new TextField("100", 5);  // 5자리
          Ln = new Label("합계                                  ");
          add(Ln); add(new Button("확인")); add(txt1);
          setLayout(new FlowLayout(FlowLayout.LEFT));
          txt1.requestFocus();   }
 public boolean action(Event evt, Object arg){
        if(arg.equals("확인")){
        n = Integer.valueOf(txt1.getText()).intValue();
        if(n<1) txt1.requestFocus();   // 키 입력 촛점 설정
   long hap=0; // 계산 결과 합을 저장
```

```
            for(int i=1; i<=n; i++){hap=hap+i;}
              Ln.setText("1 ~ " +n +" 의 합 = "+hap);
            } else return super.action(evt, arg);
              return true;
      }
public static void main(String[] args){
    Frame fr = new Frame();
    TextField_Test1 win = new  TextField_Test1();
          fr.add(win);
          fr.resize(400,200);
            fr.show();
   }}
```

[예제 2-11] 수행결과

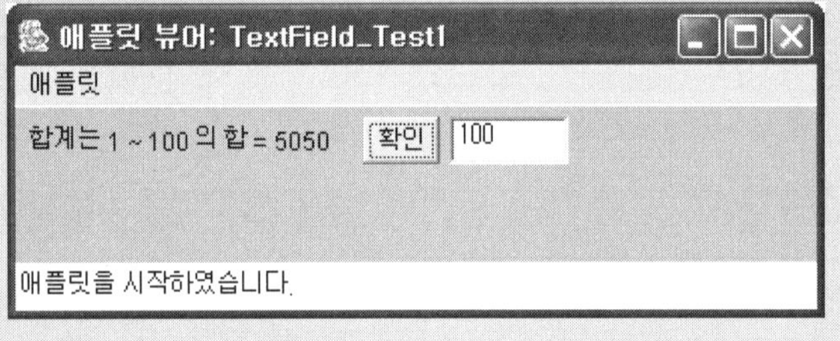

2-3-6 글상자(TextArea)

텍스트 필드는 크기가 한정되어 있지만 글상자는 여러 개의 텍스트 필드를 입력하거나 출력할 수 있는 컴포넌트이다.

■ TextArea();

① (0, 0) 크기의 텍스트 영역을 생성한다.

■ TextArea(row, col);

② (row, col) 크기의 텍스트 영역을 생성한다.

■ TextArea(row, col, scroll);

③ 스크롤 상수가 지정된 텍스트 영역을 생성한다.

■ 스크롤 상수를 지정하지 않아도 수평 수직은 기본적으로 생성된다.

④ SCROLLBARS_BOTH, SCROLLBARS_NONE

[예제 2-12] 다음 프로그램은 글상자를 만드는 예제 프로그램이다. 수행 후 분석하시오.

```
import java.awt.*;
import java.io.*;    // DataInputStream
import java.applet.Applet;
//<Applet code= TextArea_Test1 width=500 height=400> </Applet>
public class TextArea_Test1  extends Applet{
    static TextArea txtarea;
    static String  str;
    static byte[] buf = new byte[10000];
  public  TextArea_Test1(){
           setBackground(Color.lightGray);
           Button btn = new Button("저장"); add(btn);
           txtarea= new TextArea(str);  add(txtarea);
           btn.reshape(5, 40, 60, 30);
           txtarea.reshape(70,40,400,300);
           }
public boolean action(Event evt, Object arg){
           if(arg.equals("저장"))
           fWrite();      // 쓰기 메소드 루틴 호출
           return true;
           }
public static void fRead(){  // 파일을 읽어드리는 루틴
 try{DataInputStream is = new  DataInputStream(new  FileInputStream("d:/tarea.txt"));
                    is.readFully(buf);
                    } catch(java.io.IOException e){};
str = new String(buf,0);   // 버퍼 내용을 문자열 변환
    }
public void fWrite(){
  try{DataOutputStream os = new  DataOutputStream(new  FileOutputStream("d:/tarea.txt"));
                       os.writeBytes(txtarea.getText());
                       os.close();
                       }catch(java.io.IOException e){};
    }
public static void main(String[] args){
      fRead();
      Frame fr = new Frame();
      TextArea_Test1  win = new  TextArea_Test1();
                fr.add(win);
                fr.resize(500,400);
                fr.show();
    }}
```

[예제 2-12] 수행결과

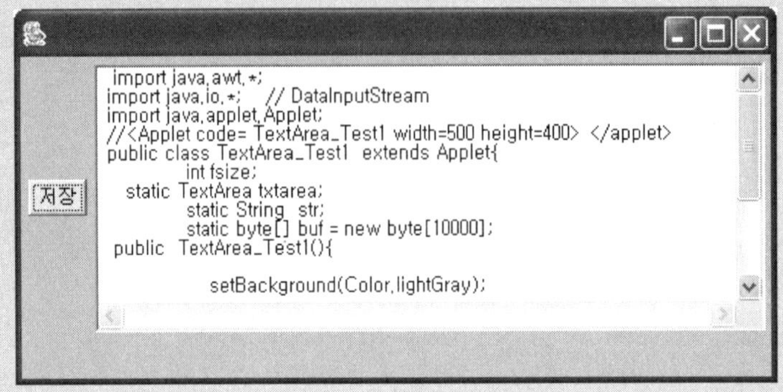

2-3-7 메뉴(Menu)

자바에서 프레임 윈도우에서 최상위 레벨의 윈도우에서 사용되는 풀다운(Pull_Down) 메뉴 및 팝업(pop_up) 메뉴를 만들 수 있도록 하는 클래스로 다음과 같은 MenuBar, Menu, MenuItem 클래스를 제공한다.

■ MenuBar();

① 주 메뉴를 포함하는 메뉴 바 객체를 생성한다.

```
MenuBar  menubar = new MenuBar();
```

■ Menu();

② 필요한 메뉴를 생성한다.

```
Menu file = new Menu("파일");
Menu edit = new Menu("편집");
```

■ add(); 메소드를 이용하여 메뉴 아이템에 추가한다.

```
file.add("불러오기");
file.add("저장하기");
```

■ MenuItem.

③ 먼저 MenuItem으로 객체를 생성하고 add() 메소드를 사용하여 메뉴객체에 추가한다.

```
MenuItem  fitem1 = MenuItem("불러오기");
file.add( fitem1);
```

■ 메뉴 아이템을 포함한 메뉴를 addMenu() 메소드를 사용하여 Menu() 메소드에서 작성된 메뉴를 메뉴 바에 추가 한다.

```
nemubar.addMenu(file);
```

■ 끝으로 Frame에 다음과 같이 메뉴 바를 추가한다.

```
Frame fr = new Frame();
fr.setMenuBar(menubar);
```

다음 프로그램은 메뉴 바에 메뉴를 생성 추가하는 프로그램이다.

```
import java.awt.*;
class Menu_test1 extends Frame{
 public  Menu_test1(String str){super(str);}
 public static void main(String[] args){
        Menu_test1 fr = new Menu_test1("메뉴예제");
        MenuBar mb = new MenuBar();
// 파일 메뉴작성 루틴
        Menu fileMenu = new Menu("파일");
        fileMenu.add("새글");
        fileMenu.add("불러오기");
        fileMenu.add("저장하기");
        fileMenu.addSeparator();  // 구분 선을 추가한다.
        fileMenu.add("인쇄");
        fileMenu.add("미리보기");
        fileMenu.addSeparator();  // 구분 선을 추가한다.
        fileMenu.add("환경설정");
        fileMenu.add("종료");
        mb.add(fileMenu);          // 파일메뉴를 메뉴바에 추가
   // 편집 메뉴 루틴
        Menu editMenu = new Menu("편집");
        editMenu.add("오려두기");
        editMenu.add("복사하기");
        editMenu.addSeparator();  // 구분 선을 추가한다.
        editMenu.add("붙이기");
        editMenu.add("찾기");
          mb.add(editMenu);        // 편집 메뉴를 메뉴 바에 추가
          fr.setMenuBar(mb);         //메뉴바를 프레임에 추가
          fr.setSize(300,200);
          fr.show();
          }
 public boolean handleEvent(Event e)  {  // 윈도우를 닫는 이벤트
       if (e.id == Event.WINDOW_DESTROY) System.exit(0);
       return super.handleEvent(e);
       }  }
```

[예제 2-13] 다음은 메뉴 프로그램의 예이다. 수행 후 분석하세요.

```
import java.awt.*;
public class MenuBar_Test1 extends Frame{
int num;
static final int NEMO=1;
static final int WON=2;
static final int TAWON=3;
 Color color;
 public MenuBar_Test1(){
     MenuBar mb = new MenuBar();         // 주 메뉴 바를 생성
     Menu m = new Menu("색상", true);   // 색상 메뉴 생성
          m.add(new MenuItem("빨강"));        // 색상 메뉴 등록
          m.add(new MenuItem("초록"));
          m.add(new MenuItem("파랑"));
           m.addSeparator();
           m.add(new MenuItem("종료"));
           mb.add(m);                     // 주 메뉴 m 메뉴 추가
           m = new Menu("도형");           // 도형메뉴 생성
           m.add(new MenuItem("네모"));
           m.add(new MenuItem("원"));
           m.add(new MenuItem("타원"));
           mb.add(m);
           setMenuBar(mb); // 주 메뉴를 프레임에 표시
     }
  public boolean action(Event evt, Object arg){
      if(evt.target instanceof MenuItem){
         if(arg.equals("빨강")) color= Color.red;
         else if(arg.equals("초록")) color = Color.green;
         else if(arg.equals("파랑")) color = Color.blue;
         else if(arg.equals("네모"))  num = NEMO;
         else if(arg.equals("원"))  num = WON;
         else if(arg.equals("타원"))  num = TAWON;
         else if(arg.equals("종료"))  System.exit(0);
         }else return false;
          repaint();
          return true;
     }
  public void paint(Graphics g){
```

```
        g.setColor(color);
        switch(num){
         case NEMO:    g.setColor(Color.red);
                       g.fillRect(10, 50, 300, 200); break;
         case WON:     g.setColor(Color.green);
                       g.fillOval(10, 50, 200, 200); break;
         case TAWON:   g.setColor(Color.blue);
                       g.fillOval(10, 50, 300, 200); break;
              } }
  public boolean handleEvent(Event e) {  // 윈도우를 닫는 이벤트
      if (e.id == Event.WINDOW_DESTROY) System.exit(0);
      return super.handleEvent(e);
      }
  public static void main(String[] args){
       Frame   f = new  MenuBar_Test1(); // 프래임 객체 생성
         f.resize(500,300);        // 프레임크기
         f.show();
    }}
```

2-4 자바 그래픽스 메소드

2-4-1 paint 메소드

paint() 메소드는 창을 표시하거나 repaint()메소드를 실행 시켰을 때 자동 실행되는 사건 메소드이며, 사용형식은 다음과 같다.

```
■ public void paint(Graphics g) {......} ;
```

Graphics g 객체는 그림을 그리는 대상체이며 대부분의 그래픽 메소드는 g의 객체를 선행자로 그래픽 객체로 지정하여 실행시키며, 사용 방법은 아래와 같다.

```
■ g.drawString(" 문자열을 그리는 그래픽 메소드 입니다.", 100, 200);
```

2-4-2 handleEvent 메소드

handleEvent 메소드는 손으로 조작하는 사건 즉, Key-Board를 조작하는 일 또는 마우스의 이동 및 버튼을 누르거나 띄었을 때의 모든 동작 사건들을 처리하는 메소드이다.

다음의 예는 그래픽 윈도우 창을 닫고자할 때의 사건처리 메소드이다.

```
public boolean handleEvent(Event e)  {
    if (e.id == Event.WINDOW_DESTROY)  // 생성된 윈도우를 마우스로 닫을 때
       System.exit(0);
    return super.handleEvent(e);
    }
```

다음의 예는 프레임 객체로 새로운 윈도우 창을 열고 닫는 handleEvent 프로그램이다.

```
import java.awt.*;
public class TestFrame extends Frame{
  public TestFrame(){setTitle(" 윈도우가 열림");  }
  public  static void main(String[] args){
    Frame f = new TestFrame();
          f.resize(300,200);
          f.show();    // 윈도우가 열림
        }
  public boolean handleEvent(Event e) {
     if (e.id == Event.WINDOW_DESTROY)  System.exit(0);  //윈도우가 닫힘
     return super.handleEvent(e);
     } }
```

2-4-3 자바 그래픽 메소드

Java에서 제공되는 그래픽 클래스는 java.awt.Graphics; 에서 제공되며 구체적인 메소드는 직선, 타원, 사각형, 문자열, 이미지, 문자, 원호 등을 그릴 수 있다. 다음은 자바 Graphics에서 그림을 그리는 메소드들이며, 구체적인 것은 다음절에 설명되어진다.

(1) 선을 긋는 메소드

■ void drawLine(int x0, int y0, int x1, int y1)

① 좌표 x0, y0 와 x1, y1 사이에 선을 그린다.

(2) 타원을 그리는 메소드

■ void drawOval(int x, int y, int w, int h)

① 사각형의 좌측 상단 모서리 좌표 x, y 너비 w, 높이가 h인 사각형 안에 내접한 타원을 그린다.

■ void fillOval(int x, int y, int w, int h)

② 채운타원을 그린다.

(3) 사각형을 그리는 메소드

■ void drawRect(int x, int y, int w, int h)

① 왼쪽 상단 모서리 좌표가 x, y, 너비가 w, 높이가 h인 사각형을 그린다.

■ void fillRect(int x, int y, int w, int h)

② 왼쪽 상단 모서리 좌표가 x, y, 너비가 w, 높이가 h인 채워진 사각형을 그린다.

(4) 문자열 메소드

■ void drawString(String str, int x, int y)

① 좌표 x, y 위치에 문자열 str을 그린다.

(5) 원호를 그리는 메소드

■ void drawArc(int x, int y, int w, int h, int degrees0, int degrees1)

① degrees0 와 degrees1 사이에 원호를 그린다. 원호의 중심은
왼쪽 상단 모서리 좌표가 x, y, 너비가 w, 높이가 h 인 사각형 안에 내접한 원호를 그린다.

② 0 도는 시계에서 3시 방향이고 각도는 시계 반대방향으로 그린다.

■ void fillArc(int x, int y, int w, int h, int degrees0, int degrees1)

③ degrees0와 degrees1 사이에 원호를 채운다.

(6) 다각형을 그리는 메소드

■ void drawPolygon(int x[], int y[], int n)

① n 개의 모서리를 가진 다각형을 그린다.

■ void fillPolygon(int x[], int y[], int n)

② n 개의 모서리를 가진 다각형을 채운다.

■ void drawPolyline(int x[], int y[], int n)

③ n개의 지점을 갖는 다중선을 그린다.

(7)이미지를 그리는 메소드

■ void drawImage(Image img, int x, int y, this)

① 왼쪽 위 모서리 좌표가 x, y 인 이미지 img를 그린다.

② 이 작업의 진행 상황에 대한 갱신 정보들이 io에 보내진다.

(8)색상 메소드

- Color getColor() ① 현재 개체의 색을 얻는다.
- Color setColor() ② 현재 개체의 색을 set 한다.

(9) 폰트 메소드

- Font getFont() ① 현재 개체의 글꼴을 얻는다.
- Font setFont() ② 현재 개체의 글꼴을 set 한다.
- FontMetrics getFontMetrics()
  ③ 현재 개체의 글꼴 정보를 얻는다.
- FontMetrics setFontMetrics()
  ④ 현재 개체의 글꼴을 set 한다.

2-5 점으로 그리는 자바 그래픽스

그래픽스에서 점을 그린다는 것은 응용 프로그램에서 좌표 값을 받아서 사용 중인 출력장치에 맞는 명령어로 바꾸는 것으로, 모니터의 경우, 지정된 스크린상의 좌표(점)에서 발광체가 빛나게 하기 위해 그 위치에 빛이나 전류를 보내는 것을 말한다.

2-5-1 점을 그리는 메소드

자바에서 점을 그리는 방법은 fillOval()의 메소드로 타원을 그리는 방법과 fillRect()의 메소드로 사각형을 그리는 방법 두 가지가 있다. 즉 x, y 좌표 상에서 타원의 폭과 높이를 1로 하는 내부를 채우는 타원이나 사각형을 그리면 그것이 x, y 좌표 상에 점을 찍는 것과 같은 결과를 얻을 수 있다.

다음은 점을 그릴 때 이용되는 타원과 사각형을 그리는 메소드의 형식이다.

```
■ g.fillOval(int x, int y, int w, int h)    // 타원을 그리는 메소드
■ g.fillRect(int x, int y, int w, int h)    // 사각형을 그리는 메소드
```

[예제 2-14] **3개의 x, y 좌표 (100, 200), (200, 100), (300, 200)이 주어졌을 때 fillOval() 메소드를 이용하여 삼각형을 그리는 프로그램을 작성하여라.**

```
import java.awt.*;
import java.applet.Applet;
// <Applet code=Jum_Circle1 Width=400 Height=400> </Applet>
public class Jum_Circle1 extends Applet {
public Jum_Circle1(){
setTitle("원을 이용한 점으로 삼각형 그리기 예문 2-14"); }
//-----------------------------------------------
  public void paint(Graphics g){
       for(int x = 200, y = 100; y <= 200; --x, ++y)
           { g.setColor(Color.blue);
             g.fillOval(x, y, 1, 1); }
       for(int x = 200, y = 100; y <= 200; ++x, ++y)
           { g.setColor(Color.red);
             g.fillOval(x, y, 1, 1);  }
       for(int x = 100, y = 200; x <= 300; ++x)
          { g.setColor(Color.black);
         g.fillOval(x, y, 1, 1);  }
         g.drawString("점으로 선을 그리는 자바 프로그램입니다.", 100, 250);
   } }
```

[프로그램 설명]

① 위 프로그램은 point() 메소드를 가지는 자바 Applet 프로그램으로 그래픽 윈도우를 열 수 있는 Applet 객체를 사용하였다.
② 프로그램을 대표할 수 있는 클래스의 이름은 Jum_Circle1이며, extends 라는 키워드로서 Applet객체의 모든 기능을 상속받는다.
③ 생성자 메소드 public Jum_Circle1()는 클래스 이름과 동일하게 정의한다.
④ 타원을 그리는 메소드 g.fillOval(x, y, 1, 1);은 지름이 1인 원을 그린다. 즉 1점이 된다.

[예제 2-14] 수행결과

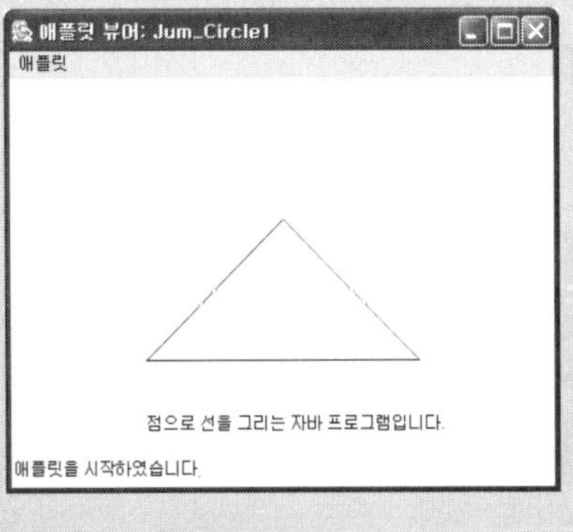

2-5-2 색상 설정

자바에서 그려지는 모든 색상 설정은 setColor() 메소드에 의하여 색상이 그려진다. 프레임의 바탕색의 지정은 setBackground() 메소드로 설정된다.

setColor() 메소드에서 정의된 color(색상)는 0에서 최대색상은 import java.awt.Color에서 제공되는 기본색상 13가지<표 2-1>을 사용할 수 있다. 선의 색을 지정하려는 경우에는 setColor() 메소드를 사용하여 13가지 색상 중 한 가지를 골라 선택할 수도 있다. 그래픽에 색상을 부여하는 형식은 다음과 같다.

- `g.setColor(Color.blue);`
  ① 그려지는 그래픽에 청색 색상을 지정한다.
- `g.setBackground(Color.blue);`
  ② 화면의 배경색을 지정한다.

〈표 2-1〉 자바에서 기본으로 제공되는 색상

순 위	색 상
0	Color.black(검정색) or new Color(0, 0, 0)
1	Color.blue(파란색) or new Color(0, 0, 255)
2	Color.green(초록색) or new Color(0, 255, 0)
3	Color.cyan(청록색) or new Color(0, 255, 255)
4	Color.red(빨간색) or new Color(255, 0, 0)
5	Color.magenta(자홍색) or new Color(255, 0, 255)
6	Color.pink(분홍) or new Color(255,175,175)
7	Color.lightGray(밝은회색) or new Color(192,192,192)
8	Color.darkGray(어두운회색) or new Color(64, 64, 64)
9	Color.orange(오렌지색) or new Color(255,200,0)
10	Color.yellow(노랑색) or new Color(255,255,0)
11	Color.gray(회색) or new Color(128,128,128)
12	Color.white(흰색) or new Color(255,255,255)

[예제 2-15] 점을 연결하여 원을 그리는 프로그램을 작성하시오.

```
import java.awt.*;
import java.applet.Applet;
// <Applet code=Jum_Circle1 Width=400 Height=400> </Applet>
```

```
public class Jum_Circle2 extends Applet{
 double PI = 3.141592;
 int    R1 = 100;
 int    R2 = 100;
 int    x, y, r=1;
 public Jum_Circle2(){ setTitle("점으로 원 그리기 ");
     }
//--------------------------------------------------------------
   public void paint(Graphics g) {
       for(double th = 0; th <= PI*2;  th +=PI/200){
              x = (int)(R1 * Math.cos(th));
              y = (int)(R2 * Math.sin(th));
             g.fillOval(200+x, 200-y, r, r);}
               }  }
```

[예제 2-15] 수행결과

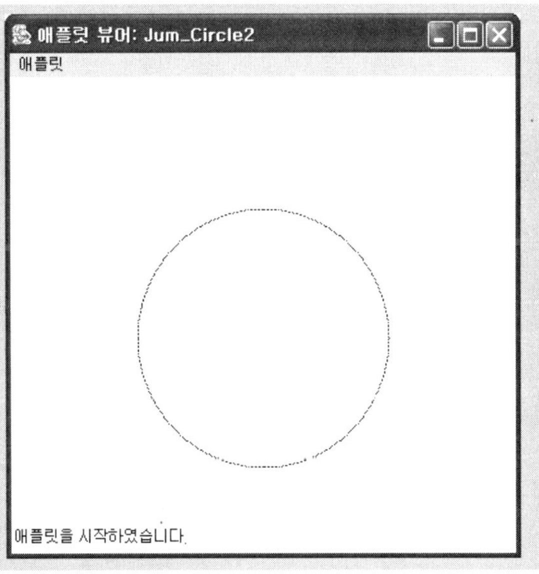

[예제 2-16] 점으로 Sin 그래프를 그리는 프로그램을 작성하시오.

```
import java.awt.*;
public class Jum_Sin extends Frame {
    public Jum_Sin(){
    setTitle("Jum_Sin 프로그램");   // 프로그램 이름
        }
public void paint(Graphics g) {
    double pi=3.141592;
```

```
  int x1,y1;  int x=50;   int y=200;  int r=1;
      g.setColor(Color.blue);
      g.drawLine(x,0,x,400);
      g.drawLine(0,y,600,y);
      g.setColor(Color.black);
   for (int n = 0; n <= 360; n++) {
          x1 = n+50;
          y1 = (int)(-100*(Math.sin(pi*n/180))+200);
          g.fillOval(x1, y1, r, r);
     try{Thread.sleep(50); } catch(InterruptedException e){}
            //  한번 수행 후 0.05초 쉰 후 수행한다.
      } }
 //------------------------------------------------------------
 public boolean handleEvent(Event e) {
   if (e.id == Event.WINDOW_DESTROY) // 윈도우를 닫을 때
          System.exit(0);                   // 실행 끝
     return super.handleEvent(e);} // 상위 클래스에서 사건을 처리
//-------------------------------------------------------------------
   public static void main(String[] args)    {
   Frame frm =  new Jum_Sin();              // 프레임 생성
         frm.resize(600, 400);              // 프레임 크기 : 600*400(화소)
         frm.show();                        // 프레임 표시
   } }
```

[예제 2-16] 수행결과

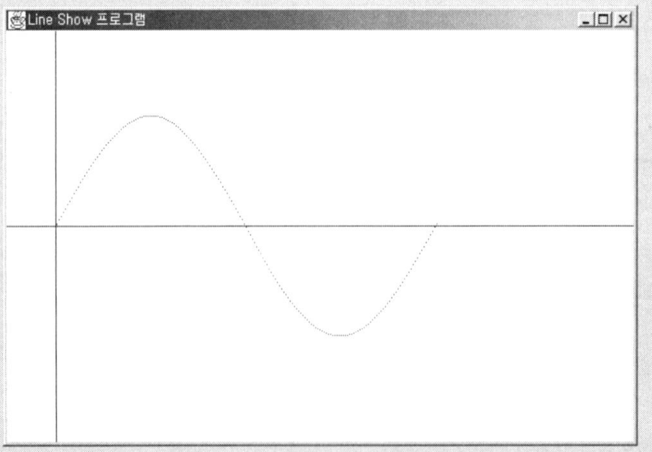

프로그램 수행 루틴 사이에 try{Thread.sleep(50); } catch(InterruptedException e){}의 명령을 사용하면 프로그램 수행과정을 느린 속도로 볼 수 있다.

다음 프로그램은 [예제 2-16]을 Applet 프로그램으로 작성한 예이다.

```
import java.awt.*;
import java.applet.Applet;
// <Applet code=Jum_Sin1 width=600 height=400> </Applet>
 public class Jum_Sin1 extends Applet{
   public Jum_Sin1(){};
   public void paint(Graphics g) {
     double pi=3.141592;
     int x1,y1;  int x=50;   int y=200;  int r=1;
          g.setColor(Color.blue);   g.drawLine(x,0,x,400);
          g.drawLine(0,y,600,y);    g.setColor(Color.black);
      for (int n = 0; n <= 360; n++) {
             x1 = n+50;
             y1 = (int)(-100*(Math.sin(pi*n/180))+200);
             g.fillOval(x1, y1, r, r);
        try{Thread.sleep(50); }catch(InterruptedException e){}
          }  }   }
```

[예제 2-17] 다음의 프로그램을 실행시켜 나타난 그림의 패턴을 분석하시오.

```
import java.awt.*;
import java.applet.Applet;
// <Applet code=Jum_pattern width=600 height=400> </Applet>
public class Jum_pattern extends Frame {
    public Jum_pattern(){ };
    public void paint(Graphics g){
     int x, xx;
     int y, yy;
         for(y = 100; y <= 300; y += 10) {
              for(x = 100; x <= 420; x += 10) {
                        x = x; yy = y;
                  for(int i = 0; i <= 32; i++) {
                        if(i < 9) xx++;
                        else if((i > 8) && (i < 17)) yy++;
                             else if((i > 16) && (i < 25)) xx--;
                                   else if(i > 24) yy--;
                             { g.setColor(Color.green);
```

```
                  g.fillOval(xx, yy,1,1);}
              }  }  }
      g.setColor(Color.black);
      g.drawString("점으로 그리는 자바 패턴 프로그램입니다.", 150, 350);
  } }
```

[예제 2-17] 수행결과

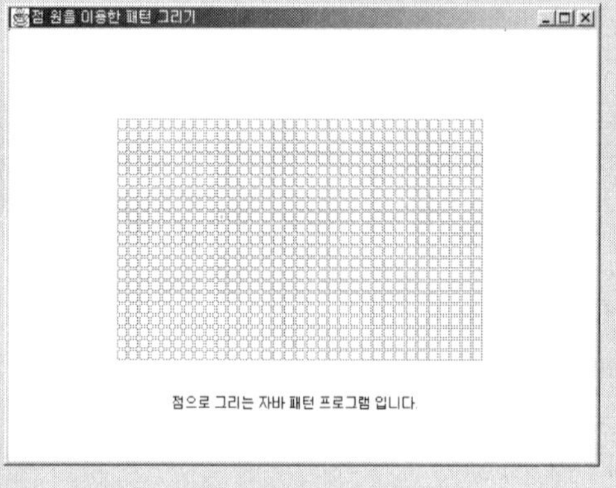

2-6 선으로 그리는 자바 그래픽스

선을 그리는 자바 메소드는 다음과 같다.

- void drawLine(int x0, int y0, int x1, int y1);
  ① 좌표 x0, y0 와 x1, y1 사이를 연결하여 선을 그린다.

[예제 2-18] ㄱ 과 ㄴ 의 모양을 그리는 프로그램을 drawLine()메소드를 이용하여 프로그램 작성하시오.

```
import java.awt.*;
public class Line12 extends Frame {
  int x1=100, y1=50, x2=200,y2=50, x3=200, y3=150;
  public Line12()   { // 생성자 메소드
     setTitle("Line을 그리는 프로그램");  }
   public void paint(Graphics g) {
              g.drawLine(x1, y1, x2, y2);
              g.drawLine(x2, y2, x3, y3); //  ㄱ 모양
 //---------------------------------------------
              g.drawLine(300, 50, 300, 150);
```

```
            g.drawLine(300, 150, 400, 150); // ㄴ 모양
        }
  //------------------------------------------------------------
   public boolean handleEvent(Event e) {
      if (e.id == Event.WINDOW_DESTROY)
        System.exit(0);                 // 실행끝
       return super.handleEvent(e);}  // 상위 클래스에서 사건을 처리
 //------------------------------------------------------------
  public static void main(String[] args)    {
    Frame frm =  new Line12();         // 프레임 생성
         frm.resize(600, 400);     // 프레임 크기 : 600*400(화소)
         frm.show();                // 프레임 표시
    }
  }
```

[예제 2-18] 수행결과

[예제 2-19] [그림 2-3]과 같이 그려지는 프로그램을 drawLine() 메소드를 사용하여 프로그램 작성하시오.

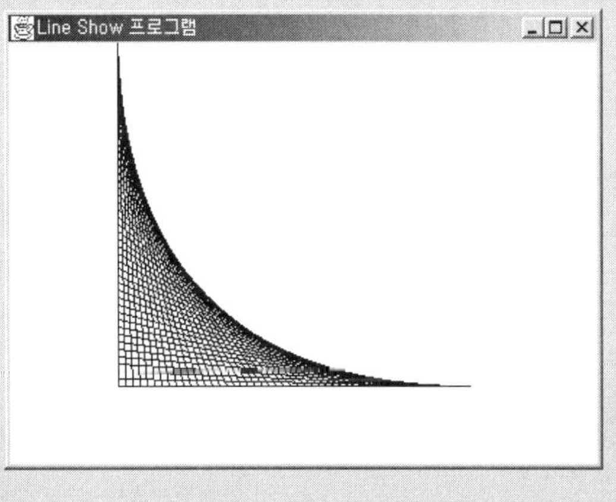

[그림 2-3] drawLine() 메소드를 이용한 그래픽

[프로그램]

```
import java.awt.*;
import java.applet.Applet;
// <Applet code=Lineshow width=400 height=400> </Applet>
public class Lineshow extends Applet{
  public Lineshow() {  };   // Line Show 프로그램
  public void paint(Graphics g) {
      for(int i=1; i<=50; i++){
          g.drawLine(80, 5+5*i, 75+5*i, 255);
                  } } }
//-------------------------------------------------------------
```

[예제 2-20] drawLime() 메소드를 이용하여 sin, cosine 그래프를 그리는 프로그램을 작성하시오.

```
import java.awt.*;
import java.applet.Applet;
// <Applet code =  LineCos_Sin width=600 height=400> </Applet>
public class LineCos_Sin extends Applet{
  public LineCos_Sin(){};
    public void paint(Graphics g) {
     double pi=3.141592;
     int x1,y1,y2;
     int x=50;
     int y=200;
           g.drawLine(x,0,x,400);
           g.drawLine(0,y,600,y);
      for (int n = 0; n <= 360; n++) {
                  x1 = n+50;
                  y1 = (int)(-100*(Math.sin(pi*n/180))+200);
                  y2 = (int)(-100*(Math.cos(pi*n/180))+200);
                  g.setColor(Color.red);
                  g.drawLine(x1, y1, x1+5, y1+5);
                  g.setColor(Color.green);
                  g.drawLine(x1, y2, x1+5, y2+5);
               }}
 //-------------------------------------------------------------
  public boolean handleEvent(Event e) {
      if (e.id == Event.WINDOW_DESTROY)
```

```
        System.exit(0);                    // 실행끝
      return super.handleEvent(e);}  // 상위 클래스에서 사건을 처리
//-----------------------------------------------------------------
    public static void main(String[] args){
      Frame frm = new Frame("Line Sin, Cosine  프로그램"); // 프레임 생성
      LineCos_Sin win =  new LineCos_Sin();
              frm.add(win);
              frm.resize(600, 400);           // 프레임 크기 : 600*400(화소)
              frm.show();                     // 프레임 표시
      } }
```

[예제2-20] 수행결과

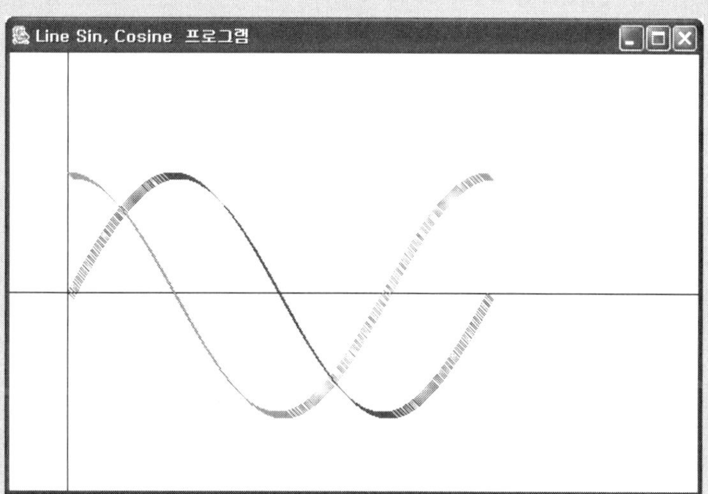

위 프로그램은 Applet 프로그램과 Application 프로그램이 동시에 수행될 수 있도록 작성된 프로그램이다.

[예제 2-21] **다음에 나타난 프로그램은 테트라포드를 쌓아 올리는 것인데, 이와 같은 도형은 실제로 디자인에서 넥타이나 셔츠의 무늬로서 사용되고 있다. 평면 도형으로서도 아주 재미있는 도형이다. 프로그램을 실행시켜서 패턴 모양을 분석하여 보아라.**

```
import java.awt.*;
import java.applet.Applet;
// <Applet code = Line_pattern width=600 height=200> </Applet>
public class Line_pattern extends Applet {
    double  PI = 3.14;
    int     R = 10;
```

```
    double  n  = Math.sqrt(3);
    int k = 0, A, B, x, x0, x1, x2, x3;
    int xa, xb, xc, xd, xe, xf;
    int xx1, xx2, xx3;
    int y, y0, y1, y2, y3;
    int ya, yb, yc, yd, ye, yf;
    int yy1, yy2, yy3;
   public Line_pattern(){ };  // Line 패턴 그리기 프로그램
//---------------------------------------------------------
public void paint(Graphics g) {
   for(x0 = 0; x0 <= 639; x0 += 3*n/2*R) {
         k += 1;
      for (y=0; y<=199; y+=3 * R / 2) {
            if((k % 2) == 1)  A = 0;  else  A = -R * 3 / 4;
              y0 = (int)(y + A);
              x1 = (int)(x0 + n/2*R*2);         y1 = (int)(y0 - R/2);
              xa = (int)(x0 + n*R/4*2);         ya = (int)(y0 - 3*R/4);
              x2 = (int)(x0 - n/2*R*2);         y2 = (int)(y0 - R/2);
              xb = (int)(x0 - n/4*R*2);         yb = (int)(y0 - 3*R/4);
              x3 = (int)x0 ;                    y3 = (int)(y0 + R);
              xc = (int)(x0 - n/2*R*2);         yc = (int)y0 ;
              xx1= (int)x0;                     yy1 =(int)(y0 - R/2);
              xd = (int)(x0 - n/4*R*2);         yd  = (int)(y0 + 3*R/4);
             xx2= (int)(x0 - n/4*R*2);          yy2 = (int)(y0 + R/4);
             xe = (int)(x0 + n/4*R*2);          ye = (int)(y0 + 3*R/4);
             xx3 = (int)(x0 + n/4*R*2);         yy3 = (int)(y0 + R/4);
             xf =(int)(x0 + n/2*R*2);           yf = (int)y0 ;
              g.setColor(Color.gray);
              g.drawLine(x1, y1, x0, y0);   g.drawLine(x2, y2, x0, y0);
              g.drawLine(x3, y3, x0, y0);   g.drawLine(x1,y1,x1,y1);
              g.drawLine(xa, ya, xx1, yy1); g.drawLine(xb, yb, x2, y2);
              g.drawLine(xc, yc, xx2, yy2);
              g.setColor(Color.red);
              g.drawLine(xd, yd, x3, y3);   g.drawLine(xe, ye, xx3, yy3);
              g.drawLine(xf, yf, x1, y1);
              }  } } }
```

[예제 2-21] 수행결과

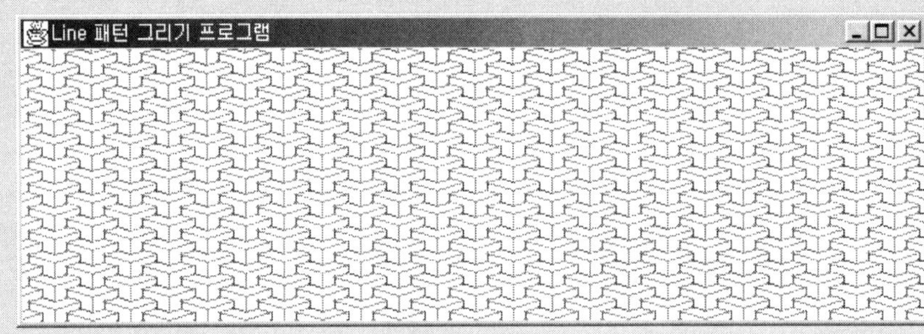

[예제 2-22] 다음 프로그램의 실행 결과를 분석하시오.

```
 import java.awt.*;
 import java.applet.Applet;
// <Applet code =  Line_pattern_Applet width=400 height=200> </Applet>
public class Line_pattern_Applet extends Applet{
  double  LEN = 50;
  int     X_CENTER = 160;
  int     Y_CENTER = 100;
  double  PI = 3.1415927;
  int xp, yp, ang, hp;
  int x1, y1;
  public  Line_pattern_Applet(){};
  public void paint(Graphics g) {
          hp = (int)(Math.sqrt(LEN * LEN + LEN * LEN));
    for(ang = 0; ang < 360; ang += 5) {
          xp = X_CENTER + (int)(LEN * Math.cos(ang / 180.0 * PI));
          yp = Y_CENTER + (int)(LEN * Math.sin(ang / 180.0 * PI));
          g.drawLine(X_CENTER, Y_CENTER, xp, yp);
          x1 = xp;   y1 = yp;
          xp = X_CENTER + (int)(hp * Math.cos((ang + 45) / 180.0 * PI));
          yp = Y_CENTER + (int)(LEN * Math.sin((ang + 45) / 180.0 *PI));
          g.drawLine(x1, y1, xp, yp);
           x1 = xp;   y1 = yp;
          xp = X_CENTER + (int)(hp * Math.cos((ang + 90) / 180.0 * PI));
          yp = Y_CENTER + (int)(LEN * Math.sin((ang + 90) / 180.0 *PI));
          g.drawLine(x1, y1, xp, yp);
           x1 = xp;   y1 = yp;
          g.setColor(Color.black);
          g.drawLine(x1, y1, X_CENTER, Y_CENTER);
          g.setColor(Color.red);
           }         } }
```

[예제 2-22] 수행결과

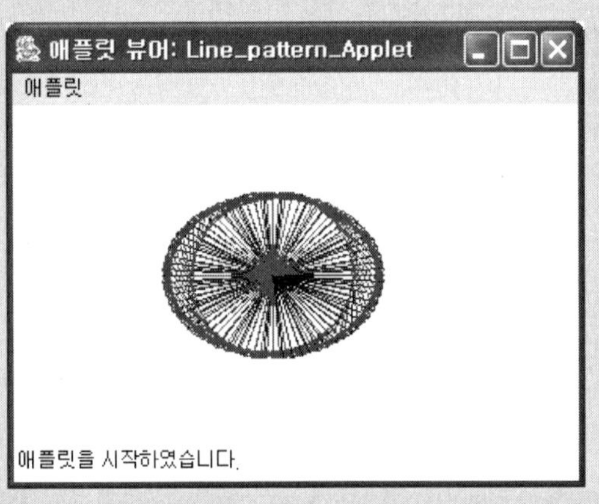

[예제 2-23] **다음 프로그램의 실행 결과를 분석하시오.**

```
import java.awt.*;
public class Line_pattern3 extends Frame {
  int     L = 20;
  double PI = 3.14;
  int     KK = 24;  // 60, 45 등으로 변환 시켜보아라
  int     C = 3;
  int     CC = 5;
  int  yt, k, i;
  int  x, y, x0, y0, x1, y1, x2, y2, x3, y3;
  double th, L1;
  int wx = 2, wy = 2;
 public Line_pattern3(){setTitle("Line 패턴3 그리기 프로그램");
    }
//----------------------------------------------------------------
public void paint(Graphics g) {
        th = PI / 4;
          L1 = L * Math.sqrt(2);
          for(yt = 0; yt <= 150; yt += 50) {
               for(k = 1; k <= KK; k++) {
                     for(x = 30; x <= 300; x += L * 2.5) {
                         for(y = 2; y <= 5; y += L * 2.5) {
                                x0 = x;
                                y0 =(int)( y * L + yt - 10);
                                x1 =(int)(x0 + L * Math.cos(th));
                                y1 =(int)(y0 - L * Math.sin(th));
```

```
                        x2 =(int)(x0 + L1 * Math.cos(th + PI/4));
                        y2 =(int)(y0 - L1 * Math.sin(th + PI/4));
                        x3 =(int)(x0 + L * Math.cos(th + PI/2));
                        y3 =(int)(y0 - L * Math.sin(th + PI/2));
                        x0 = x0 * wx; x1 = x1 * wx;
                        x2 = x2 * wx; x3 = x3 * wx;
                        y0 = y0 * wy; y1 = y1 * wy;
                        y2 = y2 * wy; y3 = y3 * wy;
            g.setColor(Color.red);
            g.drawLine(x0, y0, x1, y1);
            g.drawLine(x1, y1, x2, y2);
            g.drawLine(x2, y2, x3, y3);
            g.setColor(Color.magenta);
             g.drawLine(x3, y3, x0, y0);
                  }    }
      th = th + PI /  KK * 2;
            }  }  }
//-----------------------------------------------------------------
  public boolean handleEvent(Event e) {
      if (e.id == Event.WINDOW_DESTROY)
        System.exit(0);               // 실행끝
      return super.handleEvent(e);}  // 상위 클래스에서 사건을 처리
//-----------------------------------------------------------------
  public static void main(String[] args)    {
    Frame frm =  new Line_pattern3();   // 프레임 생성
         frm.resize(600, 400);          // 프레임 크기 : 600*400(화소)
         frm.show();                    // 프레임 표시
    } }
```

[예제 2-23] 수행결과

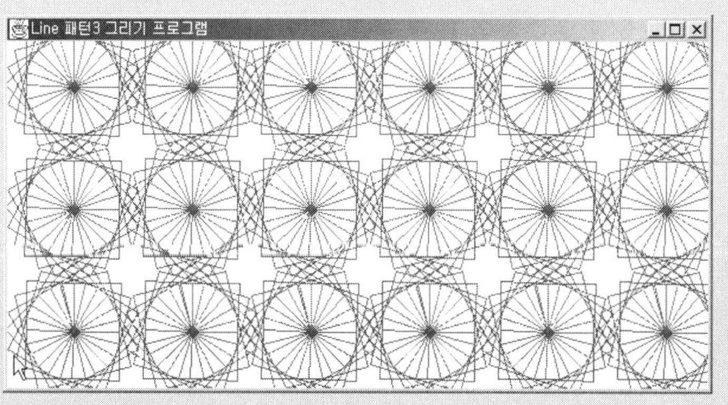

◆ 위 프로그램에서 x0, y0을 중심으로 하여 정사각형을 회전시키고 있다. 회전의 각도는 th 변수로 하여, th=th+PI/ kk*2 문에서 th의 값을 변화시키고 있다.

◆ 또한 위 프로그램에서는 kk의 값을 24로 하여 정사각형을 24회 회전시키고 있다. KK의 값에 따라서 th=th + PI/ KK*2 문의 th의 값도 변해간다.

◆ KK의 값을 바꾸면 회전각이 변화하므로 KK의 값을 여러 가지로 바꾸어 보아라. 이 도형 중의 부분이 없는 도형은 정사각형을 6도 회전시키는 것만으로 만들 수 있다.

[예제 2-24] 다음의 프로그램을 수행한 후 결과를 분석하시오.

```
import java.awt.*;
public class Line_pattern4 extends Frame {
  int    R1 = 52, R2 = 15;
  double PI = 3.14;
  int    x1, y1, x2, y2, x3, y3;
  double AA = R1 * Math.sqrt(3);
  int i, j;
  public Line_pattern4(){ setTitle("Line 패턴4 그리기 프로그램");
    }
//-----------------------------------------------------------
public void paint(Graphics g) {
   for(double x0 = 55.0; x0 < 265.0; x0 += 100.0) {
      for(double y0 = 100.0 - AA/2.0; y0 < 100.0 + AA/2.0; y0 += AA){
        for(i = 0; i <= 300; i += 60) {
                x1 = (int)(x0 + R2 * Math.cos((i + 30.0) / 180.0 * PI));
                y1 = (int)(y0 - R2 * Math.sin((i + 30.0) / 180.0 * PI));
                x2 = (int)(x0 + R2 * Math.cos((i - 30.0) / 180.0 * PI));
                y2 = (int)(y0 - R2 * Math.sin((i - 30.0) / 180.0 * PI));
          for(j = 10; j < R1; j += 5) {
                  x3 = (int)(x0 + j * Math.cos((double)i / 180.0 * PI));
                  y3 = (int)(y0 - j * Math.sin((double)i / 180.0 * PI));
                 g.setColor(Color.red);
                 g.drawLine(x1*2, y1*2, x3*2, y3*2);
                 g.setColor(Color.magenta);
                 g.drawLine(x3*2, y3*2, x2*2, y2*2);
              } } } }   }
  //-----------------------------------------------------------
```

```
    public boolean handleEvent(Event e) {
        if (e.id == Event.WINDOW_DESTROY)
            System.exit(0);                    // 실행끝
        return super.handleEvent(e);}  // 상위 클래스에서 사건을 처리
//---------------------------------------------------------
    public static void main(String[] args)    {
      Frame frm =  new Line_pattern4();    // 프레임 생성
            frm.resize(600, 400);            // 프레임 크기 : 600*400(화소)
            frm.show();                      // 프레임 표시
        }   }
```

[예제 2-24 수행결과

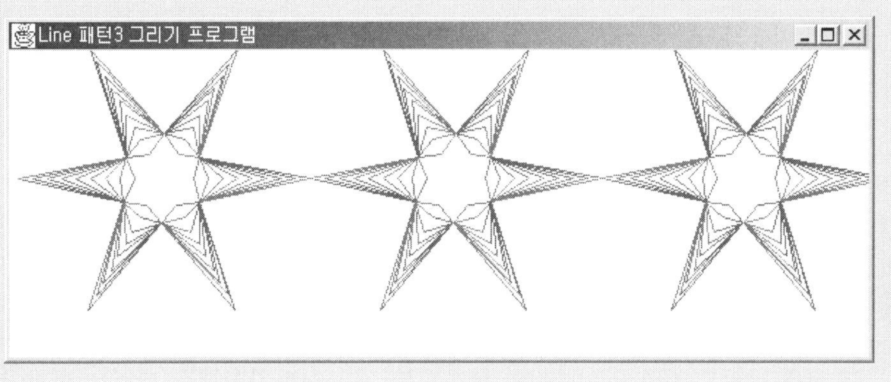

위 프로그램을 실행하면 불가사리와 같은 아름다운 모양이 나란히 늘어져 있다. 점을 잡는 법은 오른쪽 그림을 잡고 그것을 60도씩 회전시켜 나가면 그림과 같이 된다.

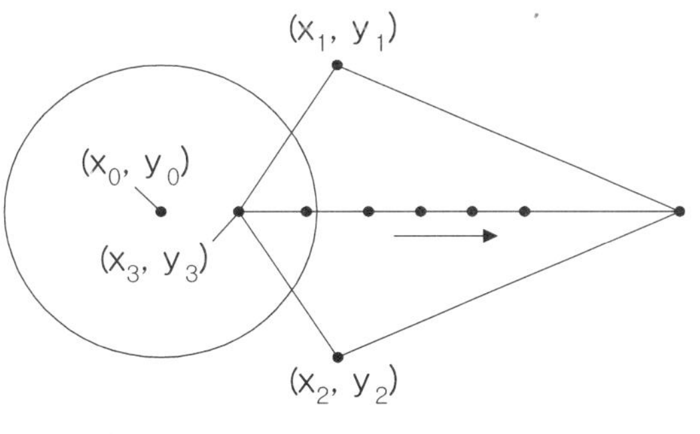

최초에 점(x1, y1)과 점(x2, y2)를 접하고, 이 두 점에서 점(x3, y3)으로 선을 긋는다. 반지름 R2 위의 점(x1, y1), (x2, y2)를 구하고, 다음에 네 번째 for 문에서 (x3, y3)을 구하고는 선을 긋고, 다음에 (x3, y3)을 이동하여 선을 긋는 작업을 되풀이한다.

2-7 사각형, 타원(원), 호를 그리는 자바 그래픽스

2-7-1 사각형을 그리는 메소드

자바에서 사각형을 그리는 메소드의 형식은 다음과 같다.

- void drawRect(int x, int y, int width, int height);
  ① 왼쪽 상단 모서리 좌표 x, y, 위치에서 너비가 width, 높이가 height인 사각형을 그린다.
- void fillRect(int x, int y, int width, int height)
  ② 왼쪽 상단 모서리 좌표 x, y, 위치에서 너비가 width, 높이가 height인 채워진 사각형을 그린다.

Java에서 사각형을 그리는 방법은 두 가지로 생각하여 그릴 수 있다. 첫 번째 방법은 자바의 일반적인 메소드를 이용하여 그리는 방법과 두 번째 방법은 사각형을 그리고자하는 크기의 중심점을 시작점으로 하여 사각형을 그리는 방법이 있다

첫 번째 방법은 자바의 일반적인 메소드를 이용하여 사각형을 그리는 방법이다.

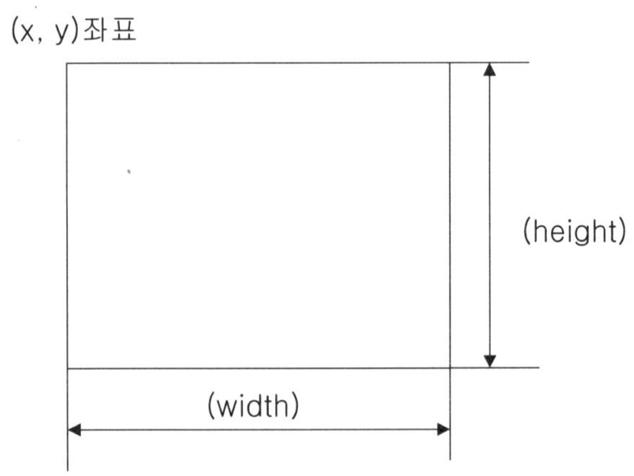

[그림 2-4] (x, y) 좌표에서 width 와 height 이용한 사각형 그리기 방법1

두 번째 방법은 [그림 2-5]와 같이 사각형을 그리는 크기에서 사각형의 중심점을 시작 좌표로 설정해서 그리는 방법이다.

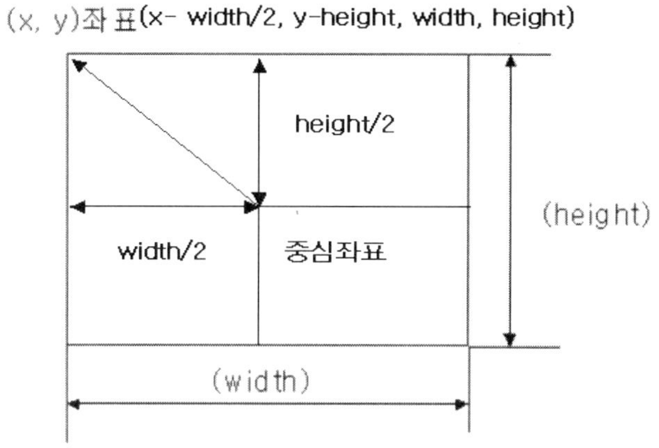

[그림 2-5] 사각형 중심 좌표를 이용한 사각형 그리기 방법2

[그림 2-5]에서 보는 봐와 같이 (x, y)좌표는 자바 시작좌표 메소드이다. 그러므로 사각형의 중심좌표를 원래의 자바의 시작좌표 쪽으로 좌표를 이동하여 주어야한다. 그려지는 사각형의 중심좌표 크기만큼의 좌표 이동을 위해서는 x-width/2, y-height/2 되어져야한다. 그러므로 원래의 Java의 사각형을 그리는 메소드로 환원되어 진다. 그러므로 다음과 같이 사각형의 중심좌표에 의한 메소드를 얻을 수 있다. 여기서 width > height 이면 수직 사각형, width < height 는 수평 사각형, width = height 으면 정사각형이다.

■ void drawRect(int x-width/2, int y-height/2, int width, int height)
① x, y 좌표에 width/2, height/2 만큼 빼야만 원래의 자바 메소드에 해당되는 시작 좌표점이 됨

[예제 2-25] 다음 프로그램은 사각형을 그리는 방법을 타원과 비교하여 그리는 예이다.

```
import java.awt.*;
import java.applet.Applet;
// <Applet code = Rectangle_Applet width=300 height=300> </Applet>
public class Rectangle_Applet extends Applet{
  int x=100, y=100, w=100, h=100;
  int x1=150, y1=150;  // 중심좌표
 public Rectangle_Applet(){};
 public void paint(Graphics g){
     g.setColor(Color.red);
     g.drawRect(x, y, w, h);
     g.setColor(Color.green);
     g.drawOval(x1-w/2, y1-h/2, w,h);
        }       }
```

[예제 2-25]
수행결과

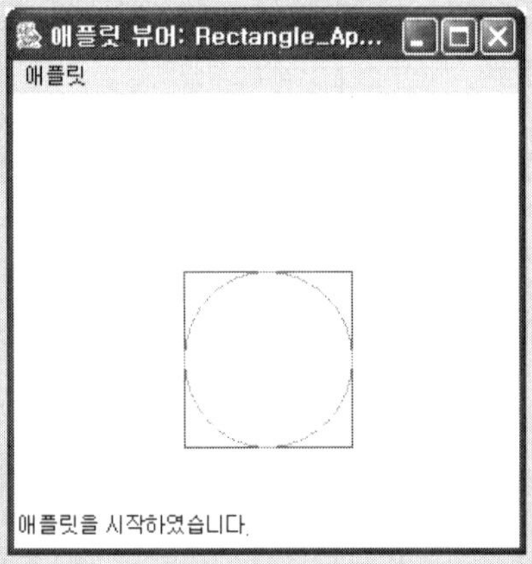

[예제 2-26] **다음 사각형의 중심좌표(300, 300)에서 width 와 height를 20씩 증가 시키면서 10개의 사각형을 그리는 프로그램을 작성하시오.**

```
import java.awt.*;
import java.applet.Applet;
// <Applet code = Rectangle_Applet25 width=400 height=400> </Applet>
public class Rectangle_Applet25 extends Applet{
   int x=200, y=200;  // 중심좌표
   int w, h;
 public Rectangle_Applet25(){};
  public void paint(Graphics g){
      g.setColor(Color.red);
   for(w=20, h=20; w<=200; w+=20, h+=20)
      g.drawRect(x-w/2, y-h/2, w, h);
         }         }
```

[예제 2-26]
수행결과

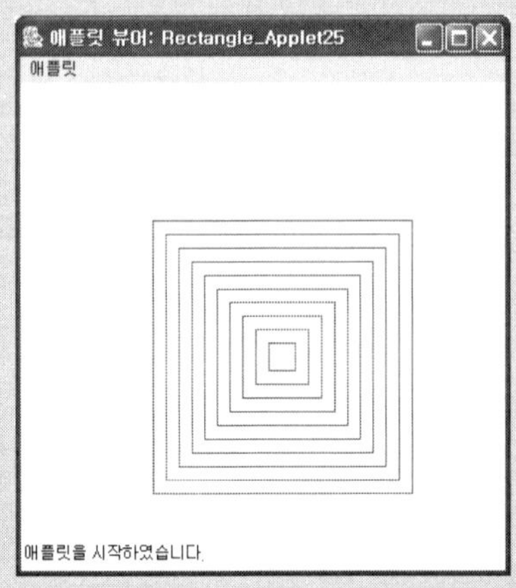

2-7-2 타원(원)을 그리는 메소드

자바에서 타원을 그리는 메소드의 형식은 다음과 같다.

■ `void drawOval(int x, int y, int width, int height)`
　① 왼쪽 상단 모서리 좌표 x, y, 위치에서 너비가 width, 높이가 height인 내접 타원을 그린다.

■ `void fillOval(int x, int y, int w, int h)`
　② 왼쪽 상단 모서리 좌표 x, y, 위치에서 너비가 w, 높이가 h인 채워진 내접 타원을 그린다.

위 메소드에서 width = height 이면 원을, width > height이면 수평타원, width < height 이면 수직 타원을 그린다. 마찬가지로 타원을 그리는 방법은 사각형을 그리는 방법과 동일하다.

첫 번째 방법 은 타원을 그리는 메소드 형식1을 이용하여 [그림 2-5]와 같이 그리는 방법.

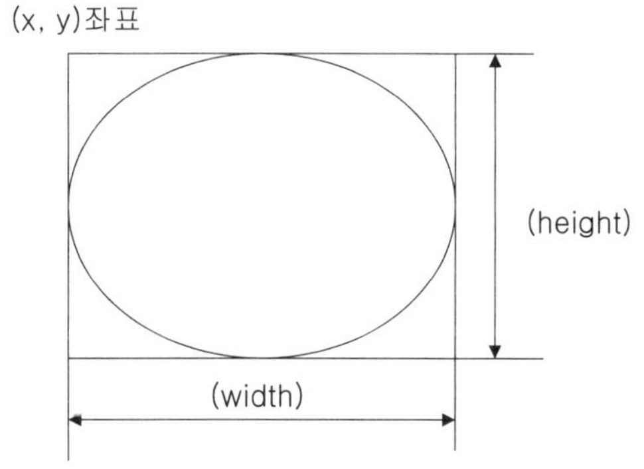

[그림 2-5] 타원(원)을 그리는 방법 1

두 번째 방법은 타원의 중심좌표를 설정하여 반지름 r1, r2에 의한 원과 타원을 [그림 2-6]과 같이 그리는 방법이다.

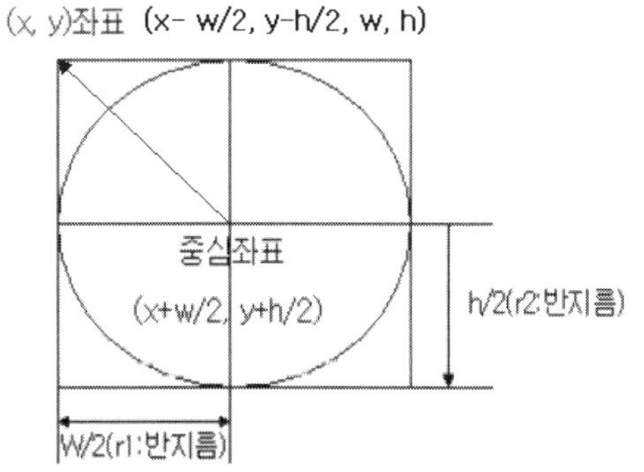

[그림 2-6] 타원(원)을 그리는 방법 2

두 번째 방법으로 타원을 그릴 때 관련되는 메소드는 다음과 같이 응용된다.

■ void drawOval(int x-w/2, int y-h/2, int w, int h)

① 타원의 중심 좌표(x, y)에 의한 타원(원)을 그린다.

■ void drawOval(int x-r1, int y-r2, int r1*2, int r2*2)

② 반지름으로 사용하였을 경우(x, y) 좌표에는 반지름 크기만큼 빼주고 width, height에는 2배 해주어야 한다.

예를 들어 타원의 중심좌표(200, 200, 50, 50);인 원을 그리고자 할 때 자바의 타원을 그리는 메소드로 환원하면 g.drawOval(200-50, 200-50, 50 * 2, 50 * 2); 가 되어 타원을 그린다. 결과적으로 중심 좌표(200, 200) 과 반지름이 50인 원을 그리게 된다. 여기서 w > h 이면 수직 타원, w < h 는 수평 타원, w = h 이면 원이다.

다음 프로그램을 수행 후 분석하시오.

```
import java.awt.*;
import java.applet.Applet;
// <Applet code = Rectangle_Applet26 width=400 height=400> </Applet>
public class Rectangle_Applet26 extends Applet{
  int x=200, y=200;  // 중심좌표
  int w, h;
 public Rectangle_Applet26(){};
  public void paint(Graphics g){
  for(w=40, h=20; h<=200; w+=20, h+=20){
   g.setColor(Color.red);       g.drawRect(x-w/2, y-h/2, w, h);
   g.setColor(Color.green);    g.drawOval(x-h/2, y-w/2, h, w);
   }}}
```

2-7-3 둥근 모서리를 갖는 사각형 그리기

둥근 모서리의 사각형을 그리는 메소드의 형식은 다음과 같다.

■ void drawRoundRect(int x, int y, int w, int h, int w1, int h1)

① 시작점(x, y), 폭 w, 높이 h 인 모서리가 둥근 사각형을 [그림 2- 7]과 같이 그린다. 여기서 w1, h1은 Rounded될 폭과 높이를 나타낸다.

■ void fillRoundRect(int x, int y, int w, int h, int w1, int h1);

② 시작점(x, y), 폭 w, 높이 h 인 모서리가 둥근 채색된 사각형을 그린다. 여기서 w1, h1은 Rounded될 폭과 높이를 나타낸다.

[그림 2-7]는 둥근 모서리를 가지는 사각형을 그리는 프로그램의 예와 실행 결과이다.

```
import java.applet.Applet;
import java.awt.Graphics;
/*  <applet code="Test2Applet" width=400  height=400> </applet> */
public class Test2Applet  extends Applet {
        public void paint(Graphics g) {
        g.drawRoundRect(25, 25, 100, 50,20,20)    // 둥근 사각형 그리기
        }
}
```

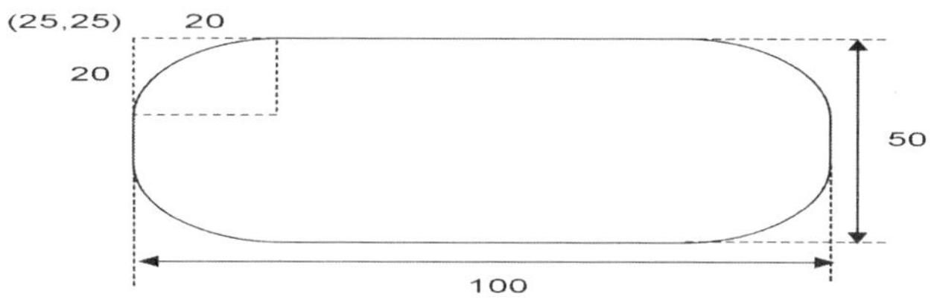

[그림 2-7] 둥근 모서리를 가지는 사각형 그리기

2-7-4 원호(Arc) 그리기

원호를 그릴 때 원호의 중심은 왼쪽 상단 모서리 좌표가 x, y, 너비가 w, 높이가 h인 사각형 안에 내접한 원호를 [그림 2-8]과 같이 그린다. ang0는 시작각도, ang1는 끝 각도이다. 0 도는 시계에서 3시 방향이고 각도는 시계 반대방향으로 그린다. 원호를 그리는 메소드의 형식은 다음과 같다.

- void drawArc(int x, int y, int w, int h, int ang0, int ang1);
- void fillArc(int x, int y, int w, int h, int ang0, int ang1);
  ① ang0와 ang1 사이에 원호를 채운다.

[그림 2-8]은 원호를 그리는 프로그램과 실행결과를 나타내는 그림이다.

```
import java.applet.Applet;
import java.awt.Graphics;
/*  <applet code="Test5Applet" width=400  height=400> </applet> */
public class Test5Applet  extends Applet {
        public void paint(Graphics g) {
        g.drawArc(20,50,130,70,0, -110);    // 0 도에서 시계방향 110도 까지
                                            // 호 그리기
        }
}
```

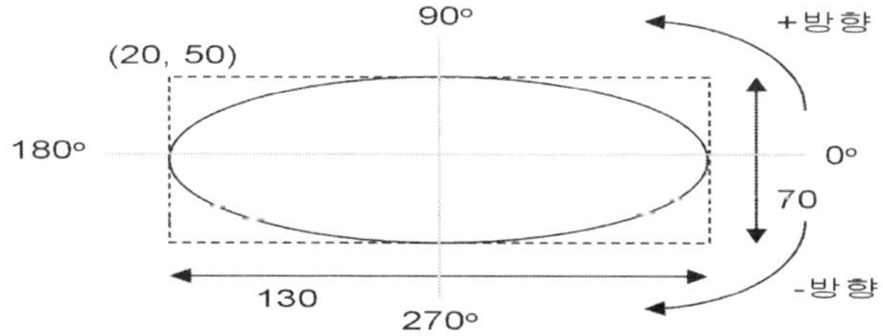

[그림 2-8] 원호 그리기

[예제 2-27] 사각형, 채운 사각형, 둥근 모서리 사각형을 그리는 프로그램이다. 실행 후 분석하시오.

```
import java.awt.*;
public class Rect_1 extends Frame {
  public Rect_1()          // 생성자 메소드
  { setTitle("사각형");  }
//--------------------------------------------------------------
public void paint(Graphics g) {
   g.drawRect(10, 50,  80,200);                // 사각형
   g.setColor(Color.red);
   g.fillRect(110,50,  80,200);                // 채색된 사각형
   g.drawRoundRect(200,50, 80,200, 40,30);  // 모서리가 라운드 된 사각형
   g.fillRoundRect(300,50, 80,200, 40,30);  // 채색된 사각형
   }
//--------------------------------------------------------------
public boolean handleEvent(Event e) {
   if (e.id == Event.WINDOW_DESTROY)
      System.exit(0);                   // 실행끝
   return super.handleEvent(e);       // 상위 클래스에서 사건을 처리
   }
//--------------------------------------------------------------
public static void main(String[] args){
   Frame frm = new Rect_1();                // 프레임 생성
         frm.resize(500, 300);            // 프레임 크기 : 500*300(화소)
         frm.show();                      // 프레임 표시
      }   }
```

[예제 2-27] 수행결과

[예제 2-28] 타원(원), 호, 채운 원, 호를 그리는 프로그램이다. 실행 후 분석하시오.

```
import java.awt.*;
import java.applet.Applet;
//<Applet code=Arc_1 width=600 height=300></Applet>
public class Arc_1 extends Applet {
    public Arc_1() { };   // 생성자 메소드
//-----------------------------------------------------------------
  public void paint(Graphics g) {
    g.drawOval(50, 100,  120, 120);             // 원
    g.setColor(Color.red);
    g.drawOval(200, 100,  100, 150);           // 수직 타원
    g.fillOval(300, 100,  100, 150);            // 채색된 타원
    g.setColor(Color.green);
    g.drawArc (400, 100, 100, 150, 30, 270);    // 호 그리기
    g.fillArc (500, 100, 100, 150, 30, 270);     // 채색된 호
    }
  //-----------------------------------------------------------------
  public static void main(String[] args){
    Frame frm = new Frame("원, 타원, 호 그리기");  // 프레임 생성
    Arc_1  win =  new Arc_1();                     // 객체 생성
          frm.add(win);
          frm.resize(600, 300);                   // 프레임 크기 : 600*300(화소)
          frm.show();                            // 프레임 표시
   } }
```

[예제 2-28] 수행결과

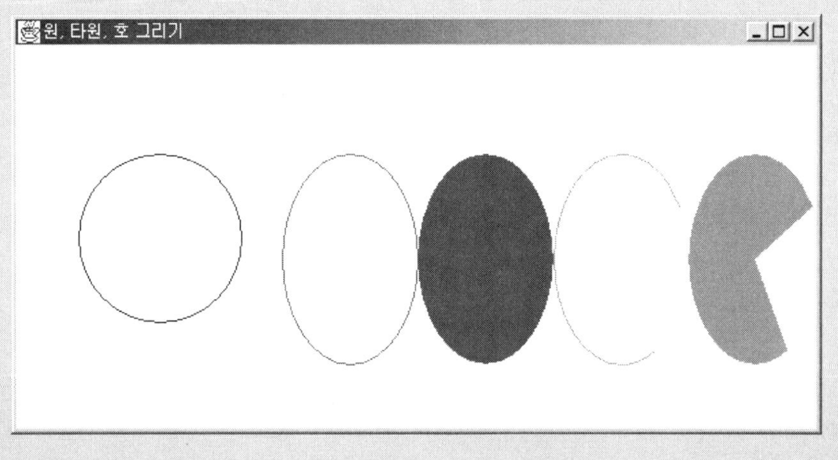

[예제 2-29] 다음은 사각형을 그리는 응용 프로그램이다 실행하여 분석하시오.

```
import java.awt.*;
public class Rect_2 extends Frame {
   public Rect_2() { setTitle("사각형 그리기 응용");    // 타이틀 이름
   }
  public void paint(Graphics g){
     for (int i=0 ; i<30 ; i++)
        g.drawRect(50+i*20,50+i*20 ,450-i*40,250-i*40);
   }
  //-------------------------------------------------------------
  public boolean handleEvent(Event e) {
     if (e.id == Event.WINDOW_DESTROY)
        System.exit(0);                          // 실행 끝
     return super.handleEvent(e);         // 상위 클래스에서 사건을 처리
   }
 //-------------------------------------------------------------
  public static void main(String[] args) {
     Frame f =  new Rect_2();          // 프레임 생성
          f.resize(600, 350);       // 프레임 크기 : 600*350(화소)
          f.show();                 // 프레임 표시
   } }
```

[예제 2-29] 수행결과

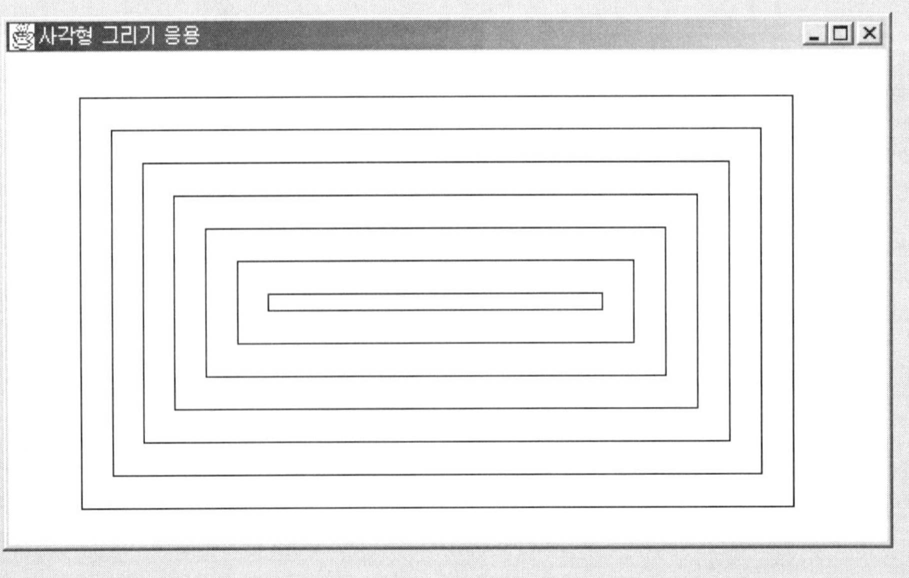

[예제 2-30] **다음프로그램을 [예제 2-28] 프로그램과 비교하여 분석하시오.**

```
import java.awt.*;
import java.applet.Applet;
//<Applet code=Rect_Applet width=600 height=400></Applet>
  public class Rect_Applet extends Applet{
  public Rect_Applet(){ };
//-------------------------------------------------
 public void paint(Graphics g){
     for(int w=200,h=10; w<=450; w+=40, h+=40)
       g.drawRect(300-w/2, 200-h/2, w, h);
    }  }
```

[예제 2-31] **다음은 원을 그리는 응용 프로그램이다 실행하여 분석하시오.**

```
import java.awt.*;
import java.applet.Applet;
//<Applet code=Circle_1 width=600 height=400></Applet>
public class Circle_1 extends Applet{
    public Circle_1(){ };
//-----------------------------------------------------
public void paint(Graphics g){
      for (int i=0 ; i<30 ; i++)
        g.drawOval(50+i*20,50+i*20 ,250-i*40,250-i*40);
    }}
```

[예제 2-31] 수행결과

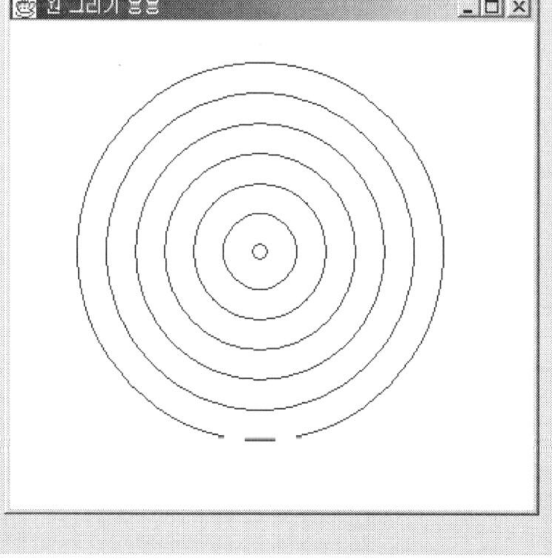

[예제 2-32] **다음의 프로그램을 실행하여 분석하시오.**

```
import java.awt.*;
import java.applet.Applet;
//<Applet code=Circle_2 width=600 height=400></Applet>
public class Circle_2 extends Applet{
        public Circle_2() {};
public void paint(Graphics g){
 int w=50, h=50;
   for (int x=50, y=50; x < 200; x+=10, y+=10){
        int a=(int) (Math.random()*256);
        int b=(int) (Math.random()*256);
        int c=(int) (Math.random()*256);
           g.setColor(new Color(a, b, c));
           g.fillOval(x, y, w, h);
           w+=20; h+=20;
           } } }
```

[예제2-32] 수행결과

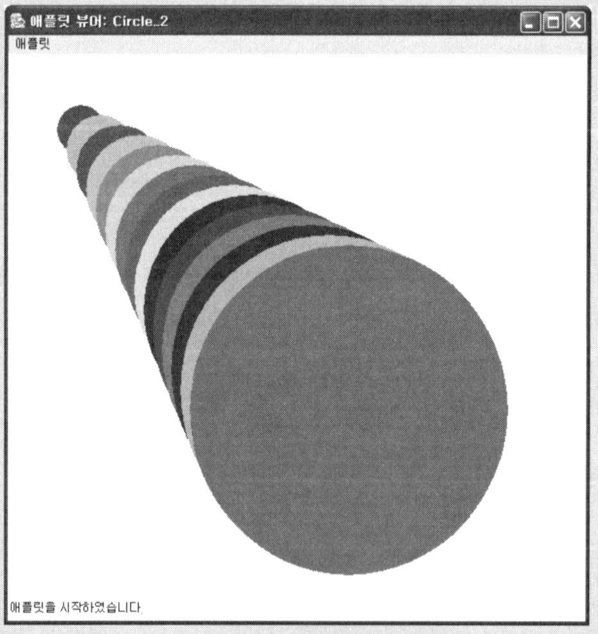

[예제 2-33] **다음의 프로그램을 실행하여 분석하시오.**

```
import java.awt.*;
import java.applet.Applet;
//<Applet code=Circle_3 width=600 height=400></Applet>
public class Circle_3 extends Applet{
    public Circle_3() {};
//--------------------------------------------------
public void paint(Graphics g){
        setColor(Color.red);
    for (int i=0 ; i< 50; i++)
       g.drawOval(50+i*10, 100, 100, 100);
    }}
```

[예제 2-33] 수행결과

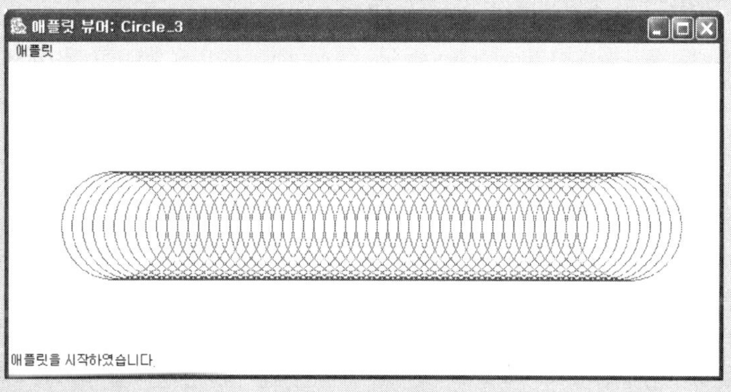

[예제 2-34] **다음의 프로그램을 분석하시오.**

```
import java.awt.*;
import java.applet.Applet;
//<Applet code=Circle_4 width=500 height=400></Applet>
public class Circle_4 extends Applet{
  double PI = 3.141592;
  double TH = PI/10;
  int R=90;
  int x, xx, y, z, yy;
  public Circle_4() {};
//--------------------------------------------------
 public void paint(Graphics g){
     for(y=-100; y<=100; y+=5){
         for(x=-160; x<=160; x++){
```

```
        if(Math.pow(R,2) > (Math.pow(x,2) + Math.pow(y,2))){
        z = (int)(Math.sqrt(Math.pow(R,2) - Math.pow(x,2) - Math.pow(y,2)));
        yy =(int)((y * Math.cos(TH) - z * Math.sin(TH)) + 200);
            }
        else { yy = y + 200 ;  }
             xx = x + 200;
         g.setColor(Color.red);
         g.fillOval(xx, yy, 1, 1);
         } }
    } }
```

◆ 구면 위에 직선을 투영한 것처럼 도형을 변화시키고 있다. 구의 방정식은 $x^2 + y^2 + z^2 = R^2$로 나타내어진다. 우선 점을 x와 y의 값을 주면서 잇게 해 나간다. 첫 번째 IF 문에서 점 (x, y)이 구의 가운데에 들어갔는가? 어떤가를 판단하게 한다.

◆ 원의 방정식은 $R^2 = x^2 + y^2$이므로 $R^2 > x^2 + y^2$인 때가 원 가운데의 점이 된다. 그리고 구 안에 들어갔을 때 z의 값을 계산하며, z는 다음 식으로 구할 수 있다.

$$z = \sqrt{R^2 - x^2 - y^2}$$

그러나 이대로는 정면에서 보고 있는 것뿐이므로 직선이 된다. 각도 TH로 올려다보면 구면으로 보이게 된다.

◆ pow() 함수는 승수 처리를 위한 함수이며, sqrt() 함수는 제곱근 계산을 위한 함수이다.

◆ R을 바꾸면 구의 크기가 변한다. Y의 스텝을 바꾸면 선의 폭이 변한다. TH도 바꾸어본다.

[예제 2-34] 수행결과

[예제 2-35] 다음의 프로그램을 수행 후 분석하시오.

```
import java.awt.*;
import java.applet.Applet;
//<Applet code=Circle_5 width=500 height=400></Applet>
public class Circle_5 extends Frame{
  int wx, wy, x, y, r, a, i, cc;
  public Circle_5() {};
//-----------------------------------------------------------
  public void paint(Graphics g){
          x = 200; y = 200; r = 20;
          a = 4;
     for(i = 0; i <= 20; i++) {
            g.setColor(Color.red);
            g.drawOval(x-r + a, y-r, r*2, r*2);
            g.drawOval(x-r + a, y-r + a, r*2, r*2);
            g.drawOval(x-r, y-r + a, r*2, r*2);
            g.drawOval(x-r, y-r, r*2, r*2);
            r = (int)(r + Math.sqrt(2) * 4);
            }     } }
```

위 프로그램은 타원을 그리는 두 번째 방법을 이용한 프로그림이다.

g.drawOval(x-r, y-r, r*2, r*2);는 원의 중심 좌표(200, 200)과 20인 반지름을 Java의 원래의 타원 메소드로 변환한 것이다.

[예제 2-35] 수행결과

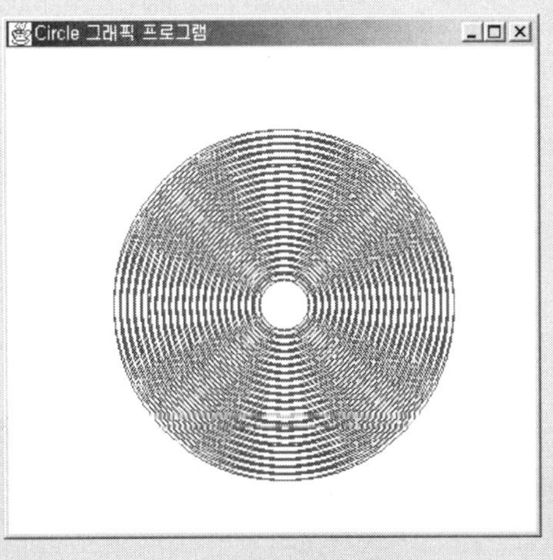

[예제 2-36] 다음의 프로그램을 수행 후 분석하시오.

```
import java.awt.*;
import java.applet.Applet;
 //<Applet code=Circle_6 width=500 height=400></Applet>
public class Circle_6 extends Applet{
 int x, y, da, r, i;
 Color t;
 Color c = Color.red;
 Color cc = Color.green;
    public Circle_6() {};
//--------------------------------------------------------
 public void paint(Graphics g){
             x = 200; y = 200;
             da = 2;
             r = 20;
           for(i = 1; i < 51; i++) {
              if((i % 10) == 0) {
                   t = cc;  cc = c; c = t;
                  da = -da;
                 }
              g.setColor(cc);
              g.drawOval(x-r, y-r, r*2, r*2);
              r = r + 2;
              x = x + da;
           }   }
//----------------------------------------------------------------
 public static void main(String[] args){
        Frame frm = new Frame("Circle_6 ");
        Circle_6 win =  new Circle_6();
                frm.add(win);
                frm.resize(500, 400);
                frm.show();
           }  }
```

◆ 원의 중심이 직선상을 왕복하면서 원의 반경이 점차 커진다. if 문의 i % 10 = 0은 x를 10으로 나눌 때 나머지가 0인 것을 나타낸다. 10의 값을 7로 바꾸면 7회마다 왕복을 되풀이한다.

◆ 원의 중심의 왕복 이동을 위해 이 프로그램에서는 같은 색으로 10회 원을 그리는 것을 다시 5회 되풀이하여 50개의 원을 그리고 있다.

◆ c, cc는 색을 나타내고 있으며, if 문의 i % 10은 i를 10으로 나눌 때 나머지가 < 0인 것을 나타낸다. c, cc는 10회마다 색을 바꾸고 있다. 이 프로그램에서는 c와 cc의 초기 값으로 녹색(Color.green)과 적색(Color.red)으로 c와 cc값을 바꾸면 색의 조합이 바뀐다.

[예제 2-36] 수행결과

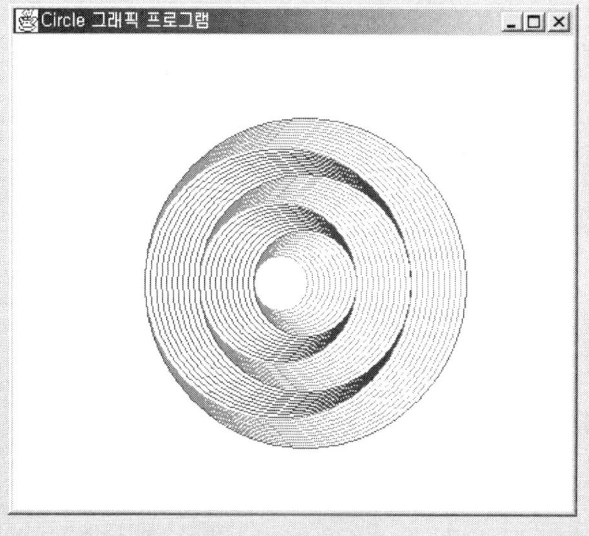

2-8 다각형을 그리는 자바 그래픽스

2-8-1 다각형 그리기

자바에서 다각형을 그리는 일반적인 메소드는 다음과 같다.

■ `void drawPolygon(int x[], int y[], int n);`

① n 개의 모서리를 가진 다각형을 그린다. x[], y[]는 배열을 의미한다.

■ `void fillPolygon(int x[], int y[], int n);`

② n 개의 모서리를 가진 다각형을 채운다.

■ `void drawPolyline(int x[], int y[], int n);`

③ n개의 지점을 갖는 다중선을 그린다.

[예제 2-37] 다음의 [프로그램 1, 2]는 다각형을 그리는 프로그램의 예이다. 실행 후 비교 분석하시오.

[프로그램1]

```
import java.awt.*;
import java.applet.Applet;
//<Applet code=Polygon_1.class width=600 height=400></Applet>
public class Polygon_1 extends Applet {
  int [] x_code = {20, 140, 180, 130, 40, 15, 20};
  int [] y_code = {20, 20, 50, 100,1 00, 50, 20};
 public void paint(Graphics g){
       g.drawPolygon(x_code, y_code, 7);  // 모서리가 7개의 다각형
       g.drawString("다각형을 그리는 자바 프로그램입니다.", 50, 150);
           } }
```

[예제 2-37] 수행결과

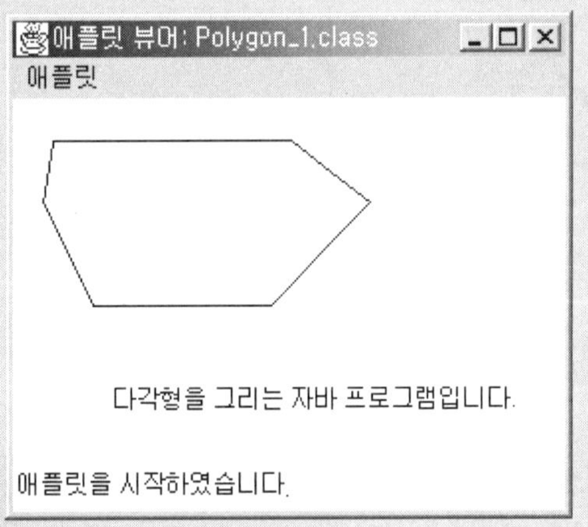

[프로그램2]

```
import java.awt.*;
import java.applet.Applet;
//<Applet code=Polygon_2.class width=600 height=400></Applet>
public class Polygon_2 extends  Applet {
    public void paint(Graphics g){
      Polygon p = new Polygon();
              p.addPoint(20, 20);   p.addPoint(140, 20);
              p.addPoint(180, 50);  p.addPoint(130, 100);
              p.addPoint(40, 100);  p.addPoint(15, 50);
```

```
            p.addPoint(20, 20);
            g.drawPolygon(p);
            g.drawString("다각형을 그리는 자바 프로그램입니다.", 50, 150);
      }   }
```

[예제 2-38] 다음의 프로그램은 다각형을 그리는 프로그램의 예이다. 실행 후 분석하시오

```
import java.awt.*;
import java.applet.Applet;
//<Applet code=Polygon_3.class width=600 height=400></Applet>
public class Polygon_3 extends Applet {
  int [] x = {30, 200, 250,400, 450, 30};
  int [] y = {140, 50, 70, 10, 140, 140};
 public void paint(Graphics g){
         g.drawPolygon(x, y, x.length);
   for(int n=0; n < x.length; n++)
       y[n] += 150;
       g.fillPolygon(x, y, x.length-1);
       g.drawString("다각형을 그리는 자바 프로그램입니다.", 50, 200);
   }}
```

[예제 2-38] 수행결과

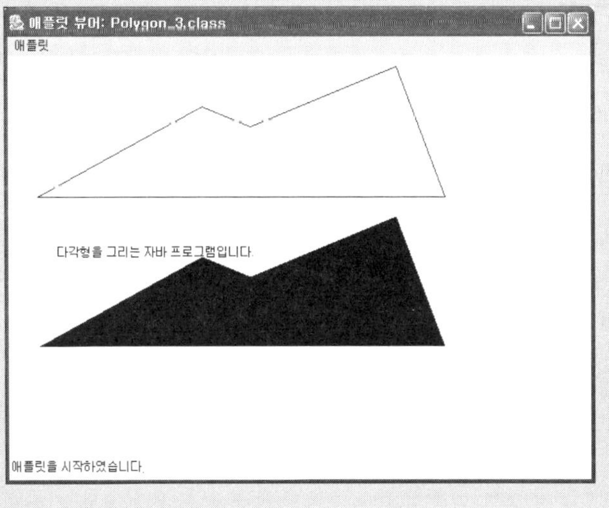

2-8-2 copyArea() 메소드

copyArea() 메소드의 형식은 다음과 같다.

■ copyArea(x, y, w, h, dx, dy);
① dx, dy 좌표는 복사되는 위치의 좌표 값이다.

2-8-3 clearRect() 메소드

clearRect() 메소드의 형식은 다음과 같다.

■ clearRect(x, y, w, h)
① 해당 좌표 영역을 지우는 메소드이다.

2-9 그래픽 화면상의 문자 및 이미지 출력

2-9-1 텍스트와 폰트 메소드

텍스트를 그리는 기능은 Graphics 클래스, Font 클래스, FontMetrics 클래스를 사용하여 화면상에 있는 글자의 여러 가지 속성을 변경할 수 있다.

다음은 텍스트 메소드의 형식이다.

■ drawString(Str, x, y)
① x, y 좌표상에 Str 문자열을 출력한다.
■ drawChars(char, x, y)
② x, y 좌표상에 char 문자 배열을 출력한다.
■ drawByte(byt, x, y)
③ x, y 좌표상에 byt 바이트 배열을 출력한다.

폰트 설정 메소드의 설정은 폰트이름들은 TimesRoman, Helvetica, Courier, Dialog, DialogInput, ZapfDingbats 등이 있다. 또한 폰트 스타일은 Font.PLAIN(보통 글씨), Font.ITALIC(기울임 글씨), Font.BOLD(굵은 글씨) 등이 있다. 폰트스타일은 하나이상 혼합하여 사용할 수 있다. 즉 Font.ITALIC + Font.BOLD로 사용하면 이탤릭체로 진한글자가 된다. 폰트 설정형식은 다음과 같다.

■ getFont() ① 설정된 폰트 얻기
■ setFont("폰트이름", 폰트 스타일, 글자크기) ② 폰트 설정

2-9-2 색상 메소드

색상 메소드는 Graphics 클래스에서 제공하는 setColor() 메소드, getColor() 메소드가 있다. 또한 Graphics 클래스가 아닌 Component 클래스에서 제공하는 배경색, 전경색을 얻는 메소드와 배경색, 전경색을 지정하는 메소드등이 있으며, 다음과 같다.

■ getBackground() ① 배경색을 얻는 메소드
■ getForeground() ② 전경색을 얻는 메소드
■ setBackground() ③ 배경색을 지정하는 메소드
■ setForeground() ④ 전경색을 지정하는 메소드

자바에서 색상은 빨강(Red), 초록(Green), 파랑(Blue) 3 가지색의 혼합을 통한 24 비트 색상을 지원한다. 이들의 RGB는 0에서 255 까지 각각의 정수를 갖거나, 0.0에서 1.0 사이의 실수값을 갖는다. 예를 들어 RGB 값이 (255, 0, 0) 또는 (1.0, 0.0, 0.0)이면 빨강색을 의미한다.

RGB값의 설정에 편의를 제공하기 위해서 자바는 java.awt.Color는 다음과 같이 색의 관련 상수를 미리 정의하고 있다<표 2-1 참조>.

```
Color c[] = {Color.black, Color.red, Color.green,  Color.gray,
             Color.darkGray,  Color.blue,  Color.yellow,  Color.pink,
             Color.lightGray, Color.cyan,  Color.magenta, Color.white,
             Color.orange };
```

2-9-3 색상의 설정방법

* 색상 상수를 이용하는 방법

```
■ g.setColor(Color.red);
```

* RGB를 이용하는 방법

```
Color c = new Color(255, 100, 100);
     g.setColor(c);
  혹은
     g.setColor(new Color(255, 100, 100));
  ① 위 두 문장과 동일한 의미를 갖는다.
```

[예제 2-39] 배경 색과 글자 폰트 및 색 지정하는 프로그램이다. 실행 후 분석하시오.

```
import java.aw.*t;
import java.applet.Applet;
// <Applet code = "ColorEx_1.class" width =500 height=400> </Applet>
public class ColorEx_1 extends Applet{
  Font f;
  public void init(){ this.setBackground(Color.yellow); }
  public void paint(Graphics g){
    Dimension d = getSize();
    f = new Font("Dialog", Font.BOLD + Font.ITALIC, 40);
    g.setFont(f);
    g.setColor(Color.blue);
    g.drawString(" 배경색과 글자색 지정방법 예제입니다.", 10, d.height/2);
  }
}
```

[예제 2-39] 수행결과

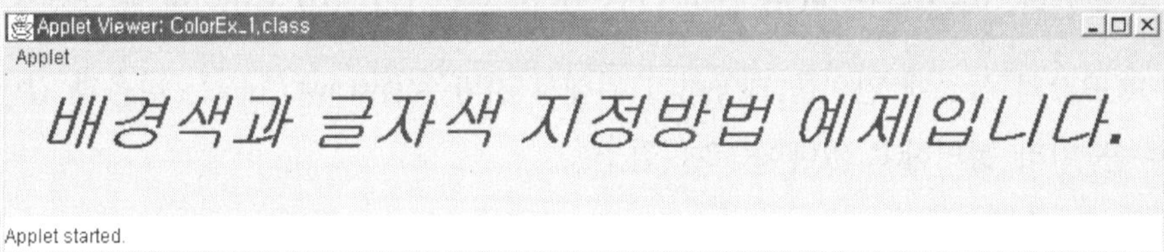

[예제 2-40] [예제 2-39] 다음 프로그램은 배경 색과 글자 폰트 및 색을 지정하는 프로그램이다. 실행 후 분석하시오.

```
import java.awt.*;
import java.applet.Applet;
// <Applet code = "ColorEx_2.class" width =500 height=400> </Applet>
public class ColorEx_2 extends Applet{
public void paint(Graphics g){
  setBackground(Color.lightGray);
  Font f = new Font("Dialog", Font.BOLD, 40);
     g.setFont(f);
     g.setColor(Color.blue);
     g.drawString(" 배경색과 글자색 지정방법 예제입니다.", 10, 100);
     g.setFont(new Font("Dialog", Font.BOLD, 60));
     g.setColor(Color.red);
     String str = " 자바 컴퓨터 그래픽스";
```

```
    g.drawString(str, 50, 200);
    } }
```

[예제 2-40] 수행결과

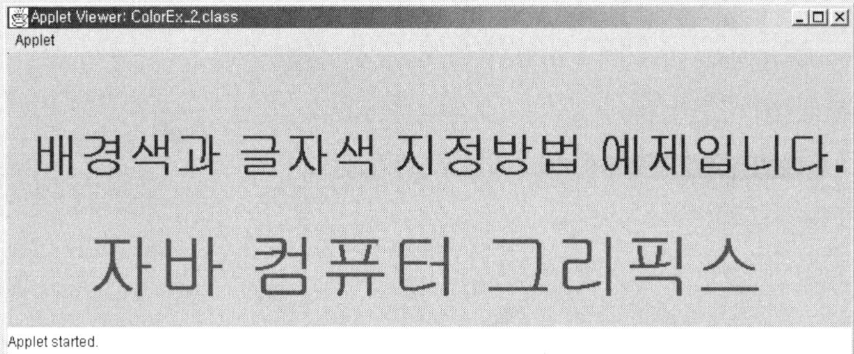

2-9-4 이미지(Image) 출력

자바에서는 디스크 상에 있는 그림파일(.gif, .jpeg 형식)의 이미지를 읽어들려 윈도우화면의 프레임 상에 표시할 수 있다. 그림 파일의 이미지를 읽어 들이려면 자바의 Toolkit 객체를 사용한다. 다음은 이미지 출력에 관련된 메소드의 형식이다.

- Toolkit.getDefaultToolkit()
  ① 툴 키트를 구하여 되돌린다.
- Image getImage("이미지 파일이름")
  ② 파일의 이미지를 읽어 되돌린다.
- drawImage(Image img, int x, int y, this)
  ③ img에 수록되어 있는 이미지를 x, y 좌표 이후에 출력한다.
- drawImage(Image img, int x, int y, int w, int h, this)
  ④ img에 수록되어 있는 이미지를 x, y 좌표 이후에 폭(w), 높이(h)로 출력 한다.
- Image img = Toolkit.getDefault().getImage("C/ img/Circle_6.gif);

[예제 2-41] 다음은 이미지 처리 프로그램이다. 실행 후 분석하시오.

```
import java.awt.*;
import java.applet.Applet;
// <Applet code - Image_1 width =500 height=400> </Applet>
public class Image_1 extends Applet{
  public void paint(Graphics g){
  Toolkit tk  = Toolkit.getDefaultToolkit();
```

```
Image   img = tk.getImage("Circle_6.gif");
   g.drawImage(img , 10, 20, this);                    //원래의 크기
   g.drawImage(img , 100, 200, 200, 200, this);  //크기 표시,this는 이미지 관찰자
   g.drawRect(100, 200, 200, 200);                    //테두리선
   } }
```

[예제 2-41] 수행결과

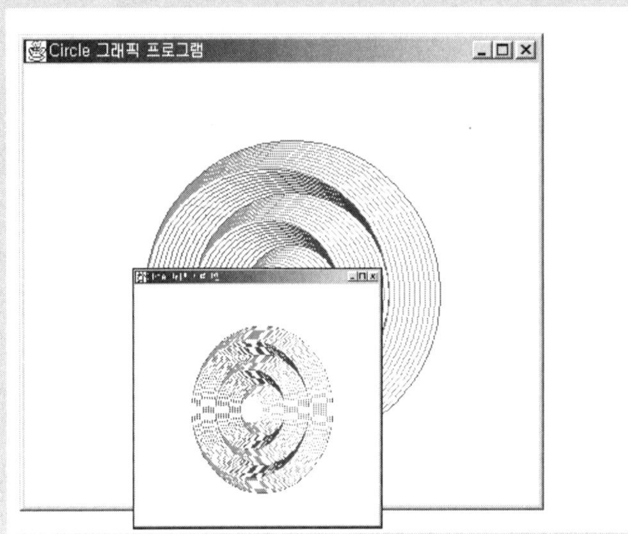

[예제 2-42] 다음 프로그램은 배경 색과 그래픽 색상 설정을 지정하는 프로그램이다. 실행 후 분석하시오.

```
import java.awt.*;
public class ColorGr_1 extends Frame {
  Color c[] = {Color.black, Color.red, Color.green, Color.gray,
               Color.blue,  Color.yellow,  Color.pink, Color.lightGray,
               Color.cyan,  Color.magenta, Color.orange };
  public ColorGr_1(){setTitle("예제 그래픽 프로그램"); }
//--------------------------------------------------------------
public void paint(Graphics g){
    int x,y,w,h,n;
        for (int i=0 ; i<100 ; i++){
                x = (int)(Math.random()*500);          // 프레임의 폭
                y = (int)(Math.random()*300);          // 프레임의 높이
                w = (int)(Math.random()*50) + 10;      // 도형의 폭
                h = (int)(Math.random()*30) + 10;      // 도형의 높이
                n = (int)(11 * Math.random());         // 임의의 색상 선택
```

```
                g.setColor(c[n]);
                g.drawRect(x, y, w, h);                // 사각형을 그린다.
                g.drawOval(x-w, y-h, w*2, h*2);        // 중심좌표를 갖는 타원
            }
        }
//----------------------------------------------------------------
public boolean handleEvent(Event e){
        if (e.id == Event.WINDOW_DESTROY)
          System.exit(0);                    // 실행끝
        return super.handleEvent(e);         // 상위 클래스에서 사건을 처리
        }
//----------------------------------------------------------------
public static void main(String[] args) {
    Frame f =  new ColorGr_1();              // 프레임 생성
        f.resize(500, 300);                  // 프레임 크기 : 500*300(화소)
        f.show();                            // 프레임 표시
    }
  }
```

[예제 2-42] 수행결과

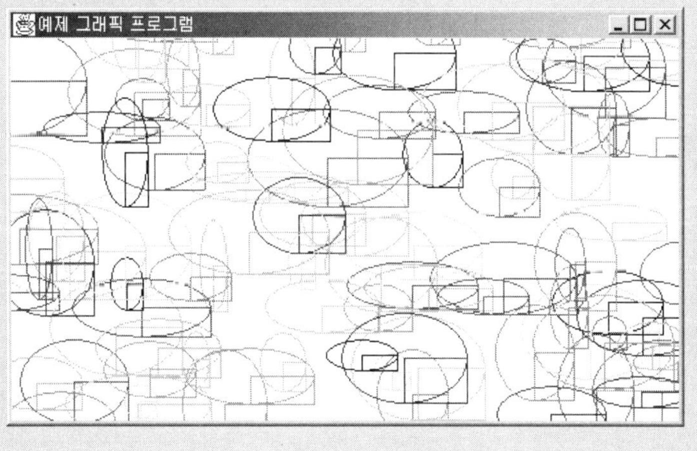

[예제 2-43] 다음은 배경 색과 그래픽 색상 RGB를 사용한 프로그램의 예이다. 실행 후 분석하시오.

```
import java.awt.*;
public class ColorGr_2 extends Frame {
        public ColorGr_2(){setTitle("색 설정");
        setBackground(Color.yellow);
        }
```

```
//------------------------------------------------------------------
 public void paint(Graphics g){
          // g 개체의 그림 색을 빨강으로 설정
            g.setColor(Color.red);
            g.drawOval(10,30, 200,100);      // 빨간색 테두리선의 타원
          // g 개체의 그림 색을 r=50, g=100, b=150인 색으로 설정
            g.setColor(new Color(50,100,150));
            g.fillOval(250,30, 200,100);
          }
//------------------------------------------------------------------
 public boolean handleEvent(Event e){
          if (e.id == Event.WINDOW_DESTROY)  System.exit(0); // 실행 끝
          return super.handleEvent(e);      // 상위 클래스에서 사건을 처리
          }
//------------------------------------------------------------------
 public static void main(String[] args){
          Frame frm =  new ColorGr_2();          // 프레임 생성
               frm.resize(500, 200);          // 프레임 크기
               frm.show();                    // 프레임 표시
          }
  }
```

[예제 2-43] 수행결과

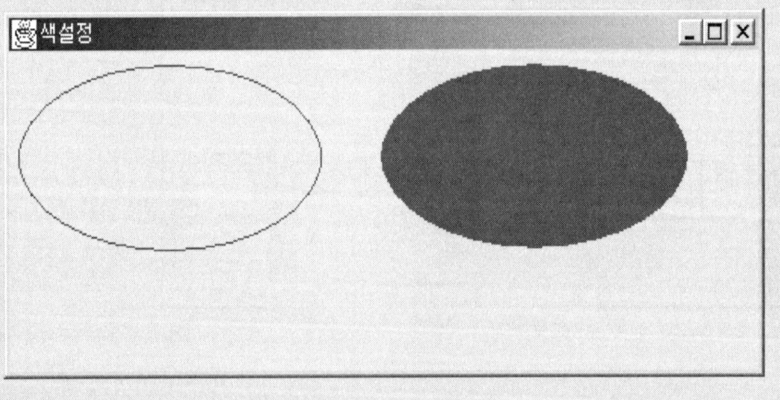

[예제 2-44] 다음 프로그램은 setXORMode 메소드를 사용한 그래픽 색상 프로그램이다. 실행 후 분석하시오.

```
import java.awt.*;
public class Color_XOR extends Frame {
          public Color_XOR(){ etTitle("XOR 모우드");
```

```
                setBackground(Color.white);
        }
//--------------------------------------------------------------
public void paint(Graphics g){
                g.setColor(Color.red);
                g.fillRect(50,50, 300,200);  // 빨간 네모
                g.setXORMode(Color.blue);    // 보색 모드로 설정
                g.fillRect(150,150, 300,200);          }
//--------------------------------------------------------------
public boolean handleEvent(Event e){
        if (e.id == Event.WINDOW_DESTROY)
        System.exit(0);                      // 실행 끝
        return super.handleEvent(e); }       // 상위 클래스에서 사건을 처리
//--------------------------------------------------------------
public static void main(String[] args)  {
      Frame frm =  new Color_XOR();                  // 프레임 생성
          frm.resize(600, 400);                      // 프레임 크기
          frm.show();                                // 프레임 표시
    } }
}
```

[예제 2-44] 수행결과

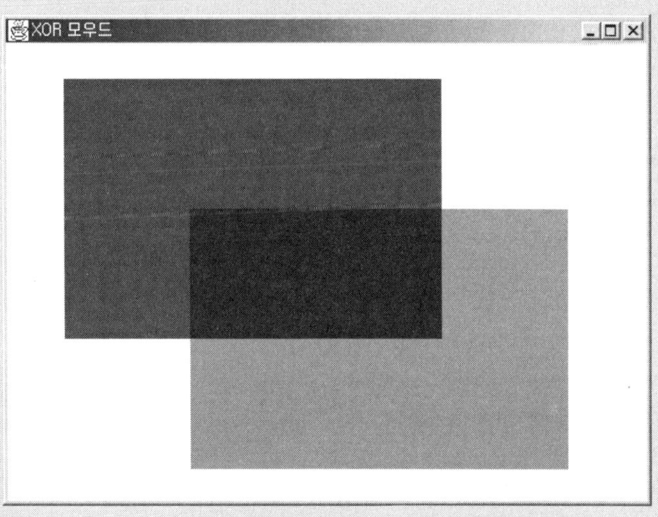

[예제 2-45] 다음 프로그램을 수행하여 분석하시오.

```
import java.applet.Applet;
import java.awt.*;
import java.awt.event.*;
// <Applet code = "Dreg.class" width =500 height=400> </Applet>
public class Drag extends Applet {
      private int xVal= -10, yVal = -10;
      public void init(){
          addMouseMotionListener( new MotionHandler( this ) );
      }
      public void paint ( Graphics g ) {
          g.drawString( "Drag the mouse to draw", 10,20 );
          g.setColor(Color.red);
          g.fillOval ( xVal, yVal, 4, 4);
      }
      public void update( Graphics g ) { paint( g ); }
      public void setCoordinates( int x, int y )  {
        xVal = x;
        yVal = y;
        repaint();
      }
}
class MotionHandler extends MouseMotionAdapter {
     private Drag dragger;
     public MotionHandler( Drag d ) { dragger = d; }
     public void mouseDragged( MouseEvent e ) {
        dragger.setCoordinates( e.getX(), e.getY() ); }
}
```

[예제 2-46] 다음의 프로그램과 [예제 2-44] 프로그램을 비교 분석하시오.

```
import java.applet.Applet;
import java.awt.*;
import java.awt.event.*;
<applet code = "Dreg_D1.class" width =500 height=400> </applet>
public class Dreg_D1 extends Applet {
 Graphics g;
          int posX, posY;
```

```
         Button Btn;
public void init(){
       g = getGraphics();
      addMouseListener( new MouseAdapter(){
public void mousePressed( MouseEvent e){
      posX = e.getX();
      posY = e.getY();  }
    });
addMouseMotionListener( new MouseMotionAdapter(){
public void mouseDragged( MouseEvent e){
         g.drawString("Line Drawing.......!!!!", 20, 20);
         g.setColor(Color.red);
         g.drawLine(posX, posY,e.getX(), e.getY());
         posX = e.getX();
         posY = e.getY();
          showStatus("X: " + posX + ", Y: " + posY);          }
      });
         Btn = new Button("삭제");
         Btn.addActionListener(new ActionListener(){
  public void actionPerformed(ActionEvent e){
               repaint();   }
         });
          setLayout(new BorderLayout());
          add("South", Btn);             }
// ----------------------------------------------------
   public void paint(Graphics g){
   } }
```

[예제 2-46] 수행결과

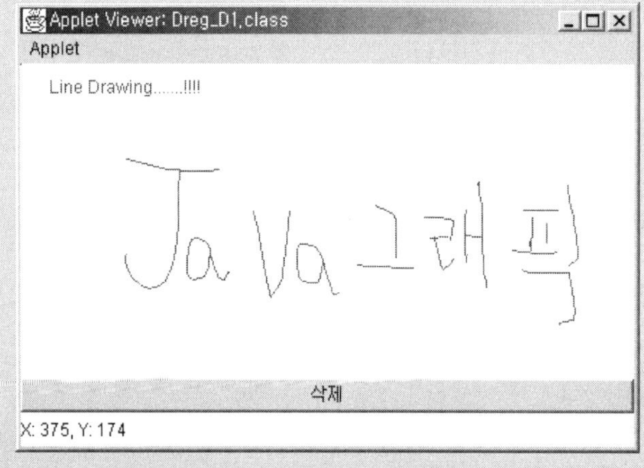

[예제 2-47] 다음의 프로그램은 태극기를 그리는 프로그램이다. 수행하여 분석하시오.

```
import java.applet.*;
import java.awt.*;
/*<Applet code="TaeApplet" width=800 height=600></Applet>*/
public class TaeApplet extends Applet{
    public void paint(Graphics g){
            g.setColor(Color.black);
            g.drawRect(0,0,900,600);
            g.setColor(Color.black);
            g.drawRect(1,1,898,598);
            g.setColor(Color.black);
            g.drawRect(2,2,896,596);
            g.setColor(Color.red);
            g.fillArc(300,150,300,300,326,180);  //태극 빨강
            g.setColor(Color.blue);
            g.fillArc(300,150,300,300,326,-180);  //태극파랑
            g.setColor(Color.blue);
            g.fillArc(437,267,150,150,326,180);  //내부태극 파랑
            g.setColor(Color.red);
            g.fillArc(313,183,150,150,326,-180);  //내부태극 빨강
            int[] a_cord={222,243,159,138};     //건 그리기 시작
            int[] b_cord={58,72,198,182};
            g.setColor(Color.black);
            g.fillPolygon(a_cord,b_cord,4);
            int[] c_cord={253,274,190,169};
            int[] d_cord={79,93,217,203};
            g.setColor(Color.black);
            g.fillPolygon(c_cord,d_cord,4);
            int[] e_cord={284,305,221,200};
            int[] f_cord={100,114,238,224};
            g.setColor(Color.black);
            g.fillPolygon(e_cord,f_cord,4);   // 건 그리기 끝
            int[] g_cord={656,678,716,695};  //감 그리기 시작
            int[] h_cord={72,58,114,128};
            g.setColor(Color.black);
            g.fillPolygon(g_cord,h_cord,4);
            int[] i_cord={703,724,762,741};
            int[] j_cord={140,126,182,196};
```

```
g.setColor(Color.black);
g.fillPolygon(i_cord,j_cord,4);
int[] k_cord={625,646,731,710};
int[] l_cord={93,79,203,217};
g.setColor(Color.black);
g.fillPolygon(k_cord,l_cord,4);
int[] m_cord={594,615,654,633};
int[] n_cord={114,100,156,170};
g.setColor(Color.black);
g.fillPolygon(m_cord,n_cord,4);
int[] o_cord={641,662,700,679};
int[] p_cord={182,168,224,238};
g.setColor(Color.black);
g.fillPolygon(o_cord,p_cord,4);    // 감 그리기 끝
int[] q_cord={138,159,243,222};  //이 그리기 시작
int[] r_cord={418,404,528,542};
g.setColor(Color.black);
g.fillPolygon(q_cord,r_cord,4);
int[] s_cord={169,190,229,207};
int[] t_cord={397,383,439,453};
g.setColor(Color.black);
g.fillPolygon(s_cord,t_cord,4);
int[] u_cord={214,236,274,253};
int[] v_cord={465,451,507,521};
g.setColor(Color.black);
g.fillPolygon(u_cord,v_cord,4);
int[] w_cord={200,221,305,284};
int[] x_cord={376,362,486,500};
g.setColor(Color.black);
g.fillPolygon(w_cord,x_cord,4);    //이 그리기 끝
int[] aa_cord={679,700,662,641};  //곤 그리기 시작
int[] bb_cord={362,376,432,418};
g.setColor(Color.black);
g.fillPolygon(aa_cord,bb_cord,4);
int[] cc_cord={633,654,615,594};
int[] dd_cord={430,444,500,486};
g.setColor(Color.black);
g.fillPolygon(cc_cord,dd_cord,4);
int[] ee_cord={710,731,693,671};
```

```
        int[] ff_cord={383,397,453,439};
        g.setColor(Color.black);
        g.fillPolygon(ee_cord,ff_cord,4);
        int[] gg_cord={664,686,646,625};
        int[] hh_cord={451,465,521,507};
        g.setColor(Color.black);
        g.fillPolygon(gg_cord,hh_cord,4);
        int[] ii_cord={741,762,724,703};
        int[] jj_cord={404,418,474,460};
        g.setColor(Color.black);
        g.fillPolygon(ii_cord,jj_cord,4);
        int[] kk_cord={695,716,678,656};
        int[] ll_cord={472,486,542,528};
        g.setColor(Color.black);
        g.fillPolygon(kk_cord,ll_cord,4);  //곤 그리기 끝
        }
}
```

[예제 2-47] 수행결과

제3장

자바 Graphics2D

CHAPTER 03

자바 Graphics 2D

3-1 자바 Graphics2D 클래스의 개요

컴퓨터 그래픽스는 그림을 그리고자 하는 도형이나 텍스트, 이미지 등을 수집하여 윈도우 화면과 프린터에 나타낼 픽셀(Pixel)의 색상과 형태를 결정하는 과정을 말한다. 여기서 도형이나 텍스트, 이미지 등은 기본 그래픽 요소(Graphics primitives)라고 하고, 프린터와 모니터는 그래픽스 출력장치(Out device)라 한다.

이러한 과정은 컴퓨터 그래픽스에 있어서 렌더링(Rendering)이라 하며, 렌더링 엔진(Rendering engine)에 의해 진행되어 진다. 자바 Graphics2D API(Application Program Interface)에서 렌더링 엔진은 바로 Graphics2D 이다.

Graphics2D는 기본 그래픽스 요소들이 색상을 가진 픽셀로 전환하는 방법을 결정하기 위해 내부 상태(Internal state)에서 java.awt.Paint 객체는 도형을 채울 때 사용되는 색상에 대한 정보를 기술하며, Paint 객체를 사용하여 도형의 내부 색상을 결정한다. 자바 Graphics2D의 내부 상태는 다음의 7 가지 요소들로 구성된다.

◆ **칠하기(Paint)**

도형의 내부색상을 채우기 위하여 어떤 색상을 이용할 것인가를 결정하는 메소드이다.

◆ **스트로크(Stroke)**

draw() 메소드로 보내진 도형에 대하여 스트로크 한다. 스트로크는 도형의 윤곽선에 대한 정보를 결정하며, 도형의 선의 모양과 선의 굵기 또는 도형의 윤곽선을 보여 준다.

◆ **글꼴(Font)**

텍스트는 화면에 글자를 표현하는 도형을 생성함으로써 렌더링 된다.

◆ **변환**

모든 그래픽 요소들은 렌더링 되기 전에 기하학적 변환(Geometrical transformation)을 거쳐 이동, 회전되어 표현된다.

◆ **합성 법칙(Compositing rule)**

합성의 법칙은 기본 그래픽 요소의 색상들이 그래픽스 화면에 존재하는 다른 색상들과 어떻게 결합될 것인가를 결정한다.

◆ **클리핑 도형(Clipping shape)**

모든 클리핑 도형은 내부로 제한된다. 즉 도형의 외부에 있는 픽셀은 변경하지 않는다.

◆ **렌더링 힌트(Rendering hint)**

렌더링 힌트는 사용자가 사용하고자 하는 기술들을 Graphics2D에게 알려주는 역활을 한다.

자바 Graphics2D를 하기 위해서는 자바 AWT(Abstract Window Toolkit) 패키지에 들어있는 java.awt.geom.*; 을 import 해야 한다. java.awt.geom.*; 내부에 있는 클래스나 메소드들은 자바 Graphics2D 그래픽을 할 수 있는 모든 자원을 지원한다. 즉 자바 Graphics2D는 직선과 곡선들의 조합으로 어떠한 도형도 표현할 수 있게 해준다. 여기서 geom은 Geometry(기하학적 도형)를 말한다.

3-2 점 그리기 메소드

이 절에서는 자바 Graphics2D에서 기하학적인 도형을 표현하는 Java Graphics2D 클래스에 대하여 알아본다.

3-2-1 Point2D 클래스

java.awt.geom.Point2D 클래스는 사용자 공간에서의 한 점(x, y)을 캡슐화 하고 있다. 이 Point2D 클래스는 가장 기본이 되는 클래스이며, API(Application Program Interface) 전반에 걸쳐 사용된다. 여기서 점은 픽셀과 차이점이 있다. 픽셀은 어떤 색상을 포함하는 화면 혹은 프린터 상에 존재하는 매우 작은 정사각형이지만 반면에 점은 넓이가 없는 도형이기 때문에 렌더링 될 수 없다. 그러나 여기서는 점은 넓이를 가지며 렌더링 될 수 있는 사각형이나 다른 도형을 만드는데 사용된다.

Point2D 클래스는 java.awt.geom 패키지 전반에 걸쳐 사용되며, 보다 더 높은 수준의 정밀도를 가지는 Point2D.Float 클래스와 Point2D.Double 클래스를 제공하고 있으며, 그들의 메소드들은 다음과 같다.

■ public abstract double getX()
① 점의 x 좌표(수평)를 double 형으로 얻는다.
■ public abstract double getY()
② 점의 y 좌표(수직)를 double 형으로 얻는다.
■ public double distance(double PX, double PY)
③ 현재의 Point2D가 나타내고 있는 점과 (PX, PY)로 정해진 사이의 거리를 계산하는 메소드이다.
■ public Point2D.Double()
④ 이 생성자는 (0, 0)좌표를 나타내는 Point2D.Double 객체를 생성한다.
■ public Point2D.Double(double x, double y)
⑤이 생성자는 (x, y) 좌표를 나타내는 Point2D.Double 객체를 생성한다.
■ public Point2D.Float()의 메소드도 Point2D.Double()와 같은 형식으로 사용된다.

3-2-2 도형과 패스 클래스

java.awt.geom 패키지는 java.awt 패키지에 있는 Shape 인터페이스를 구현하는 유용한 클래스들의 도구상자와 같다. 그 내부에는 타원(Ellipse), 호(Arc), 사각형(Rectangle), 직선(Line)을 표현하는 클래스들이 포함되어 있다.

java.awt.Shape 인터페이스는 java Graphics2D API 중에서 가장 많이 쓰이는 것 중의 하나이다. 이 인터페이스는 getBounds(), contains(), intersects(), getPathIterator()의 4개의 메소드 그룹을 가지고 있다. getBounds() 메소드는 Shape 객체를 완전히 에워싸는 사각형을 리턴 한다. 그들의 메소드는 다음과 같다.

■ public abstract Rectangle getBounds()
① 이 메소드는 Shape 객체를 완전히 에워싸는 정수 좌표를 가지고 있는 java.awt.Rectangle 객체를 얻는다.
■ public abstract Rectangle2D getBounds2D()
② 이 메소드는 Shape 객체를 완전히 에워싸는 double형의 좌표를 가지고 있는 java.awt.geom. Rectangle2D 객체를 얻는다.
■ public abstract boolean contains(double x, double y)
③ 이 메소드는 Shape 객체가 주어진 점을 포함하고 있다면 true를 얻는다.
■ public abstract boolean contains(double x, double y, double w, double h)
④이 메소드는 주어진 사각형이 완전히 Shape 객체 내부에 있다면 true를 얻는다.
■ public abstract boolean intersects(double x, double y, double w, double h)
⑤ 이 메소드는 주어진 사각형의 일부분이라도 Shape 객체 내부에 있다면 true를 얻는다.
■ getPathIterator() 메소드는 Shape 객체의 윤곽을 표현하는 PathIterator 객체를 얻는다.

3-2-3 GeneralPath() 클래스

GeneralPath() 메소드는 java.awt.geom.GeneralPath 패키지의 도구상자에서 여러가지 모양의 도형을 그릴 수 있는 메소드를 제공하고 있다. 다음은 그들의 메소드이다.

■ public GeneralPath()

① 이 생성자는 기본 와인딩 룰인 WIND_NON_ZERO로 GeneralPath를 만든다.

■ public GeneralPath(int rule)

② 이 생성자는 원하는 와인딩 룰을 인자로 넘겨서 GeneralPath를 만든다.

③ 이때 인자는 WIND_EVEN_ODD 혹은 WIND_NON_ZERO가 될 수 있다.

④ WIND_EVEN_ODD의 상수는 홀수 짝수 와인딩 룰로서 직선 도형이 경계선을 지날 때마다 카운터가 짝수이면 직선이 도형 바깥쪽에 있고 홀수이면 직선이 도형 안쪽에 있게된다.

GeneralPath에 직선을 추가하려면 다음에 오는 직선 형태를 나타내는 5가지 메소드를 사용한다.

■ public void moveTo(double x, double y)

① 패스의 현재 점을 그리지 않고 이동한다.

■ public void lineTo(double x, double y)

② 현재의 패스에 x, y 좌표로 직선을 추가한다.

■ public void quadTo(double x1, double y1, double x2, double y2)

③ 현재의 패스에서 2차 곡선을 추가한다. 세어점은 x1, y1이 되고 x2, y2는 끝점이 된다.

■ public void curveTo(double x1, double y1, double x2, double y2, double x3, double y3)

④ 현재의 패스에서 3차 곡선을 추가한다. x3, y3가 끝전이 된다.

■ public void closePath()

⑤ 현재 위치한 패스나 서브패스를 닫힌 직선으로 만든다.

[예제 3-1] 다음의 프로그램은 GeneralPath() 메소드를 이용한 프로그램이다. 실행 후 결과를 분석하시오.

```
import java.awt.*;
import java.awt.geom.*;
import java.applet.Applet;
// <Applet code= Lineto2D_1 width=400 height=200> </Applet>
public class  Lineto2D_1 extends Applet{
 public Lineto2D_1() {};
 //-----------------------------------------------------------------
   public void paint(Graphics g){
     Graphics2D g2 = (Graphics2D)g;   // Graphics2D g2를 생성
```

```
GeneralPath path = new GeneralPath(GeneralPath.WIND_EVEN_ODD);
 path.moveTo(50, 50);
 path.lineTo(70, 44);
 path.curveTo(100, 10, 140, 80, 160, 80);  // 3차 곡선 커브를 그린다.
 path.lineTo(190, 40);
 path.lineTo(200, 56);
 path.quadTo(100, 150, 70, 60);   // 현재의 패스에서 2차 곡선을 추가한다.
 path.closePath();                //닫힌 직선을 만든다.
 g2.draw(path);
} }
```

[예제 3-1] 수행결과

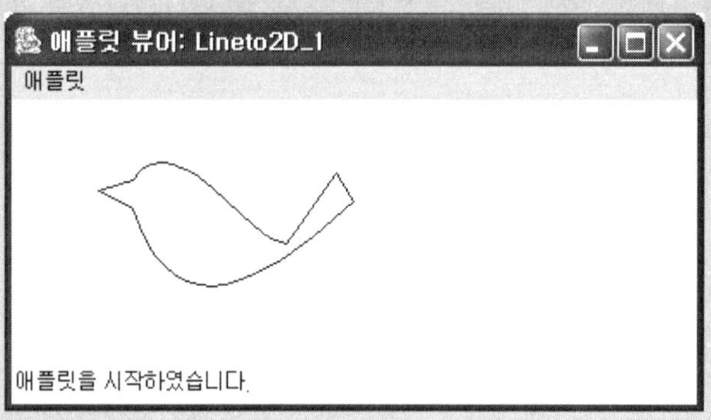

[예제 3-2] 다음 프로그램을 수행 후 분석하시오.

```
import java.awt.*;
import java.awt.geom.*;
import java.applet.Applet;
// <Applet code= Bird_1 width=800 height=600> </Applet>
public class  Bird_1 extends Applet{
public Bird_1(){setBackground(new Color(111, 216, 234));}
//---------------------------------------------------------------
public void paint(Graphics g){ Graphics2D g2 = (Graphics2D)g;
     GeneralPath path = new GeneralPath(GeneralPath.WIND_EVEN_ODD);
          path.moveTo(80, 330);  //전체 윤곽 그리기 시작
          path.lineTo(250, 250);
          path.curveTo(260, 200,2 40, 185, 245, 145);
          path.quadTo(180, 90, 80, 40);
          path.curveTo(200,65,310,100,320,110);
          path.curveTo(350,160,380,195,400,205);
```

```
        path.quadTo(450,210,470,250);   path.lineTo(460,250);
        path.lineTo(460,260);           path.quadTo(440,255,425,260);
        path.quadTo(460,280,485,305);   path.quadTo(510,470,465,530);
        path.quadTo(440,480,410,345);   path.quadTo(380,340,320,300);
        path.quadTo(280,315,245,310);   path.lineTo(120,415);
        path.lineTo(185,325);           path.quadTo(185,315,155,310);
        path.closePath();
        g2.setPaint(new Color (90, 83, 145));
        g2.fill(path);  //전체 윤곽 그리기 끝
GeneralPath path1 = new GeneralPath(GeneralPath.WIND_EVEN_ODD); //부리 색 넣기 시작
        path1.moveTo(470,250);        path1.lineTo(460,250);
        path1.lineTo(460,260);        path1.lineTo(490,280);
        path1.closePath();
        g2.setPaint(Color.lightGray);
        g2.fill(path1);  //부리 색 넣기 끝

        path.moveTo(470,250);  //머리 및 부리 부분 선 그리기 시작
        path.lineTo(460,250);      path.lineTo(460,260);
        path.lineTo(490,280);      path.closePath();
        path.moveTo(460,250);      path.lineTo(490,280);  //머리 및 부리 부분 선 그리기 끝

        path.moveTo(320,300);  //몸통 부분 선 그리기
        path.quadTo(300,300,280,285);   path.moveTo(245,310);
        path.lineTo(260,300);           path.moveTo(425,260);
        path.curveTo(415,250,405,240,390,235);
        g2.setPaint(Color.black);  //몸통 부분 선 그리기 끝

        path.moveTo(165,310);  //꼬리 부분 선 그리기 시작
        path.lineTo(230,280);  path.moveTo(185,325);
        path.lineTo(240,290);  //꼬리 부분 선 그리기 끝
        g2.draw(path);

GeneralPath path2 = new GeneralPath(GeneralPath.WIND_EVEN_ODD);  //눈 그리기 시작
        path2.moveTo(455,245);            path2.quadTo(459,240,463,245);
        path2.quadTo(459,250,455,245);   g2.setPaint(Color.black);
        g2.fill(path2);  //눈 그리기 끝

GeneralPath path3 = new GeneralPath(GeneralPath.WIND_EVEN_ODD);  //배 색 넣기 시작
        path3.moveTo(313,300);        path3.quadTo(280,315,250,309);
```

```
            path3.curveTo(265,300,280,295,313,300);
            g2.setPaint(Color.white);
            g2.fill(path3);  //배 색 넣기 끝
Ellipse2D circle2 = new Ellipse2D.Double(700,50,50,50);  //태양 그리기시작
            g2.setPaint(Color.red);
            g2.fill(circle2);
            Line2D line1 = new Line2D.Double(690,75,670,75);
            Line2D line2 = new Line2D.Double(760,75,780,75);
            Line2D line3 = new Line2D.Double(725,40,725,20);
            Line2D line4 = new Line2D.Double(725,110,725,130);
            g2.draw(line1);     g2.draw(line2);
            g2.draw(line3);     g2.draw(line4);      //태양 그리기 끝
            }
//-------------------------------------------------------------------
 public static void main(String[] args){
    Frame frm =  new Frame("날고 있는 제비(학생작품)"); // 프레임 생성
    Bird_1 win = new  Bird_1();       // 객체생성
           frm.add(win);                // 프레임에 추가
           frm.resize(800,600);      //프레임 크기 :800*600(화소)
           frm.show();                //프레임 표시
     }  }
```

3-3 직선과 곡선 그리기

자바 Graphics2D API에는 직선과 곡선을 표현할 수 있는 도형 클래스들이 있다. 이들 클래스들은 모두 Shape 인터페이스를 제공하고 있다. 일반적으로 GeneralPath를 이용해서 직선이나 곡선을 모두 표시할 수 있지만 java.awt.geom.Line2D 클래스에서 만들어 놓은 클래스를 사용하는 것이 용이하다.

3-3-1 Line2D 클래스

java.awt.geom.Line2D 클래스는 모든 직선의 좌표를 float형, double형으로 나타내며, 다음과 같다.

■ public abstract void setLine(double x1, double y1, double x2, double y2)

① 이 메소드는 x1, y1, x2, y2로 직선의 끝점을 정한다.

■ public Line2D.Double()

②이 생성자는 끝점을 0, 0 와 0, 0 로 초기화한 후 직선을 만든다.

■ public Line2D.Double(double x1, double y1, double x2, double y2)

③ 이 메소드는 x1, y1, x2, y2로 지정하여 직선을 만든다.

[예제 3-3] **다음의 프로그램은 [예제 2-7] 같으며, Line2D를 메소드를 이용한 프로그램이다. 실행 후 그 결과를 분석하시오.**

```
import java.awt.*;
import java.awt.geom.*;
import java.applet.Applet;
// <Applet code= Line2D_1 width=200 height=200> </Applet>
public class Line2D_1 extends Applet{
    private double Lines = 50;
    private Color[] Cols = { Color.red, Color.green, Color.blue };
  public Line2D_1() {};
//----------------------------------------------------------
  public void paint(Graphics g) { Graphics2D g2 = (Graphics2D)g;
    Dimension d = getSize();
    for (double i = 0; i <= Lines; i++) {
      double ratio = i / Lines;
    Line2D line = new Line2D.Double(0, ratio * d.height,
        ratio * d.width, d.height);
        g2.setPaint(Cols[(int)i % Cols.length]);
        g2.draw(line); }    }
  }
```

[예제 3-3] 수행결과

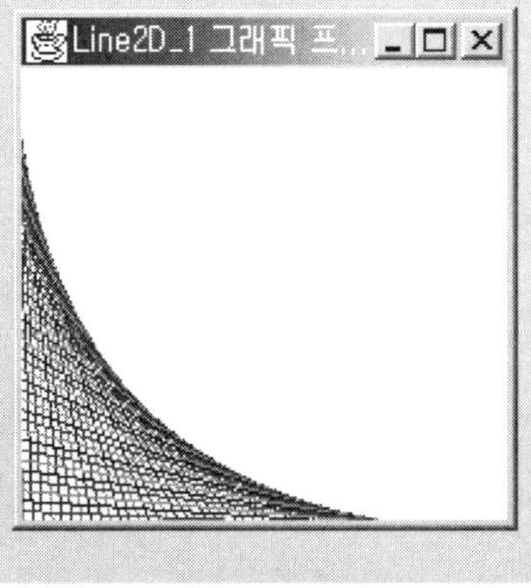

[예제 3-4] **다음의 프로그램을 Line2D를 이용한 프로그램이다. 실행 후 분석하시오.**

```
import java.awt.*;
import java.awt.geom.*;
import java.applet.Applet;
// <Applet code=  Line2DCircle width=400 height=400> </Applet>
public class Line2DCircle extends Applet{
 double PI = 3.141592;
 double x1, x2, y1, y2;
 public Line2DCircle() { };
    public void paint(Graphics g){
            Graphics2D g2 = (Graphics2D)g;
        for(double th= 0; th <= PI*2; th += PI/6)
            for(double phi= 0; phi <= th; phi += PI/6){
                        x1 = 150 * Math.cos(th);
                        y1 = 150 * Math.sin(th);
                        x2 = 150 *Math.cos(phi);
                        y2 = 150 * Math.sin(phi);
            Line2D line = new Line2D.Double(x1+220, 199-y1, x2+220, 199-y2);
                        g2.setColor(Color.blue);
                        g2.draw(line);
                        } } }
```

[예제 3-4] 수행결과

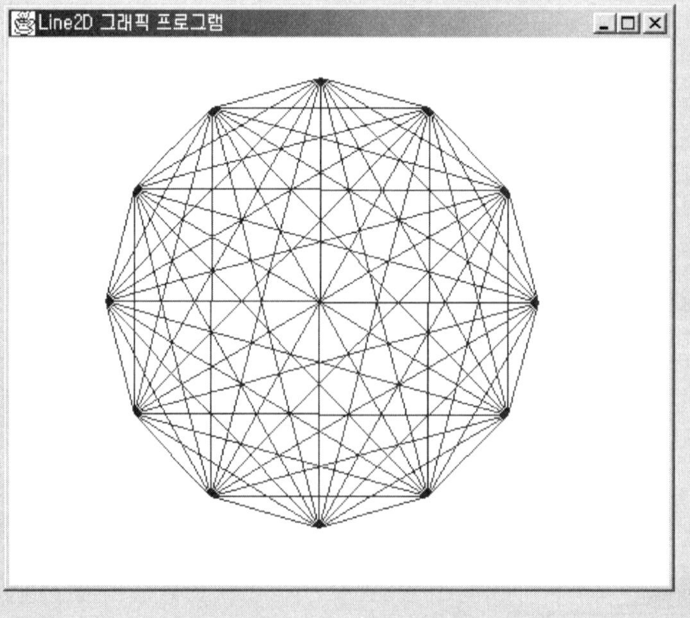

[예제 3-5] 다음의 프로그램을 Line2D를 이용한 프로그램이다. 실행 후 분석하시오.

```
import java.awt.*;
import java.awt.geom.*;
public class Line2D_Cos1 extends Frame {
  public Line2D_Cos1(){ setTitle("Line2D sine Cosine 프로그램");   }
 public void paint(Graphics g) { Graphics2D g2 = (Graphics2D)g;
    double pi=3.141592;
    double x1,y1,y2;
    int  x=50;
    int  y=200;
           g.drawLine(x,0,x,400);
           g.drawLine(0,y,600,y);
     for (int n = 0; n <= 360; n++) {
           x1 = n+50;
           y1 = -100*(Math.sin(pi*n/180))+200;
           y2 = -100*(Math.cos(pi*n/180))+200;
    Line2D line1 = new Line2D.Double(x1, y1, x1 + 2, y1 + 2);
    Line2D line2 = new Line2D.Double(x1, y2, x1 + 2, y2 + 2);
           g2.setColor(Color.blue);
           g2.draw(line1);
           g2.setColor(Color.red);
           g2.draw(line2);
     }   }
 //-------------------------------------------------------------------
 public boolean handleEvent(Event e) {
       if (e.id == Event.WINDOW_DESTROY)
          System.exit(0);               // 실행끝
       return super.handleEvent(e);}  // 상위 클래스에서 사건을 처리
 //-------------------------------------------------------------------
 public static void main(String[] args){
    Frame frm =  new Line2D_Cos1();      // 프레임 생성
          frm.resize(600, 400);          // 프레임 크기 : 600*400(화소)
          frm.show();                    // 프레임 표시
    } }
```

[예제 3-5] 수행결과

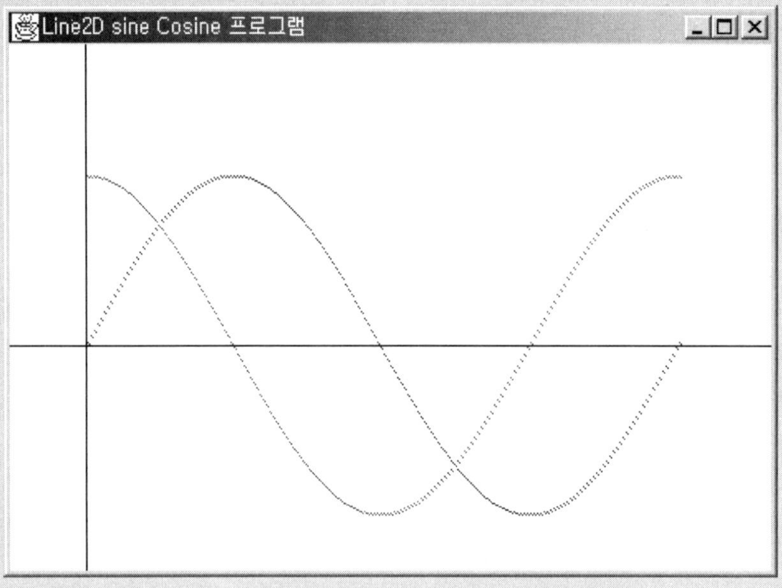

3-3-2 QuadCurve2D 클래스

java.awt.geom.QuadCurve2D 클래스는 2차 곡선을 표현한다. 곡선은 두 개의 끝점과 한 개의 제어 점을 지정해서 생성할 수 있다. 다음은 관련 메소드이다.

- public abstract void setCurve(double x1, double y1, double ctrx, double ctry, double x2, double y2)
  ① 이 메소드는 x1, y1 과 x2, y2 로 곡선의 양 끝점을 정하고 ctrx, ctry로 제어점을 정한다.
- public QuadCurve2D.Double()
  ② 이 생성자는 양 끝점과 제어점 모두 0, 0 인 좌표를 가지는 QuadCurve2D.Double를 생성한다.
- public QuadCurve2D.Double(double x1, double y1, double ctrx, double ctry, double x2, double y2)
  ③ 이 생성자는 특정한 끝점과 제어점을 인자로 지정하여 QuadCurve2D.Double를 생성한다.

[예제 3-6] 다음의 프로그램을 실행 후 분석하시오.

```
import java.awt.*;
import java.awt.event.*;
import java.awt.geom.*;
public class DragKing
   extends Frame implements MouseListener, MouseMotionListener {
  public static void main(String[] args) {
```

```
    new DragKing();
  }
  protected Point2D[] mPoints;
  protected Point2D mSelectedPoint;
//-------------------------------------------------------
  public DragKing() { super("DragKing v1.0");
    setSize(300, 300);
    mPoints = new Point2D[9];
    // Cubic curve.  // 3차 곡선
    mPoints[0] = new Point2D.Double(50, 75);
    mPoints[1] = new Point2D.Double(100, 100);
    mPoints[2] = new Point2D.Double(200, 50);
    mPoints[3] = new Point2D.Double(250, 75);
    // Quad curve.   // 2차 곡선
    mPoints[4] = new Point2D.Double(50, 175);
    mPoints[5] = new Point2D.Double(150, 150);
    mPoints[6] = new Point2D.Double(250, 175);
    // Line.   // 직선
    mPoints[7] = new Point2D.Double(50, 275);
    mPoints[8] = new Point2D.Double(250, 275);

    mSelectedPoint = null;
    // 마우스 이벤트를 등록.
    addMouseListener(this);
    addMouseMotionListener(this);
    setVisible(true);
  }
//--------------------------------------------------------------
  public void paint(Graphics g) {
    Graphics2D g2 = (Graphics2D)g;
    // Draw the tangents. // 3차 곡선에 대한 접선을 그린다.
    Line2D tangent1 = new Line2D.Double(mPoints[0], mPoints[1]);
    Line2D tangent2 = new Line2D.Double(mPoints[2], mPoints[3]);
    g2.setPaint(Color.red);
    g2.draw(tangent1);
    g2.draw(tangent2);
    // Draw the cubic curve.  // 3차 곡선을 그린다.
    CubicCurve2D c = new CubicCurve2D.Float();
    c.setCurve(mPoints, 0);   // 제어점을 정한다.
```

```
    g2.setPaint(Color.black);
    g2.draw(c);

    // Draw the tangents.  // 2차 곡선에 대한 접선을 그린다.
    tangent1 = new Line2D.Double(mPoints[4], mPoints[5]);
    tangent2 = new Line2D.Double(mPoints[5], mPoints[6]);
    g2.setPaint(Color.gray);
    g2.draw(tangent1);
    g2.draw(tangent2);
    // Draw the quadratic curve.   // 2차 곡선을 그린다.
    QuadCurve2D q = new QuadCurve2D.Float();
    q.setCurve(mPoints, 4);
    g2.setPaint(Color.black);
    g2.draw(q);

    // Draw the line.   // 직선을 그린다.
    Line2D l = new Line2D.Float();
    l.setLine(mPoints[7], mPoints[8]);
    g2.setPaint(Color.black);
    g2.draw(l);
//----------------------------------------------------
    for (int i = 0; i < mPoints.length; i++) {
      // 제어점이 선택되면 선택된 색상을 사용한다. .
      if (mPoints[i] == mSelectedPoint)
        g2.setPaint(Color.red);
      else
        g2.setPaint(Color.blue);
      // 제어점을 그린다.
      g2.fill(getControlPoint(mPoints[i]));
    }  }
  //----------------------------------------------------
  protected Shape getControlPoint(Point2D p) {
    // 지정된 점으로 작은 정사각형을 그린다.
    int side = 4;
    return new Rectangle2D.Double(p.getX() - side / 2, p.getY() - side / 2, side, side);
    }
 //----------------------------------------------------
  public void mouseClicked(MouseEvent me) {}
  public void mousePressed(MouseEvent me) {
```

```
    mSelectedPoint = null;
    for (int i = 0; i < mPoints.length; i++) {
      Shape s = getControlPoint(mPoints[i]);
      if (s.contains(me.getPoint())) {
        mSelectedPoint = mPoints[i];
        break;
      } }
        repaint();
    }
  public void mouseReleased(MouseEvent me) {}
  public void mouseMoved(MouseEvent me) {}
  public void mouseDragged(MouseEvent me) {
    if (mSelectedPoint != null) {
      mSelectedPoint.setLocation(me.getPoint());
      repaint();
    } }
//------------------------------------------------------------
  public void mouseEntered(MouseEvent me) {}
  public void mouseExited(MouseEvent me) {}
}
```

[예제 3-6] 수행결과

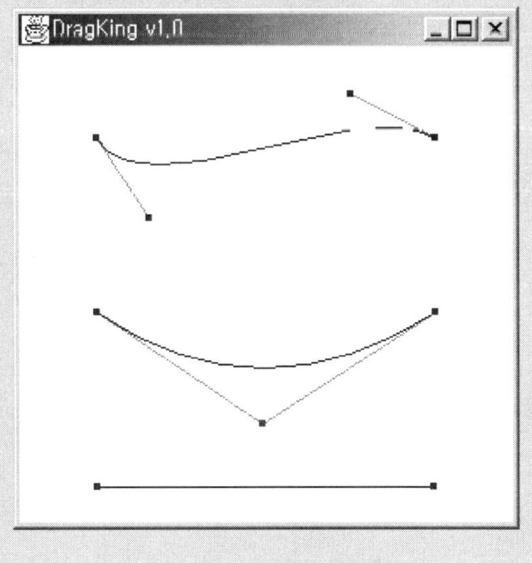

3-4 직사각형, 타원(원) 그리기

3-4-1 Rectangle2D 클래스

Rectangle2D 클래스는 Point2D 클래스와 마찬가지로 추상 클래스이다. 두 개의 내부 서브 클래스인 Rectangle2D.Double() 과 Rectangle2D.Float()가 있다. 또한 setRect() 메소드를 이용하여 Rectangle2D의 위치와 크기를 지정할 수 있다. 다음은 관련 메소드들이다.

■ `public abstract void setRect(double x, double y, double w, double h)`
① 사각형의 위치와 크기를 지정한다.

■ `public Rectangle2D.Double(double x, double y, double w, double h)`
② 사각형의 위치와 폭과 높이로 `Rectangle2D.Double` 객체를 생성한다.

Rectangle2D 클래스의 사용 방법은 다음과 같다.

■ `Rectangle2D rect = new Rectangle2D.Double(double x, double y, double w, double h);`

[예제 3-7] Rectangle2D 클래스를 이용한 프로그램의 예 이다 수행 후 분석하시오.

```
import java.applet.*;
import java.awt.*;
import java.awt.event.*;
import java.awt.geom.*;
// <applet code = "DrawRect2D_1.class" width =500 height=400> </applet>
public class DrawRect2D_1 extends Applet {
  double x, y, w, h;
  public void init() {
    addMouseListener(new MouseEventHdl());
    addMouseMotionListener(new MouseMotionHdl());
    x=0; y=0;  w=0; h=0;
  }
  public void paint(Graphics g) { Graphics2D g2 = (Graphics2D)g;
        g2.drawString(" Mouse is Rectengle drawing", 20, 20);
        Rectangle2D rect = new Rectangle2D.Double(x, y, w, h);
        g2.setPaint(Color.red);
        g2.draw(rect);
```

```
    }
    public class MouseMotionHdl extends MouseMotionAdapter {
        public void mouseDragged(MouseEvent e){
                    w = Math.abs(x - e.getX());
                    h = Math.abs(y - e.getY());
                    repaint();
        }   }
  public class MouseEventHdl extends MouseAdapter {
        public void mousePressed(MouseEvent e){
                  x = e.getX();
                  y = e.getY();
        }
  public void mouseReleased(MouseEvent e){
                  w = Math.abs(x - e.getX());
                  h = Math.abs(y - e.getY());
                  repaint();
          } } }
```

[예제 3-8] 다음의 프로그램을 [예제 3-7] 프로그램과 실행 후 비교 분석하시오.

```
import java.applet.Applet;
import java.awt.*;
import java.awt.event.*;
import java.awt.geom.*;
//  <Applet code = "Drag2D_1.class" width =600 height=400> </Applet>
public class Draq2D_1 extends Applet{
 public  Drag2D_1() { };
//-------------------------------------------------------------------
private double xd, yd;
// 마우스로 누른 곳의 좌표 -> (xd, yd)
public boolean mouseDown(Event evt, int x, int y){
          xd = x;  yd = y;
          return true;   }
//-------------------------------------------------------------------
// 마우스로 끄는 영역에 네모를 그린다.
public boolean mouseDrag(Event evt, int x, int y){
        Graphics g = getGraphics();
        Graphics2D g2 = (Graphics2D)g;
        Rectangle2D rect = new Rectangle2D.Double(xd, yd, x-xd, y-yd);
```

```
        g2.draw(rect);
         return true;
    } }
```

[예제 3-8] 수행결과

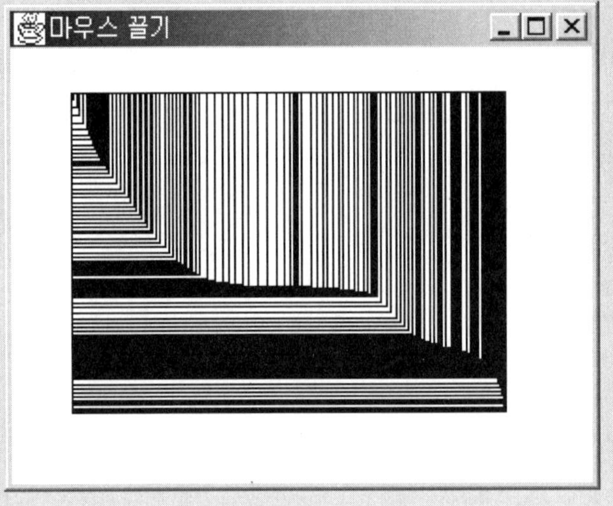

3-4-2 RoundRectangle2D 클래스

모서리가 곡선으로 되어있는 사각형은 java.awt.geom.RoundRectangle2D를 이용해서 생성할 수 있다. 다음의 메소드들은 곡률 사각형의 크기 모서리 곡률 등을 정의하는 메소드이다.

RoundRectangle2D 클래스도 마찬가지로 추상 클래스이다. 두 개의 내부 서브 클래스인 RoundRectangle2D.Double() 과 RoundRectangle2D.Float()가 있다.

■ public abstract void setRoundRect(double x, double y, double w, double h, double angle_sta, double angle_end)

① 이 메소드는 x, y 좌표로 곡률 사각형의 위치를 정하고 w, h를 이 사각형의 폭과 높이를 정하고 모서리 곡률 sta의 폭과 end의 높이로 정한다.

■ public RoundRectangle2D.Double(double x, double y, double w, double h, double angle_sta, double angle_end)

② 이 생성자는 인자로 주어지는 위치, 폭, 높이, 호의 폭, 호의 높이를 이용해 RoundRectangle2D.Double 객체를 생성한다.

■ public RoundRectangle2D.Float(float x, float y, float w, float h, float angle_sta, float angle_end)

③ 이 생성자는 인자로 주어지는 위치, 폭, 높이, 호의 폭, 호의 높이를 이용해 RoundRectangle2D.Float 객체를 생성한다.

[예제 3-9] 다음의 프로그램은 RoundRectangle2D.Double 메소드를 이용한 프로그램이다. 실행 후 결과를 분석하시오.

```
import java.awt.*;
import java.awt.geom.*;
public class Rect2D_1 extends Frame{
  public Rect2D_1(){
    setTitle("2D Rectangle 그리기 ");
    }
  //--------------------------------------------------------------
    public void paint(Graphics g){ Graphics2D g2 = (Graphics2D)g;
          g2.drawString("2D Rectangle을 그리는 자바 프로그램 입니다.", 100, 50);
          g2.setPaint(Color.blue);
     Rectangle2D rect1 = new Rectangle2D.Double(50, 100, 100, 200);
     Rectangle2D rect2 = new Rectangle2D.Float(200, 100, 100, 200);
     RoundRectangle2D round = new RoundRectangle2D.Double(350, 100, 100, 200, 50, 50);
          g2.setPaint(Color.blue);
          g2.draw(rect1);
          g2.draw(rect2);
          g2.draw(round);         }
  //--------------------------------------------------------------
  public boolean handleEvent(Event e) {
    if (e.id == Event.WINDOW_DESTROY)
      System.exit(0);
      return super.handleEvent(e);    }
  //--------------------------------------------------------------
  public static void main(String[] args){
    Frame frm =  new Rect2D_1();
        frm.resize(600, 400);
        frm.show();
 } }
```

[예제 3-9]
수행결과

3-4-3 Ellipse2D 클래스

타원(Ellipse)은 사각형과 마찬가지로 위치, 폭, 높이를 지정해서 그리는 방법이 제공된다. java.awt.geom.Ellipse2D도 추상 클래스로 두 개의 서브 클래스 Ellipse2D.Folat 와 Ellipse2D.Double 형의 좌표를 저장한다. 다음은 관련 메소드들이다.

■ `public Ellipse2D.Folat(float x, float y, float w, float y)`

① 이 메소드는 지정된 위치와 폭, 높이를 이용해서 `Ellipse2D.Folat`을 생성한다.

■ `public Ellipse2D.Double(double x, double y, double w, double y)`

② 이 메소드는 지정된 위치와 폭, 높이를 이용해서 `Ellipse2D.Double`을 생성한다.

자바에서 원을 그리는 방법은 drawOval() 메소드를 이용하거나 Java Graphics2D에서 제공되는 Ellipse2D 클래스를 이용하는 방법과 기하학적으로 원의 중심좌표와 반지름을 이용한 그래픽을 구현하는 방법이 있다. 후자의 방법을 이용하기 위해서는 약간의 응용이 필요하다.

(1) 등 간격 변화에 의한 원 그리기

원은 여러 형태의 그림이나 그래프를 그릴 때 공통으로 사용되는 요소이며, 원은 중심과 반지름을 이용하여 [그림 3-1]과 같이 정의할 수 있다.

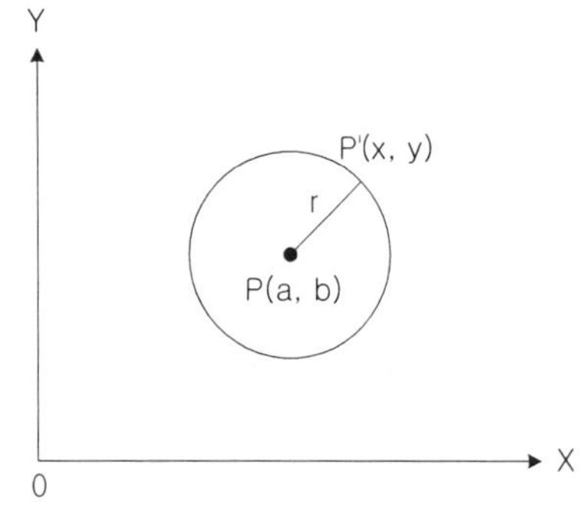

[그림 3-1] 원의 표현

좌표평면 상에서 중심점 P(a, b)를 중심으로 반지름이 r인 원주상에 있는 임의의 점 P'(x, y)라 하면 원의 방정식은 식 (3·1)과 같다.

$$(x-a)^2+(y-b)^2=r^2 \quad \cdots\cdots (3\cdot1)$$

위의 식 (3·1)을 y에 관하여 정리하면 (3·2)가 된다.

$$y=b\pm\sqrt{(r^2-(x-a)^2} \quad \cdots\cdots (3\cdot2)$$

만약 중심이 원점(0, 0)이라면 원의 방정식은 식 (3·3)과 같이 정의된다.

$$y=\pm\sqrt{r^2+x^2} \quad \cdots\cdots (3\cdot3)$$

식 (3·3)을 이용하여 우리가 4분원을 그린다면 [그림 3-2]와 같이 x의 값은 단위 값만큼 증가하므로 균등하게 분포되었으나 y값은 그렇지 않다. 즉, y축 근처에서는 밀도가 높고 평평하며 x축 근처에서는 큰 틈이 있고 가파르다.

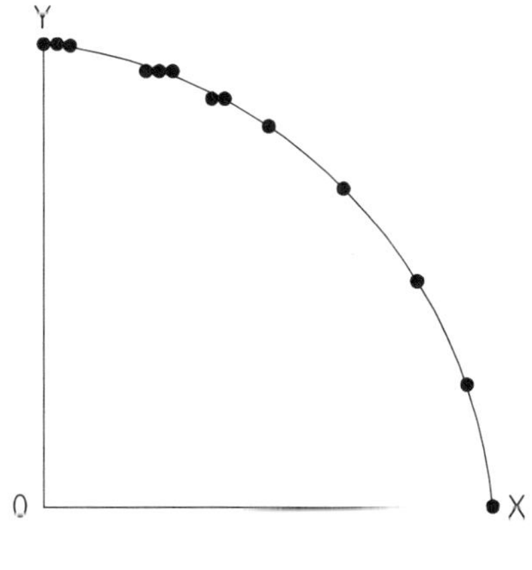

[그림 3-2] 원주 상에 불균등하게 분포된 점들

[그림 3-3]은 x의 값을 -r에서 r까지 한 단위 값씩 증가 시켜서 각 단계마다 두 개의 y좌표를 구하여 그린 그림을 나타낸다. 이 방법은 제곱과 제곱근의 계산을 반복적으로 수행하는 것이 요구되므로 처리 시간 량이 커진다.

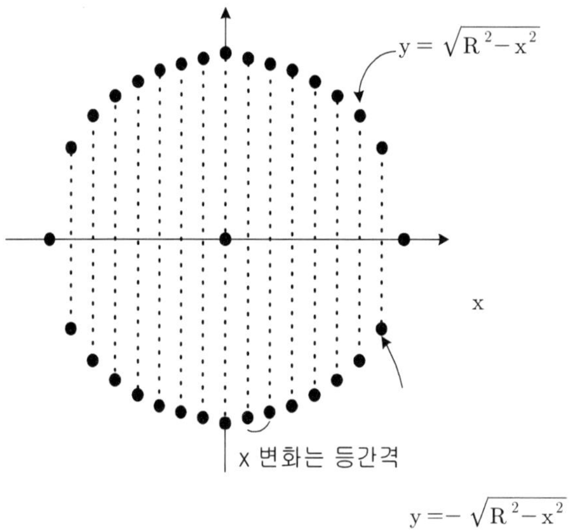

[그림 3-3] x 좌표를 등 간격으로 변화 시켜서 그리는 원

[예제 3-10] 다음의 프로그램은 식 (3. 3)의 방법을 이용한 프로그램이다. 실행 후 분석하시오.

```
import java.awt.*;
import java.awt.geom.*;
//  <applet code =  Circle2D_1 width =500 height=400> </applet>
public class Circle2D_1 extends Applet {
 double Radius = 150;
 double X_Center = 200;
 double Y_Center = 200;
 public Circle2D_1(){ };  // 등 간격 원 그리기
     }
 //-------------------------------------------------------------
  void Circle_1(double x, double y, double r){
      Graphics   g = getGraphics();
      Graphics2D g2 = (Graphics2D)g;
      Ellipse2D  circle = new Ellipse2D.Double(x-r, y-r, r*2, r*2);
                 g2.setPaint(Color.blue);
                 g2.draw(circle);    }
 //-------------------------------------------------------------
```

```
void Circle_2(double x, double y, double r){
    Graphics  g = getGraphics();
    Graphics2D g2 = (Graphics2D)g;
    Ellipse2D  circle = new Ellipse2D.Double(x-r, y-r, r*2, r*2);
            g2.setColor(Color.red);
            g2.fill(circle);    }
//-----------------------------------------------------------
  public void paint(Graphics g){
       double r = 1;
       for(double x = -Radius; x < Radius; x++){
           double y = Math.sqrt(Radius * Radius - x * x);
           Circle_1(x + X_Center, Y_Center - y, r);   // 상
           Circle_2(x + X_Center, Y_Center + y, r);   // 하
      } } }
```

[예제 3-10] 수행결과

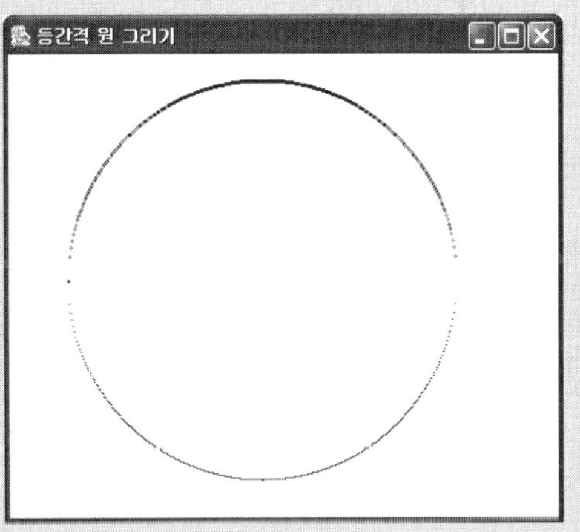

[예제 3-11] 다음의 프로그램을 [예제 3-10]의 프로그램과 실행 후 비교 분석하시오.

```
import java.awt.*;
import java.awt.geom.*;
import java.applet.Applet;
// <Applet code =Circle2D_2 width =500 height=400> </Applet>
public class Circle2D_2 extends Applet{
        double PI = 3.141592;
        double R1 = 100;
        double R2 = 100;
        double  x, y, r=1;
```

```
 public Circle2D_2() {}:
//---------------------------------------------------
   public void paint(Graphics g){
      Graphics2D g2 = (Graphics2D)g;
        for(double th = 0; th <= PI*2;  th +=PI/200){
                x = R1 * Math.cos(th);
                y = R2 * Math.sin(th);
      Ellipse2D  circle = new Ellipse2D.Double(200+x, 200-y, r, r);
                g2.setPaint(Color.blue);
                g2.draw(circle);
// 수행속도를 0.001 간격으로 볼 수 있다.
      try{Thread.sleep(10);} catch(InterruptedException e){};
        } } }
```

[예제 3-11] 수행결과

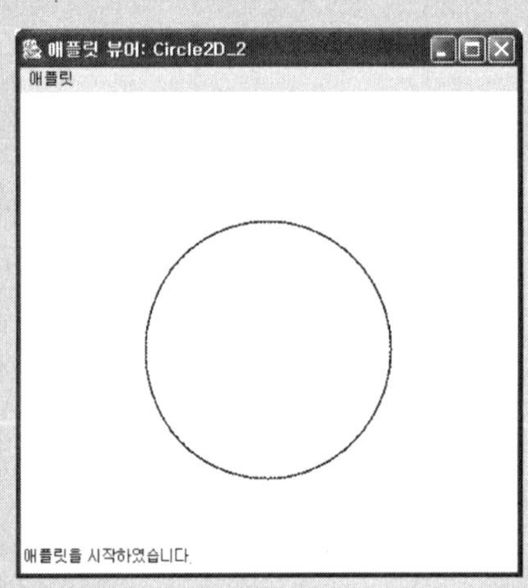

(2) 극 표현에 의한 원 그리기

식 (3·3)에 의하여 발생하는 간격문제, 즉 원에 점들이 균등하게 분포되지 않는 문제를 해결할 수 있는 방법 중의 하나가 매개변수에 의한 극 표현 방법이다. 원의 방정식은 식 (3·3)의 표현 외에 식 (3·4)과 같이 나타낼 수 있다. 여기서 xi와 yi는 n 등분을 한 원주상의 임의의 좌표를 나타낸다.

$$x_i = a + r.\cos\theta,\ y_i = b + r.\sin\theta \quad \text{.........................} (3.4)$$

식 (3·4)에서 θ는 0에서 2π까지 라디안(radian) 값으로 원주를 n 등분하는 경우 다음과 같이 표현할 수 있다.

$$\theta = \frac{(2\pi \cdot i)}{n}$$

이 방법을 [그림 3-4]과 같이 θ의 값이 dθ만큼 같은 크기로 증가시키면 점들 사이가 일정한 간격을 구할 수 있으므로 정확한 원을 그릴 수 있다.

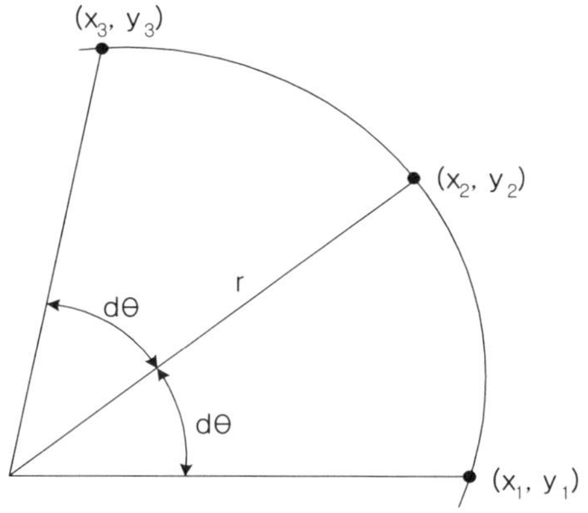

[그림 3-4] 원주 상에 일정한 간격을 기진 점들

만약 중심이 원점(0, 0)이라면 원의 방정식은 식 (3-5)와 같이 나타낼 수 있다.

$$x_i = r.\cos\theta,\ y_i = r.\sin\theta \quad \cdots\cdots (3.5)$$

식 (3-5)를 이용해서 원주를 n 등분해서 원을 그리면 [그림 3-5]와 같이 정확한 원을 그릴 수 있다.

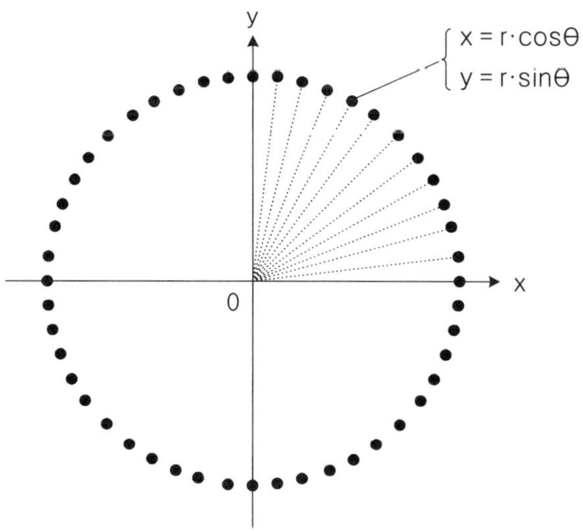

[그림 3-4] 원주 상에 일정한 간격을 기진 점들

[예제 3-12] 원의 중심에서 반경이 100인 원을 그리는 프로그램을 작성하시오.

```
import java.awt.*;
import java.awt.geom.*;
import java.applet.Applet;
//  <Applet code =Circle2D_3 width =500 height=400> </Applet>
public class Circle2D_3 extends Applet {
 double 반지름 = 100;
 double X_Center = 150;
 double Y_Center = 150;
 double PI = 3.141592;
 double r = 2;
 public Circle2D_3() { };
//---------------------------------------------------------
  void Circle(double x, double y, double r){Graphics  g = getGraphics();
     Graphics2D g2 = (Graphics2D)g;
     Ellipse2D  circle = new Ellipse2D.Double(x-r, y-r, r*2, r*2);
            g2.setPaint(Color.blue);
            g2.draw(circle);     }
  public void paint(Graphics g){
   double 각도, rad_angle;
   double x, y;
     for(각도 = 0; 각도 < 360; 각도++){
        rad_angle = 각도 * PI/180;
        x = 반지름 * Math.cos(rad_angle) + X_Center;
        y = 반지름 * Math.sin(rad_angle) + Y_Center;
        Circle(x, y, r);
    try{Thread.sleep(10);} catch(InterruptedException e){};
       } }}
```

[예제 3-12] 수행결과

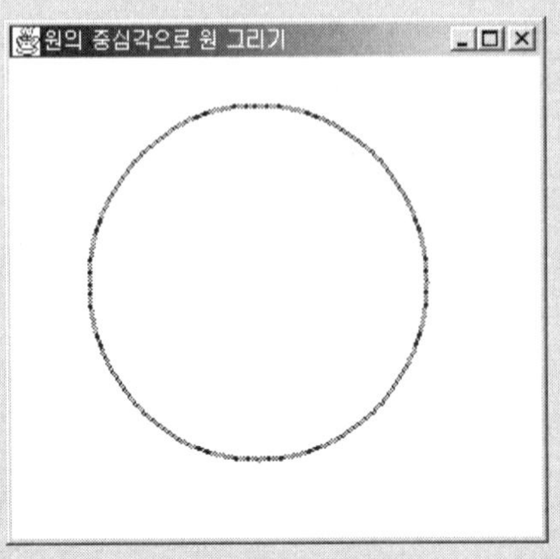

[예제 3-13] **다음의 프로그램은 Java Graphics2D Ellipse2D.Double()를 이용한 프로그램이다. [예제 3-12]와 비교 분석하시오.**

```
import java.awt.*;
import java.awt.geom.*;
 import java.applet.Applet;
 //  <applet code =Circle2D_4 width =500 height=400> </applet>
public class Circle2D_4 extends Applet {
 public Circle2D_4() { };
 //----------------------------------------------------------------
  void Circle(double x, double y, double r){
       Graphics   g = getGraphics();
       Graphics2D g2 = (Graphics2D)g;
       Ellipse2D  circle = new Ellipse2D.Double(x-r, y-r, r*2, r*2);
                g2.setPaint(Color.blue);
                g2.draw(circle);
       }
 //----------------------------------------------------------------
   public void paint(Graphics g){
            Circle(100, 200, 100);
        }
```

[예제 3-13] 수행결과

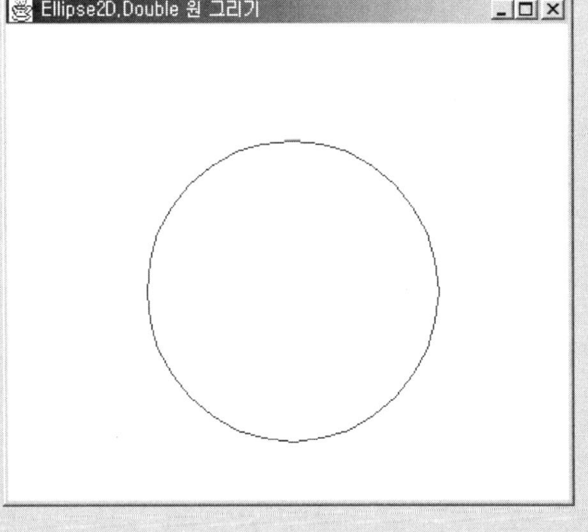

[예제 3-14] 다음의 프로그램은 화면의 종횡비를 갖는 원을 그리는 프로그램이다. 실행 후 결과를 분석하시오.

```
import java.awt.*;
import java.awt.geom.*;
public class Circle2D_5 extends Frame {
 double Radius = 100;
 double X_Center = 200;
 double Y_Center = 150;
 double PI = 3.141592;
 double r = 1;
 public Circle2D_5(){ setTitle("원 그리기 응용 프로그램 "); }
 //-------------------------------------------------------------
  void Circle(double x, double y, double r){
      Graphics   g = getGraphics();
      Graphics2D g2 = (Graphics2D)g;
      Ellipse2D  circle = new Ellipse2D.Double(x-r, y-r, r*2, r*2);
              g2.setPaint(Color.blue);
              g2.draw(circle);   }
  //------------------------------------------------------------
   public void paint(Graphics g){
    double angle, rad_angle, rate;
    double x, y;
          for(rate =0.0; rate < 2.0; rate +=0.1){  // rate는 종횡비
      for(angle = 0; angle < 360; angle++){
         rad_angle = angle * PI/180;
         x = Radius * Math.cos(rad_angle)*rate + X_Center;
         y = Radius * Math.sin(rad_angle) + Y_Center;
         Circle(x, y, r);
       } } }
 //--------------------------------------------------------------
   public boolean handleEvent(Event e){
     if (e.id == Event.WINDOW_DESTROY)
        System.exit(0);
     return super.handleEvent(e);
     }
//------------------------------------------------------------
 public static void main(String[] args){
     Frame frm =  new Circle2D_5();
     frm.resize(500, 400);
```

```
frm.show();
} }
```

[예제 3-14] 수행결과

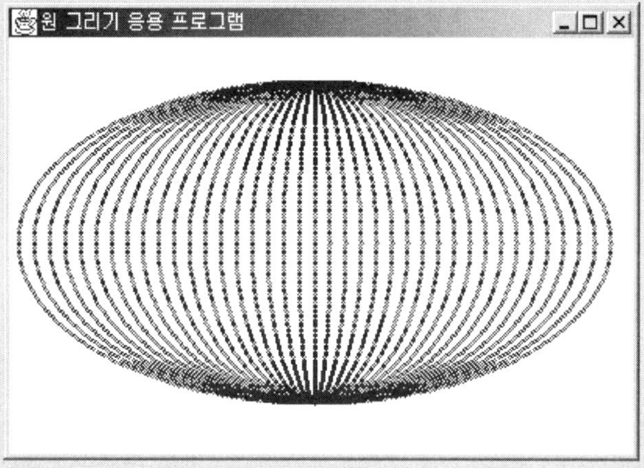

위 프로그램에서 Circle(x, y, r); 메소드에서 화면을 구성하는 점은 직사각형 모양을 하고 있으므로 완전한 원이 아닌 타원이 그려지게 된다(그래픽 모드에 따라 다른 경우도 있음). 즉, 그 직사각형의 가로와 세로의 비율인 종횡비(Aspect Rate)는 1이 안 되므로 점의 모양이 완전한 정사각형이 아니라 y방향으로 조금 길쭉한 직사각형이 되기 때문이다.

◆ 이 함수는 현재의 그래픽 모드에서 화면의 종횡비를 계산하여 그래픽 스크린의 효율적인 해상도를 갖도록 하기 위해서 사용한다.

◆ 완전한 원을 그리기 위해서 x 방향의 길이는 그대로 하고, 다음과 같이 y방향의 길이를 구해야 한다. 여기서 y1은 타원(또는 원)의 중점처럼 그리려는 대상의 기준점이고 dy는 y1을 기준으로 한 y축 방향의 상대 좌표(dy=y−y1)이다(그림 3-5).

$$y = d_y + y_1;$$

◆ 따라서 상대 좌표 dy에 다음과 같이 종횡비를 곱하여 y좌표를 조정해 주면 된다.

◆ 적용 예 : 어떤 화면의 픽셀 수가 x(x축)=700, dy(y축)=500인 경우에 대해서 ratio=1.4가 되므로 y=700이 되어 x와 동일하게 된다.

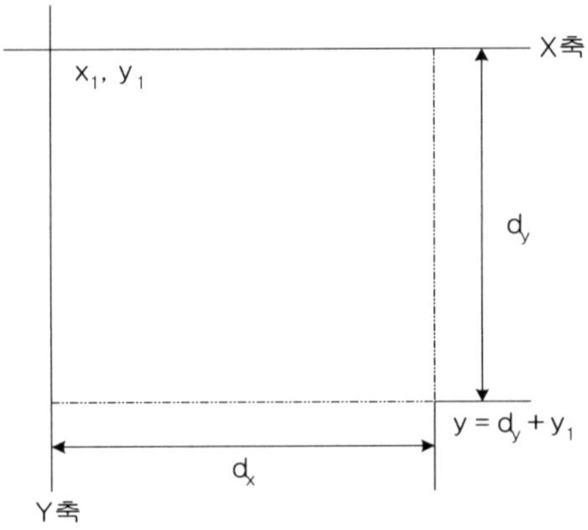

[그림 3-5] y축 방향의 조정

[예제 3-15] 다음 아래 두 개의 그림과 같이 그려질 수 있는 프로그램을 작성하시오.

<힌트> `x = Radius * Math.cos(rad_angle) + X_Center;` 종횡비

`y = Radius * Math.sin(rad_angle)*rate+ Y_Center;` 종횡비.

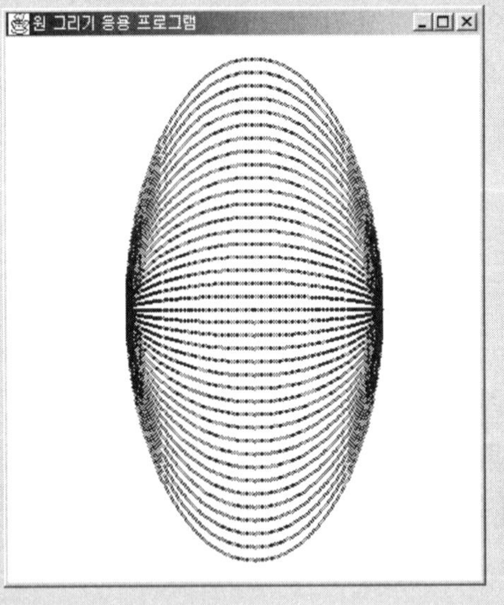

<힌트> `x = Radius * Math.cos(rad_angle)* rate+ X_Center;` 종횡비

`y = Radius * Math.sin(rad_angle)* rate+ Y_Center;` 종횡비

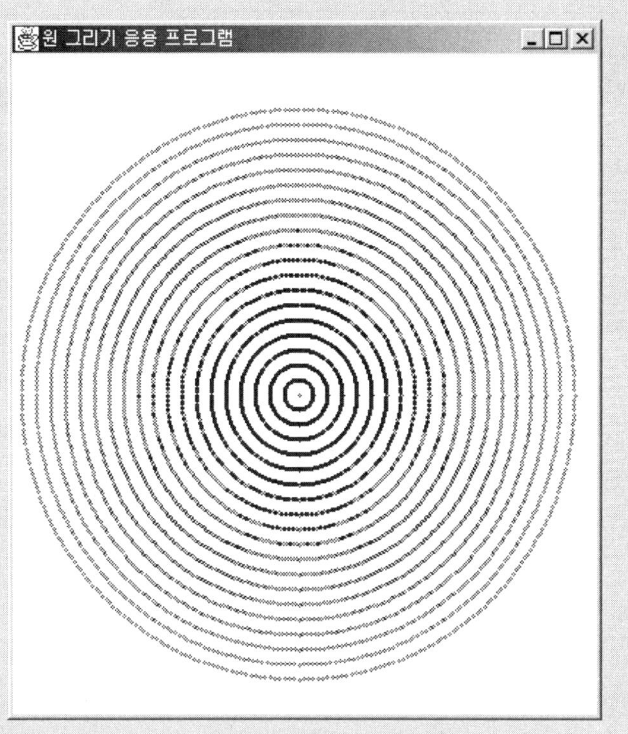

[예제 3-16] 다음의 프로그램을 수행하여 분석하시오.

```
import java.awt.*;
import java.awt.geom.*;
public class Circle2D_7 extends Frame{
        double DA = 1;  // 종횡비
        double r = 20;  // 반지름
        double x = 300, y = 300;  // 중심좌표
 public Circle2D_7(){
    setTitle("원 그리기 ");
    }
 //-------------------------------------------------------
  void Circle(double x, double y, double r) {
        Graphics g = getGraphics();
        Graphics2D g2 = (Graphics2D)g;
              g2.setColor(Color.blue);
     Ellipse2D Circle1 = new Ellipse2D.Double(x-r, y-r, r*2, r*2);
              g2.setColor(Color.blue);
              g2.draw(Circle1);
     }
```

```
//------------------------------------------------------------
 void Circle_f(double x, double y, double r) {
          // 중심 : (x,y)  반지름:r인 원을 그린다
    Graphics g = getGraphics();
    Graphics2D g2 = (Graphics2D)g;
              g2.setColor(Color.blue);
    Ellipse2D Circle1 = new Ellipse2D.Double(x-r, y-r, r*2, r*2);
              g2.setPaint(Color.blue);
              g2.fill(Circle1);
           }
//------------------------------------------------------------
  public void paint(Graphics g) {
           for(int i = 1; i <= 100;  i++){
                  if(i % 10 == 0) DA = -DA;
                   else Circle(x, y, r);
                   r = r + 2;
                   x = x + DA;
           }
             g.drawString(" 2D Circle  프로그램 입니다.", 250, 550);
          }
 //------------------------------------------------------------
  public boolean handleEvent(Event e){
      if (e.id == Event.WINDOW_DESTROY)
        System.exit(0);
      return super.handleEvent(e);
    }
  //--------------------------------------------------------
  public static void main(String[] args){
    Frame frm =  new Circle2D_7();
         frm.resize(600, 600);
         frm.show();
    } }
```

[예제 3-17] 다음의 프로그램을 실행 후 분석하시오.

```
import java.awt.*;
import java.awt.geom.*;
public class Circle2D_8 extends Frame {
  public Circle2D_8() {setTitle("원 그리기 "); }
  //------------------------------------------------------------
 void Circle(int x, int y, int r) {
```

```
   Graphics   g = getGraphics();
   Graphics2D g2 = (Graphics2D)g;
   Ellipse2D circle = new Ellipse2D.Double(x-r, y-r, r*2, r*2);
        g2.draw(circle);   }
//--------------------------------------------------------
 public void paint(Graphics g){
    for (int i=100; i<=400; i += 50)
          Circle(i, 200, 50);
          }
//--------------------------------------------------------
 public boolean handleEvent(Event e) {
      if (e.id == Event.WINDOW_DESTROY)
           System.exit(0);
      return super.handleEvent(e);  }
//--------------------------------------------------------
 public static void main(String[] args) {
    Frame frm =  new Circle2D_8();
          frm.resize(500, 400);
          frm.show();
      } }
```

[예제 3-17] 수행결과

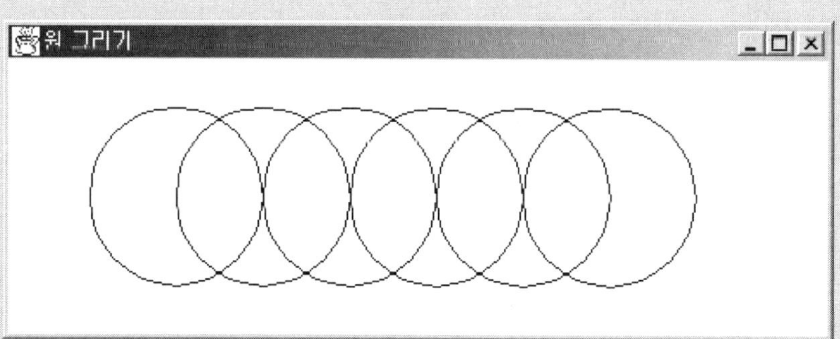

위 프로그램에서 중심 좌표(x, y)를 기준으로 하여 타원을 그리는 함수를 유도하면 다음과 같다.

```
■ Ellipse2D circle = new Ellipse2D.Double(double x-r1, double y-r2, double r1*2,
                                           double r2*2);
```

즉, 중심 좌표(x, y)와 r1*2(y축 지름) 인 폭과 r2*2(x축 지름)인 타원을 그릴 수 있다.

[예제 3-18] 다음의 프로그램은 타원을 연속적으로 그리는 프로그램이다. 분석하시오.

```
import java.awt.*;
import java.awt.geom.*;
 import java.applet.Applet;
 // <applet code =Circle2D_81 width =500 height=400> </applet>
public class Circle2D_81 extends Applet {
  public Circle2D_81() {};
 //--------------------------------------------------------
 void Circle(int x, int y, int r1, int r2) {
    Graphics  g = getGraphics();
    Graphics2D g2 = (Graphics2D)g;
    Ellipse2D circle = new Ellipse2D.Double(x-r1, y-r2, r1*2, r2*2);
            g2.draw(circle);  }
 //--------------------------------------------------------
  public void paint(Graphics g){
        for (int i=100; i<=400; i += 50){
            Circle(i, 200, 80, 40);
            Circle(250, i, 40, 80);
          }}}
```

[예제 3-18] 수행결과

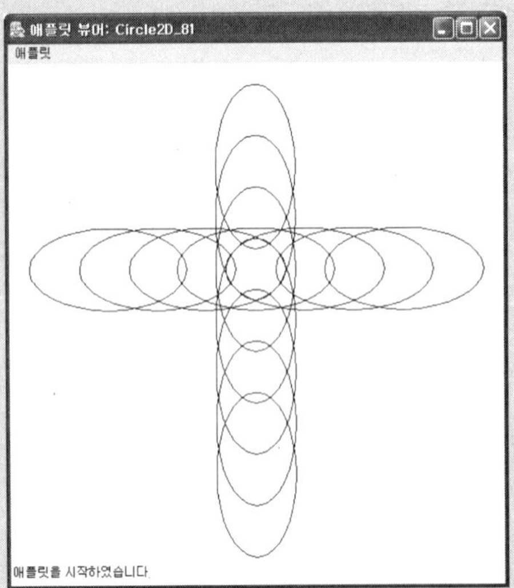

3-4-4 Arc2D 클래스

Graphics2D API에는 타원의 곡률을 표현하기 위해서 java.awt.geom.Arc2D가 정의되어 있다. Arc2D는 [그림3-7]과 같이 세 종류의 호를 정의하고 있다. 이 호들은 Arc2D 클래스에서 상수로 표현 되어있으며, 다음과 같다.

■ `public static final int OPEN`

① 이 상수는 열린 호를 표현한다.

■ `public static final int PIE`

②이 상수는 파이의 한 조각을 표현하는 호이다.

■ `public static final int CHORD`

③ 이 상수는 호의 양쪽 끝점을 하나의 직선으로 연결한다.

다음의 메소드들은 호를 그리는 Float 타입 메소드이다.

■ `public Arc2D.Float()`

① 이 생성자는 열린 호를 생성한다.

■ `public Arc2D.Float(int type)`

② 이 생성자는 타입을 정해서 호를 생성할 수 있다.

③ type은 Arc2D.OPEN, Arc2D.PIE, Arc2D.CHORD로 지정할 수 있다.

■ `public Arc2D.Float(float x, float y, float w, float h, float angle_1, float angle_2, int type)`

④ angle_1은 시작 각도 angle_2는 끝 각도를 나타내며, 3시 방향이 0 도이며 시계 반대방향으로 호를 그린다.

다음의 메소드들은 호를 그리는 Double 타입 메소드이다.

■ `public Arc2D.Double()`

① 이 생성자는 열린 호를 생성한다.

■ `public Arc2D.Double(int type)`

② 이 생성자는 타입을 정해서 호를 생성할 수 있다. type은 OPEN, PIE, CHORD로도 지정할 수 있다.

■ `public Arc2D.Double(double x, double y, double w, double h, double angle_1, double angle_2, int type)`

③ angle_1은 시작 각도 angle_2는 끝 각도를 나타내며, 3시 방향이 0 도이며 시계 반대 방향으로 호를 그린다.

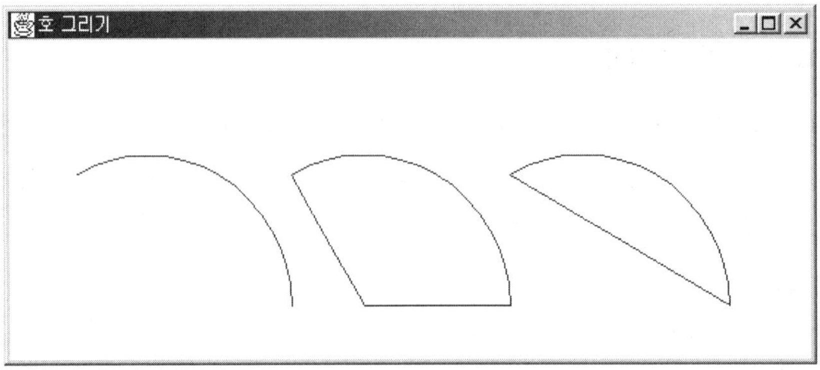

[그림 3-7] OPEN, PIE, CHORD의 type을 사용한 호의 형태

호를 그리는 방법은 Java Graphics2D에서 제공되는 Arc2D.Double() 메소드를 이용하는 방법은 호를 그리는 좌표는 사각형의 좌측 상단의 좌표를 중심으로 하여 내접하는 폭과 높이로서 호를 그리는 기점을 잡고 시작 각도에 의해 끝 각도까지 시계 반대방향으로 호를 그리는 방법이다.

호를 그리는 다음의 응용 방법은 호를 그리는 중심좌표(x, y)를 기준으로 하여 호 반경이 r 호를 그리는 방법을 소개한다.

다음은 호의 중심 좌표를 설정하여 호를 그리는 메소드이다.

```
■ Arc2D.Double(double x-r1, double y-r2, double r1*2, double r2*2, double angle_1, double
              angle_2, int type);
```

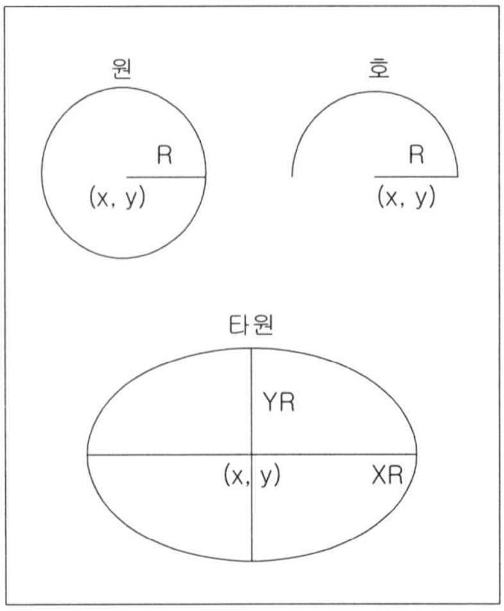

[그림 3-8] 원 타원 호를 그리는 예

즉, 호, 타원을 그리기 메소드에서 시작각도(angle_1)와 종료각도(angle_2)를 지정함으로써 원 혹은 타원의 일부를 그릴 수 있는데 시작각도부터 반 시계 방향으로 종료각도까지 그리게 된다.

[예제 3-19] **다음의 프로그램은 Java Graphics2D에서 제공하는 메소드 Arc2D를 이용한 프로그램이다. 실행 후 분석하시오.**

```
import java.awt.*;
import java.awt.geom.*;
 import java.applet.Applet;
 //  <Applet code =Arc2D_1 width =600 height=400> </Applet>
public class Arc2D_1 extends Applet{
 public Arc2D_1(){};
 //-----------------------------------------------------------------
  void Arc_1(double x, double y, double r,  double angst, double angex, int type) {
             // 중심 : (x, y)  반지름 : r인 호를 그린다.
      Graphics g = getGraphics();
      Graphics2D g2 = (Graphics2D)g;
             g2.setColor(Color.blue);
      Arc2D arc = new Arc2D.Double(x-r, y-r, r*2, r*2, angst, angex, type);
             g2.setColor(Color.blue);
             g2.draw(arc);  }
  //-----------------------------------------------------------------
  void Arc_f(double x, double y, double r,  double angst, double angex, int type) {
         // 중심 : (x, y)  반지름 : r인 채운 호를 그린다.
      Graphics    g = getGraphics();
      Graphics2D g2 = (Graphics2D)g;
             g2.setColor(Color.red);
      Arc2D arc = new Arc2D.Double(x-r, y-r, r*2, r*2, angst, angex, type);
             g2.setPaint(Color.blue);
             g2.fill(arc);
            }
//-----------------------------------------------------------------
   public void paint(Graphics g){
          Arc_1(100, 200, 100, 0, 120, OPEN);
          Arc_1(250, 200, 100, 0, 120, PIE);
          Arc_f(400, 200, 100, 0, 120, CHORD);
          }}
```

[예제 3-19] 수행결과

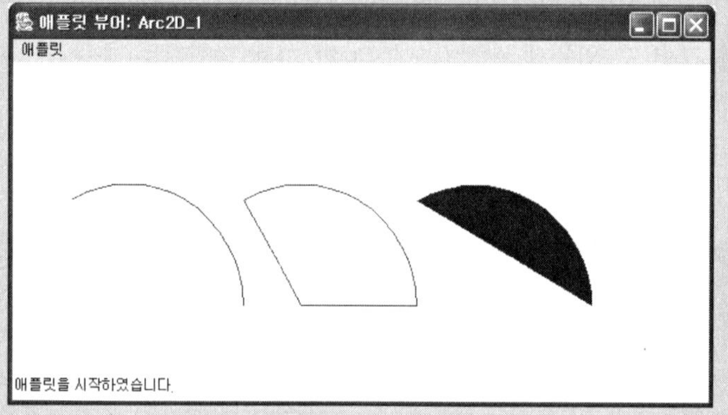

[예제 3-20] 다음의 프로그램을 분석하시오.

```
import java.awt.*;
import java.awt.geom.*;
public class Circle2D_9 extends Frame {
   public Circle2D_9() { setTitle("원 그리기 "); }
//-----------------------------------------------------------
  void Circle(int x, int y, int r)  {
     Graphics   g = getGraphics();
     Graphics2D g2 = (Graphics2D)g;
     Ellipse2D circle = new Ellipse2D.Double(x-r, y-r, r*2, r*2);
              g2.draw(circle);    }
//-----------------------------------------------------------
  public void paint(Graphics g){
      for(int i=0; i <= 130;  i +=5)
          Circle(100+i, 200, i);   }
//------------------------------------------------------------
  public boolean handleEvent(Event e) {
       if (e.id == Event.WINDOW_DESTROY)
              System.exit(0);
        return super.handleEvent(e);    }
 //-----------------------------------------------------------
  public static void main(String[] args) {
    Frame frm =  new Circle2D_9();
           frm.resize(500, 400);
           frm.show();
     } }
```

[예제 3-20] 수행결과

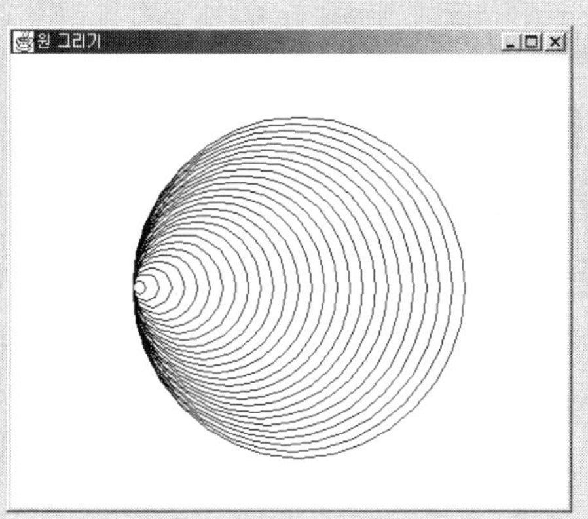

[예제 3-21] 다음 프로그램을 실행 후 분석하시오.

```
import java.awt.*;
import java.awt.geom.*;
 import java.applet.Applet;
 //  <applet code =Circle2D_91 width =600 height=400> </applet>
 public class Circle2D_91 extends Applet{
          double R=5;
          double XINT=30;
          public Circle2D_91(){ };
public void paint(Graphics g) {Graphics2D g2 = (Graphics2D)g;
          double x, y, opt=0, temp;
           for (int i=0 ; i < 10; i++){
              x = -XINT;
              do{
                      y = -(0.1*i)*x*x;
                      temp = Math.abs(y/2.5)+50;
                      g2.setColor(Color.red);
  Ellipse2D cir2 = new Ellipse2D.Double(((x-XINT+opt)-R), temp-R, R*2, R*2);
                      g2.fill(cir2);
                      x += 0.5;
                       } while(x <= XINT);
                           opt += XINT*2;
                          }}}
```

[예제 3-21] 수행결과

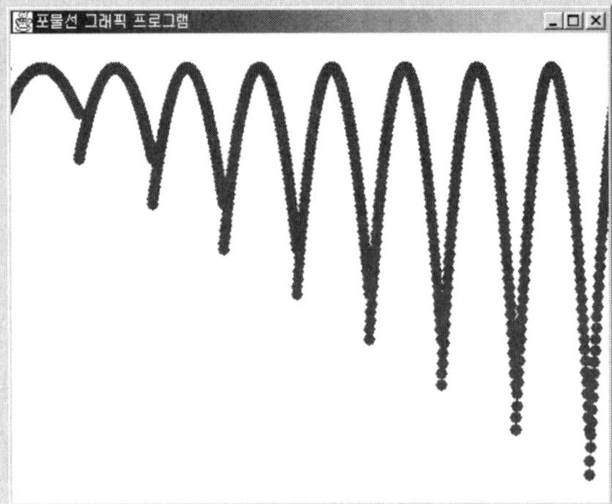

[예제 3-22] 다음의 프로그램을 실행 후 분석하시오.

```
import java.awt.*;
import java.awt.event.*;
import java.applet.*;
import java.awt.geom.*;
// <Applet code = "ArcTest_1.class" width =300 height=300> </Applet>
public class ArcTest_1 extends Applet {
  ArcControls controls;  // The controls for marking and filling arcs
  ArcCanvas canvas;      // The drawing area to display arcs
public void init() {
        setLayout(new BorderLayout());
        canvas = new ArcCanvas();
        add("Center", canvas);
        add("South", controls = new ArcControls(canvas));
  }
 public void destroy() {
     remove(controls);
     remove(canvas);
  }
 public void start() {controls.setEnabled(true);}
 public void stop() {controls.setEnabled(false);}
 public void processEvent(AWTEvent e) {
     if (e.getID() == Event.WINDOW_DESTROY) {
         System.exit(0);
```

```
    }    }
public static void main(String args[]) {
    Frame f = new Frame("ArcTest");
    ArcTest_1 arcTest = new ArcTest_1();
            arcTest.init();
            arcTest.start();
            f.add("Center", arcTest);
            f.setSize(300, 300);
            f.show();
    } }
//-------------------------------------------------------
class ArcCanvas extends Canvas {
    double startAngle = 0;
    double endAngle = 45;
    boolean     filled = false;
    Font        font;
public void paint(Graphics g) {Graphics2D g2 = (Graphics2D)g;
            Rectangle r = getBounds();
            double hlines = r.height / 10;
            double vlines = r.width / 10;
                g2.setColor(Color.pink);
            for (double i = 1; i <= hlines; i++) {
    Line2D line1 = new Line2D.Double(0, i * 10, r.width, i * 10);
                g2.draw(line1);  }
            for (double i = 1; i <= vlines; i++) {
   Line2D line2 = new Line2D.Double(i * 10, 0, i * 10, r.height);
                g2.draw(line2);   }
                g2.setColor(Color.red);
               if (filled) {
   Arc2D arc1 = new Arc2D.Double(0, 0, r.width - 1, r.height - 1, startAngle, endAngle, 2);
                g2.fill(arc1);
                 } else {
   Arc2D arc2 = new Arc2D.Double(0, 0, r.width - 1, r.height - 1, startAngle, endAngle, 2);
                 g2.draw(arc2); }
                 g2.setColor(Color.black);
                 g.setFont(font);
    Line2D line1 = new Line2D.Double(0, r.height / 2, r.width, r.height / 2);
    Line2D line2 = new Line2D.Double(r.width / 2, 0, r.width / 2, r.height);
    Line2D line3 = new Line2D.Double(0, 0, r.width, r.height);
```

```
   Line2D line4 = new Line2D.Double(r.width, 0, 0, r.height);
            g2.draw(line1);    g2.draw(line2);
            g2.draw(line3);    g2.draw(line4);
   int sx = 10;
   int sy = r.height - 28;
          g.drawString("S = " + startAngle, sx, sy);
          g.drawString("E = " + endAngle, sx, sy + 14);
   }
 public void redraw(boolean filled, int start, int end) {
          this.filled = filled;
          this.startAngle = start;
          this.endAngle = end;
          repaint();
   } }
//-----------------------------------------------------
class ArcControls extends Panel implements ActionListener {
   TextField s;
   TextField e;
   ArcCanvas canvas;
public ArcControls(ArcCanvas canvas) {
          Button b = null;
          this.canvas = canvas;
          add(s = new TextField("0", 4));
          add(e = new TextField("45", 4));
          b = new Button("Fill");
          b.addActionListener(this);
          add(b);
          b = new Button("Draw");
          b.addActionListener(this);
          add(b); }
 public void actionPerformed(ActionEvent ev) {
          String label = ev.getActionCommand();
          canvas.redraw(label.equals("Fill"),
            Integer.parseInt(s.getText().trim()),
            Integer.parseInt(e.getText().trim()));
      } }
```

[예제 3-22] 수행결과

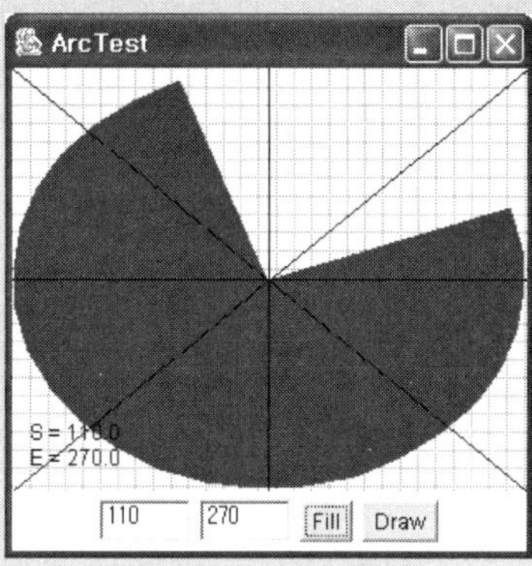

[예제 3-23] 다음프로그램을[예제 3-20] 프로그램과 비교 분석하시오.

```
import java.awt.*;
import java.awt.geom.*;
import java.applet.Applet;
// <Applet code= Circle2D_g2 width=500 height=400> </Applet>
public class Circle2D_g2 extends Applet{
  public Circle2D_g2() { }; // 원 그리기 응용
//-----------------------------------------------------------------
 void Circle(double x, double y, double r) {
      Graphics g = getGraphics();
      Graphics2D g2 =(Graphics2D)g;
      Ellipse2D circle = new Ellipse2D.Double(x-r, y-r, r*2, r*2);
          g2.setColor(Color.blue);
          g2.draw(circle);       }
 //----------------------------------------------------------------
  public void paint(Graphics g){
      for(double i=0; i <= 130;  i +=5)
          Circle(100+i, 200, i);
      for(double j=130; j >= 0;  j -=5)
          Circle(400-j, 200, j);
      }.}
```

[예제 3-23] 수행결과

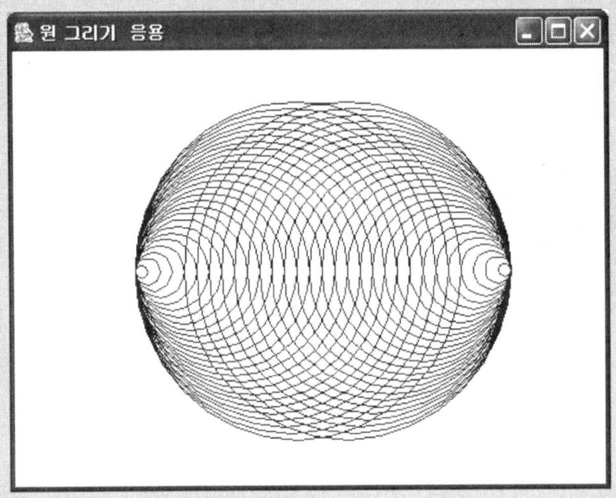

[예제 3-24] 다음 프로그램을 [예제 3-23}에 적용하여 실행 후 분석하시오.

```
public void paint(Graphics g){
      for(int i=30; i <= 90;  i +=2)
        Circle((50+i*2-5), 100, i/2);
      for(int j=30; j <= 90;  j +=2)
        Circle(50+(70+j*2), 100, 90-j/2);
           }
```

[예제 3-24] 수행결과

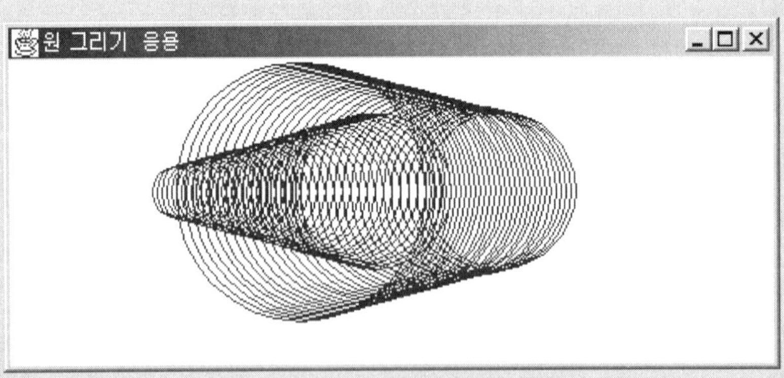

[예제 3-25] 다음 프로그램은 원을 그리는 2D 그래픽스이다. 실행 후 분석하시오.

```
import java.awt.*;
import java.awt.geom.*;
```

```
public class Circle2D extends Frame{
  double PI = 3.141592;
  double R1 = 150.0;
  double R2 = 150.0;
  double x, y, r=1;
 public Circle2D(){ setTitle("원 그리기 ");   }
 //------------------------------------------------------------
  void Circle(double x, double y, double r) {
      Graphics g = getGraphics();
      Graphics2D g2 = (Graphics2D)g;
            g2.setColor(Color.blue);
      Ellipse2D Circle1 = new Ellipse2D.Double(x-r, y-r, r*2, r*2);
            g2.setColor(Color.blue);
            g2.draw(Circle1);
      }
 //------------------------------------------------------------
  public void paint(Graphics g){
      for(double th = 0; th <= PI*2;  th +=PI/200){
           x = R1 * Math.cos(th);
           y = R2 * Math.sin(th);
          Circle(x+250, 200-0.95*y, 0.5);} // 반지름 0.5
           }
 //------------------------------------------------------------
  public boolean handleEvent(Event e){
       if (e.id == Event.WINDOW_DESTROY)
           System.exit(0);
       return super.handleEvent(e);    }
  //-----------------------------------------------------------------
  public static void main(String[] args){
     Frame frm =  new Circle2D();
           frm.resize(500, 400);
           frm.show();
     }  }
```

[예제 3-26] **다음 프로그램을 참고하여 아래와 같은 그림을 그리는 프로그램을 완성 하시오.**

```
 void Circle_f(double x, double y, double r) {
           // 중심 : (x, y)  반지름:r인 원을 그린다.
     Graphics g = getGraphics();
```

```
      Graphics2D g2 = (Graphics2D)g;
             g2.setColor(Color.blue);
         Ellipse2D Circle1 = new Ellipse2D.Double(x-r, y-r, r*2, r*2);
              g2.setPaint(Color.blue);
              g2.fill(Circle1);
           }
//---------------------------------------------------------------------
  public void paint(Graphics g)  {
           for(double i = 0; i <= 270; i += r*2)
             for(double j = 0; j <= 225; j += r*2){
                Circle_f(x+i+100, y+j+60, r);}
          }
```

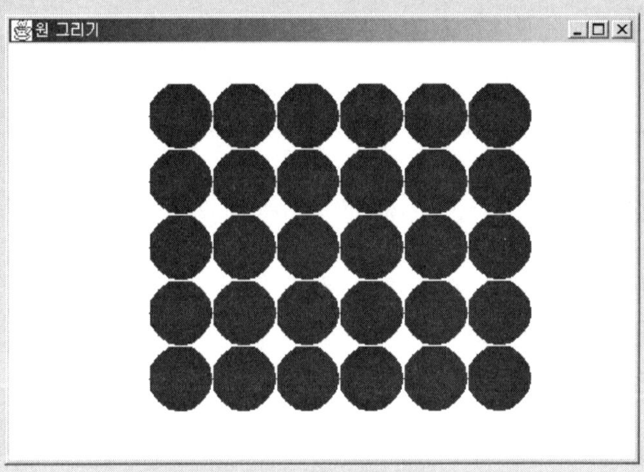

[예제 3-26] 수행결과

```
import java.awt.*;
import java.awt.geom.*;
import java.applet.Applet;
// <Applet code=Circle2D_12 width=400 height=300> </Applet>
public class Circle2D_12 extends Applet{
double r=20;
double x=1, y=5;
  public Circle2D_12() { }; //원 그리기 응용
//-----------------------------------------------------------------
  void Circle_f(double x, double y, double r) {
           // 중심 : (x, y)  반지름:r인 원을 그린다.
     Graphics g = getGraphics();
     Graphics2D g2 = (Graphics2D)g;
```

```
                g2.setColor(Color.blue);
      Ellipse2D Circle1 = new Ellipse2D.Double(x-r, y-r, r*2, r*2);
               g2.setPaint(Color.blue);
               g2.fill(Circle1);
            }
//--------------------------------------------------------------
   public void paint(Graphics g)  {
           for(double i = 0; i <= 270; i += r*2)
             for(double j = 0; j <= 225; j += r*2){
                  Circle_f(x+i+100, y+j+60, r);}
           }}
```

[예제 3-27] 사각형 메소드를 이용하여 원을 그리는 프로그램이다. 실행 후 결과를 분석하시오.

```
imoprt java.awt.*;
import java.awt.geom.*;
import java.applet.Applet;
// <Applet code=Rectangle2D_11 width=400 height=400> </Applet>
public class Rectangle2D_11 extends Applet{
  double PI = 3.141592;
  double R1=150, R2=150;
  double x, y, r, x1, y1;
 public  Rectangle2D_11(){ };
 //--------------------------------------------------------
  void rectanglc(double x, double y, double w, double h){
     // 중심 : (x,y)  반지름:r인 원을 그린다.
      Graphics g = getGraphics();
      Graphics2D g2 = (Graphics2D)g;
                g2.setColor(Color.blue);
      Rectangle2D rect1 = new  Rectangle2D.Double(x, y, w, h);
               g2.setColor(Color.blue);
               g2.draw(rect1);    }
 //----------------------------------------------------------
   public void paint(Graphics g) {
       for(double R2 = 0; R2 <= 150; R2 +=10){
         for(double th = 0; th <= PI*2;  th +=PI/200){
              x = R1 * Math.cos(th);
              y = R2 * Math.sin(th);
              rectangle(x+250, 200-0.95*y, 2, 2);}  //0.95  반지름 0.5
```

```
            }
        for(double R1 = 0; R1 <= 150;  R1 +=10){
            for(double th = 0; th <= PI*2;  th +=PI/200){
                x1 = R1 * Math.sin(th);
                y1 = R2 * Math.cos(th);
                rectangle(x1+250, 200-0.95*y1, 2, 2);}  //0.95  반지름 0.5
        }  }}
```

[예제 3-27] 수행결과

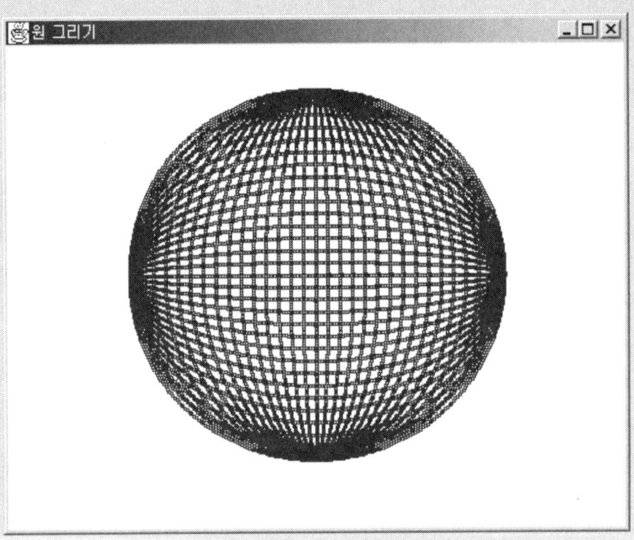

[예제 3-28] 다음 프로그램은 Y = Sin^3 X를 그리는 프로그램입니다. 수행 후 분석하시오.

```
import java.awt.*;
import java.awt.geom.*;
public class Sin2D_12 extends Frame {
double pi=3.141592;
   double x1,y1;
   int x=50;
   int y=200;
  public Sin2D_12() {setTitle("Y = Sin^3 X 프로그램");     }
//-------------------------------------------------------------
  void Circle(double x, double y, double r){
      Graphics g = getGraphics();
      Graphics2D g2 = (Graphics2D)g;
      Ellipse2D circle = new Ellipse2D.Double(x-r, y-r, r*2, r*2);
```

```
            g2.setColor(Color.red);
            g2.draw(circle);
    }
//---------------------------------------------------------------
   public void paint(Graphics g) {
          g.setColor(Color.blue);
          g.drawLine(x,0,x,400);
          g.drawLine(0,y,800,y);
     for (double n = 0; n <= 720; n++) {
                x1 = n+50;
                y1 = (-100*((Math.pow(Math.sin(pi*n/180),3)))+200);
                Circle(x1, y1, 0.5);      }
                g.drawString("  Y = Sin^3 x 그래프 입니다", 400, 300);
          }
 //-------------------------------------------------------------
  public boolean handleEvent(Event e) {
     if (e.id == Event.WINDOW_DESTROY)
        System.exit(0);              // 실행끝
     return super.handleEvent(e);}  // 상위 클래스에서 사건을 처리
 //--------------------------------------------------------------
  public static void main(String[] args) {
    Frame frm = new Sin2D_12 ();
        frm.resize(800, 400);
        frm.show();
   } }
```

[예제 3-28] 수행결과

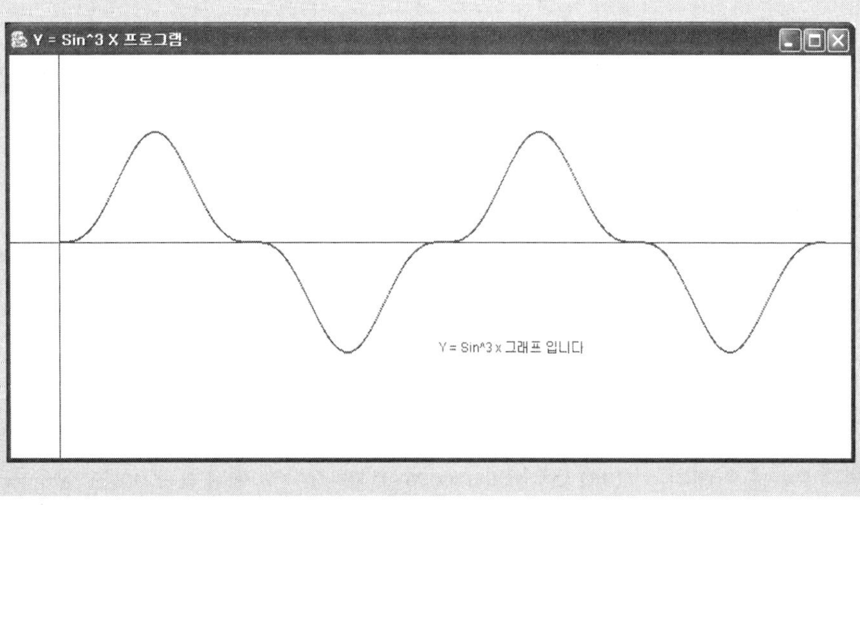

[예제 3-29] **다음 프로그램을 실행 후 실행결과를 분석하시오.**

```
import java.awt.*;
import java.awt.geom.*;
public class Pattern2D_1 extends Frame{
  public  Pattern2D_1() {setTitle("Pattern 그리기 응용");   }
//-------------------------------------------------------------------
 void Circle(double x, double y, double r) {
    Graphics g = getGraphics();
    Graphics2D g2 =(Graphics2D)g;
    Ellipse2D circle = new Ellipse2D.Double(x-r, y-r, r*2, r*2);
           g2.setColor(Color.blue);
           g2.draw(circle);    }
//-------------------------------------------------------------------
  public void paint(Graphics g){
          double x1, y1;
    for(double y=10; y <= 470;  y +=10){
       for(double x=10; x <= 630; x +=10){
           int n = (int)((3* Math.random()) +1);
           int r =2;
           y1 = y; x1 = x;
   for(int k=1; k <= n; k++){
          Circle(x1, y1, r);
          r +=2;
               }}}}
//-------------------------------------------------------------------
  public boolean handleEvent(Event e) {
       if (e.id == Event.WINDOW_DESTROY)
          System.exit(0);
       return super.handleEvent(e);   }
//-----------------------------------------------------------
  public static void main(String[] args){
    Frame frm =  new  Pattern2D_1();
          frm.resize(500, 400);
          frm.show();
    }  }
```

위 프로그램은 화면의 그리드(grid : 격자) 위에 원을 그린다. 원의 수는 난수로 내고 있다. 두 번째 for 문 아래의 n=(int) (3* Math.random()+1); 가 2에 해당된다. int는 정수로 바꾸는 cast

연산자 이며, 3 * Math.random()은 0.0과 1.0 사이의 수를 난수로 내는 명령으로 이것에 3을 곱하면 0~3 사이의 수가된다. 이것을 정수로 고치면 0, 1, 2의 어느 것인가의 수가되므로 다시 1을 더하여 1, 2, 3의 어느 것인가의 수를 컴퓨터로 나타낼 수 있다.

[예제 3-29] 수행결과

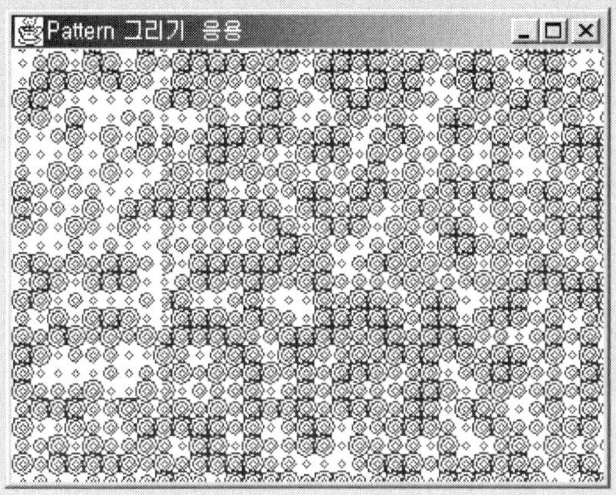

[예제 3-30] 다음 프로그램을 실행 후 실행 결과를 분석하시오.

```
import java.awt.*;
import java.awt.geom.*;
 import java.applet.Applet;
// <Applet code =Pattern2D_2 width =500 height=400> </Applet>
public class Pattern2D_2 extends Applet{
  double PI = 3.141592;
  public  Pattern2D_2() {  };
//-----------------------------------------------------------
 void Circle(double x, double y, double r) {
       Graphics g = getGraphics();
       Graphics2D g2 =(Graphics2D)g;
       Ellipse2D circle = new Ellipse2D.Double(x-r, y-r, r*2, r*2);
            g2.setColor(Color.blue);
            g2.draw(circle);   }
//-------------------------------------------------------
  public void paint(Graphics g){
      double[] x = new double[300];
      double[] y = new double[300];
      double x0 = 250, y0 = 250;
      double a=0.01, r=0.5,x1, y1, th, k;
      int i=1;
```

```
for(th=0; th < 7*PI; th +=PI/12){
    x[i] = x0 + r* Math.cos(th)*2;
    y[i] = y0 - r* Math.sin(th);
    i += 1;  r += a;  a += 0.01;
      }
    r=5;
 for(i = 2; i < 84; i++){
   k = Math.sqrt((x[i]-x[i-1])*(x[i]-x[i-1]) + (y[i]-y[i-1])*(y[i]-y[i-1]));
   r=r+k;
   x1 = x[i];  y1 = y[i];
  Circle(x1, y1, r);
  } } }
```

[프로그램 설명]

- 스파이럴(spiral : 나선) 위를 원이 반경을 크게 하면서 이동하고 있다. 첫 번째 for 문에서 나선 위의 점을 컴퓨터에 기억시킨다. 나선은 원의 반지름을 차례차례 크게 해나가면 되므로 r=r+a 에서 r을 크게 하고 있다.
- 두 번째 FOR 문에서 원을 그리게 한다. 이때에 원이 잇따라 앞의 원에 접하면서 크게 되어 나가도록 한다.

[예제 3-30] 수행결과

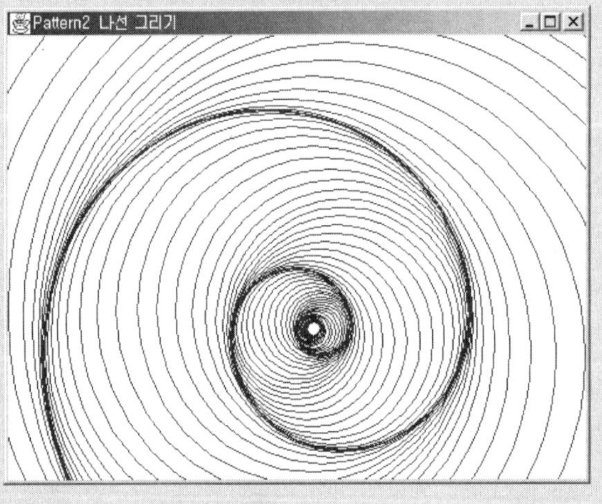

[예제 3-31] **다음의 프로그램은 원통을 그리는 프로그램이다. 실행 후 분석하시오.**

```
import java.awt.*;
import java.awt.geom.*;
import java.applet.Applet;
// <applet code =Arc2D_12 width =600 height=400> </applet>
public class Arc2D_12 extends Applet{
//---------------------------------------------------------------
 void Arc_1(double x, double y, double r1, double r2, double angst, double angex,
   int type) {
        Graphics g = getGraphics();
        Graphics2D g2 = (Graphics2D)g;
                  g2.setColor(Color.blue);
  Arc2D arc = new Arc2D.Double(x-r1, y-r2, r1*2, r2*2, angst, angex, type);
                 g2.setColor(Color.blue);
                 g2.draw(arc);  }
//------------------------------------------------------------------
 void Arc_f(double x, double y, double r1, double r2, double angst, double angex,
    int type) {
     Graphics g = getGraphics();
     Graphics2D g2 = (Graphics2D)g;
               g2.setColor(Color.blue);
     Arc2D arc = new Arc2D.Double(x-r1, y-r2, r1*2, r2*2, angst, angex, type);
               g2.setPaint(Color.blue);
               g2.fill(arc);}
//----------------------------------------------------------------
  void line(double x1, double y1, double x2, double y2){
     Graphics g = getGraphics();
     Graphics2D g2 = (Graphics2D)g;
  Line2D line = new Line2D.Double(x1, y1, x2, y2);
          g2.setPaint(Color.black);
          g2.draw(line);}
//-----------------------------------------------------------------
  public void paint(Graphics g){
            Arc_1(300, 140, 200, 40, 0, 360, OPEN);
            Arc_f(300, 340, 200, 40, 0, 360, OPEN);
            line(100,140, 100,340);
            line(500,140, 500,340);
       for(double i=10; i<200; i += 10)
            Arc(300,140+i, 200,40, 0, -180, OPEN);
          } }
```

[예제 3-31]
수행결과

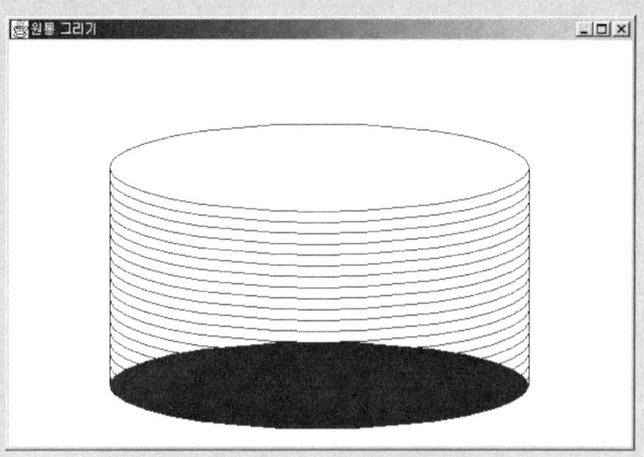

[예제 3-32] 다음의 프로그램은 직육면체를 그리는 프로그램이다. 실행 후 분석하시오.

```
import java.awt.*;
import java.awt.geom.*;
public class Rect3D_1 extends Frame{
   public Rect3D_1(){setTitle("3D 직육면체 그리기 "); }
//------------------------------------------------------------
   void line(double x1, double y1, double x2, double y2){
       Graphics g = getGraphics();
       Graphics2D g2 = (Graphics2D)g;
       Line2D line = new Line2D.Double(x1, y1, x2, y2);
             g2.setPaint(Color.black);
             g2.draw(line);}
//--------------------------------------------------------------
   public void paint(Graphics g){
       Graphics2D g2 = (Graphics2D)g;
             g2.drawString("3D 직육면체를 그리는 자바 프로그램 입니다.", 70, 100);
             g2.setPaint(Color.blue);
       Rectangle2D rect1 = new Rectangle2D.Double(140, 140, 100, 100);
       Rectangle2D rect2 = new Rectangle2D.Double(100, 180, 100, 100);
            g2.setPaint(Color.blue);
            g2.draw(rect1);
            g2.draw(rect2);
            line(140, 140, 100, 180);
            line(240, 140, 200, 180);
            line(140, 240, 100, 280);
```

```
            line(240, 240, 200, 280);
                    }
//--------------------------------------------------------------------
  public boolean handleEvent(Event e) {
    if (e.id == Event.WINDOW_DESTROY)
        System.exit(0);
    return super.handleEvent(e); }
//----------------------------------------------------------------
  public static void main(String[] args){
    Frame frm =  new Rect3D_1();
         frm.resize(600, 400);
         frm.show();
    } }
```

[예제 3-32] 수행결과

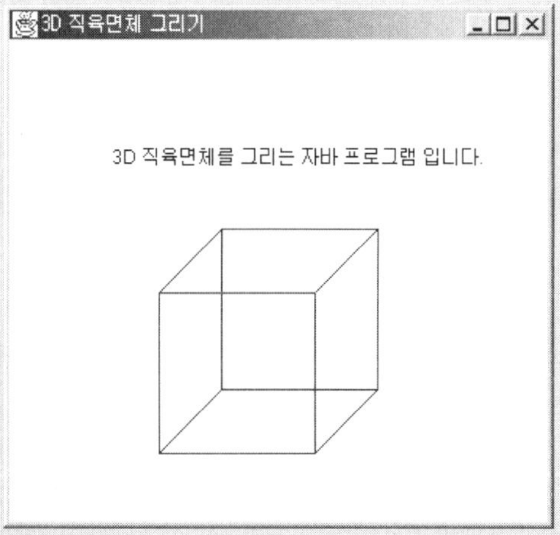

[예제 3-33] 마우스를 드래그 할 때 연속적으로 선을 그릴 수 있는 프로그램을 작성하시오.

```
import java.applet.Applet;
import java.awt.*;
import java.awt.event.*;
//<APPLET CODE=Drag_1 WIDTH=500 HEIGHT=400></APPLET>
public class Drag_1 extends Applet {
      Graphics g;
      int posX;
      int posY;
  public void init(){
```

```
    g = getGraphics();
    addMouseListener( new MouseAdapter(){
  public void mousePressed( MouseEvent e){
                  posX = e.getX();
                  posY = e.getY();
     }
    });
         addMouseMotionListener( new MouseMotionAdapter(){
 public void mouseDragged( MouseEvent e){
                  g.drawString("Line Drawing.......!!!!",20,20);
                  g.drawLine(posX, posY, e.getX(), e.getY());
                  posX = e.getX();
                  posY = e.getY();
                  showStatus("X: " + posX + ", Y: " + posY);
                   } });
            }  }
```

[예제 3-33] 수행결과

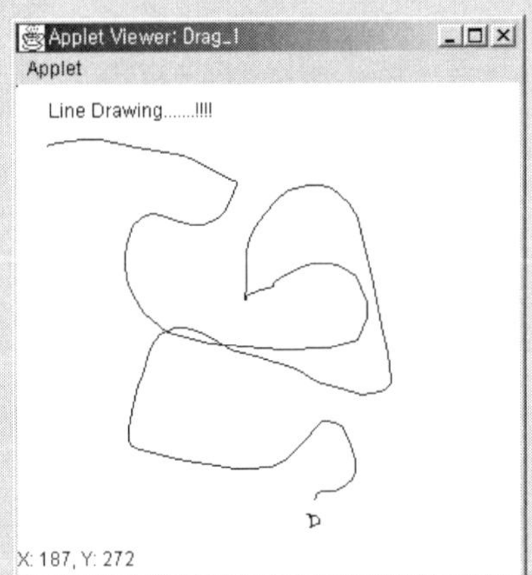

[예제 3-34] 마우스를 드래그 하여 사각형을 그릴 수 있는 프로그램을 작성하시오.

```
 import java.awt.event.*;
 import java.awt.*;
 import java.applet.Applet;
//<Applet code=DrawRect1 width=500 height=400></Applet>
 public class DragRect1 extends Applet {
   int x,y,w,h;
   public void init() {
```

```
    addMouseListener(new MouseEventHdl());
    addMouseMotionListener(new MouseMotionHdl());
        x=0;  y=0;
        w=0;  h=0;  }
  public void paint(Graphics g) {
          g.drawString(" Mouse is Rectengle drawing", 20,20);
          g.setColor(Color.red);
          g.drawRect(x, y, w, h);     }
    public class MouseMotionHdl extends MouseMotionAdapter {
      public void mouseDragged(MouseEvent e){
        w = Math.abs(x - e.getX());
        h = Math.abs(y - e.getY());
        repaint();
      }  }
  public class MouseEventHdl extends MouseAdapter {
      public void mousePressed(MouseEvent e){
              x = e.getX();
              y = e.getY();
      }
        public void mouseReleased(MouseEvent e){
              w = Math.abs(x - e.getX());
              h = Math.abs(y - e.getY());
              repaint();
        }    }    }
```

[예제 3-34] 수행결과

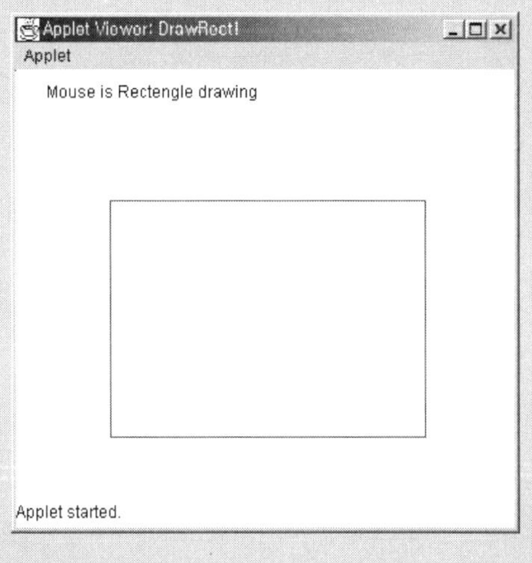

제4장

도형의 색상과 스트로크

- 4-1 도형 내부색상 채우기
- 4-2 Stroking
- 4-3 텍스트와 폰트 메트릭스

CHAPTER 04

도형의 색상과 스트로크

Java

4-1 도형 내부색상 채우기

도형의 내부를 색상으로 칠하기(Painting)는 색상 그레디언트(Color gradient) 또는 텍스처(Texture)로 도형의 내부를 채우는 과정을 말한다. 또한 스트로킹(Stroking)은 도형의 윤곽을 그리는 과정이다. 이 과정에서 사용되는 선의 두께, 스타일, 색상 등을 사용할 수 있다. 스트로킹은 도형의 윤곽을 나타내고 내부를 채움으로써 도형을 생성하는 과정일 뿐이며, 윤곽을 그리는 과정에서 여러 가지 의 칠하기 유형이 사용된다.

도형의 내부를 채우는 과정은 먼저 Graphics2D 클래스 내부의 setPaint() 메소드를 호출하여 Graphics2D 클래스에게 도형을 어떻게 채울 것인지를 알려준다. 이때 java.awt.Paint 인터페이스는 모든 객체를 매개 변수로 받아드려 Graphics2D 클래스는 이 Paint 객체를 내부 상태로 저장한다. [그림 4-1]은 도형의 칠하기와 스트로크에 대한 예를 나타내는 것이다.

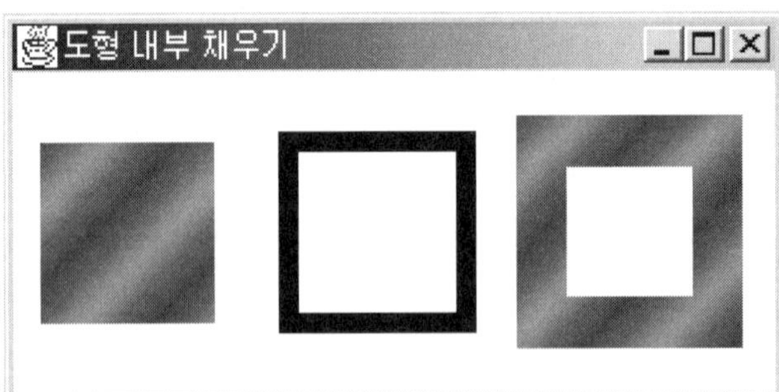

[그림 4-1] 도형 내부색상 채우기와 스트로크

[그림 4-1]에서 왼쪽의 원은 색상 그레디언트를, 가운데 원은 단색 두꺼운 선을 가지고 윤곽을 그린 것이다. 맨 오른쪽의 원은 같은 두께의 선에 그레디언트를 사용하여 윤곽을 그린 것이다. [예제 4-1]의 프로그램은 [그림 4-1]을 나타내는 자바 소스코드이다.

[예제 4-1]

[예제 4-1] 다음의 프로그램은 도형의 내부색상 채우기와 윤곽선을 그리기는 프로그램이다. 실행 후 결과를 분석하고 데이터를 변경하여 실행하여 보시오.

```
import java.awt.*;
import java.awt.geom.*;
import java.applet.Applet;
// <Applet code=Painting_1 width=400 height=200> </Applet>
public class Painting_1 extends Applet{
 public Painting_1(){};
//---------------------------------------------
  public void paint(Graphics g) {
    Graphics2D g2 = (Graphics2D)g;
    double x = 15, y = 50, w = 70, h = 70;
    Rectangle2D rect = new Rectangle2D.Double(x, y, w, h);
    GradientPaint gp = new GradientPaint(75, 75, Color.green,
        60, 60, Color.red, true);
    // Fill with a gradient.
           g2.setPaint(gp);
           g2.fill(rect);
    // Stroke with a solid color.
    rect.setFrame(x + 100, y, w, h);
           g2.setPaint(Color.black);
           g2.setStroke(new BasicStroke(8)); // 숫자는 선의 두께
           g2.draw(rect);
    // Stroke with a gradient.
    rect.setFrame(x + 200, y, w, h);
          g2.setPaint(gp);
          g2.setStroke(new BasicStroke(20)); // 숫자는 선의 두께
          g2.draw(rect);  }
//---------------------------------------------------------------
public static void main(String[] args){
              Frame f = new Frame("도형 내부 채우기");
              Painting_1  win =  new Painting_2();
                     f.add(win);
                     f.resize(400, 200);
                     f.show();
         }  }
```

Java Graphics2D API에서는 3 종류로 단색(solid color)으로 채우기, 선형 그레디언트(linear gradient), 텍스처 채우기(texture fill)등의 색상을 채우는 방법을 제공하고 있다.

4-1-1 단색으로 칠하기

색상은 java.awt.Color 클래스에서 제공되는 기본색상은 다음과 같다.

```
public static final Color white(흰색)
public static final Color lightGray(옅은 회색)
public static final Color gray(회색)
public static final Color darkGray    // 진한 회색
public static final Color black       // 검정색
public static final Color red         // 적색
public static final Color pink        // 분홍색
public static final Color orange      // 오렌지색
public static final Color yellow      // 황색
public static final Color green       // 초록색
public static final Color magenta     // 자홍색
public static final Color cyan        // 청록색
public static final Color blue        // 청색
```

위의 기본색상 외에 RGB(Red, Green, Blue)로 색상을 혼합하여 사용하는 메소드도 제공하고 있다.

```
public Color(int R, int G, int B)         //  R, G, B 의 값은 각각 0 ~ 255 이다.
public Color(float R, float G, float B)   //  R, G, B 의 값은 각각 0.0 ~ 1.0 이다.
```

위의 색상에 대한 내용들은 제 2, 3장에서 언급되었던 내용이다.

[예제 4-2] 단색으로 도형의 내부를 채우는(칠하는) 프로그램이다. 색상을 변경하여 실행하여 보시오.

```
import java.awt.*;
import java.awt.geom.*;
public class Painting_2 extends Frame {
public Painting_2(){setTitle(" 단색으로 도형 내부 채우기"); }
//-------------------------------------------------
 public void paint(Graphics g) {
   Graphics2D g2 = (Graphics2D)g;
   Arc2D arc1 = new Arc2D.Double(50, 80, 150, 150, -30, 90, Arc2D.PIE);
           g2.setPaint(Color.blue);
           g2.fill(arc1);
   Arc2D arc2 = new Arc2D.Double(50, 80, 150, 150, 60, 90, Arc2D.PIE);
           g2.setPaint(Color.red);
           g2.fill(arc2);      }
//----------------------------------------------------------------
public boolean handleEvent(Event evt){
```

```
        if (evt.id == Event.WINDOW_DESTROY)
                System.exit(0);
        return super.handleEvent(evt);          }
//-----------------------------------------------------------
public static void main(String[] args){
        Frame f =  new Painting_2();
             f.resize(500, 400);
             f.show();
        }  }
```

[예제 4-2] 수행결과

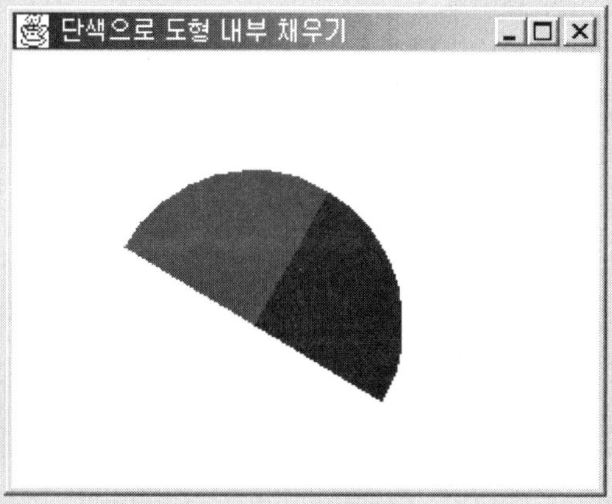

[예제 4-3] **단색으로 도형의 내부를 채우는(칠하는) 프로그램이다. 크기 변화와 위치를 변경하여 보시오.**

```
import java.awt.*;
import java.awt.geom.*;
import java.applet.Applet;
// <Applet code=Painting_3 width=500 height=400> </Applet>
public class Painting_3 extends Applet {
 public Painting_3() { };
//------------------------------------------------
  public void paint(Graphics g) {
    Graphics2D g2 = (Graphics2D)g;
    Arc2D arc1 = new Arc2D.Double(100,50,300,300,326,180, Arc2D.OPEN);
              g2.setPaint(Color.red);
              g2.fill(arc1);
    Arc2D arc2 = new Arc2D.Double(100,50,300,300,326,-180, Arc2D.OPEN);
              g2.setPaint(Color.blue);
              g2.fill(arc2);
```

```
   Arc2D arc3 = new Arc2D.Double(237,167,150,150,326,180, Arc2D.OPEN); // 대각선 x, y 위치
            g2.setPaint(Color.blue);
            g2.fill(arc3);
  Arc2D arc4 = new Arc2D.Double(113,83,150,150,326,-180, Arc2D.OPEN); // 대각선 x, y 위치
            g2.setPaint(Color.red);
            g2.fill(arc4);     } }
```

[예제 4-3] 수행결과

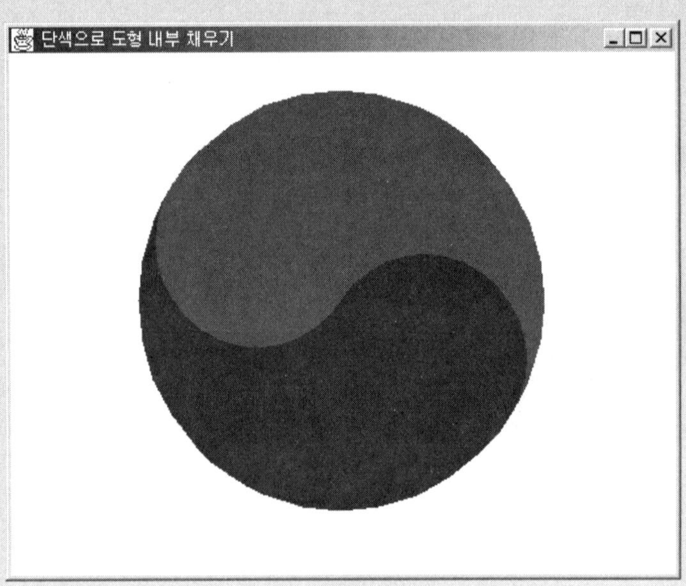

[예제 4-4] **다음의 프로그램을 실행 후 분석하시오.**

```
import java.awt.*;
import java.awt.geom.*;
public class Circle_2 extends Frame {
      public Circle_2(){setTitle("도형 내부 채우기 프로그램");}
//-----------------------------------------------
  public void paint(Graphics g){ Graphics2D g2 = (Graphics2D)g;
    double w=100, h=100, y=100;
    for (double x=50; x < 400; x+=50){
       int a=(int) (Math.random()*256);
       int b=(int) (Math.random()*256);
       int c=(int) (Math.random()*256);
    Ellipse2D cir = new Ellipse2D.Double(x, y, w, h);
          g2.setPaint( new Color(a, b, c));
          g2.setStroke(new BasicStroke(10));
```

```
        g2.fill(cir);
                }       }
//---------------------------------------------------
 public boolean handleEvent(Event e)    {
        if (e.id == Event.WINDOW_DESTROY)
           System.exit(0);
        return super.handleEvent(e); }
//----------------------------------------------
        public static void main(String[] args){
            Frame frm =  new Circle_2();
                 frm.resize(500, 200);
                 frm.show();
        }  }
```

[예제 4-4] 수행결과

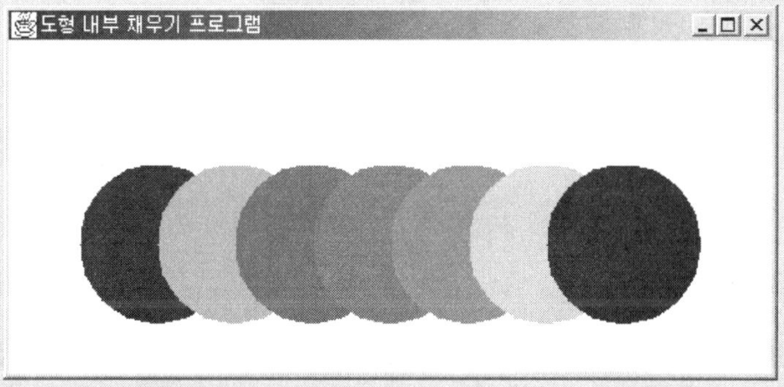

[예제 4-5] 스트로크를 사용한 윤곽선 그리기와 내부 도형 채우기 프로그램입니다.

```
import java.awt.*;
import java.awt.geom.*;
import java.applet.Applet;
// <Applet code=Circle_3 width=500 height=200> </Applet>
public class Circle_3 extends Applet {
        public Circle_3(){ };
//----------------------------------------------
public void paint(Graphics g){  Graphics2D g2 = (Graphics2D)g;
   double w=100, h=100, y=100;
    for (double x=50; x < 400; x+=50){
          int a=(int) (Math.random()*256);
          int b=(int) (Math.random()*256);
          int c=(int) (Math.random()*256);
```

```
Ellipse2D cir = new Ellipse2D.Double(x, y, w, h);
            g2.setPaint( new Color(a, b, c));
            g2.fill(cir);
            cir.setFrame(x, y, w, h);
            g2.setPaint(Color.black);
            g2.setStroke(new BasicStroke(10));
            g2.draw(cir); }  } }
```

[예제 4-5] 수행결과

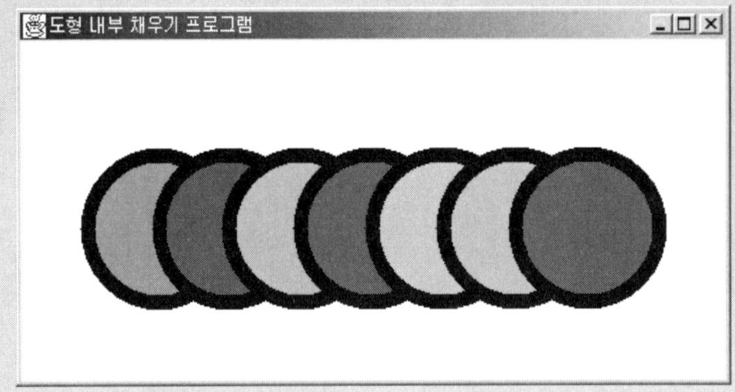

4-1-2 GradientPaint 클래스

그레디언트(Gradient)는 한 색상에서 다른 색상으로 부드럽게 변화되는 모습으로 도형의 내부를 채우는 클래스이다. GradientPaint 객체는 순환적(cyclic), 비순환적(acyclic)으로 도형의 내부를 채우는 기능을 가지고 있다. [그림 4-2]는 도형의 내부를 순환적(cyclic), 비순환적(acyclic)으로 채운 예이다.

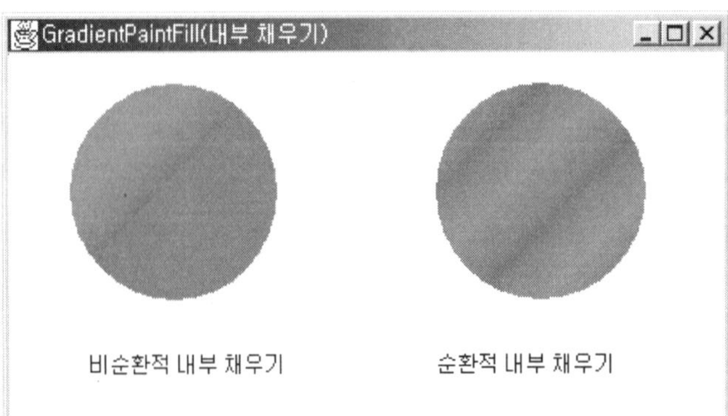

[그림 4-2] 비 순환, 순환적인 선형 그레디언트

GradientPaint 객체를 생성하기 위해서는 2개의 점과 색상을 제공하면 된다. 기본적인 GradientPaint 객체는 비순환적이며, 관련 메소드들은 다음과 같다.

```
▌ public GradientPaint(Ponit2D pt1, Color col1, Point2D pt2, Color col2)
▌ public GradientPaint(float x1, float y1, Color col1, float x2, float y2, Color col2)
```

위의 메소드의 생성자는 비순환적인 GradientPaint 객체를 생성한다. Gradient 첫 번째 점(x1, y1)의 Color col1에서 두 번째 점(x2, y2)의 Color col2로 색상의 변화를 나타낸다.

다음의 두 메소드의 생성자는 순환적인 GradientPaint 객체를 생성한다. Gradient 첫 번째 점(x1, y1)의 Color col1에서 두 번째 점(x2, y2)의 Color col2로 색상의 변화를 나타낸다.

```
▌ public GradientPaint(Ponit2D pt1, Color col1, Point2D pt2, Color col2, boolean true
  /false)
▌ public GradientPaint(float x1, float y1, Color col1, float x2, float y2, Color col2, boolean
  true/false)
```

[예제 4-6-a] **다음 추의 무게가 2g, 3g, 5g짜리 추가 각각 10개씩 있다. 이 추들의 무게의 합이 85g 이 되는 경우를 모두 출력할 수 있는 프로그램을 작성하시오.**

```
import java.awt.*;
import java.awt.geom.*;
public class Painting_5 extends Frame {
public Painting_5(){setTitle("GradientPaint 도형 내부 채우기"); }
//-----------------------------------------------
  public void paint(Graphics g) { Graphics2D g2 = (Graphics2D)g;
   Ellipse2D cir1 = new Ellipse2D.Float(40, 40, 120, 120);
   GradientPaint gp1 = new GradientPaint(75, 75, Color.green,
          95, 95, Color.gray, false); //true 순환적 //false: 비순환적
          g2.setPaint(gp1);
          g2.fill(cir1);
          g2.setPaint(Color.black);
          g2.drawString("비순환적 내부 채우기" , 50, 200);
   Ellipse2D cir2 = new Ellipse2D.Float(250, 40, 120, 120);
   GradientPaint gp2 = new GradientPaint(75, 75, Color.green,
          95, 95, Color.gray, true); //true 순환적 //false: 비순환적
          g2.setPaint(gp2);
          g2.fill(cir2);
          g2.setPaint(Color.black);
```

```
            g2.drawString("순환적 내부 채우기" , 250, 200);
    }
//-------------------------------------------------------------
public boolean handleEvent(Event evt){
         if (evt.id == Event.WINDOW_DESTROY)
            System.exit(0);
         return super.handleEvent(evt);          }
//-------------------------------------------------------------
public static void main(String[] args){
         Frame f =  new Painting_5();
               f.resize(500, 400);
               f.show();
         } }
```

[예제 4-6-b] 다음의 프로그램은 Applet을 이용한 프로그램이다.

```
import  java.awt.*;
import  java.applet.*;
import  java.awt.geom.*;
// <applet code = "GradientExample.class" width =500 height=400> </applet>
public class GradientExample extends Applet {
   Ellipse2D.Double    circle;
   Rectangle2D.Double  rect;
   GradientPaint      gradient;
//--------------------------------------------------------
 public void init() {
    gradient = new GradientPaint(10, 10, Color.red, 200, 200, Color.yellow, true);
          circle = new Ellipse2D.Double(10, 10, 200, 200);
          rect = new Rectangle2D.Double(10, 10, 200, 200);
         }
  public void paint(Graphics g) {Graphics2D g2 = (Graphics2D) g;
         g2.setPaint(gradient);
         g2.draw(rect);
         g2.fill(circle);
         } }
```

[예제4-6-b] 수행결과

[예제 4-7] 사각형 내부색상 채우기 프로그램이다. 실행 후 분석하시오.

```
import java.awt.*;
import java.awt.geom.*;
import java.applet.Applet;
// <Applet code= Rect2D_p1 width=500 height=400> </Applet>
public class Rect2D_p1 extends Applet{
 public  Rect2D_p1(){ };
//-------------------------------------------------------------------
   public void paint(Graphics g) {Graphics2D g2 = (Graphics2D)g;
      float x, y;
      Dimension d = size();
      float  w = 2*((d.width-1)/13);
      float  h = 2*((d.height-10)/10);
              x = w/2; y = h/2;
        for(int i=0; i<3; i++){
             for(int j=0; j<4; j++){
    Rectangle2D rect = new  Rectangle2D.Double(x, y, 80, 80);
    GradientPaint gp2 = new GradientPaint(x+10, y+10, Color.green,
              x+30, y+30, Color.gray, true); //true 순환적  //false: 비순환적
              g2.setPaint(gp2);
              g2.fill(rect);
               x += w/2*3;
               }
               x = w/2; y += h/2*3;
             } } }
```

[예제 4-7] 수행결과

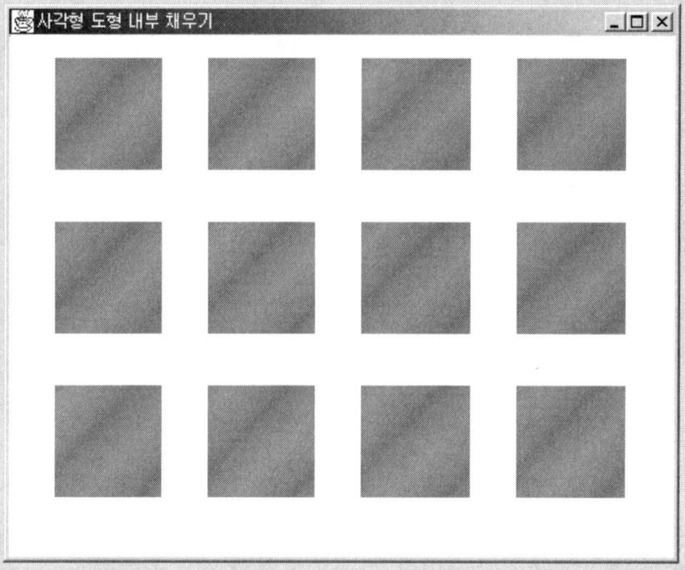

[예제 4-8] 도형의 내부 색상을 변경하는 프로그램의 예이다. 수행 후 분석하시오.

```
import java.awt.*;
import java.awt.geom.*;
import java.applet.Applet;
// <Applet code= Rect2D_p2 width=500 height=400> </Applet>
public class Rect2D_p2 extends Applet{
Color c[] = {Color.white, Color.red, Color.green, Color.darkGray, Color.gray,
            Color.blue,  Color.yellow, Color.pink, Color.lightGray,
            Color.cyan,  Color.magenta, Color.orange, Color.black};
 public  Rect2D_p2(){ };
//------------------------------------------------------------------
  public void paint(Graphics g) { Graphics2D g2 = (Graphics2D)g;
    float x, y;   int n=0;
    Dimension d = size();
    float  w = 2*((d.width-1)/13);
    float  h = 2*((d.height-10)/10);
       x = w/2; y = h/2;
   for(int i=0; i<3; i++){
          for(int j=0; j<4; j++){ n+=1;
             if(n == 12) n=0;
  Ellipse2D circle = new  Ellipse2D.Float(x, y, 80, 80);
```

```
GradientPaint gp2 = new GradientPaint(x+10, y+10, c[n],
         x+30, y+30, c[n+1], true); //true 순환적 //false: 비순환적
         g2.setPaint(gp2);
         g2.fill(circle);
          x += w/2*3; }
          x = w/2; y += h/2*3;
          } } }
```

[예제 4-8] 수행결과

4-1-3 TexturePaint 클래스

TexturePaint 클래스는 건축물의 바닥에 일정한 타일을 까는 것처럼 여러 번 반복되는 이미지를 사용하여 만드는 것으로 Java 2D API에서 텍스처를 표현하는 클래스는 java.awt.TexturePaint 클래스이며, 이 클래스의 객체는 다음과 같은 2개의 정보를 조합하여 생성한다.

- 텍스처에 사용될 이미지는 BufferedImage 객체로 제공된다.
- 텍스처를 형성하기 위해 반복되는 방법을 지정하기 위하여 Rectangle2D 객체를 텍스처 사각형으로 한다.

이미지는 주어진 텍스처 사각형의 크기에 맞춰 크기가 조절되며 이 사각형은 바닥의 타일처럼 반복적으로 사용되어 텍스처를 형성하게 된다. 관련 메소드는 다음과 같다.

- public TexturePaint(BufferedImage txtr, Rectangle2D anchor)
  ① 이 메소드의 생성자는 anchor로 주어진 사각형을 이용하여 주어진 이미지를 복사하는 TexturedImage 객체를 형성한다.

다음은 TexturePaint 클래스의 사용 예이다.

```
private BufferedImage  Image_1;
  RoundRectangle2D r = new RoundRectangle2D.Float(25, 35, 200, 200, 25, 25);
  Rectangle2D tr = new Rectangle2D.Double(0, 0, mImage.getWidth(), mImage.getHeight());
  TexturePaint tp = new TexturePaint(mImage, tr)   // TexturePaint 객체 생성을 위한 단계
              g2.setPaint(tp);
              g2.fill(r);
```

[예제 4-9-a] **TexturePaint 클래스를 이용한 텍스처 이미지 채우기 프로그램이다. 실행 후 실행 결과를 분석하시오. // 단 여기에 사용되는 이미지는 압축되지 않은 이미지 파일이어야 한다.**

```
import  java.awt.*;
import  java.applet.*;
import  java.awt.geom.*;
import  java.awt.image.*;
public class TextureExample extends Applet {
  Rectangle2D.Double  rect;
  BufferedImage      img;
  TexturePaint       texture;
  Rectangle         imgRect;
 public void init() {
        rect = new Rectangle2D.Double(10, 10, 200, 200);
        Image im = getImage(getCodeBase(), "heama.jpg");
        MediaTracker t = new MediaTracker(this);
        t.addImage(im, 0);
        try {t.waitForAll();
                  } catch(Exception e) {System.out.println("MediaTracker error");
                  }
  img = new BufferedImage(im.getWidth(this), im.getHeight(this),
       BufferedImage.TYPE_INT_RGB);
                  Graphics2D d2 = img.createGraphics();
                  d2.drawImage(im, 0, 0, this);
                  imgRect = new Rectangle(0, 0, im.getWidth(this), im.getHeight(this));
                  texture = new TexturePaint(img, imgRect);   }
 public void paint(Graphics g) { Graphics2D g2 = (Graphics2D) g;
                g2.setPaint(texture);
                g2.fill(rect);
          } }
```

```
<html>
<applet code=TextureExample width=250 height=250></applet>
</html>
```

[예제4-9-a] 수행결과

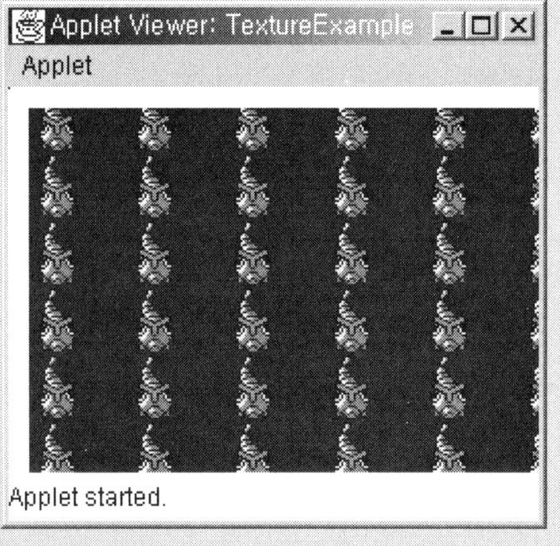

[예제 4-9-b] 다음 프로그램은 TexturePaint 클래스를 이용한 텍스처 이미지 채우기 두 번째 프로그램 이다. (단 여기에 사용되는 이미지는 압축되지 않은 이미지 파일이어야 한다.)

```
import java.awt.*;
import java.awt.geom.*;
import java.awt.image.BufferedImage;
import java.io.*;
import com.sun.image.codec.jpeg.*;
public class TexturePaintFill extends Frame {
        public TexturePaintFill(){setTitle(" TexturePaint 내부채우기"); }
//-------------------------------------------------------------------
  public void paint(Graphics g) { Graphics2D g2 = (Graphics2D)g;
    // 곡률 사각형 생성
    RoundRectangle2D r = new RoundRectangle2D.Float(25, 35, 200, 200, 25, 25);
    // 텍스처 이미지와 같은 크기의 텍스처 사각형 생성
    Rectangle2D tr = new Rectangle2D.Double(0, 0, mImage.getWidth(), mImage.getHeight());
    // TexturePaint 객체 생성.
    TexturePaint tp = new TexturePaint(mImage, tr);
    // 곡률 사각형을 채움
          g2.setPaint(tp);
          g2.fill(r);  }
```

```
//------------------------------------------------------------
public boolean handleEvent(Event evt){
        if (evt.id == Event.WINDOW_DESTROY)
                System.exit(0);
        return super.handleEvent(evt);          }
//------------------------------------------------------------
 public static void main(String[] args) throws Exception {
      Frame f = new TexturePaintFill("mojaik2.jpg");
            f.resize(500, 400);
            f.show();
     }
   private BufferedImage mImage;
   public TexturePaintFill(String filename)
      throws IOException, ImageFormatException {
    // 지정된 jpg 파일을 로딩한다.
    InputStream in = getClass().getResourceAsStream(filename);
    JPEGImageDecoder decoder = JPEGCodec.createJPEGDecoder(in);
    mImage = decoder.decodeAsBufferedImage();
    in.close();
    } }
```

[예제4-9-b] 수행결과

[예제 4-10] **다음의 프로그램을 실행 후 분석하시오.**

```
import java.awt.*;
import java.awt.geom.*;
import java.applet.Applet;
// <Applet code=RoundGradientPaint_1 width=200 height=200> </Applet>
public class RoundGradientPaint_1 extends Applet{
  public void paint(Graphics g) {Graphics2D g2 = (Graphics2D)g;
    RoundRectangle2D r = new RoundRectangle2D.Float(25, 35, 150, 150, 25, 25);
    GradientPaint rgp = new GradientPaint(75, 75, Color.magenta, 0, 85, Color.blue, true);
            g2.setPaint(rgp);
            g2.fill(r);
  } }
```

[예제 4-10] 수행결과

4-2 Stroking

스트로킹(Stroking)은 도형의 윤곽을 그리는 과정을 말하며, 스트로킹은 어떤 면에서 도형의 칠하기와 비슷한 기능을 가지고 있다. 스트로킹은 Graphics2D의 setStroke() 메소드를 호출하여 도형의 윤곽을 어떻게 그릴 것인지에 대해 Graphics2D에게 알려준다. 이 메소드의 java.awt.Stroke 인터페이스는 모든 객체를 매개 변수로 받아드려 Graphics2D의 Stroke 인터페이스를 구현한다. 또한 java.awt.BasicStroke 클래스는 공통적인 스트로크의 옵션(option)을 구현하는 클래스이다. setStroke() 메소드는 setPaint() 메소드를 사용하여 Graphics2D에게 윤곽선 자체를 그리는 방법에 대하여 알려주면, draw() 메소드에 의해 도형의 윤곽선을 그린다.

4-2-1 Stroke 객체

Graphics2D는 스트로크(Stroke) 객체를 이용하여 특정 도형의 윤곽선 생김새를 알 수 있다. 즉 Graphics2D의 draw() 메소드를 이용하여 도형을 그릴 때 Graphics2D는 그 도형의 윤곽선 생김새에 대한 정보를 Stroke 객체에게 요구한다.

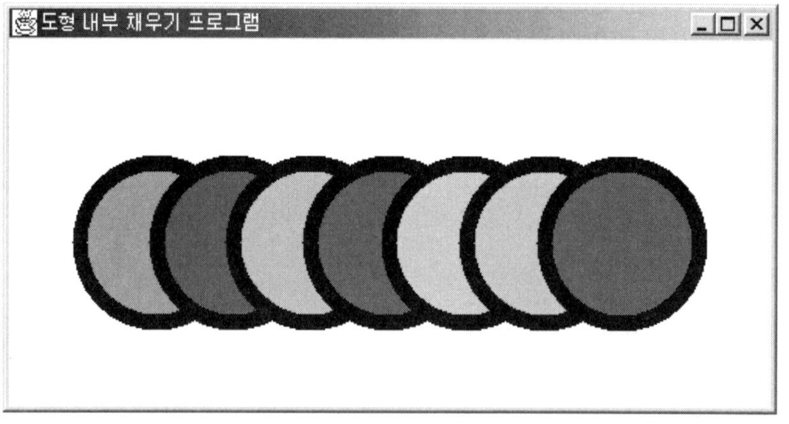

[그림 4-3] 스트로크 객체를 이용한 도형 윤곽선 그리기

Stroke의 사용 예는 다음과 같다.

```
Ellipse2D cir = new Ellipse2D.Double(x, y, w, h);
    cir.setFrame(x, y, w, h);
    g2.setPaint(Color.black);
    g2.setStroke(new BasicStroke(10));  // 10의 숫자는 도형의 테두리 두께
    g2.draw(cir)
```

4-2-2 BasicStroke 클래스

Java Graphics2D에서 Stroke 인터페이스를 구현하는 클래스 중의 하나는 java.awt.BasicStroke 클래스이다. 이 클래스는 도형의 윤곽의 두께(width)의 실선(solid line), 점선(dashed line)을 지원하며, 두꺼운 선을 그리는 데에 있어서 2 가지 기능 즉, 선 끝 스타일(end style), 결합 스타일(join style)이 있다. [그림 4-4]는 실선 두께의 변화를 나타내는 것과 [그림 4-5]는 점선의 두께를 나타내는 그림이다.

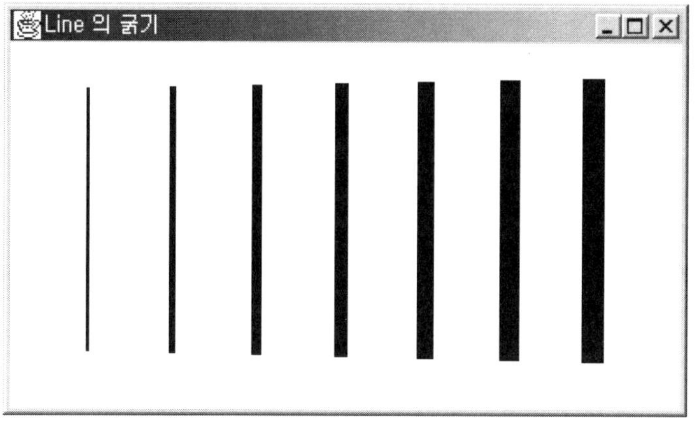

[그림 4-4] 실선 두께의 모양(Style)

[예제 4-11-a] **다음의 프로그램은 [그림 4-4]를 나타내는 프로그램이다. 실행결과를 확인하시오.**

```
import java.awt.*;
import java.awt.geom.*;
public class StrokeLine_1 extends Frame {
  public static void main(String[] args) {
    StrokeLine_1 f = new StrokeLine_1();
                f.setTitle("Line 의 굵기 ");
                f.setSize(500, 200);
                f.setVisible(true);
    }
//-----------------------------------------------------
public boolean handleEvent(Event evt){
            if (evt.id == Event.WINDOW_DESTROY)
                System.exit(0);
            return super.handleEvent(evt);}
//------------------------------------------------------
 public void paint(Graphics g){
    Graphics2D g2 = (Graphics2D)g;
    double x=50;
    for(int i=2; i<16; i+=2){
    Line2D line = new  Line2D.Double(x, 50, x, 200);
            Stroke stroke = new BasicStroke(i);
            g2.setStroke(stroke);
            g2.draw(line);
            x += 50;
    } } }
```

[예제 4-11-b] **다음의 프로그램은 점선 스트로크를 나타내는 프로그램이다. 실행 후 분석하시오.**

```
import java.awt.*;
import java.applet.*;
import java.awt.geom.*;
// <applet code=StrokeTest width=270 height=250> </applet>
public class StrokeTest extends Applet {
  Rectangle2D.Double rect;
  Ellipse2D.Double  circle;
    public void init() {
        rect = new Rectangle2D.Double(20, 20, 220, 220);
        circle = new Ellipse2D.Double(20, 20, 220, 220);
        }
    public void paint(Graphics g) {
            Graphics2D g2 = (Graphics2D) g;
            g2.setStroke(new BasicStroke(2));
            g2.draw(rect);
            float[] dashPattern = { 30, 10, 10, 10 };
            g2.setStroke(new BasicStroke(8, BasicStroke.CAP_BUTT,
            BasicStroke.JOIN_MITER, 10, dashPattern, 0));
            g2.draw(circle);
        } }
```

[예제4-11-b] 수행결과

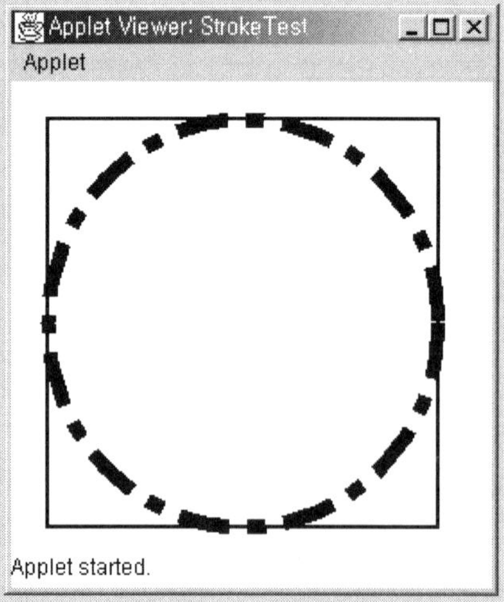

4-2-3 BasicStroke 생성자 메소드

BasicStroke 생성자 메소드는 기본 설정을 가진 스트로크 객체를 생성한다. 기본 설정은 1.0의 두께를 가지는 실선을 그린다. 또한 선 끝의 스타일은 CAP_SQUARE 와 선과 선의 이음매 한계가 10.0인 JOIN_MITER 결합 스타일로 지정된다. 다음은 BasicStroke 생성자 메소드들이다.

- public BasicStroke(float width)
  - ① 이 생성자는 메소드는 width 크기만큼의 특정한 두께를 가진 스트로크 객체를 생성한다.
- public BasicStroke(float width, int cap, int join, float miterlimit)
  - ② 이 생성자는 메소드는 결합 스타일에 JOIN_MITER가 사용되었을 경우 주어진 이음매 한계를 사용한다는 점을 제외하고는 위의 생성자와 동일한 기능이다.
- public BasicStroke(float width, int cap, int join, float miterlimit, float[]{ dash}, float dash_phase)
  - ③ 이 생성자는 메소드는 점선 스트로크 객체를 생성한다. 점선(dash) 패턴은 매개 변수로 주어진 점선 배열과 dash 위상에 의해 결정된다.

[예제 4-12] **다음의 프로그램은 [그림 4-5]를 나타내는 프로그램이다. 실행결과를 확인하시오.**

```
import java.awt.*;
import java.awt.geom.*;
public class StrokeLine_2 extends Frame {
  public static void main(String[] args) {
    StrokeLine_2 f = new StrokeLine_2();
                  f.setTitle("Line 의 굵기 ");
                  f.setSize(500, 200);
                  f.setVisible(true);
   }
//---------------------------------------------------
public boolean handleEvent(Event evt){
          if (evt.id == Event.WINDOW_DESTROY)
              System.exit(0);
          return super.handleEvent(evt);}
//----------------------------------------------------
 public void paint(Graphics g){
   Graphics2D g2 = (Graphics2D)g;
   double x=50;
    for(int i=2; i<16; i+=2){
    Line2D line = new  Line2D.Double(x, 50, x, 200);
```

```
    Stroke stroke = new BasicStroke(i, BasicStroke.CAP_BUTT, BasicStroke.JOIN_BEVEL,
                          0, new float[] {12, 12}, 0);
        g2.setStroke(stroke);
        g2.draw(line);
        x += 50;
} } }
```

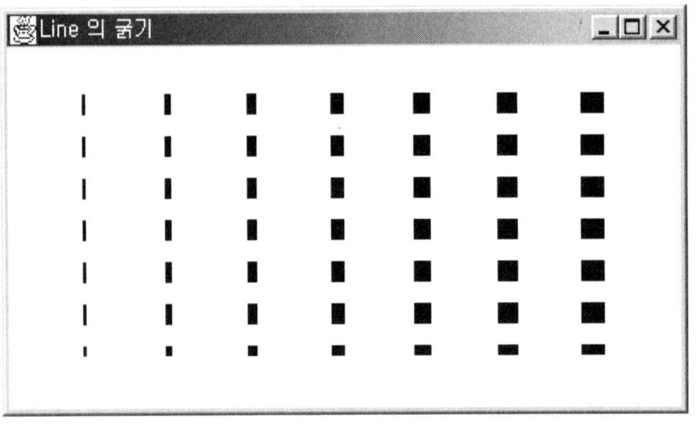

[그림 4-5] 점선의 크기와 모양(Style)

4-2-4 선 끝 스타일

두꺼운 선의 끝 부분을 그리는 BasicStroke 클래스는 3 가지의 선의 끝을 그리는 상수 스타일들이 있다. [그림 4-6]은 그들 각각의 스타일을 보여주고 있다.

다음은 BasicStroke 클래스에서 선의 끝을 그리는 상수 스타일들이다.

▌ `public static final int CAP_BUTT`

① 이 스타일은 직선의 끝 부분에 어떠한 장식도 추가하지 않는다. 이 선 끝 스타일을 사용하여 스트로크 된 직선 끝은 직사각형처럼 보인다.

▌ `public static final int CAP_ROUND`

② 이 스타일을 적용하면 직선의 양끝 부분을 반원으로 감싸는 효과를 얻을 수 있다. 이 때 반원의 반지름은 두께의 1/2 이다.

▌ `public static final int CAP_SQUARE`

③ 이 스타일은 선의 끝 부분에 직사각형을 덧붙여서 선을 확장하여 연결한다. 이 직사각형의 가로 길이는 선 두께의 1/2 이다.

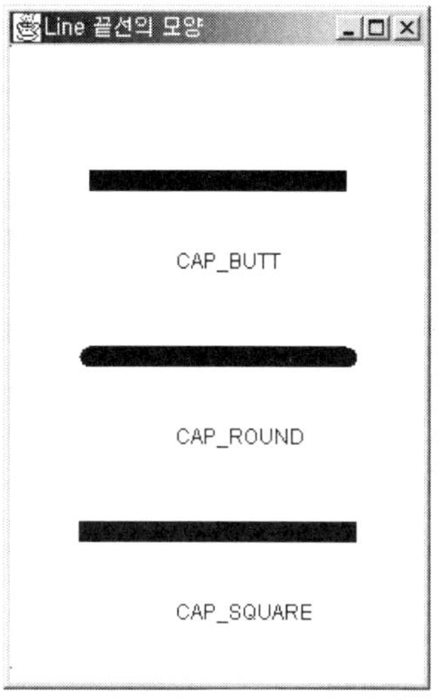

[그림 4-6] 선 끝의 스타일

[예제 4-13] **다음의 프로그램은 [그림 4-6]를 나타내는 프로그램이다. 실행결과를 확인하시오.**

```
import java.awt.*;
import java.awt.geom.*;
public class StrokeLine_ST extends Frame {
 public static void main(String[] args) {
   StrokeLine_ST f = new StrokeLine_ST();
              f.setTitle("Line 끝선의 모양 ");
              f.setSize(300, 400);
              f.setVisible(true);  }
//--------------------------------------------------
public boolean handleEvent(Event evt){
         if (evt.id == Event.WINDOW_DESTROY)
           System.exit(0);
         return super.handleEvent(evt);}
//--------------------------------------------------
 public void paint(Graphics g){
       Graphics2D g2 = (Graphics2D)g;
       Line2D line1 = new  Line2D.Double(50, 100, 200, 100);
       Stroke stroke1 = new BasicStroke(12, BasicStroke.CAP_BUTT, 0);
       Line2D line2 = new  Line2D.Double(50, 200, 200, 200);
       Stroke stroke2 = new BasicStroke(12, BasicStroke.CAP_ROUND, 0);
       Line2D line3 = new  Line2D.Double(50, 300, 200, 300);
```

```
    Stroke stroke3 = new BasicStroke(12, BasicStroke.CAP_SQUARE, 0);
        g2.setStroke(stroke1);
        g2.draw(line1);
        g2.drawString("CAP_BUTT", 100,150);
        g2.setStroke(stroke2);
        g2.draw(line2);
        g2.drawString("CAP_ROUND", 100,250);
        g2.setStroke(stroke3);
        g2.draw(line3);
        g2.drawString("CAP_SQUARE", 100,350);
} }
```

4-2-5 선과 선의 결합 스타일

BasicStroke 클래스는 직선들이 결합하는 3 가지 방법을 제공한다. 이 결합 스타일 역시 BasicStroke의 상수로 표현되며, 결합 형태는 [그림 4-7]과 같다.

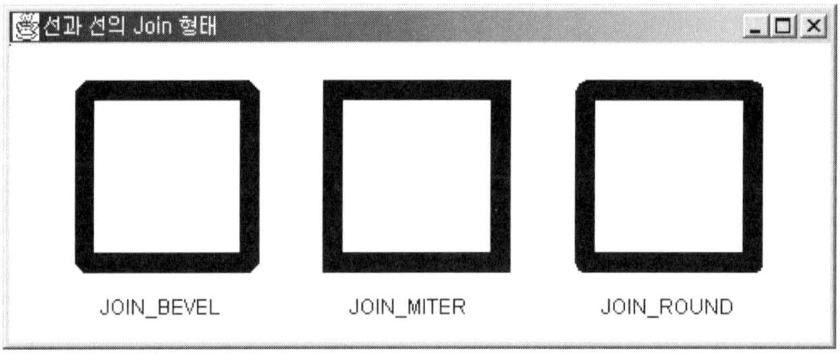

[그림 4-7] 선과 선의 이음새(Join)의 형태

다음은 BasicStroke 클래스에서 직선들을 결합시키는 3 가지 상수들이다.

- `public static final int JOIN_BEVEL`(경사각)
  ① 이 스타일은 각 선들의 바깥쪽 가장자리를 서로 연결하여 선들을 결합한다.
- `public static final int JOIN_MITER`(이음매)
  ② 이 스타일은 각 선들의 바깥쪽 가장자리를 서로 교차할 때까지 확장하여 선들을 결합한다. 그러나 이음매(miter)가 주어진 이음매 한계(miter limit)보다 더 길 경우에는 JOIN_BEVEL을 적용하여 두 선을 결합한다.
- `public static final int JOIN_ROUND`(라운드)
  ③ 이 스타일은 선과 선의 이음새를 반원(round) 처리 한다.

[예제 4-14] 다음의 프로그램은 [그림 4-7]을 나타내는 프로그램이다. 분석하시오.

```
import java.awt.*;
import java.awt.geom.*;
public class Stroke_Join extends Frame {
  public static void main(String[] args) {
    Stroke_Join f = new Stroke_Join();
                f.setTitle("선과 선의 Join 형태 ");
                f.setSize(500, 200);
                f.setVisible(true);
        }
//-----------------------------------------------------
public boolean handleEvent(Event evt){
        if (evt.id == Event.WINDOW_DESTROY)
                System.exit(0);
        return super.handleEvent(evt);}
//-----------------------------------------------------
 public void paint(Graphics g) {Graphics2D g2 = (Graphics2D)g;
    Rectangle2D rect1 = new  Rectangle2D.Double(50, 50, 100, 100);
   Stroke stroke1 = new BasicStroke(12, BasicStroke.CAP_BUTT,
                              BasicStroke.JOIN_BEVEL);
    Rectangle2D rect2 = new  Rectangle2D.Double(200, 50, 100, 100);
    Stroke stroke2 = new BasicStroke(12, BasicStroke.CAP_BUTT,
                              BasicStroke.JOIN_MITER);
    Rectangle2D rect3 = new  Rectangle2D.Double(350, 50, 100, 100);
    Stroke stroke3 = new BasicStroke(12, BasicStroke.CAP_BUTT,
                              BasicStroke.JOIN_ROUND);
        g2.setStroke(stroke1);
        g2.draw(rect1);
        g2.drawString("JOIN_BEVEL", 60, 180);
        g2.setStroke(stroke2);
        g2.draw(rect2);
        g2.drawString("JOIN_MITER", 210, 180);
        g2.setStroke(stroke3);
        g2.draw(rect3);
        g2.drawString("JOIN_ROUND", 360, 180);
   } }
```

4-2-6 점선 스타일

BasicStroke 클래스는 점선을 그리기 위해 점선(dash) 배열과 점선 위상을 사용한다. 점선 배열은 선 영역과 공백 영역의 길이를 나타내는 float형의 배열이다. 예를 들어 {12, 12}로 구성된 배열은 각각 12 단위의 선 영역과 공백 영역을 가지는 점선을 만들어 낸다. 이 배열의 요소들 중 짝수 번의 요소는 선 영역을 결정하며, 홀수 번의 요소는 공백 영역을 결정한다.

[예제 4-15] 다음의 프로그램은 점선에 대한 스타일을 나타내는 프로그램이다. 실행 후 분석하시오.

```
import java.awt.*;
import java.awt.geom.*;
public class StrokeLine_JUM extends Frame {
  public static void main(String[] args) {
    StrokeLine_JUM f = new StrokeLine_JUM();
                  f.setTitle("점선의 스타일 ");
                  f.setSize(300, 300);
                  f.setVisible(true); }
//-------------------------------------------------------
public boolean handleEvent(Event evt){
          if (evt.id == Event.WINDOW_DESTROY)
                  System.exit(0);
          return super.handleEvent(evt);}
//-------------------------------------------------------
 public void paint(Graphics g){ Graphics2D g2 = (Graphics2D)g;
    Line2D line1 = new  Line2D.Double(50, 50, 50, 200);
    Stroke stroke1 = new BasicStroke(8, BasicStroke.CAP_BUTT,
                   BasicStroke.JOIN_BEVEL, 0, new float[] {1, 1}, 0);
    Line2D line2 =  new  Line2D.Double(100, 50, 100, 200);
    Stroke stroke2 = new BasicStroke(8, BasicStroke.CAP_BUTT,
                   BasicStroke.JOIN_BEVEL, 0, new float[] {8, 8}, 0);
    Line2D line3 = new  Line2D.Double(150, 50, 150, 200);
    Stroke stroke3 = new BasicStroke(8, BasicStroke.CAP_BUTT,
                   BasicStroke.JOIN_BEVEL, 0, new float[] {12, 12}, 0);
    Line2D line4 = new  Line2D.Double(200, 50, 200, 200);
    Stroke stroke4 = new BasicStroke(8, BasicStroke.CAP_BUTT,
                   BasicStroke.JOIN_BEVEL, 0, new float[] {4, 4,12,4}, 0);
```

```
g2.setStroke(stroke1);          g2.draw(line1);
g2.setStroke(stroke2);          g2.draw(line2);
g2.setStroke(stroke3);          g2.draw(line3);
g2.setStroke(stroke4);          g2.draw(line4);
} }
```

[예제 4-15]] 수행결과

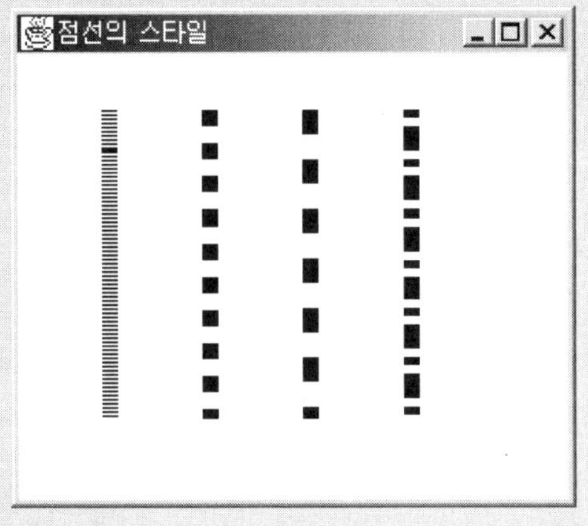

[예제 4-16] **다음 프로그램은 스트로크와 칠하기의 겹침을 나타내는 프로그램이다. 실행 후 분석하시오.**

```
import java.awt.*;
import java.awt.geom.*;
public class Overlap extends Frame {
 public static void main(String[] args) {
   Overlap f = new Overlap();
         f.setTitle("Overlap v1.0");
         f.setSize(300, 150);
         f.setVisible(true);  }
//-----------------------------------------------------
public boolean handleEvent(Event evt){
       if (evt.id == Event.WINDOW_DESTROY)
            System.exit(0);
       return super.handleEvent(evt);}
//------------------------------------------------------
 public void paint(Graphics g) {
   Graphics2D g2 = (Graphics2D)g;
   double x = 15, y = 50, w = 70, h = 70;
   Ellipse2D e = new Ellipse2D.Double(x, y, w, h);
```

```
g2.setStroke(new BasicStroke(8));
// 스트로크와 칠하기
Color smokey = new Color(128, 128, 128, 128);
        g2.setPaint(smokey);
        g2.fill(e);                g2.draw(e);
// 스트로크를 한 후 칠하기
      e.setFrame(x + 100, y, w, h);
      g2.setPaint(Color.black);   g2.draw(e);
      g2.setPaint(Color.gray);    g2.fill(e);
// 칠한 후 스트로그 하기
    e.setFrame(x + 200, y, w, h);
    g2.setPaint(Color.gray);     g2.fill(e);
    g2.setPaint(Color.black);    g2.draw(e);
} }
```

[예제 4-16] 수행결과

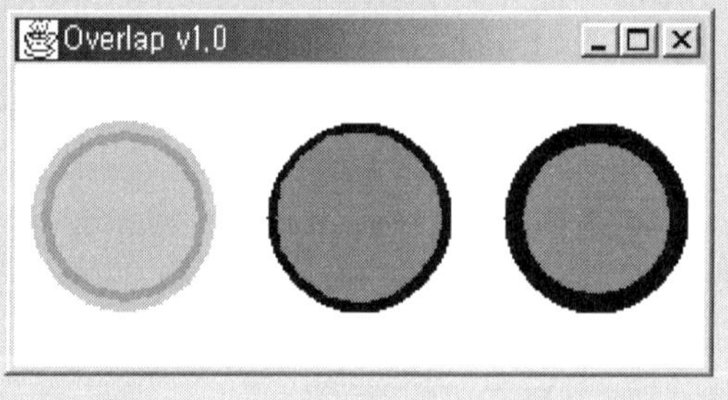

4-3 텍스트와 폰트 메트릭스

자바에서 텍스트는 일련의 유니코드(unicode) 문자들로 표현된다. 유니코드란 16비트 문자코드로 표현된 표준화된 문자들로서 대부분 이 문자코드를 사용하고 있다. 자바의 16비트 유니코드는 문자를 다루는 char 데이터 타입을 사용하며, String은 이러한 유니코드 문자들의 배열이다.

4-3-1 텍스트 그리기

텍스트를 렌더링(Rendering) 하려면 Graphics2D의 drawString() 메소드들 중 하나를 사용하여야 한다. 여기서 가장 기본적인 두 개의 메소드를 소개한다.(앞장에서 많이 언급되었음)

```
▌public abstract void drawString(String str, int x, int y)
▌public abstract void drawString(String str, float x, float y)
```

위 메소드들은 현재 설정된 글꼴을 사용하여 (x, y)로 지정된 좌표 위치에 주어진 문자열을 그린다.

[예제 4-17] 다음의 프로그램은 간단한 텍스트를 나타내는 프로그램이다. 실행 후 분석하시오.

```
import java.awt.*;
import java.awt.font.TextAttribute;
import java.text.*;
import java.awt.geom.*;
import java.applet.Applet;
// <Applet code=TextSample  width=500 height=200 > </Applet>
public class TextSample extends Applet {
  public void paint(Graphics g) {Graphics2D g2 = (Graphics2D)g;
     Font font = new Font("Serif", Font.PLAIN, 50);
                g2.setFont(font);
                g2.drawString("Java 2D 그래픽스 텍스트", 40, 120);
      } }
```

위 프로그램에서 Font font = new Font("Serif", Font.PLAIN, 50);의 문장 안에 “Serif"는 글꼴로서 window NT에서 사용되며, "Times New Roman"과 동일한 의미이다.

[예제 4-17] 수행결과

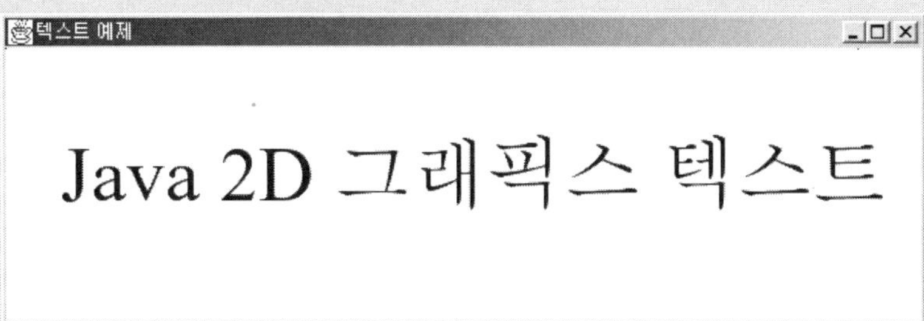

다음의 메소드들은 AttributedCharacterIterator 객체들을 지원한다. Iterator는 객체의 데이터를 차례로 탐색해 나가는 데 사용된다. 문자 Iterator는 각 문자열의 문자를 탐색한다. 또한 각 문자들에 대한 문자를 찾아내어 렌더링 한다. 이와 같이 문자 Iterator는 java.text.CharacterIterator, 인터페이스로 표현된다.

AttributedCharacterIterator 객체는 java.text.AttributedString 클래스의 인스탄스로부터 얻을 수 있다.

```
▌public abstract void drawString(AttributedCharacterIterator iterator, int x, int y)
▌public abstract void drawString(AttributedCharacterIterator iterator, float x, float y)
▌public abstract void drawString(AttributedString iterator, int x, int y)
▌public abstract void drawString(AttributedString iterator, float x, float y)
```

위의 메소드들은 주어진 x, y 위치에서 iterator를 렌더링 한다.

[예제 4-18] **다음의 프로그램은 AttributedString의 각 부분들의 글꼴, 색상들과 연관 지어지는 프로그램이다. 실행 후 분석하시오.**

```
import java.awt.*;
import java.awt.font.TextAttribute;
import java.text.*;
import java.awt.geom.*;
public class IteratorTest extends Frame {
  public static void main(String[] args) {
   IteratorTest f = new IteratorTest();
              f.setTitle("텍스트Iteratoe 렌더링 ");
              f.setSize(500, 200);
              f.setVisible(true);   }
//--------------------------------------------------------
public boolean handleEvent(Event evt){
        if (evt.id == Event.WINDOW_DESTROY)
           System.exit(0);
        return super.handleEvent(evt);}
//--------------------------------------------------------
public void paint(Graphics g) {
       Graphics2D g2 = (Graphics2D)g;
       String s = "Text Rendering Test";
       Dimension d = getSize();
       Font serifFont = new Font("Serif", Font.PLAIN, 48);
```

```
    Font sansSerifFont = new Font("Monospaced", Font.PLAIN, 48);
    AttributedString as = new AttributedString(s);
    as.addAttribute(TextAttribute.FONT, serifFont);
    as.addAttribute(TextAttribute.FONT, sansSerifFont, 5, 14);
    as.addAttribute(TextAttribute.FOREGROUND, Color.red, 5, 14);
        g2.drawString(as.getIterator(), 40, 80);
  } }
```

[예제 4-18] 수행결과

4-3-2 텍스트 안에 이미지나 도형 삽입

AttributedString 객체를 이용하여 텍스트를 렌더링 하면 문자열 안에 이미지나 도형을 삽입할 수 있다. 다음의 상수들은 그래픽 요소들을 텍스트의 해당 기준 선상에 정렬시킨다.

- **public static int TOP_ALIGNMENT**

  ① 이 상수는 그래픽 요소들을 텍스트의 상단에 정렬시킨다. 텍스트의 상단은 기준선 -ascent로 결정한다.
- **public static int BOTTOM_ALIGNMENT**

  ② 이 상수는 그래픽 요소들을 텍스트의 하단에 정렬시킨다. 텍스트의 하단은 기준선 +descent로 결정한다.
- **public static int ROMAN_BASELINE**
- **public static int CENTER_BASELINE**
- **public static int HANGING_BASELINE**

  ③ 이 상수들은 해당 기준선상에 그래픽 요소들을 정렬시킨다.

[예제 4-19] 다음의 프로그램은 텍스트 안에 이미지를 삽입하는 프로그램이다. 실행 후 분석하시오.

```
import java.awt.*;
import java.awt.font.*;
import java.awt.geom.Ellipse2D;
import java.text.*;
public class Inline_IMG extends Frame {
  public static void main(String[] args) {
```

```
  Inline_IMG f = new Inline_IMG();
          f.setTitle("텍스트 안에 도형 삽입");
          f.setSize(800, 400);
          f.setVisible(true);    }
//-------------------------------------------------------
public boolean handleEvent(Event evt){
        if (evt.id == Event.WINDOW_DESTROY)
           System.exit(0);
        return super.handleEvent(evt);}
//-------------------------------------------------------
public void paint(Graphics g) {
      Graphics2D g2 = (Graphics2D)g;
      Font serifFont = new Font("Serif", Font.PLAIN, 32);
      AttributedString as = new AttributedString("JAVA \ufffc Graph");
       as.addAttribute(TextAttribute.FONT, serifFont);
       String filename = "img1.jpg";
       Image image = new javax.swing.ImageIcon(filename).getImage();
       ImageGraphicAttribute imageAttribute = new ImageGraphicAttribute(
                      image, GraphicAttribute.TOP_ALIGNMENT);
       as.addAttribute(TextAttribute.CHAR_REPLACEMENT, imageAttribute, 5, 6);
       g2.drawString(as.getIterator(), 20, 120);
       as = new AttributedString("Red \ufffc Circle");
       as.addAttribute(TextAttribute.FONT, serifFont);
       Shape shape = new Ellipse2D.Float(0, -25, 25, 25); // -25는 문자열 상단에 원을 그린다.
       ShapeGraphicAttribute shapeAttribute = new ShapeGraphicAttribute(
           shape, GraphicAttribute.ROMAN_BASELINE, ShapeGraphicAttribute.STROKE);
       as.addAttribute(TextAttribute.CHAR_REPLACEMENT, shapeAttribute, 4, 5);
       as.addAttribute(TextAttribute.FOREGROUND, Color.red, 4, 5);
       g2.drawString(as.getIterator(), 20, 200);
      } }
```

[예제 4-19] 수행결과

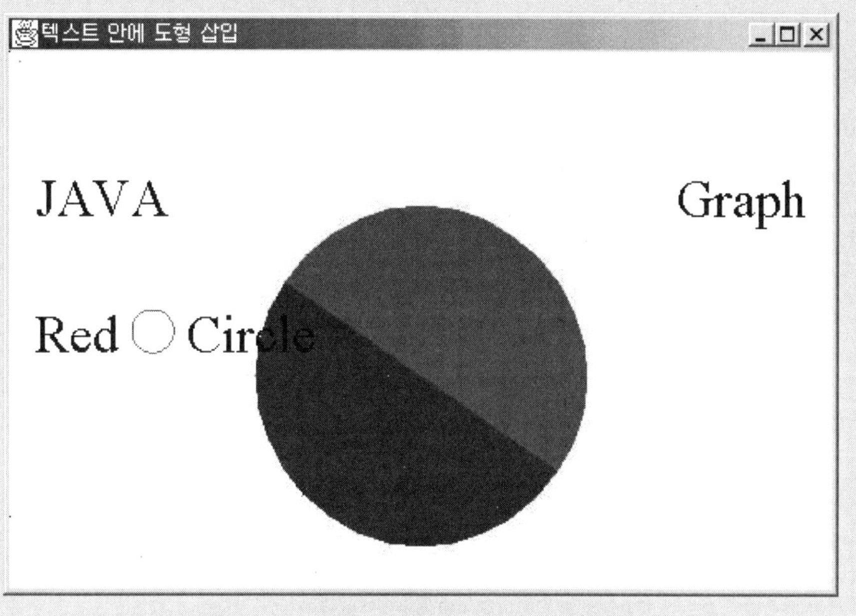

[예제 4-20] **다음의 프로그램은 텍스트를 투명하게 변환하여 그리는 프로그램이다. 분석하시오.**

```
import java.awt.*;
import java.awt.geom.*;
public class TextRendering extends Frame {
  public static void main(String[] args) {
    TextRendering f = new TextRendering();
                f.setTitle(" 투명 텍스트 렌더링");
                f.setSize(600, 300);
                f.setVisible(true);   }
//-----------------------------------------------------
public boolean handleEvent(Event evt){
        if (evt.id == Event.WINDOW_DESTROY)
             System.exit(0);
        return super.handleEvent(evt);}
//------------------------------------------------------
 public void paint(Graphics g) {
      Graphics2D g2 = (Graphics2D)g;
      Dimension d = getSize();   // 원점을 윈도우 하단 중심으로 이동
      AffineTransform  ct = AffineTransform.getTranslateInstance(d.width / 2,
                          d.height * 3 / 4);
              g2.transform(ct);
```

```
    String s = "Java";
    Font f = new Font("Serif", Font.PLAIN, 128);    // 글꼴 선택
        g2.setFont(f);
    int limit = 6;
 for (int i = 1; i <= limit; i++){
     AffineTransform oldTransform = g2.getTransform();
     float ratio = (float)i / (float)limit;    // 원래의 변환을 저장
     g2.transform(AffineTransform.getRotateInstance(Math.PI * (ratio - 1.0f)));
     float alpha = ((i == limit) ? 1.0f : ratio / 3);
     g2.setComposite(AlphaComposite.getInstance(AlphaComposite.SRC_OVER, alpha));
     g2.drawString(s, 0, 0);
     g2.setTransform(oldTransform);    // 변환을 복원
      } }  }
```

[예제 4-20] 수행결과

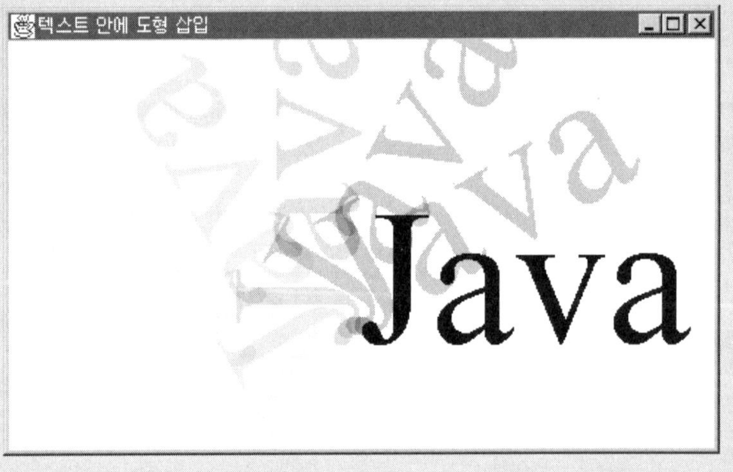

[예제 4-21] 다음의 프로그램은 TexturePaint 객체를 이용하여 문자열에 색상의 효과를 주는 프로그램이다. 프로그램 실행 후 분석하시오.

```
import java.awt.*;
import java.awt.geom.Line2D;
import java.awt.image.BufferedImage;
public class TexturedText extends Frame {
  public static void main(String[] args) {
   TexturedText f = new  TexturedText();
            f.setTitle("텍스처 텍스트 그리기");
            f.setSize(600, 200);
```

```
            f.setVisible(true);}
//-----------------------------------------------------
public boolean handleEvent(Event evt){
        if (evt.id == Event.WINDOW_DESTROY)
            System.exit(0);
       return super.handleEvent(evt);}
//-----------------------------------------------------
  public void paint(Graphics g) {
      Graphics2D g2 = (Graphics2D)g;
      Font font = new Font("Serif", Font.PLAIN, 72);
          g2.setFont(font);
      String s = "자바 프로그래밍!";
      Dimension d = getSize();
      float x = 20, y = 100;
      BufferedImage bi = getTextureImage();
      Rectangle r = new Rectangle(0, 0, bi.getWidth(), bi.getHeight());
      TexturePaint tp = new TexturePaint(bi, r);
           g2.setPaint(tp);
           g2.drawString(s, x, y);
     }
    private BufferedImage getTextureImage() {// Text 이미지 생성
      int size = 8;
      BufferedImage bi = new BufferedImage(size, size, BufferedImage.TYPE_INT_ARGB);
      Graphics2D g2 = bi.createGraphics();
          g2.setPaint(Color.red);
          g2.fillRect(0, 0, size / 2, size / 2);
          g2.setPaint(Color.yellow);
          g2.fillRect(size / 2, 0, size, size / 2);
          g2.setPaint(Color.green);
          g2.fillRect(0, size / 2, size / 2, size);
          g2.setPaint(Color.black);
          g2.fillRect(size / 2, size / 2, size, size);
      return bi;
  }  }
```

[예제 4-21] 수행결과

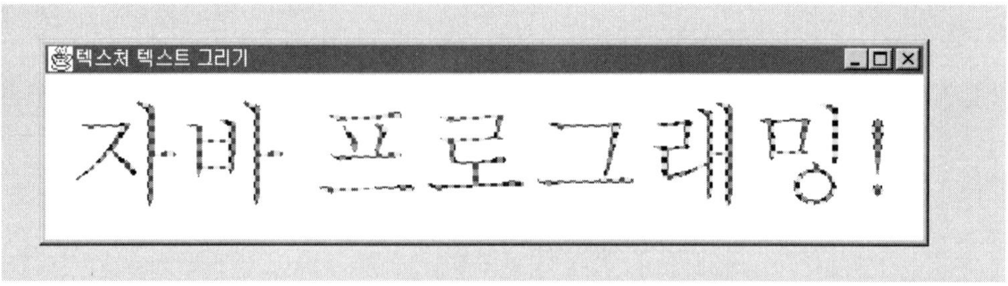

텍스트를 렌더링 하는 또 따른 방법은 java.text.AttributedCharacterIterator 인터페이스를 이용하여 색상 텍스트 스타일과 글꼴과 같은 형태의 정보들을 가지고 있는 문자열을 얻을 수 있게 하여준다.

TextAttributes의 속성들에 있어서 CHAR_REPLACEMENT 속성은 텍스트 안에 도형이나 이미지를 삽입하는데 사용된다. SWAP_COLORS 속성은 전경 색과 배경 색을 바꾸는데 사용된다.

또한 JUSTIFICATION 속성은 텍스트를 화면에 꼭 맞도록 텍스트를 늘리는 역할을 한다. 즉 텍스트를 늘리는 작업은 문자열의 그림문자들 사이에 여분의 공간을 추가함으로써 이루어진다.

TRANSFORM의 속성은 텍스트의 전체 혹은 일부에 대한 변환을 지정하게 한다. RUN_DIRECTION 속성은 텍스트 단락을 오른쪽에서 왼쪽으로 할 것인지 그 반대로 할 것인지를 결정한다.

4-3-3 폰트 메트릭스

Java Graphics2D API 에서는 java.awt.font.LineMetrics 클래스에서 글꼴 메트릭스를 제공하고 있다.

```
▌public FontRenderContext(Affine Transform tx, boolean isAntiAliased, boolean usesFractional
  Metrics)
  ① 이 메소드는 FontRenderContext 객체를 생성하기 위해서 이 생성자 메소드를 사용한다.
  ② tx로 주어진 변환은 포인트(1/72 인치)를 장치공간으로 전환 하는데 사용된다.
▌public abstract FontRenderContext getFontRenderContext()
  ③ 이 메소드는 Graphics2D의 현재 상태를 기반으로 하는 FontRenderContext 객체를 리턴 한다.
```

다음의 메소드들은 글꼴 객체로부터 글꼴 메트릭스를 얻기 위한 메소드이며, 폰트 클래스 다음 메소드들은 지정한 문자열의 너비와 높이를 리턴한다.

public Rectangle2D getStringBounds(String str, FontRenderContext frc)

① 이 메소드는 leading과 trailing(자간)을 포함하는 문자열의 경계 사각형을 리턴한다.

public LineMetrics getLineMetrics(String str, FontRenderContext frc)

② 이 메소드는 폰트 객체를 이용하여 렌더링한 문자열의 글꼴 메트릭스를 리턴한다.

[예제 4-22] 다음의 프로그램은 텍스트를 가운데로 정렬하는 방법을 보여주는 프로그램이다.

```
import java.awt.*;
import java.awt.font.*;
import java.awt.geom.*;
public class HorizontallyCenteredText extends Frame {
  public static void main(String[] args) {
    HorizontallyCenteredText f = new  HorizontallyCenteredText();
            f.setTitle(" HorizontallyCenteredText ");
            f.setSize(200, 200);
            f.setVisible(true);  }
//---------------------------------------------------
public boolean handleEvent(Event evt){
        if (evt.id == Event.WINDOW_DESTROY)
          System.exit(0);
        return super.handleEvent(evt);}
//-----------------------------------------------------
      public void paint(Graphics g) {
        Graphics2D g2 = (Graphics2D)g;
           g2.setFont(new Font("Serif", Font.PLAIN, 48));
           paintHorizontallyCenteredText(g2, "자바", 100, 75);
           paintHorizontallyCenteredText(g2, "and", 100, 125);
           paintHorizontallyCenteredText(g2, "그래픽스", 100, 190);  }
      protected void paintHorizontallyCenteredText(Graphics2D g2, String s,
            float centerX, float baselineY) {
        FontRenderContext frc = g2.getFontRenderContext();
        Rectangle2D bounds = g2.getFont().getStringBounds(s, frc);
        float width = (float)bounds.getWidth();
           g2.drawString(s, centerX - width / 2, baselineY);
      } }
```

[예제 4-22] 수행결과

위 프로그램에서 paintHorizontallyCenteredText() 메소드는 주어진 y값을 기준선의 위치로 정하고 x값을 중심점으로 하여 텍스트를 렌더링 한다.

제5장

렌더링

CHAPTER

05 렌더링

5-1 개요

Java Graphics2D API에서는 도형, 텍스트, 이미지 등을 변환, 합성, 절단 할 수 있는 강점을 가지고 있다. 이러한 과정에 의하여 객체가 사람에게 실감나게 보이도록 하는 모든 과정을 렌더링(Rendering)이라 한다. 이 장에서는 자바의 모든 그래픽 객체에 적용되는 렌더링 파이프라인(Rendering pipeline)을 구성하는 부분에 대하여 알아본다.

자바 그래픽스에 있어서 변환은 렌더링 될 수 있는 모든 그래픽 객체는 변환(Transforming)될 수 있다. 변환에는 좌표이동(Translation), 회전(Rotation), 스케일링(Scaling) 또는 쉬어링(Shearing) 등으로 변환의 조합을 들 수 있다.

합성은 여러 조각의 그림을 하나의 그림으로 만드는 과정을 합성(Compositing)이라 한다. Java Graphics2D API에는 여러 가지의 합성 규칙이 있으며, 그림의 일부분 또는 전체를 투명하게 처리할 수 있는 기능도 있다. 클리핑(Clipping) 기능은 그래픽 그림이 보이지 않게 해야 할 때 사용하는 기능이다.

렌더링 힌트 안티앨리어싱(Antialiasing)은 그림의 경계 부분에서 보이는 거친 모서리를 부드럽게 만드는 기능이다.

5-2 변환

자바 그래픽 요소를 변환(Transforming)하는 방법은 두 가지가 있는데 하나의 방법은 Graphics2D에 있는 기본 변환들을 직접 수정해서 Graphics2D로 하여금 일일이 표현하게 하는 것이고 또 다른 하나는 필요한 변환을 먼저 생성하고 이를 이용해서 렌더링 하는 방법이다. Java Graphics2D API에서 변환에 관련된 기능은 java.awt.geom.AffineTransform 클래스에서 제공하고 있다.

(1) 관련 메소드는 다음과 같다.

▌ public abstract void setTransform(Affine Transform Tx)

① 이 메소드는 Tx를 이용해서 Graphics2D 객체에 설정되어 있는 변환으로 지정한다.

▌ public abstract void Transform(Affine Transform Tx)

② 이 메소드는 Affine Transform으로 Graphics2D 객체에 설정되어 있는 변환을 수정할 때 사용되는 메소드이다.

(2) Affine Transform 객체 생성자

Affine Transform 객체 생성자는 새로운 Affine Transform 객체를 생성한다. 이 생성자는 기본 좌표 변환의 좌표 이동, 로테이션, 스케일링, 쉬어링 등의 여러 가지 변환을 할 수 있다.

만약 Graphics2D에 있는 기본 변환을 수정하지 않고 직접 변환을 수행하기 위해서는 AffineTransform() 메소드를 사용해야 한다. 관련 메소드는 다음과 같다.

▌ public Point2D transform(Point2D ptSrc, Point2D ptDst)

① 이 메소드는 ptSrc를 변환하고 그 결과를 ptDst에 저장한다.

▌ public Shape createTransformedShape(Shape pSrc)

② 이 메소드는 주어진 Shape를 변환한 결과로 다른 Shape를 리턴 한다.

▌ public Point2D deltaTransform(Point2D ptSrc, Point2D ptDst)

③ 이 메소드는 점으로 표현되는 벡터를 변환하고자 할 때 사용되는 메소드이다.

5-2-1 좌표 이동

좌표 이동은 한 지점에서 임의의 다른 지점으로 물체를 이동시키는 것을 말한다. [그림 5-1]은 (x, y)좌표의 점 (10, 5)를 새로운 좌표(20, 20)으로 움직인 것으로, 여기서 (Tx, Ty)는 좌표(10, 15)가 됨을 보이고 있다.

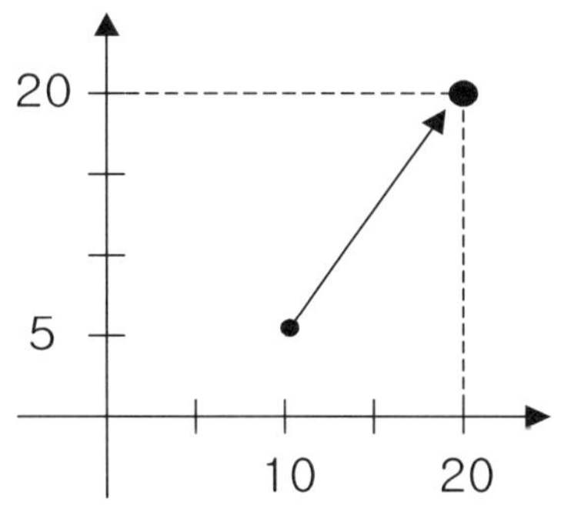

[그림 5-1] 점 좌표 이동

임의의 좌표(x, y)가 수평으로 Tx, 수직으로 Ty 단위만큼 움직여서 새로운 좌표(x', y')로 이동했을 경우 x'와 y'는 식 (5·1)과 같이 표현된다.

$$x' = x + T_x$$

$$y' = y + T_y \quad \cdots\cdots (5\cdot1)$$

식 (5·1)은 유사좌표(homogeneous coordinate)를 이용하여 유도할 수 있다. 이를 위해 2차원 좌표상의 점 (x, y)를 [xh, yh, w]와 같은 3차 행렬 형태를 갖게 하면 식 (5·2)와 같이 표현할 수 있다.

$$xh = x \cdot w$$

$$yh = y \cdot w \quad \cdots\cdots (5\cdot2)$$

여기서 매개변수 w는 이동방식에 따라 0이 아닌 수를 할당한다. w=1 이면 2차원 좌표 점은 [x, y, 1]인 유사 좌표 형태를 갖게 되며, 3차원 이동 작업에서는 w에 다른 값을 사용하기도 한다.

새로운 좌표(x', y')는 물체의 좌표(x, y)에 이동거리(Tx, Ty)만큼 더한 결과이며, (Tx, Ty)를 이동벡터(translation vector)라고 한다.

Tx가 양수이면 오른쪽으로, 음수이면 왼쪽으로 이동한다. 유사하게 Ty가 양수이면 위로, 음수이면 아래로 움직인다.

다각형의 좌표이동 작업은 원하는 이동거리 만큼 새로운 좌표로 옮기는 것으로 [그림 5-2]는 이동벡터 (-20, 50)에 의하여 새로운 좌표로 옮겨간 결과 예를 보이고 있다.

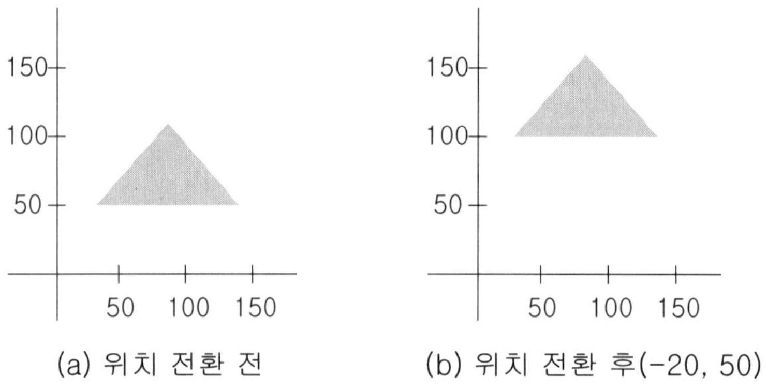

[그림 5-2] 다각형의 좌표 이동의 예

대부분의 경우에 있어서 한 점보다는 물체의 하나 혹은 그 이상의 물체를 이동시키고자 할 때, 이를 수행하기 위해서는 물체를 구성하는 모든 점들을 이동해야 한다. 결과적으로 모든 점들은 같은 거리만큼 옮겨지고 전환된 점들로 물체가 다시 그려지게 된다.

곡선의 좌표 이동은 물체의 정의된 좌표를 바꾸어 이동해 주면 되며, 원이나 타원의 경우에는 중심점을 이동시키고 이 새로운 위치에 물체를 다시 그리면 된다. 좌표 이동(translation)은 가장 기본적인 변환 중의 하나이다. 다음은 좌표이동에 관련된 메소드들이다.

- public void translate(double tx, double ty)
  ① 이 메소드는 생성된 AffineTransform 객체에 tx, ty 만큼의 좌표 이동을 추가한다.
- public void setToTranslation(double tx, double ty)
  ② 이 메소드는 tx 와 ty로의 좌표 이동을 나타내기 위해 AffineTransform을 지정한다.
- public static AffineTransform getTranslateInstance(double tx, double ty)
  ③ 이 생성기(factory) 메소드는 새로운 AffineTransform을 생성하고 주어진 오프셋(offset)을 이용해서 좌표이동을 표현한다.

[예제 5-1] 다음 프로그램은 translate() 메소드를 이용한 좌표이동 프로그램이다. 수행 후 분석하시오.

```
import java.awt.*;
import java.applet.*;
import java.awt.geom.*;
// <Applet code=Translate_Test width=600 height=400> </Applet>
public class Translate_Test extends Applet {
   Font f = new Font("TimesRoman", Font.BOLD, 24);
   Rectangle2D.Double rect;
         public void init() {
          rect = new Rectangle2D.Double(50, 200, 150, 50);
            }
  public void paint(Graphics g){Graphics2D g2 = (Graphics2D)g;
                 g2.setFont(f);
                 g2.draw(rect);
                 g2.setPaint(Color.red);
                 g2.translate(200, -100);
                 g2.draw(rect);
                 g2.setPaint(Color.blue);
                 g2.drawString("좌표이동(200, 100)", 20, 300);
         } }
```

[예제 5-1] 수행결과

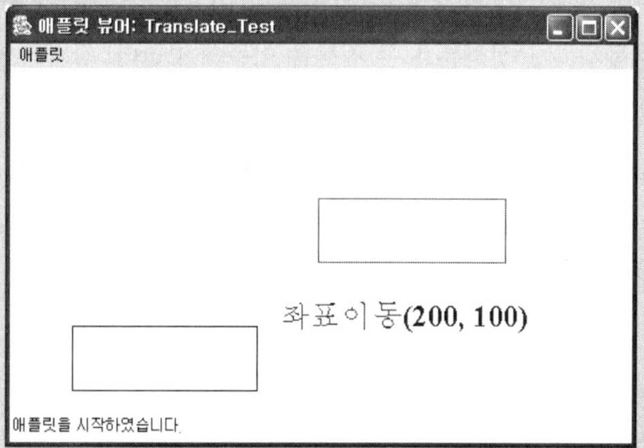

[예제 5-2] 다음 프로그램은 translate() 메소드를 이용한 좌표이동 프로그램을 Applet으로 작성된 프로그램이다.

```
import java.awt.*;
import java.applet.*;
import java.awt.geom.*;
// <applet code= RotateTest width=250 height=250> </applet>
public class RotateTest extends Applet {
        Font f = new Font("TimesRoman", Font.BOLD, 36);
        Rectangle2D.Double rect;
        public void init() {
            rect = new Rectangle2D.Double(10, 10, 150, 50);
            }
          public void paint(Graphics g) { Graphics2D g2 = (Graphics2D)g;
                g2.setFont(f);
                g2.draw(rect);
                g2.setPaint(Color.red);
                g2.translate(80, 30);
                g2.rotate(Math.PI/8.0);
                g2.draw(rect);
                g2.setPaint(Color.blue);
                g2.translate(150, 150);
                for(int i=0; i < 4; i++) {
                g2.rotate(Math.PI/2.0);
                g2.drawString("Hello World", 0, 0);
          } } }
```

[예제 5-2] 수행결과

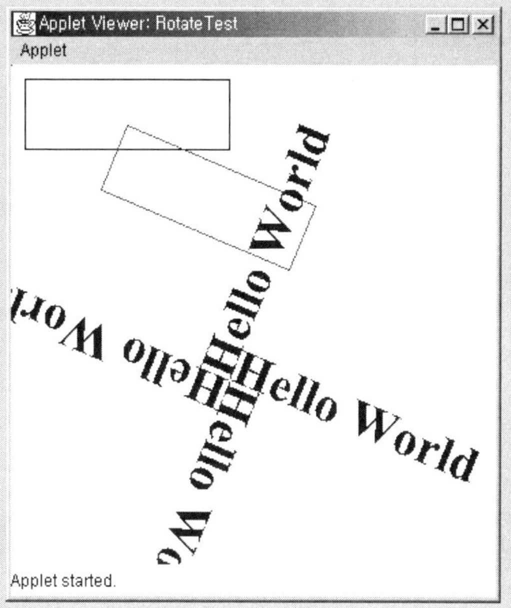

[예제 5-3] 다음 프로그램은 translate() 메소드를 이용한 원을 그리는 응용 프로그램이다. 실행 후 분석하시오.

```
import java.awt.*;
import java.awt.geom.*;
import java.applet.*;
// <Applet code= RotateT_1 width=250 height=250> </Applet>
public class RotateT_1 extends Applet {
   double  PI=3.141592;
   double x, y;
   Ellipse2D.Double cir;
      public void init() {
      cir = new Ellipse2D.Double(100, 10, 10, 10);
          }
      public void paint(Graphics g) {
           Graphics2D g2 = (Graphics2D)g;
                  g2.fill(cir);
       for(double th = 0; th <= PI*2;  th +=PI/200){
                 x =  Math.cos(th);
                 y =  Math.sin(th);
                 g2.translate(x, y);
                 g2.setPaint(Color.red);
                 g2.draw(cir); }}}
```

[예제 5-3] 수행결과

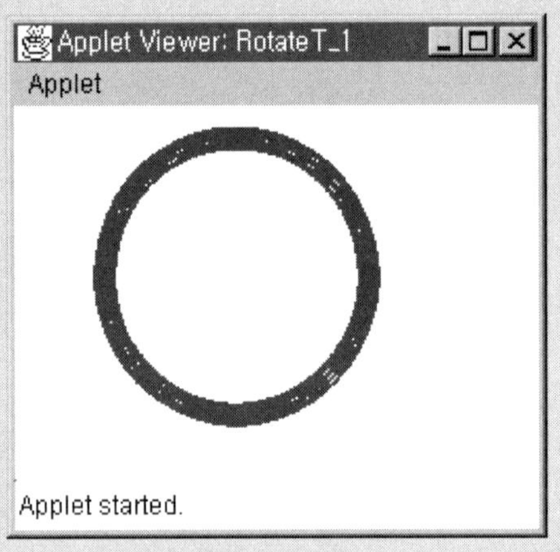

[예제 5-4] **다음의 프로그램은 좌표 이동 프로그램이다. 실행 후 분석하시오.**

```
import java.awt.*;
import java.awt.geom.*;
public class  Lineto2D_1 extends Frame{
 public Lineto2D_1(){ setTitle("좌표 이동");  }
 //-----------------------------------------------------------------
    public void paint(Graphics g){Graphics2D g2 = (Graphics2D)g;
              GeneralPath path = new GeneralPath(GeneralPath.WIND_EVEN_ODD);
               path.moveTo(100,100);      path.lineTo(125,50);
               path.lineTo(150,100);      path.lineTo(210,100);
               path.lineTo(165,140);      path.lineTo(185,195);
               path.lineTo(125,165);      path.lineTo(65,195);
               path.lineTo(85,140);       path.lineTo(40,100);
               path.closePath();
               g2.draw(path);
      for(double x1=0; x1<10; x1 += 2){
               g2.translate(100+x1, 0);
               g2.setPaint(Color.red);
               g2.draw(path);
            }}
  //-----------------------------------------------------------------
   public boolean handleEvent(Event e) {
       if (e.id == Event.WINDOW_DESTROY)
          System.exit(0);
       return super.handleEvent(e); }
  //-----------------------------------------------------------------
```

```
public static void main(String[] args){
   Frame frm =  new Lineto2D_1();
         frm.resize(500, 400);
         frm.show();
   } }
```

[예제 5-4] 수행결과

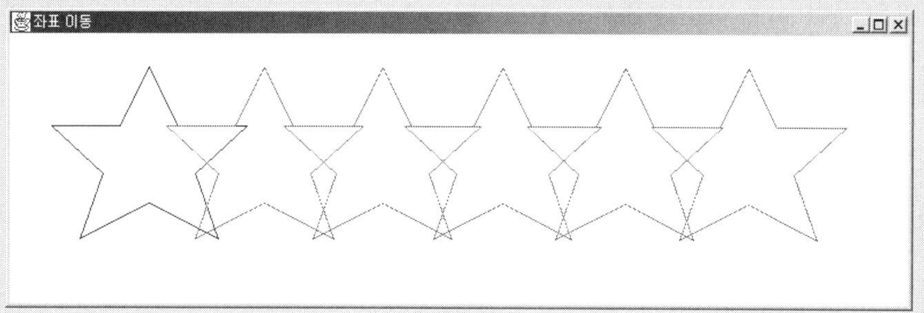

5-2-2 회전

회전(Rotation)은 물체를 이루는 점을 원의 궤적에 따라 전환시키는 것을 말하며, 이는 특정한 중심점을 기준으로 물체를 회전시키는 것이라 할 수 있다. 물체가 회전되면 회전된 물체는 중심점으로부터 같은 거리에 있으나 그 방향은 달라진다. 물체를 임의의 점을 기준으로 시계 방향이나 반 시계 방향으로 회전시키는 경우에는 회전 각도를 정해야 한다.

만약 물체의 중심점이 원점일 경우 어떠한 (x, y) 점이라도 원점으로부터의 거리 r과 각도 ϕ를 이용하여 표현할 수 있다. [그림 5-3]는 점 (x, y)가 각 θ만큼 반시계 방향으로 회전시킨 경우를 나타낸다.

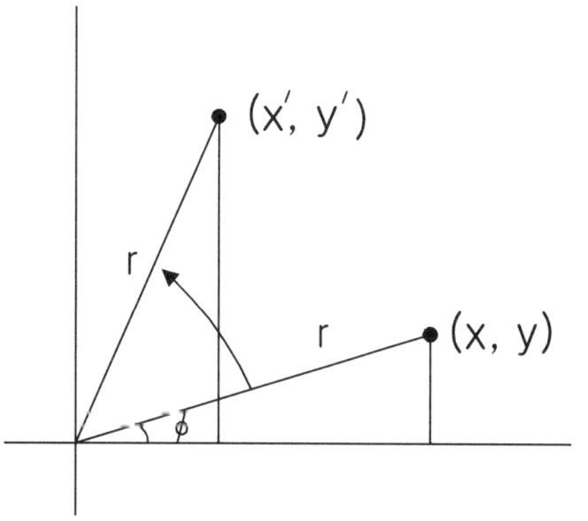

[그림 5-3] 중심좌표를 기준으로 한 회전

점 (x, y)가 회전각도 θ에 의해서 점(x', y')로 전환했을 때 전환된 좌표 x', y'는 삼각형의 변들과 해당 사이 각으로부터 식 (5·3)과 같이 유도된다.

$$x' = r\cos(\phi+\theta) = r\cos\phi\cos\theta - r\sin\phi\sin\theta$$
$$y' = r\sin(\phi+\theta) = r\sin\phi\cos\theta + r\cos\phi\sin\theta \quad \cdots\cdots (5 \cdot 3)$$

여기서 r은 원점에서 점까지의 거리이며, ϕ는 수평선과 초기점의 좌표원점을 기준으로 한 사이각을 나타낸다. 식 (5·3)에서 x, y는 각각 rcos ϕ와 rsin ϕ 이므로, 식 (5·4)를 얻을 수 있다.

$$y = r\sin\phi$$
$$x = r\cos\phi \quad \cdots\cdots (5 \cdot 4)$$

따라서 식 (5·6)은 다음과 같은 식으로 정의된다.

$$x' = x\cos\theta - y\sin\theta$$
$$y' = y\cos\theta + x\sin\theta \quad \cdots\cdots (5 \cdot 5)$$

회전의 중심점이 원점이 아닌 임의의 점을 회전하는 경우를 고려해 보자. [그림 5-4]는 임의의 점에 따라 회전하는 경우를 보이고 있다. 즉, 회전 기준점 (xr, yr)을 중심으로 임의의 점 (x, y)가 반 시계방향으로 회전각도 θ 만큼 회전하여 새로운 점 (x', y')로 옮겨지는 것을 나타낸다. 따라서 회전된 좌표계산을 위한 전환 식 (5·5)을 변형하면 식 (5 · 6)을 얻을 수 있다.

$$x' = xr + (x - xr)\cos\theta - (y - yr)\sin\theta$$
$$y' = yr + (y - yr)\cos\theta + (x - xr)\sin\theta \quad \cdots\cdots (5 \cdot 6)$$

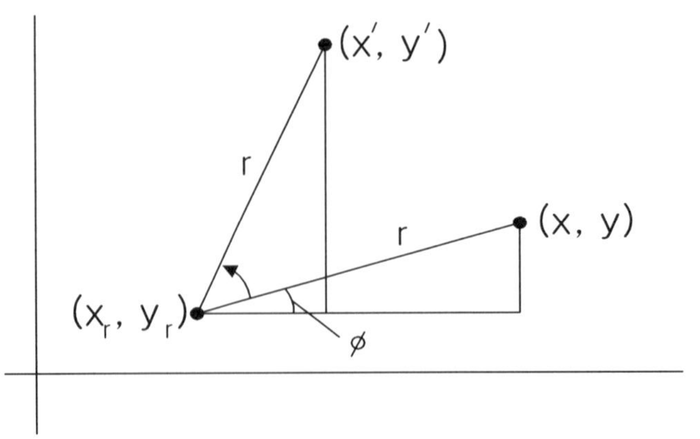

[그림 5-4] 기준점(X_r, Y_r)을 중심으로 한 회전

회전 작업은 삼각함수와 여러 연산을 각 점에 대하여 수행해야 하므로, 연산시간이 많이 소모된다. 회전 각도를 사용하는 응용분야나 컴퓨터 애니메이션에서는 회전 작업에 필요한 계산의 효율성을 증가시키기 위해서 회전 각도가 작은 경우에는 삼각함수를 근사치로 대체 사용하고 있다. 즉, 각도가 작으면 cosθ는 1에 가깝고 sinθ는 θ각의 radian 값에 가까워진다.

Java Graphics2D에서 회전은 사용자 공간상의 한 점을 기준으로 수행되며, AffineTransform은 회전 좌표와 이동된 회전을 지원하는 메소드들로 제공되며, 그들은 다음과 같다.

- `public void rotate(double angle)`
  ① 이 메소드는 AffineTransform에 로테이션을 추가한다. 이 때 주어진 각도는 라디안이고 원점을 기준으로 회전된다.
- `public void rotate(double angle, double x, double y)`
  ② 이 메소드는 주어진 x, y 좌표 중심으로 각도(angle) 만큼 회전한다.
- `public void setToRotation(double angle)`
  ③ 이 메소드는 AffineTransform을 angle 라디안만큼의 로테이션으로 지정한다.
- `public void setToRotation(double angle, double x, double y)`
  ④ 이 메소드는 AffineTransform을 x, y 좌표 중심으로 각도(angle) 만큼 회전시킨다.

다음은 생성자 메소드이다.

- `public static AffineTransform getRotateInstance(double angle)`
  ① 이 생성자 메소드는 새로운 AffineTransform 객체를 생성하고 주어진 각도만큼의 회전으로 초기화한다.
- `public static AffineTransform getRotateInstance(double angle, double x, double y)`
  ② 이 생성자 메소드는 새로운 AffineTransform 객체를 생성한 뒤 x, y를 중심으로해서 주어진 각도만큼의 좌표로 이동된 로테이션으로 초기화한다.

[예제 5-5] 다음의 프로그램은 rotate() 메소드를 이용한 프로그램이다. 실행 후 분석하시오.

```
import java.awt.*;
import java.awt.geom.*;
import java.applet.Applet;
//<Applet code= Rotate_2 width=500 height=500> </Applet>
public class Rotate_2 extends Applet {
    Font f = new Font("TimesRoman", Font.BOLD, 36);
    double PI = 3.141592;
    Rectangle2D.Double rect;
    public void init() {
        rect = new Rectangle2D.Double(10, 10, 100, 50);
    }
```

```
public void paint(Graphics g) {Graphics2D g2 = (Graphics2D) g;
            g2.setFont(f);
            g2.translate(150, 150);
      for(int i=0; i < 4; i++) {
                g2.setPaint(Color.red);
                g2.rotate(Math.PI/2.0);
                g2.draw(rect);}
                g2.setPaint(Color.blue);
                g2.translate(150, 150);
      for(int j=0; j < 4; j++) {
                g2.rotate(Math.PI/2.0);
                g2.drawString("Java Rotate", 0, 0);
        } } }
```

[예제 5-6] 다음 프로그램은 중심좌표 (140, 140)를 기준으로 해서 직경 20인 원을 시계방향으로 45도씩 회전하는 프로그램이다. 실행 후 분석하시오.

```
import java.awt.*;
import java.awt.geom.*;
import java.applet.*;
//<Applet code= Rotate_3 width=250 height=250> </Applet>
public class Rotate_3 extends Applet {
  double PI=3.141592;
  double x, y;
  Ellipse2D.Double cir;
  public void init() {
      cir = new Ellipse2D.Double(100, 10, 20, 20);
      }
 public void paint(Graphics g) { Graphics2D g2 = (Graphics2D)g;
            g.drawLine(0, 150, 300, 150);
            g.drawLine(150, 0, 150,300);
            g.fillOval(140, 140, 20, 20); //좌표의 중심선 (x-r1,y-r2, r1*2, r2*2)
      for(double th = 0; th<=360; th += 45){
            x = 100*Math.cos(th/180*PI);   // - Math.sin(th/180*PI);
            y = 100*Math.sin(th/180*PI);   // + Math.cos(th/180*PI);
            g2.translate(x, y);
            g2.setPaint(Color.red);
            g2.fill(cir);
                }}}
```

[예제 5-6] 수행결과

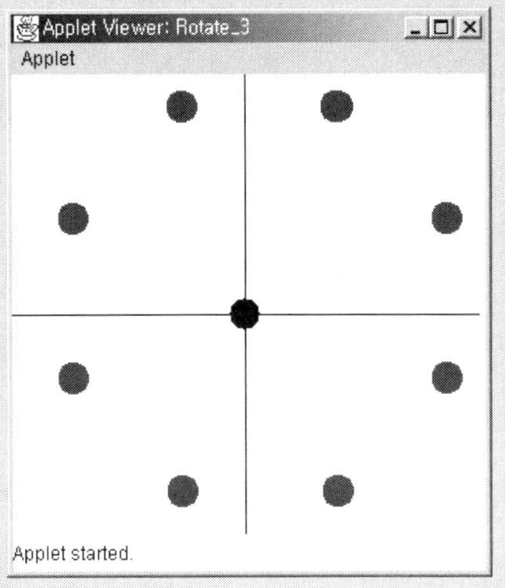

[예제 5-7-a] 다음 프로그램은 GeneralPath() 메소드를 이용한 삼각형 도형 원의 중심좌표로 회전하여 그리기 프로그램이다. 실행 후 분석하시오.

```
import java.awt.*;
import java.awt.geom.*;
import java.applet.Applet;
// <Applet code= Rotate_4 width=250 height=250> </Applet>
public class  Rotate_4 extends Applet{
  double PI=3.141592;
  double x, y;
  GeneralPath path;
  public void init() {
  path = new GeneralPath(GeneralPath.WIND_EVEN_ODD);
           path.moveTo(100,50);
           path.lineTo(110,30);
           path.lineTo(120,50);
           path.closePath();}
 //--------------------------------------------------------------
   public void paint(Graphics g){ Graphics2D g2 = (Graphics2D)g;
             g2.draw(path);
     for(double th = 0; th<=360; th += 24){
             x = 50*Math.cos(th/180*PI);
             y = 50*Math.sin(th/180*PI);
             g2.translate(x, y);
             g2.setPaint(Color.red);
             g2.fill(path);
        }}}
```

[예제5-7-a] 수행결과

[예제 5-7-b]

[예제 5-7-a] 프로그램의 변형된 형태이다. 수행 후 비교분석 하시오.

```
import java.awt.*;
import java.awt.geom.*;
import java.applet.Applet;
/* <applet code= Rotate_44 width=300 height=300> </applet> */
public class  Rotate_44 extends Applet{
   double PI=3.141592;
   double x, y;
   double th;
    GeneralPath path;
    public void init() {
    path = new GeneralPath(GeneralPath.WIND_EVEN_ODD);
              path.moveTo(100,50);
              path.lineTo(110,30);
              path.lineTo(120,50);
              path.closePath();}
  //-----------------------------------------------------------------
    public void paint(Graphics g){ Graphics2D g2 = (Graphics2D)g;
               g2.translate(150, 150);
       for(th = 0; th<=500; th += 10){
               g2.rotate((Math.PI/15));
               g2.setPaint(Color.red);
               g2.fill(path);
           }}}
```

[예제5-7-b] 수행결과

5-2-3 스케일링

일반적으로 물체를 정의하는 점들 간의 거리를 증가시킴으로써 물체의 크기변화를 조절할 수 있으며, 물체의 크기를 점들 사이의 거리에 확대율 혹은 축소율을 곱해서 바꿀 수가 있다. 이 율을 확대 · 축소율(scaling factor)라고 부르고, 이 작업을 확대 및 축소를 스케일링(scaling)라고 한다. [그림 5-6]은 중심이 원점인 경우의 (x, y)좌표에 대한 2배의 확대 및 축소 예를 보여준다.

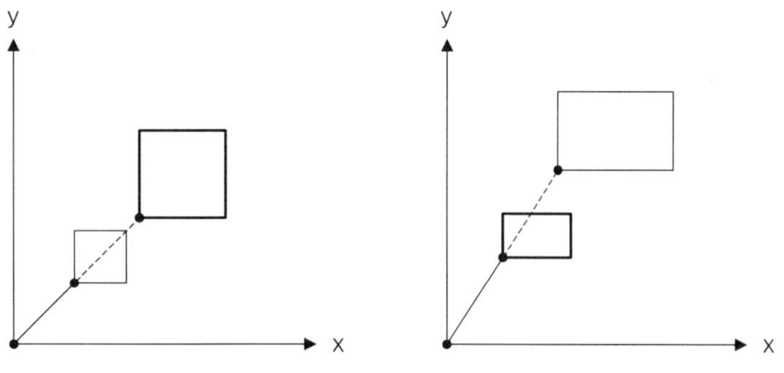

(a) 확대의 경우 (b) 축소의 경우

[그림 5-5] 중심 좌표로부터 도형의 스케일링

[그림 5-5]에서와 같이 중심점 (0, 0)을 기준으로 임의의 좌표 (x, y)를 확대하는 경우 x축으로의 확대 비율을 Sx, y축으로의 확대 비율을 Sy라고 한다면 확대된 좌표 (x', y')는 식 (5·7)과 같이 표현할 수 있다.

$$x' = x \cdot S_x$$

$$y' = y \cdot S_y \quad \cdots\cdots (5\text{·}7)$$

여기서 Sx, Sy를 각각 수평, 수직 확대 · 축소율이라고 한다. 물체를 구성하는 각 좌표들을 x축, y축으로 일정한 값(비율)을 곱하여 물체의 크기를 변경하는 것으로 곱하는 값이 1보다 큰 경우에는 확대, 1보다 작은 값이면 축소된 그림을 그릴 수 있다.

임의의 좌표 P1 (x, y)는 원점을 기준으로 설정된 좌표이며 중심점만이 고정점(Cx, Cy)으로 이동하였으므로 [그림 5-7]에서와 같이 고정점(Cx, Cy)으로부터 (x, y)까지의 거리를 구하여 이를 확대한 후 다시 원점을 기준으로 하는 좌표로 만들어 주면 된다. 고정점 좌표(Cx, Cy)는 꼭 지점이나 물체의 중심점 또는 임의의 위치가 될 수 있다.

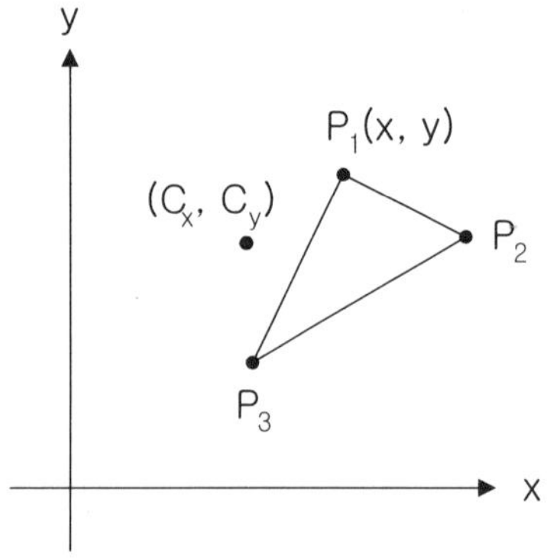

[그림 5-6] 고정점을 기준으로 한 스케일링

임의의 좌표 P1 (x, y)에 대해서 고정점(Cx, Cy)을 기준으로 확대·축소 과정을 구체적으로 설명하면 다음과 같다.

중심점이 원점인 경우에 지정된 좌표 P1 (x, y)가 중심점을 (Cx, Cy)로 이동하였을 때 변경된 좌표는 식 (5·8)과 같이 표현할 수 있다.

$$x = x - Cx$$

$$y = y - Cy \quad \cdots\cdots (5\text{·}8)$$

이 식을 식 (5·7)에 대입하여 계산하면 중심점 (Cx, Cy)을 기준으로 확대된 좌표를 구할 수 있다. 그러나 화면상에서는 중심점이 (Cx, Cy)로 설정이 되었어도 좌표는 항상 원점을 기준으로 하기 때문에 확대한 좌표를 다시 원점을 기준으로 하는 좌표로 환원해야 한다. 그러므로 최종 결과는 확대된 좌표에 중심점 (Cx, Cy)의 좌표 값을 각각 더함으로서 다음과 같이 식으로 표현된다.

$$x' = Cx + (x - Cx)\ Sx$$

$$y' = Cy + (y - Cy)\ Sy \quad \cdots\cdots (5\cdot9)$$

식(5·9)을 고정점에 관하여 정리하면 식(5·10)이 된다.

$$x' = x\cdot Sx + (1-Sx)\ Cx \quad \cdots\cdots (5\cdot10)$$

$$y' = y\cdot Sy + (1-Sy)\ Cy$$

여기서 (1-Sx) Cx와 (1-Sy) Cy는 모든 꼭지점마다 적용된다.

Java Graphics2D API에서 제공되는 Scaling은 도형의 크기에 대한 변환이며, 스케일링에 대한 인자는 원래의 크기에 대한 비율로 표현된다. scale(1, 1)은 아무런 효과가 없으며, scale(0.5, 0.5)는 원래의 크기를 x축과 y축으로 50%를 줄이는 것을 말한다.

여기서 스케일링 값을 다르게 주어서 x축으로는 확대 y축으로는 축소 아니면 그 반대의 크기로 변환할 수 있다. 자바에서 제공되는 스케일링 메소드들은 다음과 같다.

- public void scale(double sx, double sy)
  ① 이 메소드는 sx 와 sy를 이용해서 AffineTransform에 스케일링을 추가할 수 있다. 좌표이동은 AffineTransform 변환의 끝에 추가된다.
- public void setToscale(double sx, double sy)
  ② 이 메소드는 sx와 sy를 이용해서 스케일링을 수행할 수 있도록 새로운 AffineTransform 객체를 설정한다.
- public static AffineTransform getScaleInstance(double sx, double sy)
  ③ 이 생성자 메소드는 새로운 AffineTransform 객체를 만들고 주어진 값으로 스케일링을 초기화한다.

[예제 5-8-a] 다음 프로그램은 원점(0, 0)을 기준으로 하여 하나의 사각형을 2 배식 9번 확 대 시키는 프로그램을 작성하시오.

```
import java.awt.*;
import java.awt.geom.*;
public class  Scaling_1 extends Frame{
  double drg_sx=20, osy=10, oex=30, oey=20;
  double sx, sy, ex, ey, scale_y;
 public Scaling_1(){ setTitle("도형 확대");  }
//------------------------------------------------------------
 void rectangle(double x, double y, double w, double h){
        Graphics g = getGraphics();
        Graphics2D g2 = (Graphics2D)g;
        Rectangle2D rect = new  Rectangle2D.Double(x, y, w, h);
```

```
                g2.setPaint(Color.blue);
                g2.draw(rect);
        }
//-------------------------------------------------------------
  public void paint(Graphics g){
    for(double Sx = 1.0; Sx <= 20.0; Sx += 2.0){
                scale_y = Sx;
                sx = drg_sx * Sx;
                sy = osy * scale_y;
                ex = oex * Sx;
                ey = oey * scale_y;
                rectangle (sx,sy,ex,ey);
    }}
 //-------------------------------------------------------------
  public boolean handleEvent(Event e) {
        if (e.id == Event.WINDOW_DESTROY)
          System.exit(0);
        return super.handleEvent(e); }
 //-------------------------------------------------------------
  public static void main(String[] args){
    Frame f =  new Scaling_1();
          f.resize(500, 400);
          f.show();
    } }
```

[예제5-8-a]
수행결과

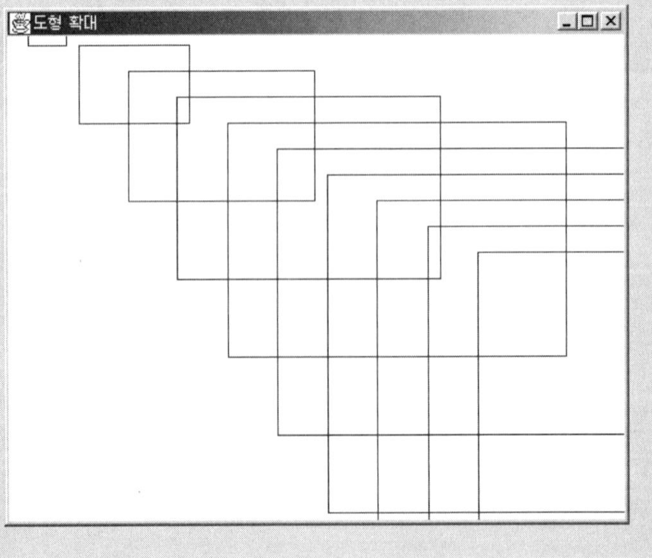

[예제 5-8-b] **다음 프로그램은 사각형의 중심점을 기준으로 하여 하나의 사각형을 2 배식 9번 확대 시키는 프로그램이다. 비교하시오.**

```
import java.awt.*;
import java.awt.geom.*;
import java.applet.Applet;
// <Applet code=Scaling_Applet width=600 height=400> </Applet>
public class Scaling_Applet extends Applet{
  double drg_sx=20,osy=10, oex=30, oey=20;
  double sx, sy, ex, ey, scale_y;
 public Scaling_Applet(){ };
//--------------------------------------------------------------
 void rectangle(double x, double y, double w, double h){
       Graphics g = getGraphics();
       Graphics2D g2 = (Graphics2D)g;
       Rectangle2D rect = new  Rectangle2D.Double(x-w/2, y-h/2, w, h);
           g2.setPaint(Color.blue);
           g2.draw(rect);
       }
//--------------------------------------------------------------
   public void paint(Graphics g){
     for(double Sx = 1.0; Sx <= 20.0; Sx += 2.0){
                 scale_y = Sx;
                 sx = drg_sx * Sx;
                 sy = osy * scale_y;
                 ex = oex * Sx;
                 ey = oey * scale_y;
                 rectangle (sx,sy,ex,ey);
      } } }
```

[예제 5-9] **다음 프로그램은 scale() 메소드를 이용한 도형 확대 프로그램이다. 실행 후 분석하고 scale 인수를 변환하여 실행하여 보시오.**

```
import java.awt.*;
import java.awt.geom.*;
public class  Scaling_2 extends Frame{
public Scaling_2(){ setTitle("도형 확대"); }
//--------------------------------------------------------------
void rectangle(double x, double y, double w, double h){
```

```
  Graphics g = getGraphics();
  Graphics2D g2 = (Graphics2D)g;
  Rectangle2D rect = new  Rectangle2D.Double(x, y, w, h);
        g2.setPaint(Color.blue);
        g2.draw(rect);
               }
//-------------------------------------------------------------------
 public void paint(Graphics g){ Graphics2D g2 = (Graphics2D)g;
    rectangle (50,70,100,50);
   Rectangle2D rect1 = new  Rectangle2D.Double(50, 70, 100, 50);
         g2.scale(2, 2);
         g2.setPaint(Color.red);
         g2.fill(rect1);    }
 //-------------------------------------------------------------------
 public boolean handleEvent(Event e) {
   if (e.id == Event.WINDOW_DESTROY)
      System.exit(0);
   return super.handleEvent(e); }
 //-------------------------------------------------------------------
 public static void main(String[] args){
        Frame frm =  new Scaling_2();
               frm.resize(500, 400);
               frm.show();
   } }
```

[예제 5-9] 수행결과

[예제 5-10] 다음 프로그램은 scale() 메소드를 이용한 도형 축소 프로그램이다. 실행 후 분석하시오.

```
import java.awt.*;
import java.awt.geom.*;
import java.applet.Applet;
// <Applet code=Scale_3 width=600 height=400> </Applet>
public class  Scale_3 extends Applet{
  public Scale_3(){ };
 //--------------------------------------------------------------
   public void paint(Graphics g){ Graphics2D g2 = (Graphics2D)g;
     GeneralPath path = new GeneralPath(GeneralPath.WIND_EVEN_ODD);
          path.moveTo(100,100);        path.lineTo(130,80);
          path.lineTo(200,80);         path.lineTo(230,60);
          path.lineTo(260,60);         path.lineTo(225,100);
          path.lineTo(100,100);        path.lineTo(145,90);
          path.lineTo(175,130);        path.lineTo(175,90);
          path.closePath();
          g2.draw(path);
      for(double x1=1.0, y1=1.0; x1>0.0; x1 -= 0.2, y1 -= 0.2){
          g2.translate(50-x1, 100+x1 );
          g2.scale(x1, y1);
          g2.setPaint(Color.red);
          g2.draw(path);
       }   } }
```

[예제 5-10] 수행결과

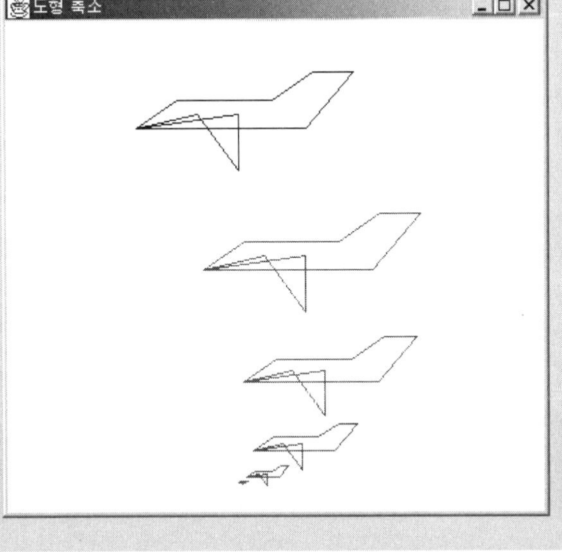

5-2-4 쉬어링

쉬어링(Shearing) 변환은 좌표공간의 x축이나 y축 또는 두 개의 축 모두에 도형을 평행하게 연장시키는 메소드이며, 다음과 같다.

▌ public void shear(double shx, double shy)

① 이 메소드는 생성된 AffineTransform에 shx와 shy의 값으로 쉬어링 변환을 추가한다. 만약 shx와 shy의 값이 0 이면 아무런 변화가 없다.

② shx와 shy에 값을 지정하면 이 값으로 각각 x축 y축으로의 기울어진 정도를 표현할 수 있다.

③ 예를 들어 share(-0.5, 0) 이면 x축의 우측으로 기울어지며, share(0.5, 0) 이면 x축의 좌측으로 기울어짐을 알 수 있다.

▌ public void setToshear(double shx, double shy)

④ 이 메소드는 shx 와 shy를 사용하여 쉬어링 변환을 표현하기 위해 AffineTransform을 설정한다.

다음은 생성자 메소드이다.

▌ public static AffineTransform getShearInstance(double shx, double shy)

① 이 생성자 메소드는 새로운 AffineTransform을 생성하고 주어진 값으로 쉬어링 변환을 초기화한다.

② 이 메소드는 AffineTransform을 먼저 생성하고 setToShear(shx, shy)를 호출하는 것과 같은 결과이다.

[예제 5-11] 다음 프로그램은 Shear() 메소드를 이용한 도형 평행이동 프로그램이다. 실행 후 분석하시오.

```
import java.awt.*;
import java.awt.geom.*;
public class  Shear_1 extends Frame{
  public Shear_1(){ setTitle("도형 평행이동");  }
//-----------------------------------------------------------------
  void rectangle(double x, double y, double w, double h){
        Graphics g = getGraphics();
        Graphics2D g2 = (Graphics2D)g;
        Rectangle2D rect = new  Rectangle2D.Double(x, y, w, h);
              g2.setPaint(Color.blue);
              g2.draw(rect);    }
 //-----------------------------------------------------------------
    public void paint(Graphics g){
        Graphics2D g2 = (Graphics2D)g;
        rectangle (50, 70, 100, 50);
        Rectangle2D rect1 = new  Rectangle2D.Double(250, 70, 100, 50);
```

```
            g2.shear(-0.5, 0);
            g2.setPaint(Color.red);
            g2.fill(rect1);
   Rectangle2D rect2 = new  Rectangle2D.Double(100, 170, 100, 50);
            g2.shear(0.9, 0);
            g2.setPaint(Color.blue);
            g2.fill(rect2);    }
 //-----------------------------------------------------------------
 public boolean handleEvent(Event e) {
    if (e.id == Event.WINDOW_DESTROY)
       System.exit(0);
    return super.handleEvent(e); }
 //-----------------------------------------------------------------
 public static void main(String[] args){
   Frame frm =  new Shear_1();
         frm.resize(500, 400);
         frm.show();     } }
```

[예제 5-11] 수행결과

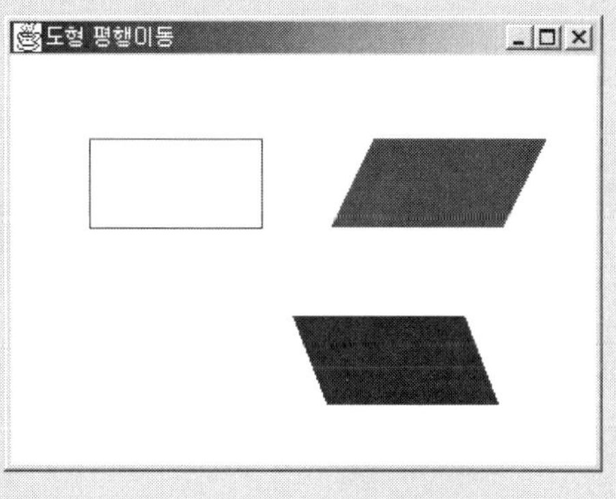

[예제 5-12] 다음 프로그램은 사각형 도형을 평행이동 및 90도 회전하는 프로그램을 작성하시오.

```
import java.awt.*;
import java.awt.geom.*;
public class  Shear_2 extends Frame{
  public Shear_2(){ setTitle("도형 평행이동 및 90도 회전 ");
    }
//-----------------------------------------------------------------
  void rectangle(double x, double y, double w, double h){
       Graphics g = getGraphics();
```

```
    Graphics2D g2 = (Graphics2D)g;
  Rectangle2D rect = new  Rectangle2D.Double(x, y, w, h);
       g2.setPaint(Color.blue);
       g2.draw(rect);
   }
//---------------------------------------------------------------
  public void paint(Graphics g){
    Graphics2D g2 = (Graphics2D)g;
        rectangle (50,70,100,50);
    Rectangle2D rect1 = new  Rectangle2D.Double(250, 70, 100, 50);
        g2.rotate(Math.PI/4);
        g2.shear(-0.5, 0);
        g2.setPaint(Color.red);
        g2.fill(rect1);  }
//---------------------------------------------------------------
 public boolean handleEvent(Event e) {
   if (e.id == Event.WINDOW_DESTROY)
      System.exit(0);
   return super.handleEvent(e);
      }
 //---------------------------------------------------------------
 public static void main(String[] args){
        Frame frm =  new Shear_2();
              frm.resize(500, 400);
              frm.show();
     } }
```

[예제 5-12] 수행결과

5-3 합성

합성(Compositing)은 두 개의 그림을 겹쳐놓는 것을 말한다. 합성은 Java Graphics2D API에서 도형을 그릴 때 항상 일어나는 현상이다. Java Graphics2D의 인스턴스는 드로잉 평면을 그리는 객체이며, 도형이나 텍스트, 이미지 등을 그릴 때마다 새로운 요소들이 드로잉 평면에 나타나는 과정은 다음과 같다.

(1) 래스터라이저(rasterizer)는 그리고자하는 도형을 취하고 이로부터 알파(Alpha)값을 만들어 낸다. 드로잉 평면은 픽셀로 이뤄진 그리드(grid)라 볼 수 있으며, 각각의 픽셀은 알파 값을 가진다.

(2) 원본 이미지의 색상은 Java Graphics2D에 설정된 Paint 객체나 이미지의 색상을 이용해서 결정한다.

(3) 원본 이미지와 목적 이미지가 결합되어 새로운 목적 이미지를 만들어 낸다.

여기서 알파 값은 0.0 에서 1.0 사이이다.

5-3-1 AlphaComposite 클래스

렌더링 Java Graphics2D는 합성규칙(Compositing)을 상태의 한 부분으로 저장하고 있다. 합성규칙은 java.awt.Composite 인터페이스를 구현한 객체에 의해 표현된다. Java Graphics2D API는 Composite 인터페이스를 구현하는 java.awt.AlphaComposite를 포함한다. 이 클래스는 아래와 같이 8개의 합성 규칙을 구현하고 있고 각각의 규칙을 상수로 정의하고 있다. 그리고 Java Graphics2D 인스턴스에 Clear 규칙을 합성 투명규칙을 알려주는 방법은 다음과 같이 정의하면 된다.

```
g2.setComposite(AlphaComposite.Clear)  // Clear 규칙
Composite c1 = AlphaComposite.getInstance(AlphaComposite.SRC_OVER, 0.8f)
g2.setComposite(c1)    //합성 투명규칙
```

다음은 AlphaComposite 클래스의 getInstance() 메소드는 다음과 같다.

```
public static AlphaComposite getInstance(int rule, float alpha)
```

이 메소드는 매개변수로 주어진 합성규칙들을 구현하는 AlphaComposite 객체를 리턴하며, 그 규칙들은 다음과 같다.

```
* SRC_OVER    // 원본 이미지를 목적 이미지 위에 올려놓는다.
* DST_OVER    //  원본 이미지를 목적 이미지 뒤에 놓는다.
* CLEAR       // 원본 이미지 아래에 있는 목적 이미지의 영역을 제거한다.
* SRC         // 알파값에 관계없이 목적 이미지를 원본 이미지로 덮어쓴다.
* SRC_IN      // 목적 이미지의 알파값을 기반으로 목적 이미지를 원본 이미지로 대체한다.
* SRC_OUT     // 목적 이미지 밖에 있는 원본 이미지를 부분적으로 보여준다.
* DST_IN      // 원본 이미지의 알파값을 기반으로 원본 이미지를 목적 이미지로 대체한다.
* DST_OUT     // 원본 이미지 밖에 있는 목적 이미지를 부분적으로 보여 준다.
```

이들은 AlphaComposite 클래스에 정의되어 있다. 매개변수 alpha 값은 0.0에서 1.0 사이의 값이며 alpha 값은 투명도를 나타내며, 0.5는 절반정도의 투명도를 만들 수 있다.

[예제 5-13-a] **도형의 합성 규칙에 의한 프로그램이다. 실행 후 합성규칙 매개변수를 바꾸어 실행해 보시오.**

```
import java.awt.*;
import java.awt.geom.*;
public class Composite_1 extends Frame{
  public Composite_1(){ setTitle("도형의 합성 "); }
//-----------------------------------------------------
    public void paint(Graphics g) { Graphics2D g2 = (Graphics2D)g;
      Rectangle2D r1 = new Rectangle2D.Double(50, 50, 150, 100);
          g2.setPaint(Color.red);
          g2.fill(r1);
      // 투명도를 가지는 합성을 생성한다.
   Composite c1 = AlphaComposite.getInstance(AlphaComposite.SRC_OVER, 0.8f);
            g2.setComposite(c1);
   Rectangle2D r2 = new Rectangle2D.Double(100, 100, 150, 100);
      // Draw some blue Rectangle.
                g2.setPaint(Color.blue);
                g2.fill(r2);
                g2.setFont(new Font("Times New Roman", Font.PLAIN, 30));
                g2.drawString("Composite SRC_OVER", 25, 250);
```

```
        }
//----------------------------------------------------------------
  public boolean handleEvent(Event e) {
      if (e.id == Event.WINDOW_DESTROY)
        System.exit(0);
      return super.handleEvent(e); }
  //----------------------------------------------------------------
  public static void main(String[] args){
   Frame frm =  new Composite_1();
        frm.resize(500, 400);
        frm.show();
   } }
```

[예제5-13-a] 수행결과

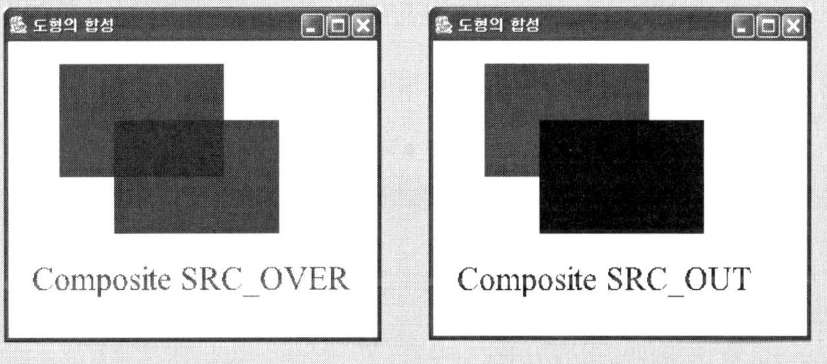

[예제 5-13-b] **다음 프로그램을 수행 후 합성규칙 매개변수를 바꾸어 실행해 보시오.**

```
import java.awt.*;
import java.awt.geom.*;
public class Composite_16 extends Frame{
   public Composite_16(){ setTitle("도형의 합성 "); }
//-------------------------------------------------------
     public void paint(Graphics g) {
       Graphics2D g2 = (Graphics2D)g;
       Rectangle2D r1 = new Rectangle2D.Double(50, 50, 150, 100);
           g2.setPaint(Color.blue);
           g2.fill(r1);
       // 투명도를 가지는 합성을 생성한다.
    Composite c1 = AlphaComposite.getInstance(AlphaComposite.SRC_OUT, 0.8f);
```

```
        g2.setComposite(c1);
   Rectangle2D r2 = new Rectangle2D.Double(100, 100, 150, 100);
     // Draw some blue Rectangle.
        g2.setPaint(Color.red);
        g2.fill(r2);
   Composite c2 = AlphaComposite.getInstance(AlphaComposite.SRC_OVER, 0.8f);
        g2.setComposite(c2);
   Rectangle2D r3 = new Rectangle2D.Double(150, 150, 150, 100);
     // Draw some blue Rectangle.
        g2.setPaint(Color.red);
        g2.fill(r3);
   Composite c3 = AlphaComposite.getInstance(AlphaComposite.DST_OVER, 0.8f);
        g2.setComposite(c3);
   Rectangle2D r4 = new Rectangle2D.Double(200, 200, 150, 100);
     // Draw some blue Rectangle.
        g2.setPaint(Color.blue);
        g2.fill(r4);
        g2.setFont(new Font("Times New Roman", Font.PLAIN, 30));
        g2.drawString("Composite SRC_OUT,SCR_OVER, DST_OVER", 25, 350);
        }
//-----------------------------------------------------------------
  public boolean handleEvent(Event e) {
    if (e.id == Event.WINDOW_DESTROY)
        System.exit(0);
    return super.handleEvent(e); }
  //-----------------------------------------------------------------
  public static void main(String[] args){
        Frame frm =  new Composite_16();
              frm.resize(500, 400);
              frm.show();
      } }
```

[예제 5-14] 도형의 문자의 합성 프로그램이다. 실행 후 분석하시오.

```
import java.awt.*;
import java.awt.geom.*;
public class Composite_2 extends Frame{
   public Composite_2(){ setTitle("도형의 합성 ");  }
//----------------------------------------------------------
```

```
    public void paint(Graphics g) {
      Graphics2D g2 = (Graphics2D)g;
      Ellipse2D cirl = new Ellipse2D.Double(50, 50, 150, 100);
                g2.setPaint(Color.red);
                g2.fill(cirl);
      // 투명도를 가지는 합성을 생성한다.
   Composite c1 = AlphaComposite.getInstance(AlphaComposite.SRC_OVER, 0.8f);
               g2.setComposite(c1);
      // Draw some blue Circle.
              g2.setPaint(Color.blue);
              g2.setFont(new Font("Times New Roman", Font.PLAIN, 72));
              g2.drawString("Composite ", 25, 130);
          }
//-------------------------------------------------------------------
  public boolean handleEvent(Event e) {
    if (e.id == Event.WINDOW_DESTROY)
      System.exit(0);
    return super.handleEvent(e); }
  //-------------------------------------------------------------------
  public static void main(String[] args){
          Frame frm =  new Composite_2();
                frm.resize(500, 400);
                frm.show();
  } }
```

[예제 5-14] 수행결과

5-3-2 XORMode 클래스

Java Graphics2D API가 도형의 합성 규칙을 지원하는 두 가지의 메소드는 다음과 같다.

- public abstract void setPaintMode()
  ① 이 메소드는 어떠한 그래픽 객체가 도면에 그려지든지 그 픽셀 위에 덮어 버린다.
- public abstract void setXORMode(color col)
  ② 이 메소드는 도면에 있는 픽셀들의 색상을 원본 이미지와 목적 이미지의 색상을 합성 할 때 XOR로 비트 연산하여 색상을 지정한다.

XOR 비트 연산은 색상의 8비트 값으로 연산되어지며, 합성 연산 규칙은 다음과 같다.

Cd = Cs + Cx + Cdo 이다.

여기서 Cd는 목적 이미지의 새로운 색상

Cs는 원본 이미지 색상

Cx는 setXORMode()에 전달되는 색상

Cdo는 목적 이미지의 원래 색상

예를 들어 동일한 두 색상을 XOR 연산하면 색상이 서로 상쇄되어 없어지는 결과 즉 흰색으로 나타나게 된다.

[예제 5-15] 다음 프로그램은 setXORMode() 메소드를 사용한 도형 합성 프로그램이다. 실행 후 분석 하시오.

```
import java.awt.*;
import java.awt.geom.*;
public class Composite_4 extends Frame{
   public Composite_4(){ setTitle("setXORMode() 도형의 합성 "); }
//-------------------------------------------------------
     public void paint(Graphics g) {Graphics2D g2 = (Graphics2D)g;
       // Set XOR mode, using white as the XOR color.
       g2.setXORMode(Color.white); // white(ff, ff, ff)
       // Paint a red Circle.
       Ellipse2D cirl = new Ellipse2D.Double(50, 50, 150, 100);
                   g2.setPaint(Color.red); // white(ff, ff, ff)+red(ff ,0, 0) = cyan(0, ff, ff)
                   g2.fill(cirl);
       // 좌표 공간 이동.
```

```
            g2.transform(AffineTransform.getTranslateInstance(25, 25));
      // Draw a blue Circle.
            g2.setPaint(Color.blue);  //cyan(0, ff, ff) + blue(0, 0, ff)= green(0, ff, 0)
            g2.fill(cirl);
        }
//-----------------------------------------------------------------
  public boolean handleEvent(Event e) {
      if (e.id == Event.WINDOW_DESTROY)
        System.exit(0);
      return super.handleEvent(e); }
  //-----------------------------------------------------------------
  public static void main(String[] args){
          Frame frm =  new Composite_4();
                frm.resize(300, 300);
                frm.show();
    } }
```

[예제 5-15] 수행결과

5-4 클리핑

클리핑(Clipping)은 윈도우에 도형이 그려지는 영역의 범위(경계)를 설정하는 것을 말한다. 즉 윈도우에 그려진 전체 도형에서 도형의 일부분에 한계를 설정하여 다시 그리는 것을 말한다.

(1) 선분 클리핑

클리핑은 점 클리핑과 선분 클리핑 방법을 생각할 수 있다. 점 클리핑의 경우 직사각형 윈도우 내에 임의 점 (x, y)이 있다면 그 x좌표는 직사각형의 좌우 변 사이에 존재하고, y좌표는 상하 변 사이에 존재하게 된다. 화상의 각 점에 대하여 점의 위치를 검사할 수도 있지만 실제로는 다음과 같은 이유로 매우 어렵다.

첫째로 세계 좌표계로 정의된 이미지는 크고 복잡하기 때문에 검사해야 할 점들을 매우 많이 가지고 있어서 모두 검사하는 데 많은 시간을 소비하게 된다.

둘째로 보통 이미지는 그것을 구성하는 픽셀들로 정의되기보다는 선의 관점에서 정의되기 때문이다.

복잡한 이미지는 수천 개의 선분으로 구성되므로 이러한 선분들을 효율적으로 처리하기 위해서는 선분 클리핑 알고리듬이 필요하다. 따라서 윈도우 내에 있는 선분의 끝점을 계산하여 지정된 영역 밖에서 정의된 모든 그림을 제거하는 선분 클리핑 알고리듬을 많이 이용하고 있다. 선분 클리핑 알고리듬은 주로 코헨-슈더랜드(Cohen-Sutherland) 알고리듬과 중점 분할 클리핑 알고리듬이 많이 이용되고 되고 있다. 여기서는 이 두 알고리듬을 소개한다. [그림 5-6]은 윈도우 선분을 클리핑하기 전과 클리핑 후의 한 예를 보여주고 있다.

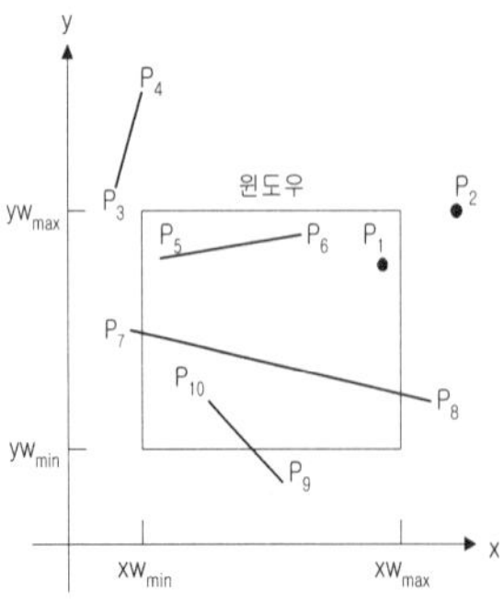

(a) 클리핑 전

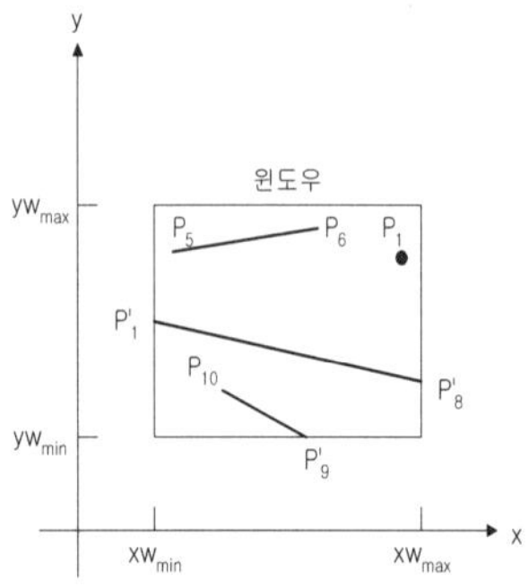

(b) 클리핑 후

[그림 5-6] 클리핑 전과 후의 선분

(2) 다각형 클리핑

선분을 클리핑 하는 경우는 [그림 5-6 (b)]와 같이 연결되지 않은 선분들의 집합이 출력된다. 그러나 다각형의 절단인 경우는 하나의 다각형을 절단해도 한 개 혹은 그 이상의 다각형들을 만들어 내게 된다. 만약, 어떤 다각형의 내부가 칠해져 있는 경우 다각형을 절단했다면 남아 있는 구역은 폐쇄된 경계(closed area)가 만들어져야만 한다.

[그림 5-7]은 클리핑 작업 후 색칠된 다각형의 클리핑 전과 클리핑 후의 결과를 보인 것이다. 선 클리핑의 경우에는 고려하지 않았던 윈도우 경계(열려진 경계) 경계가 클리핑 된 다각형의 선분과 일치하는 것을 알 수 있다. 다각형을 클리핑 하는 기법을 개발한 사람은 슈더랜드(Sutherland)와 허지먼(Hodgeman)이다.

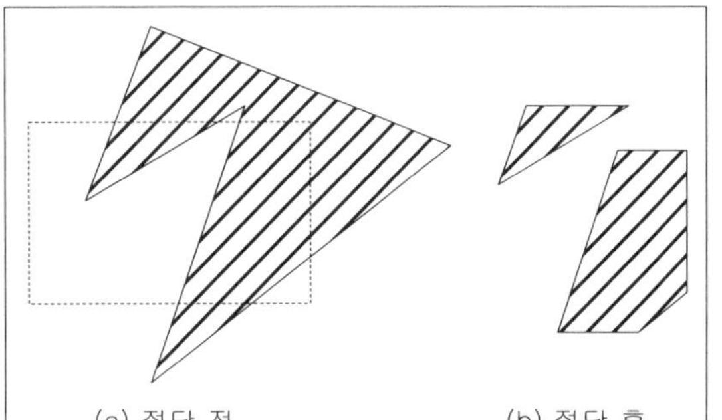

[그림 5-7] 다각형 클리핑

슈더렌드와 허지먼에 의해시 개발된 다각형 클리핑 기법은 윈도우의 각 변에 대하여 한 번에 한 번씩 윈도우의 경계선과 다각형을 비교해 나가면서 클리핑 작업을 수행한다. 즉, 입력된 각 꼭지점으로부터 새로운 꼭지점의 리스트를 출력하고, 다음 경계에서의 수행을 위해 다음 단계로 넘겨준다. 이때 다각형의 지역은 각 꼭지점 순서대로 정렬(sorting)하면 된다. 클리핑이 끝난 후에 출력 리스트는 클리핑 된 다각형을 구성하는 꼭지점들로 구성되게 된다.

Java Graphics2D에서는 어떠한 도형도 클리핑 할 수 있도록 정의하고 있으며, 관련 메소드들은 다음과 같다.

- `public static void clip(Shape s)`
  ① 이 메소드는 인자 s 로 주어진 도형을 클리핑 도형으로 만든다.
- `public static Shape getClip()`
  ② 이 메소드는 Graphics2D에 설정되어 있는 클리핑 도형을 알려주는 역할을 한다.
- `public static void setClip(Shape clip)`
  ③ 이 메소드는 현재 사용되고 있는 Graphics2D에 클리핑 도형을 설정한다.

clip() 메소드는 현재 사용중인 클리핑 도형만 수정하지만 setClip() 메소드는 다른 도형으로 완전히 대체한다. 그러므로 이 메소드는 setClpi()메소드를 호출해서 클리핑 된 도형을 복원하는데 사용된다.

[예제 5-16] 다음의 프로그램은 도형을 클리핑 한 후 도형을 나타내는 프로그램이다. 실행 후 다른 형태의 도형으로 클리핑하여 보시오.

```
import java.awt.*;
import java.awt.font.*;
import java.awt.image.BufferedImage;
import java.io.*;
import java.awt.geom.*;
import com.sun.image.codec.jpeg.*;
public class Cliping_1 extends Frame{
 public Cliping_1(){setTitle("클리핑 도형"); }
//-------------------------------------------------------------
 public static void main(String[] args) throws Exception {
       Frame f = new Cliping_1("clpi2.jpg");
             f.resize(500, 400);
             f.show();     }
 //-------------------------------------------------------------
  private BufferedImage image;
  public Cliping_1(String filename) throws IOException, ImageFormatException {
   // 지정된 jpg 파일을 로딩한다.
   InputStream in = getClass().getResourceAsStream(filename);
   JPEGImageDecoder decoder = JPEGCodec.createJPEGDecoder(in);
   image = decoder.decodeAsBufferedImage();
   in.close();
   }
 //-------------------------------------------------------------
    public void paint(Graphics g) { Graphics2D g2 = (Graphics2D)g;
     Dimension d = getSize();
     Font font = new Font("Serif", Font.PLAIN, 30);
                  g2.setFont(font);
                  g2.drawString("클리핑 도형", 70, 300);
               // g2.drawImage(image, 0, 0, null);
                  g2.rotate(-Math.PI / 12, d.width / 2, d.height / 2);
    Ellipse2D c = new  Ellipse2D.Double(50, 50, 200, 250);
                 g2.clip(c);
                 g2.drawImage(image, 0, 0, null);
```

```
        }
//-------------------------------------------------------------
   public boolean handleEvent(Event e) {
     if (e.id == Event.WINDOW_DESTROY)
       System.exit(0);
     return super.handleEvent(e);
        }  }
```

[예제 5-16] 수행결과

[예제 5-17] 다음의 프로그램은 이미지 도형을 클리핑 한 후 텍스트로 나타내는 프로그램이다. 실행 후 다른 텍스트 형태로 클리핑 하여 보시오.

```
import java.awt.*;
import java.awt.font.*;
import java.awt.image.BufferedImage;
import java.io.*;
import java.awt.geom.*;
import com.sun.image.codec.jpeg.*;
public class Cliping_2 extends Frame{
 public Cliping_2(){setTitle(" 클리핑 도형"); }
//-------------------------------------------------------------
 public static void main(String[] args) throws Exception {
   Frame f = new Cliping_2("Clpi1.jpg");
        f.resize(500, 400);
```

```
        f.show();
  }
  private BufferedImage image;
  public Cliping_2(String filename)
    throws IOException, ImageFormatException {
   // 지정된 jpg 파일을 로딩한다.
   InputStream in = getClass().getResourceAsStream(filename);
   JPEGImageDecoder decoder = JPEGCodec.createJPEGDecoder(in);
   image = decoder.decodeAsBufferedImage();
   in.close();  }
private Shape ClippingShape;
 //-------------------------------------------------------------
    public void paint(Graphics g) {
      Graphics2D g2 = (Graphics2D)g;
      Dimension d = getSize();
     // g2.drawImage(image, 0, 0, null);
      g2.rotate(-Math.PI / 12, d.width / 2, d.height / 2);
      g2.clip(getClippingShape(g2));
      g2.drawImage(image, 0, 0, null);
      }
  private Shape getClippingShape(Graphics2D g2) {
      if (ClippingShape != null) return ClippingShape;
      String s = "자바 클리핑 ";
      Font font = new Font("Serif", Font.PLAIN, 92);
      FontRenderContext frc = g2.getFontRenderContext();
      GlyphVector gv = font.createGlyphVector(frc, s);
      ClippingShape = gv.getOutline(10, 200);
      return ClippingShape;
    }
//----------------------------------------------------------------
   public boolean handleEvent(Event e) {
    if (e.id == Event.WINDOW_DESTROY)
      System.exit(0);
    return super.handleEvent(e);
   }  }
```

[예제 5-17] 수행결과

[예제 5-18] 다음의 프로그램은 이미지 도형을 클리핑 한 후 다각형으로 클리핑 한 것으로 나타내는 프로그램이다.

```
import java.awt.*;
import java.awt.font.*;
import java.awt.image.BufferedImage;
import java.io.*;
import java.awt.geom.*;
import com.sun.image.codec.jpeg.*;
public class Cliping_4 extends Frame{
 public Cliping_4(){setTitle("다각형 클리핑 도형"); }
//-----------------------------------------------------------------
 public static void main(String[] args) throws Exception {
   Frame f = new Cliping_4("clpi2.jpg");
         f.resize(500, 400);
         f.show();
   }
   private BufferedImage image;
   public Cliping_4(String filename) throws IOException, ImageFormatException {
    // 지정된 jpg 파일을 로딩한다.
    InputStream in = getClass().getResourceAsStream(filename);
    JPEGImageDecoder decoder = JPEGCodec.createJPEGDecoder(in);
    image = decoder.decodeAsBufferedImage();
    in.close();
    }
 //-------------------------------------------------------------
      public void paint(Graphics g) {
        Graphics2D g2 = (Graphics2D)g;
        Dimension d = getSize();
```

```
    Font font = new Font("Serif", Font.PLAIN, 30);
            g2.setFont(font);
            g2.drawString("클리핑 도형", 70, 300);
        //  g2.drawImage(image, 0, 0, null);
            g2.rotate(-Math.PI / 12, d.width / 2, d.height / 2);
GeneralPath path = new GeneralPath(GeneralPath.WIND_EVEN_ODD);
           path.moveTo(100,100);       path.lineTo(125,50);
           path.lineTo(150,100);       path.lineTo(210,100);
           path.lineTo(165,140);       path.lineTo(185,195);
           path.lineTo(125,165);       path.lineTo(65,195);
           path.lineTo(85,140);        path.lineTo(40,100);
           path.closePath();
         //g2.draw(path);
           g2.clip(path);
           g2.drawImage(image, 0, 0, null);
                   }
//-------------------------------------------------------------
   public boolean handleEvent(Event e) {
       if (e.id == Event.WINDOW_DESTROY)
          System.exit(0);
      return super.handleEvent(e);
         }  }
```

[예제 5-18] 수행결과

[예제 5-19] 다음 프로그램을 수행 후 분석하시오.

```
import java.awt.*;
import java.awt.geom.*;
import java.applet.*;
//<applet code= star2D_11 width=300 height=300> </applet>
public class  star2D_11 extends Applet{
  GeneralPath path;
  public void init(){
          path = new GeneralPath(GeneralPath.WIND_EVEN_ODD);
          path.moveTo(100,100);        path.lineTo(125,50);
          path.lineTo(150,100);        path.lineTo(210,100);
          path.lineTo(165,140);        path.lineTo(185,195);
          path.lineTo(125,165);        path.lineTo(65,195);
          path.lineTo(85,140);         path.lineTo(40,100);
          path.closePath();
      }
 public void paint(Graphics g){ Graphics2D g2 = (Graphics2D)g;
        while(true){
          g2.scale(1,1);
          g2.setPaint(Color.red);
          g2.fill(path);
      try{Thread.sleep(500);}  catch(InterruptedException e){}
          g2.clearRect(0, 0,1000, 1000);
      try{Thread.sleep(500);}  catch(InterruptedException e){}
          g2.scale(1,1);
          g2.setPaint(Color.green);
          g2.fill(path);
      try{Thread.sleep(500);}  catch(InterruptedException e){}
          g2.clearRect(0, 0,1000, 1000);
     try{Thread.sleep(500);}  catch(InterruptedException e){}
    }}}
```

[예제 5-20] 다음 프로그램을 수행 후 분석하시오.

```
import java.awt.*;
import java.awt.geom.*;
import java.applet.*;
////<applet code= Scale_33 width=1000 height=300> </applet>
```

```
public class  Scale_33 extends Applet{
  GeneralPath path;
  double n=0;
 public void init(){
   path = new GeneralPath(GeneralPath.WIND_EVEN_ODD);
            path.moveTo(100,100);        path.lineTo(130,80);
            path.lineTo(200,80);         path.lineTo(230,60);
            path.lineTo(260,60);         path.lineTo(225,100);
            path.lineTo(100,100);        path.lineTo(145,90);
            path.lineTo(175,130);        path.lineTo(175,90);
            path.closePath();
      }
 public void paint(Graphics g){ Graphics2D g2 = (Graphics2D)g;
   for(double x1=1; x1<= 20; x1++){
            g2.translate(200-n, 0);
            g2.scale(1,1);
            g2.setPaint(Color.red);
            g2.draw(path);
            n= n+30;
 try{Thread.sleep(500);} catch(InterruptedException e){}
            g2.clearRect(0, 0,1000, 1000);
         }}}
```

[예제 5-21] 다음 프로그램을 수행 후 분석하시오.

```
 import java.awt.*;
 import java.awt.event.*;
 import java.awt.geom.*;
 public class ScaleImage extends Canvas {
    Image  img;
    double scale = 1.0;
    public ScaleImage() {
        img = getToolkit().getImage("duke.gif");
        setBackground(Color.lightGray);    }
    public void setScale(double d) { scale = d; }
//----------------------------------------------------------
   public void paint(Graphics g) { Graphics2D g2 = (Graphics2D) g;
           g2.scale(scale, scale);
           g2.drawImage(img, (int)(10/scale), (int)(10/scale), this);
```

```
        }
//-----------------------------------------------------------
  public static void main(String [] args) {
    Frame f = new Frame();
    final ScaleImage s = new ScaleImage();
          f.add("Center", s);
          Choice c = new Choice();
          c.add("50%");
          c.add("100%");
          c.add("150%");
          c.add("200%");
          c.add("250%");
          c.add("300%");
          c.select(1);
      c.addItemListener(new ItemListener() {
      public void itemStateChanged(ItemEvent e) {
          Choice ch = (Choice) e.getSource();
          s.setScale(ch.getSelectedIndex()*0.5 + 0.5);
          s.repaint();     }
          });
          f.add("South", c);
          f.setSize(300, 400);
          f.setVisible(true);
      } }
```

[예제 5-21] 수행결과

제6장

그래프 그리기

- 6-1 막대그래프
- 6-2 파이 차트
- 6-3 타원형 파이 차트
- 6-4 이차 함수 그래프

CHAPTER 06

그래프 그리기

Java

6-1 막대그래프

막대그래프는 Java Graphics g 나 Java Graphics2D g2에 의하여 막대그래프를 그릴 수 있다. 막대그래프를 그리는 관련 메소드들은 Graphics g에서는 g.drawRect() 메소드와 Graphics2D의 Rectangle2D ret=new Rectangle2D.Double() 혹은 Rectangle2D.Float()의 메소드를 사용할 수 있다.

이 장에서는 Java Graphics2D API 의 java.awt.geom.* 클래스를 사용하여 예제 프로그램을 작성토록 한다.

[예제 6-1] 마우스 이벤트 메소드를 이용하여 실행 창 내부를 마우스로 클릭 했을 때 5 ~ 15 사이의 막대가 그려지는 프로그램을 작성하시오.

```
import java.awt.*;
import java.awt.geom.*;
import java.applet.Applet;
// <Applet code=MakDae_Applet width=500 height=200> </Applet>
public class MakDae_Applet extends Applet{
//------------------------------------------------------------
public boolean mouseDown(Event evt, int x, int y){
    int  n= (int)(Math.random()*10) + 5;          // 5에서 15 사이 값 발생
    double[] a = new double[n];                  // 임의의 자료용 배열의 개수
      for (int i=0 ; i<n ; i++)
            a[i] = Math.random()*200 + 50;
     int y0 = size().height - 20;              // 원점의 y 좌표
             MakDae_Graph(a, y0, 260);       // 260 : 수학적 y 축 길이
     return true;}
//------------------------------------------------------------
void MakDae_Graph(double[] a, double y0, double sy){
        Graphics g = getGraphics();
```

```
    Graphics2D  g2 = (Graphics2D)g;
    g2.clearRect(0, 0, 1000, 1000);  // 화면 지우기
 int n  = a.length;                    // 자료 수(배열의 길이)
 double x0 = 10;                       // 원점의 x 좌표
 Dimension d = size();                 // 프레임의 크기
 double x  = d.width*0.9;      // x 축 길이
 double y  = d.height*0.8;     // y 축 길이
 double mak = x / n;          // 각 막대의 x 간격
Line2D line1 = new Line2D.Double(x0-5, y0, x0+x, y0);
      g2.draw(line1);         // x 축
Line2D line2 = new Line2D.Double(x0, 5, x0, d.height-10);
      g2.draw(line2);        // y 축
  double  jwa, sang, Width, Height;
     for (int i=0 ; i<n ; i++){
          int    R = (int)(Math.random()*255);
          int    G = (int)(Math.random()*255);
          int    B = (int)(Math.random()*255);
      g2.setColor( new Color(R, G, B) );
           Width  = x - 2;               // 막대의 폭
           Height = (a[i] / sy * y);     // 높이
          jwa  = x0 + 2 + mak*i;         // 좌
         sang = y0 - Height;             // 상
  // 이 if 블럭을 지우면 a[i]<0에 대한 막대는 그려지지 않는다.
      if (Height < 0) {
              Height = -Height;
              sang = y0;
                     }
   Rectangle2D rect = new  Rectangle2D.Double(jwa, sang, Width, Height);
      g2.fill(rect);                              //막대 그리기
      rect.setFrame(jwa, sang, Width, Height);  // 테두리선 정의
      g2.setPaint(Color.black);                // 색상
      g2.setStroke(new BasicStroke(8));       // 테두리선 두께
      g2.draw(rect);                         // 테두리선 그리기
      } } }
```

[예제 6-1]
수행결과

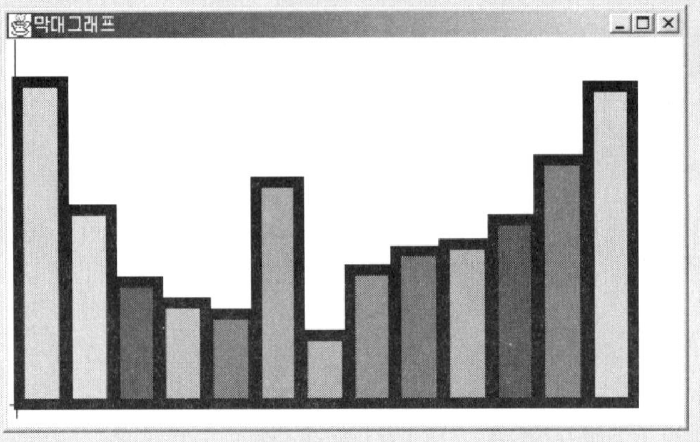

[프로그램 설명]

(1) 다음의 mouseDown Event 메소드는 마우스가 실행 창 임의의 좌표(x, y)에서 눌러졌을 때 이벤트가 발생되어 프로그램이 수행된다. Math.random() 메소드에 의해 막대를 그릴 수 있는 막대의 값과 개수가 저장될 수 있는 배열의 개수 n 값을 5에서 15 사이를 임의로 발생시킨다. for (int i=0 ; i<n ; i++){a[i] = Math.random()*200 + 50}; 문은 n 개의 막대그래프를 그릴 수 있는 값을 임의로 발생시킴. 그리고 MakDae_Graph(a, y0, 260); 메소드를 호출한다.

```
public boolean mouseDown(Event evt, int x, int y){
   int  n= (int)(Math.random()*10) + 5;
   double[] a = new double[n];              // 임의의 자료용 배열의 개수
      for (int i=0 ; i<n ; i++)
           a[i] = Math.random()*200 + 50;
   int y0 = size().height - 20;              // 원점의 y 좌표
           MakDae_Graph(a, y0, 260);        // 260 : 수학적 y 축 길이
    return true;}
```

(2) void makDaeGraph(double[] a, double y0, double sygiri)의 메소드는 mouseDown Event 메소드에서 매개변수의 값들을 넘겨받아 makDaeGraph() 메소드를 수행하여 막대그래프를 그리는 작업을 수행한다. 다음은 막대그래프의 좌표를 나타내는 변수정의와 값들이다.

```
    int n  = a.length;                    // 자료 수(배열의 길이)
    double x0 = 10;                       // 원점의 x 좌표
    Dimension d = size();                  // 프레임의 크기
```

```
double x  = d.width*0.9;              // x 축 길이
double y  = d.height*0.8;             // y 축 길이
double mak = x / n;                   // 각 막대의 x 간격
Width  = mak - 2;                     // 막대의 폭
Height = (a[i] / sy * y);             // 막대의 높이 값 계산
jwa  = x0 + 2 + mak*i;
// a[i]에 대한 막대의 왼쪽 윗점의 x 좌표(원점의 x 좌표 +막대와 막대사이의 폭 + 막대의 x 간격 *i)
sang = y0 - Height;          // [i]에 대한 막대의 왼쪽 윗점의  y 좌표(원점의 y 좌표 -막대높이)
```

[예제 6-2] 다음 같이 mouseDown Event의 메소드 값을 변경하여 실행 결과를 분석하시오.

```
public boolean mouseDown(Event evt, int x, int y){
    double[] a = { 70, 45, -35, -60, 20, -42, 24, 69, -70};
    int y0 = size().height/2;
        MakDae_Graph(a, y0, 150);
  return true;}
```

[예제 6-2] 수행결과

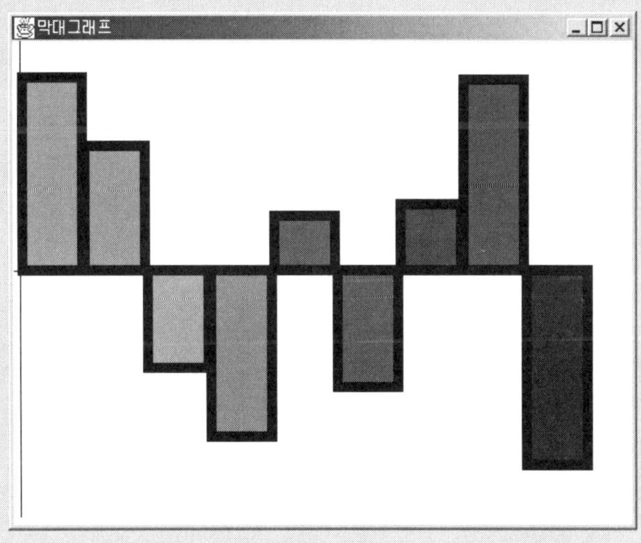

[예제 6-3] 아래의 그림과 같이 막대그래프 위에 막대그래프 값을 인쇄하는 프로그램을 [예제 6-2] 참조하여 작성하시오.

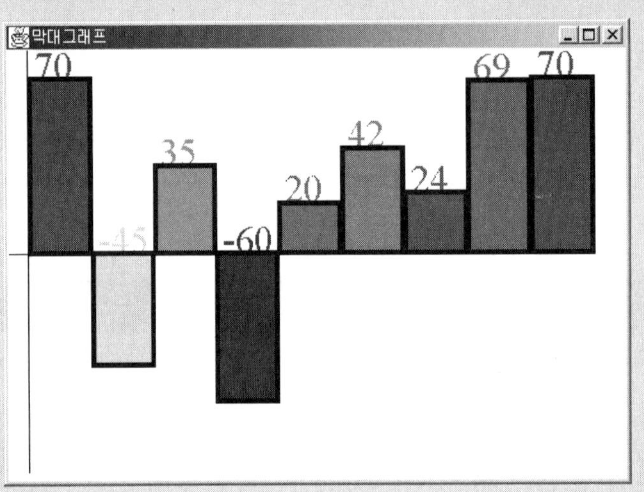

[예제 6-3] 수행결과

```
import java.awt.*;
import java.awt.geom.*;
public class MakDae_3 extends Frame {
  public MakDae_3(){setTitle("막대그래프"); }
//-----------------------------------------------------------
public boolean mouseDown(Event evt, int x, int y){
   double[] a = { 70, -45, 35, -60, 20, 42, 24, 69, 70 };
   int y0 = size().height/2;      // 원점의 y 좌표
   MakDae_Graph(a, y0, 150);   // 150 : 수학적 y 축 길이
   return true;}
//-----------------------------------------------------------
void MakDae_Graph(double[] a, double y0, double sy){
      Graphics g = getGraphics();
      Graphics2D  g2 = (Graphics2D)g;
      g2.clearRect(0,0, 1000,1000);
      String str=" ";
      int n  = a.length;                  // 자료수
      double x0 = 10;                     // 원점의 x 좌표
      Dimension d = size();               // 프레임의 크기
      double x  = d.width*0.9;            // x 축 길이
      double y  = d.height*0.8;           // y 축 길이
      double mak = x / n;                 // 각 막대의 x 간격
  Line2D line1 = new Line2D.Double(x0-5, y0, x0+x, y0);
              g2.draw(line1);         // x 축
```

```
Line2D line2 = new Line2D.Double(x0+10, 5, x0+10, d.height-10);
            g2.draw(line2);   // y 축
   int  R, G, B;
   double  jwa, sang, Width, Height;
    for (int i=0 ; i<n ; i++){
          R = (int)(Math.random()*255);
          G = (int)(Math.random()*255);
          B = (int)(Math.random()*255);
          g2.setColor( new Color(R, G, B) );
               Width  = mak - 2;                // 막대의 폭
               Height = (a[i] / sy * y);        // 높이
               jwa  = x0 +12 + mak*i;           // 막대의 x 좌표
               sang = y0 - Height;              // 막대의 y 좌표
   // 이 if 블럭을 지우면 a[i]<0에 대한 막대는 그려지지 않는다.
                   if (Height < 0) {
                       Height = -Height;
                       sang = y0;
                              }
         str = Integer.toString((int)a[i]);
    Font font = new Font("Serif", Font.PLAIN, 30);
                 g2.setFont(font);
                 g2.drawString(str, (int)jwa+4, (int)sang);
    Rectangle2D rect = new  Rectangle2D.Double(jwa, sang, Width, Height);
                 g2.fill(rect);                      //막대
         rect.setFrame(jwa, sang, Width, Height);
                 g2.setPaint(Color.black);           // 검은색 테두리선
                 g2.setStroke(new BasicStroke(4));   // 태두리 두께
                 g2.draw(rect);
                   }         }
//------------------------------------------------------------
    public boolean handleEvent(Event evt){
               if (evt.id == Event.WINDOW_DESTROY)
                   System.exit(0);
               return super.handleEvent(evt);    }
//------------------------------------------------------------
     public static void main(String[] args){
          Frame f =  new MakDae_3();
                f.resize(500, 400);
                f.show();
          } }
```

[예제 6-4] 학점 취득자 인원수 만큼에 해당되는 수의 막대그래프를 그리는 프로그램을 작성하시오. 그래프의 눈금 좌표를 설정하여 눈금을 그리고 해당 수치를 넣는 프로그램을 작성한다.

```
import java.awt.*;
import java.awt.geom.*;
public class MakDae_4 extends Frame {
  double x0=100, y0=340;          // 원점 좌표
  double x_width=64, y_width=5;  // x, y축 눈금간격
  double y_len = 50 * y_width;   // y 축 길이
  double x_len =  5 * x_width;   // x 축 길이(A,B,C,D,F)
  public MakDae_4(){setTitle("막대그래프"); }
//--------------------------------------------------------------
public boolean mouseDown(Event evt, int x, int y){
   double[] grade_num = { 16, 36, 44, 20, 4}; //학점별 취득자 수
          draw_xy_axis();
          hak_jum_makdea(grade_num);
         return true;}
//--------------------------------------------------------------
void draw_xy_axis(){
      Graphics g = getGraphics();
      Graphics2D  g2 = (Graphics2D)g;
                g2.clearRect(0,0, 1000,1000);
   double x, y;
   int    R, G, B;
   String str, s;
   Font font = new Font("Serif", Font.PLAIN, 10);
             g2.setFont(font);
    Line2D  line_y = new Line2D.Double(x0, y0+30, x0, y0-y_len-30);
             g2.draw(line_y);      // y 좌표축 그리기
    for (int num=10; num <= 50; num += 10){
             y = y0-num*y_width;
    Line2D  line_y1 = new Line2D.Double(x0, y, x0-8, y);
             g2.draw(line_y1); }       // y 좌표 눈금 그리기
    for (int n=10; n <= 50; n += 10){
             y = y0-n*y_width;
             str = Integer.toString(n);
             g2.drawString(str, (int)x0-30,(int)y+4); } // y 좌표 눈금 값 쓰기
//--------------------------------------------------------------
    Line2D  line_x = new Line2D.Double(x0-30, y0, x0+x_len+30, y0);
```

```
            g2.draw(line_x);      // x 좌표축 그리기
    for (int num=0; num < 5; num++){
            x = x0+(num+1)*x_width;
   Line2D  line_x1 = new Line2D.Double(x, y0, x, y0+8);
            g2.draw(line_x1); }     // y 좌표 눈금 그리기
//-------------------------------------------------------------
        g2.drawString("A",(int)x0+25,(int)y0+20);  // x 좌표 눈금 값 쓰기
        g2.drawString("B",(int)x0+90,(int)y0+20);  // int Type 이어야함
        g2.drawString("C",(int)x0+155,(int)y0+20);
        g2.drawString("D",(int)x0+220,(int)y0+20);
        g2.drawString("F",(int)x0+280,(int)y0+20);
        }
//-------------------------------------------------------------
   void hak_jum_makdea(double[] grade_num){
      Graphics g = getGraphics();
      Graphics2D  g2 = (Graphics2D)g;
      double xg  = x_len;              // x 축 길이
      double yg  = y_len;              // y 축 길이
      double xgg = xg / 5;             // 각 막대의 x 간격
      double Width, Height, jwa, sang;
         int R, G, B;
         for (int i=0 ; i<5 ; i++)      {
             R = (int)(Math.random()*255);
             G = (int)(Math.random()*255);
             B = (int)(Math.random()*255);
            g2.setColor( new Color(R, G, B) );
                 Width = xgg-2;                      // 막대의 폭
                 Height = (grade_num[i] /50 * yg);  // 높이
                 jwa  = x0 +12 + xgg*i;              // x 좌표
                 sang = y0 - Height;               // y 좌표
   Rectangle2D rect = new  Rectangle2D.Double(jwa-5, sang, Width, Height);
               g2.fill(rect);                    //막대 그리기
               rect.setFrame(jwa-5, sang, Width, Height);
               g2.setPaint(Color.black);          // 검은색 테두리선
               g2.setStroke(new BasicStroke(4)); // 테두리 두께
               g2.draw(rect);}                    // 테두리 그리기
               }
//---------------------------------------------------------
        public boolean handleEvent(Event evt){
```

```
        if (evt.id == Event.WINDOW_DESTROY)
            System.exit(0);
        return super.handleEvent(evt);          }
//--------------------------------------------------------
        public static void main(String[] args){
            Frame f =  new MakDae_4();
                f.resize(500, 400);
                f.show();
        } }
```

[예제 6-4] 수행결과

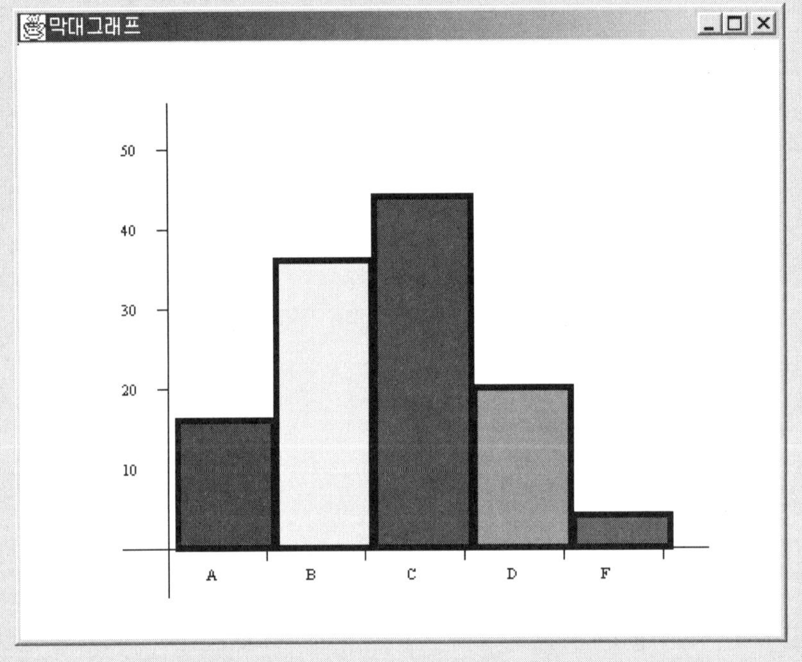

[예제 6-5] 이항분포 확률을 계산하여 확률분포를 막대그래프로 그리는 프로그램을 작성하시오.

```
import java.awt.*;
import java.awt.geom.*;
public class Makdae_5 extends Frame{
        TextField  nTfd, pTfd;
//------------------------------------------------------------
public Makdae_5(){setTitle("이항분포 그래프");
     Panel p = new Panel();                    // 패널을 생성
          p.setBackground(Color.lightGray);
          add("East", p);                      // 패널 p를 프레임의 동쪽에 배치
```

```
            nTfd = new TextField("15", 4); // 4 : 입력란 열폭(3 문자 폭)
            pTfd = new TextField("0.7", 4);
            p.add(nTfd);
            p.add(pTfd);
            p.add(new Button("확인"));
          // 패널을 10행 * 1열로 나누어 각 요소를 배치하게 한다.
            p.setLayout(new GridLayout(10,1, 5,5));
            }
//------------------------------------------------------------
          // 이항분포 확률을 a[]에 구한다.
   void getFx(double[] a, int n, double p){
              a[0] = Math.pow(1-p, n);
          for(int x=0 ; x<n-1 ; x++)
              a[x+1] = (double)(n-x) / (x+1) * p / (1-p) * a[x];
             }
//---------------------------------------------------------------
          // a[]의 최대 값을 구한다
   double choiDae(double[] a){
   double chdae = 0;
   int   n = a.length;
    for (int i=0 ; i<n ; i++)
        chdae = Math.max(a[i], chdae);
     return chdae;
            }
//---------------------------------------------------------------
 public boolean action(Event evt, Object arg){
   int   n= 0;
   double p = 0;
    if (arg.equals("확인")){
      n = Integer.parseInt(nTfd.getText()); // 실험 횟수
      p = Double.valueOf(pTfd.getText()).doubleValue(); // 성공할 확률
             } else   return true;
   double[] a = new double[n];
         getFx(a, n, p);   // 이항분포 확률을 a[]에 구한다.
   double  sy = choiDae(a);
   int   y0 = size().height - 10;
        MakDae_Graph(a, y0, sy);
        getGraphics().drawString("최대확률 : " + sy, 50, 35);
        return true;
            }
```

```
//--------------------------------------------------------------
void MakDae_Graph(double[] a, int y0, double sy){
      Graphics g = getGraphics();
      Graphics2D  g2 = (Graphics2D)g;
          g2.clearRect(0,0, 1000,1000);
  int n  = a.length;                      // 자료 수
  double x0 = 10;                         // 원점의 x 좌표
  Dimension d = size();                   // 프레임의 크기
  double xg  = d.width*0.9;              // x 축 길이
  double yg  = d.height*0.8;             // y 축 길이
  double xk =  xg / n;                   // 각 막대의 x 간격
  Line2D line1 = new Line2D.Double(x0-5,y0, x0+xg, y0);
         g2.draw(line1);                 // x 축 좌표라인
 Line2D line2 = new Line2D.Double(x0, 5, x0, d.height-10);
         g2.draw(line2);                  // y 축 좌표라인
 int  R, G, B;
 double  jwa, sang, Width, Height;
     for (int i=0 ; i<n ; i++){
           R = (int)(Math.random()*255);
           G = (int)(Math.random()*255);
           B = (int)(Math.random()*255);
          g2.setColor( new Color(R, G, B) );
          Width  = xk - 2;                      // 막대의 폭
          Height = (a[i] / sy * yg);            // 막대의 높이
          jwa  = x0 + 2 + xk*i;                 // 막대의 x 좌표
          sang = y0 - Height;                   // 막대의 y 좌표
    // 이 if 블럭을 지우면 a[i]<0에 대한 막대는 그려지지 않는다.
            if (Height < 0) {
                     Height = -Height;
                     sang = y0;
                           }
    Rectangle2D rect = new  Rectangle2D.Double(jwa, sang, Width, Height);
          g2.fill(rect);                          //막대 그리기
          rect.setFrame(jwa, sang, Width, Height);
          g2.setPaint(Color.black);                // 검은색 테두리선
          g2.setStroke(new BasicStroke(4));     // 태두리 두께
          g2.draw(rect);
                   }      }
//--------------------------------------------------------------
          public boolean handleEvent(Event evt)   {
```

```
        if (evt.id == Event.WINDOW_DESTROY)
                System.exit(0);
        return super.handleEvent(evt); }
//----------------------------------------------------------------
        public static void main(String[] args){
        Frame f =  new  Makdae_5();
             f.resize(500, 300);
             f.show();
        } }
```

[예제 6-5] 수행결과

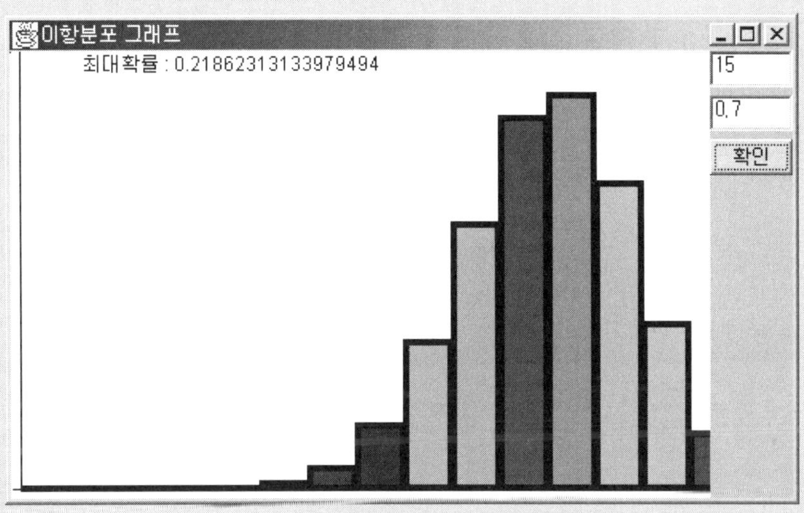

이항분포 확률 함수에 대하여

X 가 이항 확률변수이면 성공의 횟수에 대한 확률은 다음과 같다.

$$P[X=x] = {}_nC_r p^x (1-p)^{n-x}$$

$$= \frac{n}{x} p^x (1-p)^{n-x}, x = 0,,,1,...,n$$

$$= \frac{n!}{x!(n-x)!} p^x (1-p)^{n-x} \quad \cdots\cdots (6.1)$$

여기서 n 은 실섬횟수 p는 1회 실험 시 성공확률을 발한다.

예를 들어 코인을 5번 던졌을 때 앞면이 두 번 나올 확률 계산은 다음과 같다.

$$P[X=2]=\frac{5!}{2!(5-2)!}(\frac{1}{2})^2*(\frac{1}{2})^{5-2}$$

$$=\frac{5}{16}$$ 이 된다.

▌ 이항분포 확률 함수 P[x+1] 와 P[x}의 관계식에서 P[X=x}를 P[x]로 표현하면 다음과 같은 식을 유도할 수 있다.

$$P[x]=\frac{n!}{x!(n-x)!}p^x(1-p)^{n-x}$$ 의 6.1 식에서 {n : 실험횟수, p :성공확률}

$$P[0]=\frac{n!}{0!n!}p^0(1-p)^n=(1-p)^n \quad \text{(6-2)}$$

$$\frac{P[x+1]}{P[x]}=\frac{n!}{(x+1)!(n-x-1)!}p^{x+1}(1-p)^{n-x-1}/\frac{n!}{x!(n-x)!}p^x(1-p)^{(n-1)}$$

$$=\frac{n-x}{x+1}*\frac{p}{1-p} \quad \text{(6.3)}$$

그러므로 식(6.2)와 식(6.3)에서 식 (6.4)를 유도할 수 있다.

$$P[x+1]=\frac{n-x}{x+1}*\frac{p}{1-p}P[x] \quad (x = 0, 1, 2 ..., n-1) \quad \text{(6.4)}$$

위의 이항 확률변수와 확률에 관련된 사항은 베르누이(Bernoulli)실험에 의한 결과 중 성공, 나머지 하나는 실패로 표현하며, 자세한 것은 관련 문헌을 참고하기 바란다.

6-2 파이 차트

파이 차트를 그리기 위해서는 java.awt.geom.Arc2D에 정의되어 있는 Arc2D(호)를 그리는 메소드를 이용한다. 호를 그리는 방법은 [그림 6-1]같이 세 종류의 호를 정의하고 있다. 이 호들은 Arc2D 클래스에서 상수로 표현 되어있으며, 관련 메소드들은 다음과 같으며, 제 3 장에서 언급되었지만 한 번 더 강조하기 위하여 정의한다.

```
public static final int OPEN    // 이 상수는 열린 호를 표현한다.
public static final int PIE     // 이 상수는 파이의 한 조각을 표현하는 호이다.
public static final int CHORD   // 이 상수는 호의 양쪽 끝점을 하나의 직선으로 연결한다.
public Arc2D.Float()            // 이 생성자는 열린 호를 생성한다.
public Arc2D.Float(int type)    // 이 생성자는 타입을 정해서 호를 생성할 수 있다. type은 OPEN,
                                   PIE, CHORD로 지정할 수 있다.
public Arc2D.Float(float x, float y, float w, float h, float angle_1, float angle_2x, int type)
// angle_1은 시작 각도 angle_2는 끝 각도를 나타내며, 3시 방향이 0 도이며 시계 반대방향으로 9시 방향까
   지 호를 그리며(값이 + 일 경우) 3시 방향에서 시계방향으로 9시까지( - 값을 갖는다.)호를 그린다.
public Arc2D.Double()           // 이 생성자는 열린 호를 생성한다.
public Arc2D.Double(int type)   // 이 생성자는 타입을 정해서 호를 생성할 수 있다. type은 OPEN,
                                   PIE, CHORD로 지정할 수 있다.
public Arc2D.Double(double x, double y, double w, double h, double angle_1, double angle_2,
   int type)  // angle_1은 시작 각도 angle_2는 끝 각도를 나타내며, 3시 방향이 0 도이며 시계 반대 방향으로
   9시 방향까지 호를 그리며(값이 + 일 경우) 3시 방향에서 시계방향으로 9시까지(-값을 갖는다.)호를 그린다.
```

위 메소드는 x, y 좌표가 직사각형의 좌측 상단의 좌표를 기점으로 하여 폭(w)과 높이(h)로 즉 w = h 일 때 호를 그리는 형태이다. 이 메소드를 응용하여 원의 중심좌표로 설정하여 반지름(r1)과 반지름(r2)로 즉 r1 = r2 일 때 호를 그릴 수 있도록 위 메소드를 변경하면 다음과 같다.

```
public Arc2D.Double(double x-r1, double y-r2, double r1*2, double r2*2, double angle_1,
   double angle_2, Arc2D.PIE);
   // 변경된 위 메소드를 이용하면 호나 타원을 그리기가 용이하다.
```

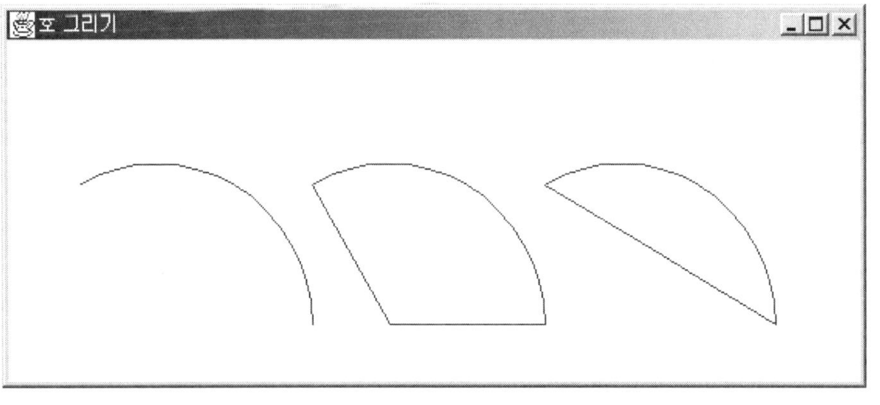

[그림 6-1] OPEN, PIE, CHORD의 type을 사용한 호의 형태

호를 그리는 방법은 Java 2D에서 제공되는 Arc2D.Double() 메소드를 이용하는 방법은 호를 그리는 좌표는 사각형의 좌측 상단의 좌표를 중심으로 하여 내접하는 폭과 높이로서 호를 그리는 기점을 잡고 시작 각도에 의해 끝 각도까지 시계 반대방향으로 호를 그리는 방법이다.

[예제 6-6-a] 다음 프로그램은 기본 색상을 이용한 파이차트 그리기 프로그램입니다. 실행 후 분석하여 보시오.

```
import java.awt.*;
import java.awt.geom.*;
public class PIchart_1 extends Frame{
 Color c[] = {Color.white, Color.red, Color.green, Color.darkGray, Color.gray,
              Color.blue,  Color.yellow, Color.pink, Color.lightGray,
              Color.cyan,  Color.magenta, Color.orange, Color.black};
    public PIchart_1(){setTitle("파이차트 그리기 ");}
//-------------------------------------------------------------------
 void Arc_f(double x, double y, double r1, double r2, double angst, double angex,
            int color){
    Graphics g = getGraphics();
    Graphics2D g2 = (Graphics2D)g;
    Arc2D arc = new Arc2D.Double(x-r1, y-r2, r1*2, r2*2, angst, angex, Arc2D.PIE);
          g2.setPaint(c[color]);
          g2.fill(arc); }
//-------------------------------------------------------------------
   public void paint(Graphics g){
          Arc_f(200, 200, 100, 100, 0, 80, 1);
          Arc_f(200, 200, 100, 100, 80, 200, 5);
          Arc_f(200, 200, 100, 100, 0, -160, 8);
           }
//-------------------------------------------------------------------
   public boolean handleEvent(Event e){
     if (e.id == Event.WINDOW_DESTROY)
        System.exit(0);
     return super.handleEvent(e); }
//-----------------------------------------------------------------
   public static void main(String[] args){
     Frame f =  new PIchart_1();
           f.resize(700, 500);
           f.show();  } }
```

[예제6-6-a] 수행결과

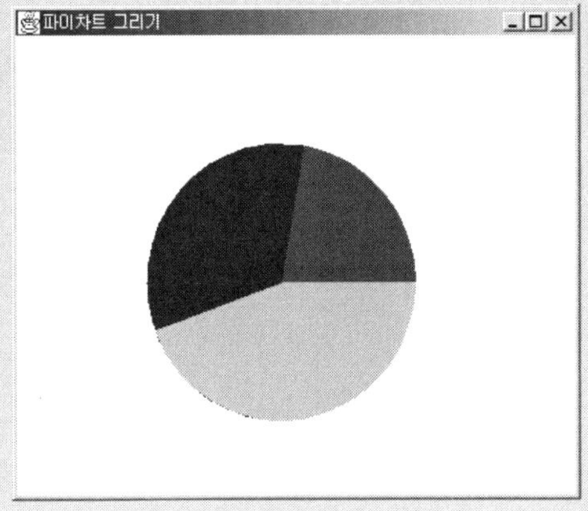

[예제 6-6-b] 다음 프로그램은 임의의 색상을 이용한 파이차트를 그리는 프로그램이다. 실행 후 분석하시오.

```
import java.awt.*;
import java.awt.geom.*;
import java.applet.Applet;
// <Applet code=PIchart_2 width=400 height=400> </Applet>
public class PIchart_2 extends Applet{
   public PIchart_2(){};   // 생략가능
//-----------------------------------------------------------------
  void Arc_f(double x, double y, double r1, double r2, double angst, double  angex){
     Graphics g = getGraphics();
     Graphics2D g2 = (Graphics2D)g;
     int R, G, B;
           R = (int)(Math.random()*255);
           G = (int)(Math.random()*255);
           B = (int)(Math.random()*255);
           g2.setPaint(new Color(R, G, B));
     Arc2D arc = new Arc2D.Double(x-r1, y-r2, r1*2, r2*2, angst, angex, Arc2D.PIE);
           g2.fill(arc); }
//-------------------------------------------------------------
  public void paint(Graphics g){
      Arc_f(200, 200, 100, 100, 0, 80);
      Arc_f(200, 200, 100, 100, 80, 200);
      Arc_f(200, 200, 100, 100, 0, -120);
      Arc_f(200, 200, 100, 100, -120, -160);
}}
```

[예제6-6-b] 수행결과

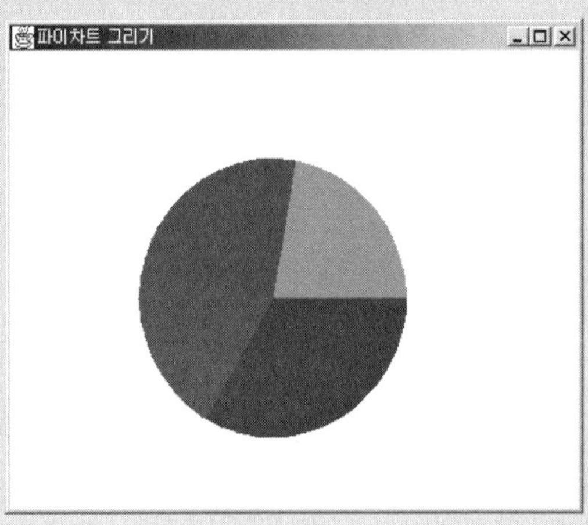

[예제 6-7] 다음 프로그램은 [예제 6-4]의 막대그래프를 파이차트 그래프로 변환하는 프로그램이다. 실행 후 분석하시오.

```
import java.awt.*;
import java.awt.geom.*;
import java.util.*;  //Thread sleep() : 지연 메소드
public class PIchart_3 extends Frame{
   double xc=300, yc=230, radius=200;
   public PIchart_3(){setTitle("막대를 파이차트로 그리기 ");}
//--------------------------------------------------------------
  void Arc_f(double x, double y, double r1, double r2, double angst, double angex){
      Graphics g = getGraphics();
      Graphics2D g2 = (Graphics2D)g;
     int R, G, B;
              R = (int)(Math.random()*255);
              G = (int)(Math.random()*255);
              B = (int)(Math.random()*255);
             g2.setPaint(new Color(R, G, B));
  Arc2D arc = new Arc2D.Double(x-r1, y-r2, r1*2, r2*2, angst, angex, Arc2D.PIE);
             g2.fill(arc); }
//---------------------------------------------------------------
   void draw_pichart(){
      Graphics g = getGraphics();
      Graphics2D g2 = (Graphics2D)g;
     Font font = new Font("Serif", Font.PLAIN, 20);
                g2.setFont(font);
```

```
    double start_ang, end_ang, tot=120, x, y;
//--------------------------------------------------------------
          start_ang = 0;     // ○ 점에서 시계 반대 방향(+)
          end_ang = 4*360/tot;
          Arc_f(xc, yc, radius, radius, start_ang, end_ang);
    String s1 = " A = " + ((int)(4/tot*100))+" %";
                   g2.drawString(s1, (int)xc+200, (int)yc-25);
        try{Thread.sleep(100); }     // 0.1 초 지연
          catch(InterruptedException e){ }
//--------------------------------------------------------------
          start_ang = end_ang;    // end_ang 점에서 시계 반대 방향(+)
          end_ang = 20*360/tot;
          Arc_f(xc, yc, radius, radius, start_ang, end_ang);
    String s2 = " B = " + ((int)(20/tot*100))+" %";
                   g2.drawString(s2, (int)xc+160, (int)yc-130);
           try{Thread.sleep(100); }     // 0.1 초 지연
          catch(InterruptedException e){ }
//--------------------------------------------------------------
          start_ang = end_ang;  // end_ang 점에서 시계 반대 방향(+)
          end_ang = 36*360/tot;
          Arc_f(xc, yc, radius, radius, start_ang, end_ang);
    String s3 = " C = " + ((int)(36/tot*100))+" %";
                  g2.drawString(s3, (int)xc-270, (int)yc-120);
           try{Thread.sleep(100); }     // 0.1 초 지연
          catch(InterruptedException e){ }
//--------------------------------------------------------------
          start_ang = 16*360/tot;  // ○점 다음 위치에서 시계방향(-)
          end_ang = 50*360/tot;
          Arc_f(xc, yc, radius, radius, -start_ang, -end_ang);
    String s4 = " D = " + ((int)(50/tot*100))+" %";
                  g2.drawString(s4, (int)xc-40, (int)yc+220);
          try{Thread.sleep(100); }     // 0.1 초 지연
          catch(InterruptedException e){ }
//--------------------------------------------------------------
          start_ang = 0;         // ○ 점에서 시계방향(-)
          end_ang = 16*360/tot;
          Arc_f(xc, yc, radius, radius, start_ang, -end_ang);
    String s5 = " F = " + ((int)(16/tot*100))+" %";
                  g2.drawString(s5, (int)xc+200, (int)yc+70);
```

```
        try{Thread.sleep(100); }      // 0.1 초 중지
        catch(InterruptedException e){ }
    }
//------------------------------------------------------------------
  public void paint(Graphics g){
            draw_pichart();
        }
//------------------------------------------------------------------
  public boolean handleEvent(Event e){
    if (e.id == Event.WINDOW_DESTROY)
      System.exit(0);
   return super.handleEvent(e); }
//------------------------------------------------------------------
  public static void main(String[] args){
    Frame f =  new PIchart_3();
          f.resize(700, 500);
          f.show();
    } }
```

[예제 6-7] 수행결과

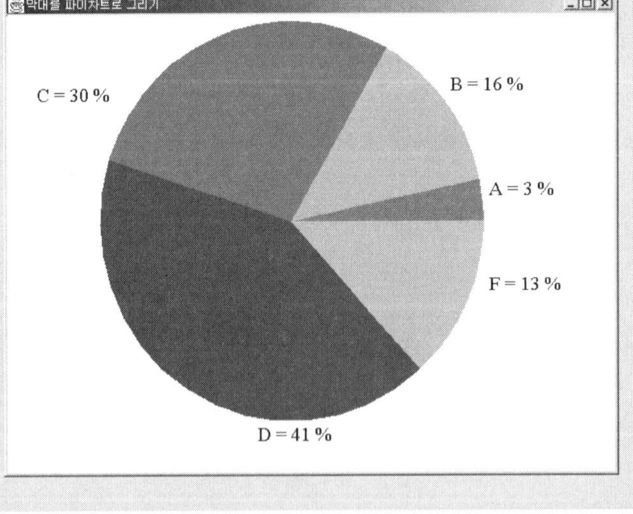

프로그램 응용1

다음 프로그램을 수행 후 분석하시오.

```
import java.awt.*;
import java.awt.geom.*;
import java.applet.Applet;
// <Applet code=Arc_Chart11 width=600 height=400> </Applet>
```

```
public class Arc_Chart11 extends Applet {
  public  Arc_Chart11(){};
//-----------------------------------------------
 public void paint(Graphics g) {Graphics2D g2 = (Graphics2D)g;
   Arc2D arc1 = new Arc2D.Double(50, 80, 150, 150, 10, 70, Arc2D.PIE);
          g2.setPaint(Color.blue);
          g2.drawString("파랑:국어 45점" , 75, 260);
          g2.fill(arc1);
   Arc2D arc2 = new Arc2D.Double(50, 80, 150, 150, 70, 100 , Arc2D.PIE);
          g2.setPaint(Color.red);
          g2.drawString("빨강:영어 75점" , 75, 275);
          g2.fill(arc2);
   Arc2D arc3 = new Arc2D.Double(50, 80, 150, 150, 170, 90 , Arc2D.PIE);
          g2.setPaint(Color.green);
          g2.drawString("연두:수학 60점" , 75, 290);
          g2.fill(arc3);
   Arc2D arc4 = new Arc2D.Double(50, 80, 150, 150, 260, 110, Arc2D.PIE);
          g2.setPaint(Color.yellow);
          g2.drawString("노랑:물리 80점" , 75, 305);
          g2.fill(arc4);                    //원 그래프
  Line2D line1 = new Line2D.Double(300, 50, 300, 230);
          g2.setColor(Color.black);
          g2.draw(line1);
  Line2D line2 = new Line2D.Double(295, 60, 305, 60);
          g2.setColor(Color.black);
          g2.drawString("100" , 273, 67);
          g2.draw(line2);
  Line2D line3 = new Line2D.Double(295, 150, 305, 150);
          g2.setColor(Color.black);
          g2.drawString("50" , 280, 157);
          g2.draw(line3);                       //Y축
  Line2D line4 = new Line2D.Double(300, 230, 550, 230);
          g2.setColor(Color.black);
          g2.drawString("0" , 290, 235);
          g2.draw(line4);                       //X축
  Rectangle2D rect1 = new Rectangle2D.Double(310, 160, 50, 70);
          g2.setPaint(Color.blue);
          g2.drawString("국어 45점" , 305, 250);
          g2.fill(rect1);
  Rectangle2D rect2 = new Rectangle2D.Double(370, 120, 50, 110);
```

```
            g2.setPaint(Color.red);
            g2.drawString("영어 75점" , 365, 250);
            g2.fill(rect2);
    Rectangle2D rect3 = new Rectangle2D.Double(430, 135, 50, 95);
            g2.setPaint(Color.green);
            g2.drawString("수학 60점" , 425, 250);
            g2.fill(rect3);
    Rectangle2D rect4 = new Rectangle2D.Double(490, 110, 50, 120);
            g2.setPaint(Color.yellow);
            g2.drawString("물리 80점" , 485, 250);
            g2.fill(rect4);
        }}
```

프로그램응용 수행결과

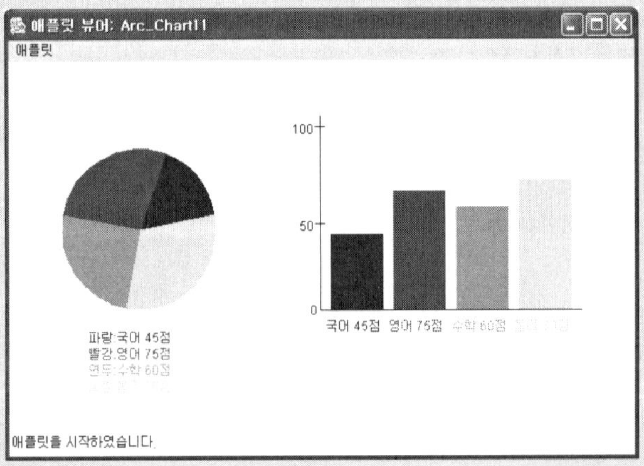

프로그램 응용2 다음 프로그램을 [프로그램 응용1]과 비교 분석하시오.

```
import java.awt.*;
import java.awt.geom.*;
import java.applet.Applet;
// <Applet code=Arc_Chart12 width=600 height=400> </Applet>
public class Arc_Chart12 extends Applet {
 public Arc_Chart12(){};
//-----------------------------------------------
  public void paint(Graphics g) { Graphics2D g2 = (Graphics2D)g;
    Arc2D arc1 = new Arc2D.Double(50, 80, 150, 150, -40,120, Arc2D.PIE);
            g2.setPaint(Color.blue);
            g2.drawString("영어 75", 195,120);
            g2.fill(arc1);            // 영어 75
    Arc2D arc2 = new Arc2D.Double(50, 80, 150, 150, 60, 150, Arc2D.PIE);
```

```
        g2.setPaint(Color.red);//물리 80
        g2.drawString("물리 80", 45, 85);
        g2.fill(arc2);
  Arc2D arc3 = new Arc2D.Double(50, 80, 150, 150, 180, 60, Arc2D.PIE);
        g2.setPaint(Color.magenta);
        g2.drawString("국어 45", 25,220);
        g2.fill(arc3); //국어 45
  Arc2D arc4 = new Arc2D.Double(50, 80, 150, 150, -120, 80, Arc2D.PIE);
        g2.setPaint(Color.green);   //수학 60
        g2.drawString("수학 60",145, 250);
        g2.fill(arc4);
//-----------------------------------------------
  Rectangle2D rect1 = new Rectangle2D.Double(400, 100, 40, 200);
        g2.setPaint(Color.red);
        g2.drawString("물리 80", 400, 90);
        g2.fill(rect1);
   Rectangle2D rect2 = new Rectangle2D.Double(440, 120, 40, 180);
        g2.setPaint(Color.blue);
        g2.drawString("영어 75", 440, 110);
        g2.fill(rect2);
  Rectangle2D rect3 = new Rectangle2D.Double(480, 180, 40, 120);
        g2.setPaint(Color.green);
        g2.drawString("수학 60", 480, 170);
        g2.fill(rect3);
  Rectangle2D rect4 = new Rectangle2D.Double(520, 220, 40, 80);
        g2.setPaint(Color.magenta);
        g2.drawString("국어 45", 520, 210);
        g2.fill(rect4);
  Line2D line1 = new Line2D.Double(380,80, 380, 300);
        g2.setPaint(Color.black);
        g2.draw(line1);
  Line2D line2 = new Line2D.Double(380,300, 580, 300);
        g2.setPaint(Color.black);
        g2.draw(line2);
        g2.drawString("100", 355,80);
        g2.drawString("0",355,300);
        g2.drawString("50",355,200);
        }}
```

프로그램응용 수행결과

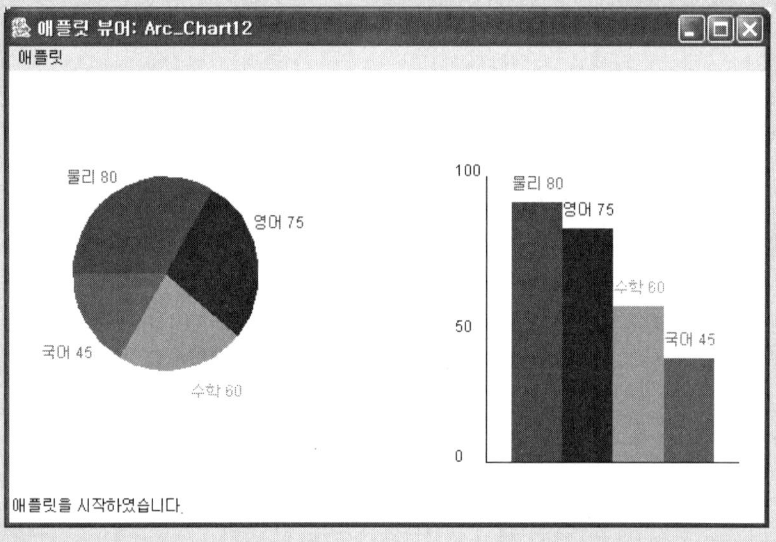

6-3 타원형 파이 차트

타원형 파이 차트 역시 java.awt.geom.Arc2D에 정의되어 있는 Arc2D(호)를 그리는 다음의 메소드를 이용한다.

```
public Arc2D.Double(double x, double y, double w, double h, double angle_1,
                    double angle_2, Arc2D.PIE)
```

① 이 메소드는 x, y 좌표가 직사각형의 좌측 상단의 좌표를 기점으로 하여 폭(w)과 높이(h)로 타원형 호를 그리는 형태이다.

형식1의 메소드를 응용하여 타원의 중심좌표로 설정하여 반지름(r1)과 반지름(r2)로 타원형 호를 그릴 수 있도록 메소드를 변경하면 다음과 같다.

```
public Arc2D.Double(double x-r1, double y-r2, double r1*2, double r2*2,
                    double angle_1, double angle_2, Arc2D.PIE)
```

② 이 메소드를 이용하면 타원 호를 그리는데 매우 용의 하다.

[예제 6-8] 타원의 중심좌표 x, y(300, 200)와 x축 반지름 210 y축 반지름 90으로 하는 타원형 파이차트를 작성하는 프로그램을 작성하시오.

```
import java.awt.*;
import java.awt.geom.*;
import java.applet.Applet;
// <Applet code=TPIchart_1 width=600 height=400> </Applet>
public class TPIchart_1 extends Applet{
        double xc=300, yc=230, radius=200;
void Tarc_f(double x, double y, double r1, double r2, double angst, double angex) {
        Graphics g = getGraphics();
        Graphics2D g2 = (Graphics2D)g;
        int R, G, B;
            R = (int)(Math.random()*255);
            G = (int)(Math.random()*255);
            B = (int)(Math.random()*255);
            g2.setPaint(new Color(R, G, B));
        Arc2D arc = new Arc2D.Double(x-r1, y-r2, r1*2, r2*2, angst, angex, Arc2D.PIE);
            g2.fill(arc); }
//-------------------------------------------------------------------
  public void paint(Graphics g){
        Tarc_f(300, 200, 210, 90, 0, 150);
        Tarc_f(300, 200, 210, 90, 150, 50);
        Tarc_f(300, 200, 210, 90, 0, -90);
        Tarc_f(300, 200, 210, 90, -90, -70);
          } }
```

[예제 6-8] 수행결과

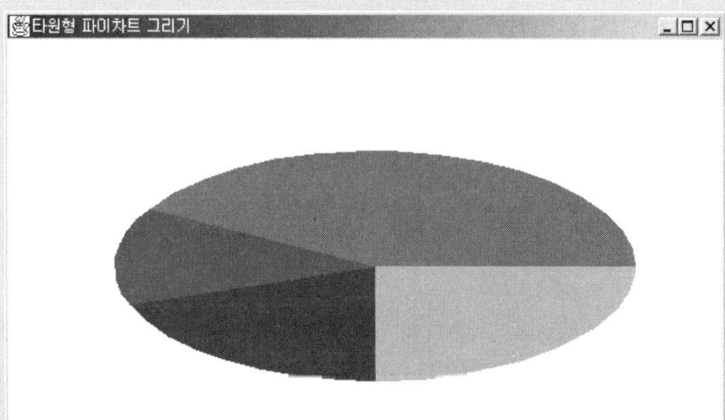

[예제 6-9] [예제 6-8] 타원 파이차트의 데이터를 다음과 같이 바꾸어 실행하여 보시오.

```
public void paint(Graphics g){
   Tarc_f(200, 200, 150, 60, 0, 150);
   Tarc_f(180, 200, 150, 60, 150, 50);
   Tarc_f(210, 210, 150, 60, 0, -90);
   Tarc_f(200, 200, 150, 60, -90, -70);
      }
```

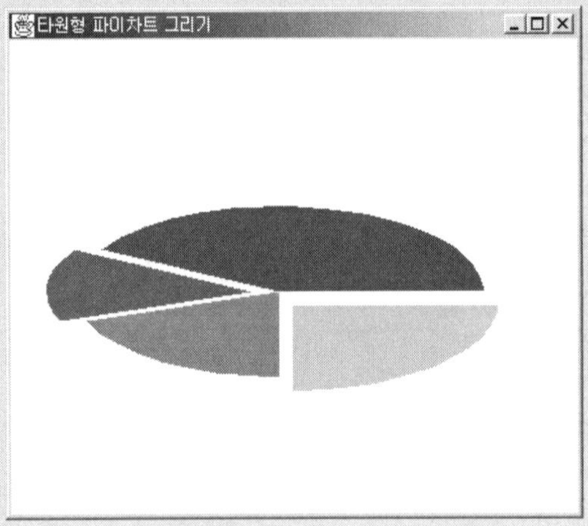

[예제 6-9] 프로그램

```
import java.awt.*;
import java.awt.geom.*;
import java.applet.Applet;
// <Applet code=TPIchart_2 width=600 height=400> </Applet>
public class TPIchart_2 extends Applet{
double xc=300, yc=230, radius=200;
  public TPIchart_2(){};
//----------------------------------------------------------------
 void Tarc_f(double x, double y, double r1, double r2, double angst, double angex) {
        Graphics g = getGraphics();
        Graphics2D g2 = (Graphics2D)g;
        int R, G, B;
                R = (int)(Math.random()*255);
                G = (int)(Math.random()*255);
                B = (int)(Math.random()*255);
                g2.setPaint(new Color(R, G, B));
         Arc2D arc = new Arc2D.Double(x-r1, y-r2, r1*2, r2*2, angst, angex, Arc2D.PIE);
                g2.fill(arc); }
//----------------------------------------------------------------
  public void paint(Graphics g){
```

```
        Tarc_f(200, 200, 150, 60, 0, 150);
        Tarc_f(180, 200, 150, 60, 150, 50);
        Tarc_f(210, 210, 150, 60, 0, -90);
        Tarc_f(200, 200, 150, 60, -90, -70);
          }}
```

프로그램 응용3

다음 프로그램을 수행 후 그 결과를 분석하세요.

```
import java.awt.*;
import java.awt.geom.*;
import java.applet.Applet;
// <Applet code=Arc_Chart13 width=1100 height=800> </Applet>
public class Arc_Chart13 extends Applet {
 public Arc_Chart13(){ };
 public void paint(Graphics g) { Graphics2D g3 = (Graphics2D)g;
//-------------------------------------- 막대그래프 시작
   Font fnt1 = new Font("궁서체",Font.PLAIN,20);
   g.setFont(fnt1);
   g.setColor(Color.black);
   g.drawString("물리",790,710);   g.drawString("국어",570,710);
   g.drawString("영어",680,710);   g.drawString("수학",910,710);
 //------------------------------------------------
   g.drawString("0",475,690);    g.drawString("10",470,660);
   g.drawString("20",470,630);   g.drawString("30",470,600);
   g.drawString("40",470,570);   g.drawString("50",470,540);
   g.drawString("60",470,510);   g.drawString("70",470,480);
   g.drawString("80",470,450);   g.drawString("90",470,420);
   g.drawString("100",465,390);
 //------------------------------------------------
GradientPaint z6 = new GradientPaint(75, 75, Color.red,60, 60, Color.cyan, true);
   g3.setPaint(z6);
   g.drawLine(500,680,500,380);   g.drawLine(500,680,970,680);
   g.drawLine(500,380,550,350);   g.drawLine(500,680,550,650);
   g.drawLine(550,350,550,650);   g.drawLine(970,680,1020,650);
   g.drawLine(550,650,1020,650);  g.drawLine(550,350,1020,350);
   g.drawLine(1020,350,1020,650);
//------------------------------------------------
   g.setColor(Color.black);
   g.drawLine(500,545,550,515);   g.drawLine(550,515,1020,515);
```

```
   g.drawLine(500,455,550,425);   g.drawLine(550,425,1020,425);
//----------------------------------------------

   g.setColor(Color.black);
  for(int i=1;i<=10;i++){
  int j = 30;
  int sum = i*j;
GradientPaint z = new GradientPaint(75, 75, Color.red,60, 60, Color.cyan, true);
        g3.setPaint(z);
        g.drawLine(500,680-sum,550,650-sum);
        g.drawLine(550,650-sum,1020,650-sum);
        }
  Rectangle2D re = new Rectangle2D.Double(560,545,75,136);//국어 도형
    Color a = new Color(10,50,120);
    Color b = new Color(170,30,90);
  GradientPaint z1 = new GradientPaint(10, 10,a,90, 90, b, true);
        g3.setPaint(z1);
        g3.fill(re);
  GeneralPath path = new GeneralPath(GeneralPath.WIND_EVEN_ODD);
     path.moveTo(560,545);   path.lineTo(610,515);
     path.lineTo(685,515);   path.lineTo(685,650);
     path.lineTo(635,680);
     g3.fill(path);
     g.setColor(Color.white);
     g.drawLine(560,545,635,545);     //국어 도형 경계선
     g.drawLine(635,545,685,515);
     g.drawLine(635,545,635,680);
//--------------------------------------------------
  Rectangle2D re1 = new Rectangle2D.Double(670,455,75,226);//영어 도형
 GradientPaint z2 = new GradientPaint(10, 10, Color.black,140, 140, Color.white, true);
        g3.setPaint(z2);
        g3.fill(re1);
  GeneralPath path1 = new GeneralPath(GeneralPath.WIND_EVEN_ODD);
     path1.moveTo(670,455);   path1.lineTo(720,425);
     path1.lineTo(795,425);   path1.lineTo(795,650);
     path1.lineTo(745,680);
     g3.fill(path1);
     g.setColor(Color.white);
     g.drawLine(670,455,745,455);     //2번 도형 경계선
```

```
    g.drawLine(745,455,795,425);
    g.drawLine(745,455,745,680);
//---------------------------------------------------
  Rectangle2D re2 = new Rectangle2D.Double(780,440,75,240);//물리 도형
  GradientPaint z3 = new GradientPaint(75, 75, Color.cyan,60, 60, Color.blue, true);
      g3.setPaint(z3);
      g3.fill(re2);
  GeneralPath path2 = new GeneralPath(GeneralPath.WIND_EVEN_ODD);
    path2.moveTo(780,440);   path2.lineTo(830,410);
    path2.lineTo(905,410);   path2.lineTo(905,650);
    path2.lineTo(855,680);
    g3.fill(path2);
    g.setColor(Color.white);
    g.drawLine(780,440,855,440);  //3번 도형 경계선
    g.drawLine(855,440,905,410);
    g.drawLine(855,440,855,680);
//---------------------------------------------------
  Rectangle2D re3 = new Rectangle2D.Double(890,500,75,181);//수학 도형
    Color c1 = new Color(100,10,10);
    Color d1 = new Color(30,140,20);
 GradientPaint z4 = new GradientPaint(75, 75,c1,60, 60,d1, true);
     g3.setPaint(z4);
     g3.fill(re3);
 GeneralPath path3 = new GeneralPath(GeneralPath.WIND_EVEN_ODD);
     path3.moveTo(890,500);
     path3.lineTo(940,470);
     path3.lineTo(1015,470);
     path3.lineTo(1015,650);
     path3.lineTo(965,680);
     g3.fill(path3);
     g.setColor(Color.white);
     g.drawLine(890,500,965,500);  //4번 도형 경계선
     g.drawLine(965,500,1015,470);
     g.drawLine(965,500,965,680);   //막대 그래프 끝
//---------------------------------------------------원 그래프 시작
   Graphics2D g2 = (Graphics2D)g;
   Arc2D arc1 = new Arc2D.Double(60, 200, 370, 130, 0, 120, Arc2D.PIE);
   GradientPaint gp1 = new GradientPaint(30, 30, Color.cyan, 50, 50, Color.blue,true);
       g2.setPaint(gp1);
```

```
        g2.fill(arc1);
        g2.fill(arc1);
        g.drawLine(152,209,152,229);
        g.drawLine(245,265,245,285);
        g.drawLine(152,229,245,285);
        g.drawLine(428,265,428,285);
        g.drawLine(245,285,275,285);
//--------------------------------------------
   Arc2D arc2 = new Arc2D.Double(30, 210, 370, 130, 120, 100, Arc2D.PIE);
   GradientPaint gp2 = new GradientPaint(10, 10, Color.black, 130, 130, Color.white, true);
         g2.setPaint(gp2);
         g2.fill(arc2);
         g2.fill(arc2);
         g.drawLine(214,275,214,295);
         g.drawLine(73,315,73,335);
         g.drawLine(73,335,214,295);
         g.drawLine(29,275,29,300);
         g.drawArc(30,230,370,130,185,35);
  Arc2D arc4 = new Arc2D.Double(90, 213, 370, 130, 300, 60, Arc2D.PIE);
  GradientPaint gp4 = new GradientPaint(10, 10,a, 70, 70, b, true);
         g2.setPaint(gp4);
         g2.fill(arc4);
         g2.fill(arc4);
         g.drawLine(368,334,368,354);
         g.drawLine(460,280,460,300);
         g.drawArc(90,233,370,130,300,60);
         g.drawLine(275,279,275,299);
         g.drawLine(275,299,368,354);
//-------------------------------------
  Arc2D arc3 = new Arc2D.Double(60, 220, 370, 130, 220, 80, Arc2D.PIE);
     Color c = new Color(100,10,10);
     Color d = new Color(30,140,20);
  GradientPaint gp3 = new GradientPaint(30, 30, c, 60, 60, d, true);
       g2.setPaint(gp3);
       g2.fill(arc3);
       g2.fill(arc3);
       g.drawLine(100,326,100,346);
       g.drawLine(336,342,336,362);
       g.drawArc(60,240,370,130,220,80);
```

```
//--------------------------------------------
Font fnt = new Font("굴림체",Font.PLAIN,20);
  g.setFont(fnt);
  g.setColor(Color.white);
  g.drawString("물리 80점",250,240);
  g.drawString("국어 45점",330,305);
  g.drawString("영어 75점",65,275);
  g.drawString("수학 60점",180,330);
    }}
```

프로그램 수행결과

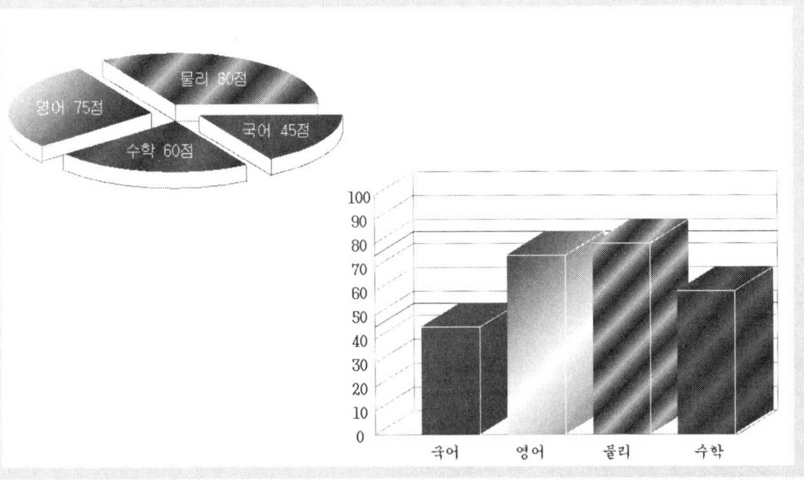

6-4 이차 함수 그래프

자바 Graphics2D에서 이차함수의 그래프를 그리기 위해서는 윈도우의 x, y 좌표 상에 점(Pixel)을 찍어서 이어가는 형태의 그래프를 그려야한다. 자바 Graphics2D에서는 점(Pixel)을 찍는 클래스와 메소드가 없다. 그러므로 점(Pixel)을 찍는 기능을 얻기 위해서는 자바 Graphics2D 클래스의 다양한 메소드들을 응용한다. 그래픽스의 점을 찍을 수 있는 관련 메소드들은 다음과 같다.

- Line2D.Double(double x1, double y1, double x2, double y2)
- Ellipse2D.Double(double x, double y, double r1, double r2)
- Rectangle2D.Double(double x1, double y1, double w, double h)

[예제 6-10] **Ellipse2D 클래스를 이용한 사인(Sine)곡선을 그리는 프로그램을 작성하시오.**

```
import java.awt.*;
import java.awt.geom.*;
import java.applet.Applet;
// <Applet code= Sin2D_1 width=600 height=400> </Applet>
public class  Sin2D_1 extends Applet{
//-------------------------------------------------------
 void Pixel(double x, double y){
      Graphics g = getGraphics();
      Graphics2D g2 = (Graphics2D)g;
  Ellipse2D pixel = new Ellipse2D.Double(x-1, y-1, 2, 2); // 지름을 2로 한 원
          g2.setPaint(Color.red);
          g2.fill(pixel);}
//-------------------------------------------------------
 public void paint(Graphics g) { Graphics2D g2 = (Graphics2D)g;
  double x1,y1;    double x=50;       double y=200;
         g2.setPaint(Color.blue);
  Line2D lineX = new Line2D.Double(x, 0, x, 400);
         g2.draw(lineX);
  Line2D lineY = new Line2D.Double(0, y, 600, y);
         g2.draw(lineY);
          for(int n = 0; n <= 360; n++) {
              x1 = n+50;
              y1 = (int)(-100*(Math.sin(Math.PI*n/180))+200);
              Pixel(x1, y1);
     } } }
```

[예제 6-10] 수행결과

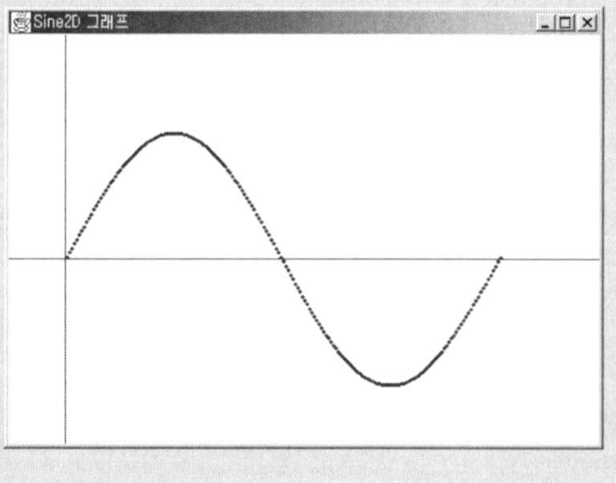

[예제 6-11] **다음 프로그램은 Rectangle2D 클래스를 이용한 사인-코사인 곡선을 그리는 프로그램을 작성하시오.**

```
import java.awt.*;
import java.awt.geom.*;
import java.applet.Applet;
// <Applet code= Sin2D_Cos width=600 height=400> </Applet>
public class  Sin2D_Cos extends Applet{
//-----------------------------------------------------------
 void Pixel(double x, double y){
      Graphics g = getGraphics();
      Graphics2D g2 = (Graphics2D)g;
  Rectangle2D pixel = new Rectangle2D.Double(x, y, 2, 2);
         g2.setColor(Color.red);
         g2.fill(pixel);}
//------------------------------------------------------------
  public void paint(Graphics g) {Graphics2D g2 = (Graphics2D)g;
   double x1, y1, y2; double x=50; double y=200;
         g.setColor(Color.blue);
   Line2D lineX = new Line2D.Double(x,0,x,400);
         g2.draw(lineX);
   Line2D lineY = new Line2D.Double(0,y,600,y);
         g2.draw(lineY);
     for (int n = 0; n <= 360; n++) {
                    x1 = n+50;
                    y1 = -100*(Math.sin(Math.PI*n/180))+200;
                    y2 = -100*(Math.cos(Math.PI*n/180))+200;
                   Pixel(x1, y1);
                   Pixel(x1, y2);
         } } }
```

[예제 6-11] 수행결과

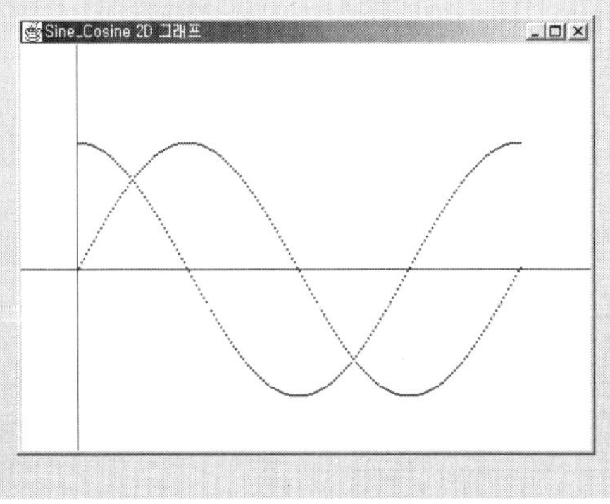

[예제 6-12] **Line2D 클래스를 이용한 임의(Random)의 곡선을 그리는 프로그램을 작성하시오**

```
import java.awt.*;
import java.awt.geom.*;
import java.applet.Applet;
// <Applet code= Graph2D_1 width=600 height=400> </Applet>
public class  Graph2D_1 extends Applet {
//-----------------------------------------------------
 void Line_Pixel(double x0, double y0,double x1, double y1){
      Graphics g = getGraphics();
      Graphics2D g2 = (Graphics2D)g;
   Line2D line = new Line2D.Double(x0, y0, x1, y1);
          g2.setPaint(Color.red);
          g2.draw(line);}
//-----------------------------------------------------
  public void paint(Graphics g) { Graphics2D g2 = (Graphics2D)g;
   double x0, y0, x1, y1;
   double x=50;      double y=200;
   Line_Pixel(50, 0, 50, 400);    // X 축 라인
   Line_Pixel(0, 200, 600, 200);  // Y 축 라인
           x0 = x;      y0 = y;
     for (int n = 0; n <= 400; n +=5) {
           x1 = n+x;
           y1 = 200*(Math.random())+100;
           Line_Pixel(x0, y0, x1, y1);
           x0 = x1;  y0 = y1;
       } } }
```

[예제 6-12] 수행결과

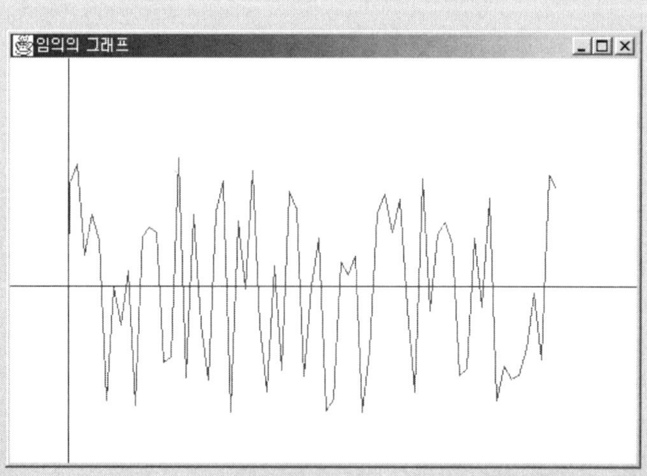

[예제 6-13] **다음의 y = x^2 -1 의 이차함수의 그래프를 그리는 프로그램을 작성하시오.**

```
import java.awt.*;
import java.awt.geom.*;
import java.applet.Applet;
// <Applet code= Graph2D_2 width=400 height=400> </Applet>
public class  Graph2D_2 extends Applet{
  public Graph2D_2(){ };
//-----------------------------------------------------------
 void Line_Pixel(double x0, double y0,double x1, double y1){
      Graphics g = getGraphics();
      Graphics2D g2 = (Graphics2D)g;
  Line2D line = new Line2D.Double(x0, y0, x1, y1);
         g2.setPaint(Color.black);
         g2.draw(line);}
//----------------------------------------------------------
  public void paint(Graphics g) { Graphics2D g2 = (Graphics2D)g;
   double x1, y1;
   double x0=115,  y0=6; double a=5, b=6;
   Line_Pixel(50, 200, 300, 200);    // x 축 라인
             g2.drawString(" x 축 ", 270, 220);
   Line_Pixel(140, 50, 140, 300);    // y 축 라인
             g2.drawString(" y 축 ", 130,40);
      for (double x = -4.8; x <= 10; x += 0.2){
             x1 = 140 + a *x;
             y1 = 150 - b*(Math.pow(x,2)-1)+100;
  Line_Pixel(x0, y0, x1, y1);
             x0 = x1; y0 = y1;
      } } }
```

[예제 6-13] 수행결과

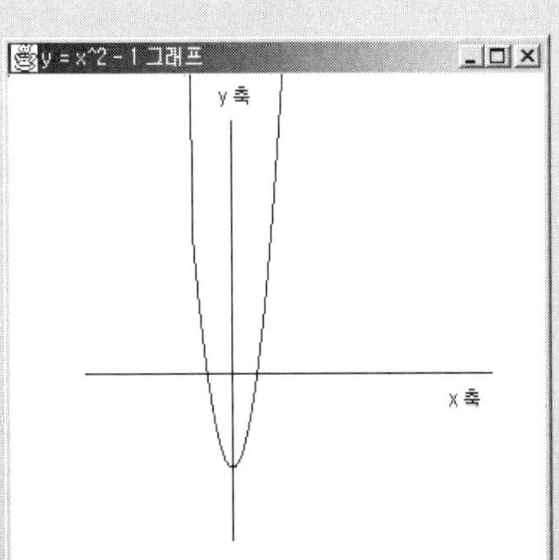

[예제 6-14] **다음의 삼각함수 Tangent(x)의 그래프를 그리는 프로그램을 작성하시오.**

```
import java.awt.*;
import java.awt.geom.*;
import java.applet.Applet;
// <Applet code= Tangent2D_1 width=400 height=400> </Applet>
public class  Tangent2D_1 extends Applet {
  public Tangent2D_1(){ };
 //-----------------------------------------------------------
 void Line_Pixel(double x0, double y0, double x1, double y1){
      Graphics g = getGraphics();
      Graphics2D g2 = (Graphics2D)g;
      Line2D line = new Line2D.Double(x0, y0, x1, y1);
          g2.setColor(Color.blue);
          g2.draw(line);  }
//------------------------------------------------------------
  public void paint(Graphics g) { Graphics2D g2 = (Graphics2D)g;
   double x1, y1, x0, y0;
   double x=50;   double y=200;
   Font font = new Font("Serif", Font.PLAIN, 20);
               g2.setFont(font);
               Line_Pixel(x ,0, x, 400);
               Line_Pixel(0 ,y, 600, y);
               g2.drawString("0",55,220);
               x0=x; y0=y;
      for (int n = 0; n <= 360; n++) {
               x1 = n+50;
               y1 = -100*(Math.tan(Math.PI*n/180))+200;
               Line_Pixel(x0, y0, x1, y1);
               x0=x1; y0=y1;
       } } }
```

[예제 6-14] 수행결과

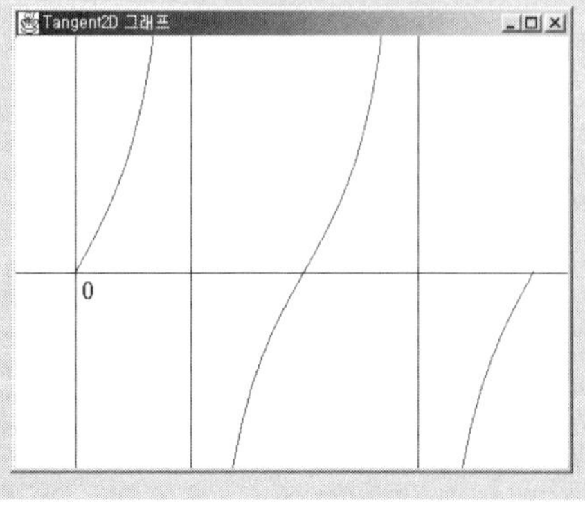

[예제 6-15] 다음 Y = cos(10x) cos(x)의 그래프를 그리는 프로그램을 작성하시오.

```
import java.awt.*;
import java.awt.geom.*;
import java.applet.Applet;
// <Applet code= Cos_cos2D_1 width=400 height=400> </Applet>
public class Cos_cos2D_1 extends Applet{
  public Cos_cos2D_1(){ };
//--------------------------------------------------------
 void Line_Pixel(double x0, double y0, double x1, double y1){
      Graphics g = getGraphics();
      Graphics2D g2 = (Graphics2D)g;
      Line2D line = new Line2D.Double(x0, y0, x1, y1);
         g2.setColor(Color.blue);
         g2.draw(line);  }
//--------------------------------------------------------
  public void paint(Graphics g) { Graphics2D g2 = (Graphics2D)g;
    double x1,y1,x0, y0;
    double x=50;    double y=200;
    Font font = new Font("Serif", Font.PLAIN, 20);
          g2.setFont(font);
          Line_Pixel(x, 0, x, 400);
          Line_Pixel(0, y, 600, y);
          g2.drawString("0", 55, 220);
          x0=x;     y0=y;
    for (int n = 0; n <= 360; n++) {
           x1 = n+50;
           y1 = -100*(Math.cos(10*Math.PI*n/180) * Math.cos(Math.PI*n/180))+200;
           Line_Pixel(x0, y0, x1, y1);
           x0=x1;   y0=y1;
      } } }
```

[예제 6-15] 수행결과

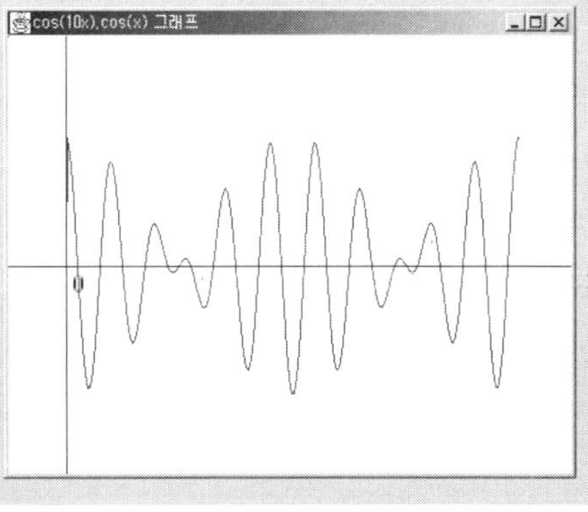

[예제 6-16] 다음 점과 선을 연결하는 Cos(10x) * Cos(x)의 그래프를 그리는 프로그램을 작성하시오.

```
import java.awt.*;
import java.awt.geom.*;
import java.applet.Applet;
// <Applet code= Cos_cos2D_2 width=600 height=400> </Applet>
public class Cos_cos2D_2 extends Applet{
  public Cos_cos2D_2(){};
//-------------------------------------------------------
 void Line_Pixel(double x0, double y0, double x1, double y1){
      Graphics g = getGraphics();
      Graphics2D g2 = (Graphics2D)g;
      Line2D line = new Line2D.Double(x0, y0, x1, y1);
            g2.setColor(Color.blue);
            g2.draw(line);  }
//---------------------------------------------------------
 void Pixel(double x, double y){  // 점을 그리는 메소드
      Graphics g = getGraphics();
      Graphics2D g2 = (Graphics2D)g;
   Rectangle2D pixel = new Rectangle2D.Double(x-2, y-2, 4, 4);
          g2.setColor(Color.red);
          g2.fill(pixel);}
//--------------------------------------------------------
  public void paint(Graphics g) {
     Graphics2D g2 = (Graphics2D)g;
     double x1,y1,x0, y0;
     double x=50;   double y=200;
     Font font = new Font("Serif", Font.PLAIN, 20);
                 g2.setFont(font);
     Line_Pixel(x,0,x,400);     Line_Pixel(0,y,600,y);
                 g2.drawString("0",55,220);
                 x0=x;  y0=y;
       for (int n = 0; n <= 360; n++) {
                x1 = n+50;
                y1 = -100*(Math.cos(10*Math.PI*n/180)* Math.cos(Math.PI*n/180))+200;
                Line_Pixel(x0, y0, x1, y1);  // 점과 점 사이 라인 연결
                Pixel(x1, y1);                // 사각형으로 점 그리기
                x0=x1;  y0=y1;
       } } }
```

[예제 6-16] 수행결과

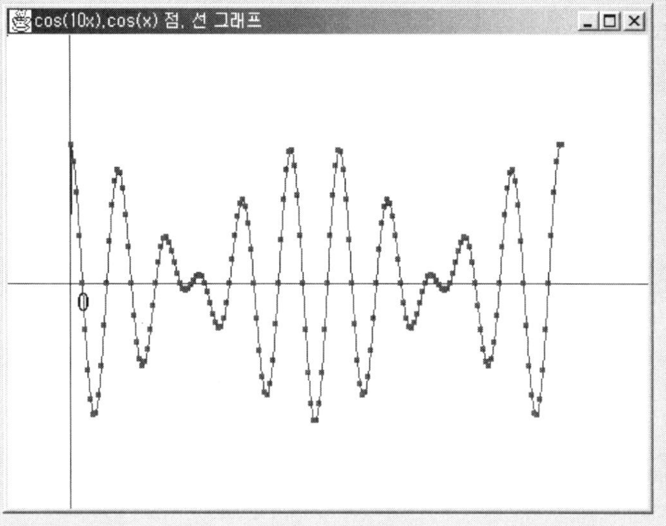

[예제 6-17] 다음 static 메소드의 방법을 이용하여 하나의 실행 창에 두 개의 화면을 그리는 프로그램을 작성하시오.

```
import java.awt.*;
import java.awt.geom.*;
public class Gr2graph_2 extends Frame{
  static Canvas cvs1, cvs2;
//-----------------------------------------------------------
 public Gr2graph_2(){setTitle("한 창에 두 그래프를 동시에 그린다");
        // 캔버스를 생성, 프레임에 배치
        cvs1 = new Canvas(); add(cvs1);
        cvs2 = new Canvas(); add(cvs2);
        setLayout(new GridLayout(1,2, 5,0)); // p의 각 요소를 1행 2열로 배치
//-----------------------------------------------------------
static void mdGraph(Canvas cvs, double[] a, double y0, double sy){
      Graphics  g = cvs.getGraphics();
      Graphics2D  g2 = (Graphics2D)g;
              g2.clearRect(0,0, 1000,1000);
      String str=" ";
      int n  = a.length;                             // 자료수
      double x0 = 10;                                // 원점의 x 좌표
      Dimension d = cvs.size();                      // 프레임의 크기
      double xg  = d.width*0.9;                      // x 축 길이
      double yg  = d.height*0.9;                     // y 축 길이
      double xgg = xg / n;                  // 각 막대의 x 간격
```

```
    Rectangle2D rect1 = new Rectangle2D.Double(x0-10, y0, xg+10,3);
            g2.fill(rect1);                        // x 축
    Rectangle2D rect2 = new Rectangle2D.Double(5,  5,  3, yg+10);
           g2.fill(rect2);              // y 축
    int R, G, B;
     double  jwa, sang, Width, Height;
          for (int i=0 ; i<n ; i++)    {
               R = (int)(Math.random()*255);
               G = (int)(Math.random()*255);
               B = (int)(Math.random()*255);
               g2.setColor( new Color(R, G, B) );
               Width  = xgg - 2;                    // 막대의 폭
               Height = (a[i] / sy * yg);           // 높이
               jwa  = x0 +12 + xgg*i;              // 막대의 x좌표
               sang = y0 - Height;                 // 막대의 y좌표
  // 이 if 블럭을 지우면 a[i]<0에 대한 막대는 그려지지 않는다.
          if (Height < 0) {
              Height = -Height;
              sang = y0;
                    }
    str = Integer.toString((int)a[i]);
    Font font = new Font("Serif", Font.PLAIN, 30);
               g2.setFont(font);
               g2.drawString(str, (int)jwa+4, (int)sang);
    Rectangle2D rect = new  Rectangle2D.Double(jwa,sang, Width, Height);
               g2.fill(rect);               //막대
               rect.setFrame(jwa,sang, Width, Height);
               g2.setPaint(Color.black);               // 검은색 테두리선
               g2.setStroke(new BasicStroke(4));      // 태두리 두께
               g2.draw(rect);
                    }        }
//-------------------------------------------------------------
// type  :  JUM+SUN:점-선 그래프
static void jsGraph(Canvas cvs, double[] a, int y0, double sy, int type){
        Graphics g = cvs.getGraphics();
        g.clearRect(0,0, 1000,1000);
        int n  = a.length;                          // 자료 수
        int[] x = new int[n];
        int[] y = new int[n];
        int x0 = 10;                                // 원점의 x 좌표
```

```
        Dimension d = cvs.size();                    // 그림상자의 크기
        int xg  = (int)(d.width*0.9);                // x 축 길이
        int yg  = (int)(d.height*0.9);               // y 축 길이
        int xgg = xg / n;                            // 각 점의 x 간격
                g.fillRect(x0-10,y0, xg+10,3);  // x 축
                g.fillRect(5, 5,  3, yg+10);    // y 축
        int  Width, Height;
            for (int i=0 ; i<n ; i++){
                Width = xgg - 2;
                Height = (int)(a[i] / sy * yg);
                x[i] = x0 + 2 + xgg/2 + xgg*i;
                y[i] = y0 - Height;
   // type에 JUM이 포함되어 있으면 까만 네모점을 그린다.
            if (type==JUM || type==JUM+SUN)
                g.fillRect(x[i]-2,y[i]-2, 4,4);
                }
  // type에 SUN이 포함되어 있으면 각 점을 선으로 연결
                if (type==SUN || type==JUM+SUN)
            for (int i=0 ; i<n-1 ; i++)
                g.drawLine(x[i],y[i], x[i+1],y[i+1]);
        }
//---------------------------------------------------------------
        public boolean handleEvent(Event evt){
                if (evt.id == Event.WINDOW_DESTROY)
                    System.exit(0);
                return super.handleEvent(evt); }
//*****************************************************************
// cos(10x)cos(x)의 값들을 a[]에 구하여 되돌린다.
//---------------------------------------------------------------
 static void getFx(double[] a){
        int   n = a.length;
        double x;
        for(int i=0 ; i<n ; i++){
            x = (double)i / n * (2*Math.PI);    // x 범위 : 0 ~ 2pi
            a[i] = Math.cos(10*x)*Math.cos(x);
        }       }
//*****************************************************************
 static  int JUM = 1;
 static  int SUN = 2;
 //---------------------------------------------------------------
```

```
        public static void twoGraph() {
        int  n= 200;                              // 너무 크면 그래프가 안 그려진다.
        double[] a = new double[n];
                getFx(a);
        int y0 = cvs1.size().height /2;                    // 원점의 y 좌표
            jsGraph(cvs1, a, y0, 2, JUM+SUN);              // 2 : y 축의 수학적 길이
        // 그림상자 cvs1제일 오른쪽에 수직선을 그린다.
        Dimension d = cvs1.size();
        cvs1.getGraphics().fillRect(d.width-4, 0, d.width, 1000);
        double[] b = {4, 2, 6, -3, 3, -4, 2, 5};
             y0 = cvs2.size().height/2;           // 원점의 y 좌표
             mdGraph(cvs2, b, y0, 12);}           // 12 : y 축의 수학적 길이
//-----------------------------------------------------------------
        public static void main(String[] args){
                Frame f =  new Gr2graph_2();
                     f.resize(600, 400);
                     f.show();
                     twoGraph();
         }  }
```

[예제 6-17] 수행결과

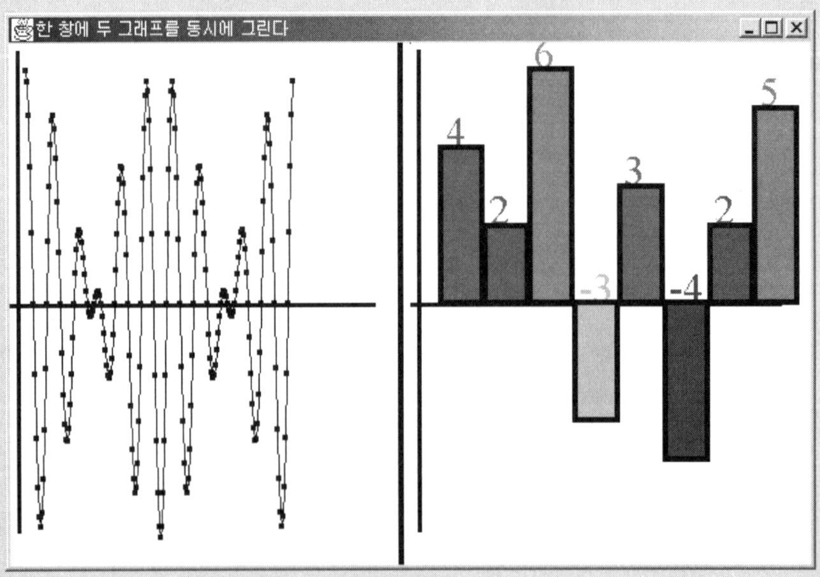

[예제 6-18] 다음 Y = Sin^3 X의 그래프를 그리는 프로그램이다. 실행 후 분석하시오.

```
import java.awt.*;
import java.awt.geom.*;
import java.applet.Applet;
// <Applet code= Sin2D_12 width=800 height=400> </Applet>
public class Sin2D_12 extends Applet{
   double x1 ,y1, y2;
   int x=50, y=200;
  public Sin2D_12() { };
//-----------------------------------------------------
  void Circle(double x, double y, double r){
         Graphics g = getGraphics();
         Graphics2D g2 = (Graphics2D)g;
            Ellipse2D circle = new Ellipse2D.Double(x-r, y-r, r*2, r*2);
            g2.setColor(Color.red);
            g2.draw(circle); }
//-----------------------------------------------------
 void Line_1(double x, double y, double x1, double y1){
         Graphics g = getGraphics();
         Graphics2D g2 = (Graphics2D)g;
            Line2D line = new Line2D.Double(x, y, x1, y1);
           g2.setColor(Color.black);
           g2.draw(line); }
//--------------------------------------------------------
    public void paint(Graphics g) {
             g.setColor(Color.blue);
             g.drawLine(x,0,x,400);
             g.drawLine(0,y,800,y);
      for (double n = 0; n <= 720; n++){
             x1 = n+50;
             y1 = (-100*((Math.pow(Math.sin(Math.PI*n/180),3)))+200);
             y2 = (-100*((Math.pow(Math.cos(Math.PI*n/180),3)))+200);
             Circle(x1, y1, 0.5);
             Line_1(x1, y2, x1 + 2, y2 + 2); }
             g.drawString(" Y - Sin^3 x 그래프 입니다", 400, 300);
      } }
```

[예제 6-18] 수행결과

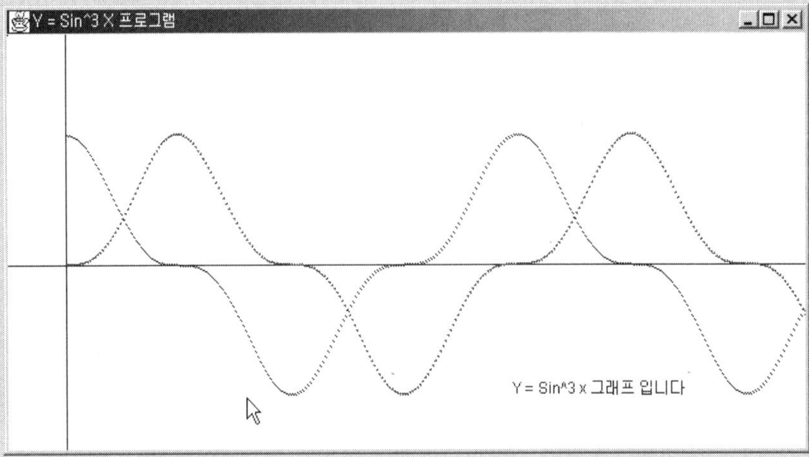

[예제 6-19] 다음 마름모꼴을 그리는 프로그램을 작성하시오. 그리고 사인함수와 코사인 함수의 부호(+, -)를 바꾸어 실행하여 보시오.

```
import java.awt.*;
import java.awt.geom.*;
import java.applet.Applet;
// <Applet code= Graph2D_32 width=500 height=400> </Applet>
public class Graph2D_32 extends Applet{
   public Graph2D_32(){};
//-----------------------------------------------------
void Line_Pixel(double x0, double y0,double x1, double y1){
     Graphics g = getGraphics();
     Graphics2D g2 = (Graphics2D)g;
  Line2D line = new Line2D.Double(x0, y0, x1, y1);
     g2.setPaint(Color.black);
     g2.draw(line);}
//-----------------------------------------------------
  public void paint(Graphics g) {Graphics2D g2 = (Graphics2D)g;
           g2.clearRect(0, 0, 1000, 1000);
  double x1, y1, x, y;
  double x0= 300, y0=200;
     for( double th = 0; th <= Math.PI*2; th +=2*Math.PI/4){
          x = -100 * Math.cos(th);
          y = 100 * Math.sin(th);
          x1 = x  + 200;    y1 = 200 - y;
```

```
            Line_Pixel(x0, y0, x1, y1);
            x0 = x1;   y0 = y1;
      try{Thread.sleep(100); }  catch(InterruptedException e){ } // 0.1초
       } } }
```

[예제 6-19] 수행결과

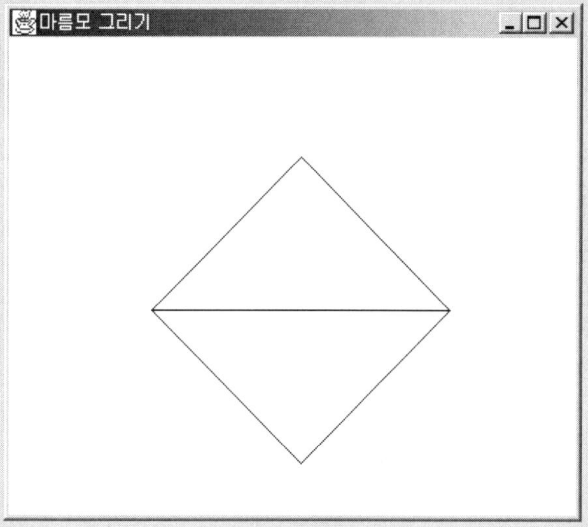

[예제 6-20] 도형의 꼭지점의 수를 입력 후 입력된 수만큼의 도형을 그리는 프로그램을 작성하시오.

```
import java.awt.*;
import java.awt.geom.*;
public class Graph2D_31 extends Frame{
 TextField  nTfd;
//-------------------------------------------------------------
        public Graph2D_31(){setTitle("도형의 다형화 그래프");
        Panel p = new Panel();                     // 패널을 생성
             p.setBackground(Color.lightGray);
             add("East", p);                       // 패널 p를 프레임의 동쪽에 배치
             nTfd = new TextField("4", 4); // 4 : 입력란 열폭(3 문자 폭)
             p.add(nTfd);
             p.add(new Button("확인"));
        // 패널을 10행 * 1열로 나누어 각 요소를 배치하게 한다.
                 p.setLayout(new GridLayout(10,1, 5,5));
           }
//-------------------------------------------------------------
        public boolean action(Event evt, Object arg){
```

```
        int    n= 0;
              if (arg.equals("확인")){
              n = Integer.parseInt(nTfd.getText()); // 정수로 변환
             gr_Type(n);}
            return true;
                 }
//-----------------------------------------------------------------
void Line_Pixel(double x0, double y0,double x1, double y1){
      Graphics g = getGraphics();
      Graphics2D g2 = (Graphics2D)g;
      Line2D line = new Line2D.Double(x0, y0, x1, y1);
             g2.setPaint(Color.black);
             g2.draw(line);}
//------------------------------------------------------------
  void gr_Type(int n){
      Graphics g = getGraphics();
      Graphics2D g2 = (Graphics2D)g;
                g2.clearRect(0, 0, 1000, 1000);
      double x1, y1, x, y, th;
      double x0=300, y0=200;
          for(th = 0; th <= Math.PI*2;  th +=2*Math.PI/n){
                      x = 100 * Math.cos(th);
                      y = 100 * Math.sin(th);
                      x1 = x  + 200;
                      y1 = 200 - y;
         Line_Pixel(x0, y0, x1, y1);
        System.out.println(" x0 = " + x0 + " y0 = " + y0 + " x1 = " + x1 + "
                      y1 = " + y1);
                      x0 = x1;   y0 = y1;
      } }
//-------------------------------------------------------------
   public boolean handleEvent(Event evt)          {
         if (evt.id == Event.WINDOW_DESTROY)
            System.exit(0);
         return super.handleEvent(evt); }
//--------------------------------------------------------------
   public static void main(String[] args){
         Frame f =  new Graph2D_31();
              f.resize(500, 400);
```

```
            f.show();
        } }
```

[설명]

위의 프로그램은 숫자박스 안에 3을 입력하면 삼각형을 8을 입력하면 8 각형을 그리는 프로그램입니다.

[예제 6-20] 수행결과

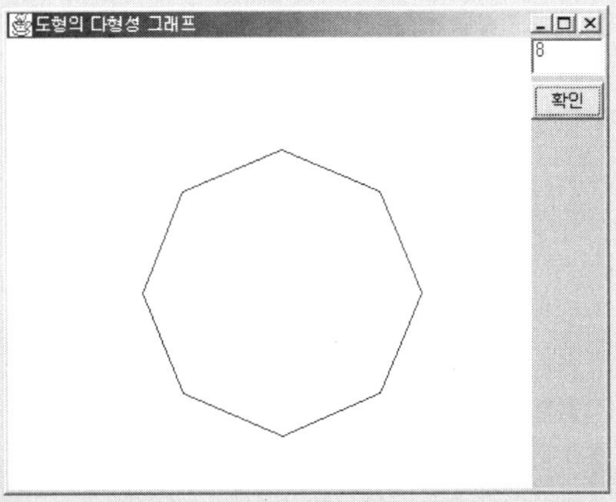

[예제 6-21] 다음 프로그램을 수행 후 분석하시오.

```
import java.awt.*;
import java.awt.geom.*;
public class Mark_Dea extends Frame {
  public static void main(String[] args){
          Mark_Dea f = new Mark_Dea();
          f.setTitle("성적표");
          f.setSize(800, 600);
          f.setVisible(true);
          }
//------------------------------------------------------
 public boolean handleEvent(Event evt){
          if (evt.id == Event.WINDOW_DESTROY)
               System.exit(0);
          return super.handleEvent(evt);}
//-------------------------------------------------------
 public void paint(Graphics g){Graphics2D g2 = (Graphics2D)g;
```

```
        Line2D line1 = new  Line2D.Double(0+50,450+50,400+50,450+50); //x축
        Stroke stroke1 = new BasicStroke(8, BasicStroke.CAP_SQUARE, 0);
        GradientPaint gp1 = new GradientPaint(50,500, Color.lightGray,
                450,500, Color.black, false); //true 순환적 //false: 비순환적
                g2.setPaint(gp1);
                g2.setStroke(stroke1);
                g2.draw(line1);
                g2.setPaint(Color.black);
                g2.drawString("국 어" ,97,520 );
                g2.drawString("영 어" ,203-12,520 );
                g2.drawString("수 학" ,297-12,520 );
                g2.drawString("물 리" ,391-12,520 );
//-----------------------------------------------------
                g2.setPaint(Color.blue);
                g2.drawString("45점" ,97,310 );
                g2.drawString("75점" ,191,190 );
                g2.drawString("60점" ,285,250 );
                g2.drawString("80점" ,379,170 );
//------------------------------------------------------
        Line2D line2 = new  Line2D.Double(0+50,0+50,0+50,450+50); //y축
        Stroke stroke2 = new BasicStroke(8, BasicStroke.CAP_SQUARE, 0);
        GradientPaint gp2 = new GradientPaint(50,50, Color.black,
                50,500, Color.lightGray, false); //true 순환적 //false: 비순환적
                g2.setPaint(gp2);
                g2.setStroke(stroke2);
                g2.draw(line2);
        Line2D line7 = new  Line2D.Double(30,460,50,460);
        Stroke stroke7 = new BasicStroke(4, BasicStroke.CAP_BUTT, 0);
                g2.setStroke(stroke7);
                g2.draw(line7);
        Line2D line8 = new  Line2D.Double(30,420,50,420);
        Stroke stroke8 = new BasicStroke(4, BasicStroke.CAP_BUTT, 0);
                g2.setStroke(stroke8);
                g2.draw(line8);
        Line2D line9 = new  Line2D.Double(30,380,50,380);
        Stroke stroke9 = new BasicStroke(4, BasicStroke.CAP_BUTT, 0);
                g2.setStroke(stroke9);
                g2.draw(line9);
        Line2D line10 = new  Line2D.Double(30,340,50,340);
```

```
        Stroke stroke10 = new BasicStroke(4, BasicStroke.CAP_BUTT, 0);
                g2.setStroke(stroke10);
                g2.draw(line10);
        Line2D line11 = new  Line2D.Double(30,300,50,300);
        Stroke stroke11 = new BasicStroke(4, BasicStroke.CAP_BUTT, 0);
                g2.setStroke(stroke11);
                g2.draw(line11);
        Line2D line12 = new  Line2D.Double(30,260,50,260);
        Stroke stroke12 = new BasicStroke(4, BasicStroke.CAP_BUTT, 0);
                g2.setStroke(stroke12);
                g2.draw(line12);
        Line2D line13 = new  Line2D.Double(30,220,50,220);
        Stroke stroke13 = new BasicStroke(4, BasicStroke.CAP_BUTT, 0);
                g2.setStroke(stroke13);
                g2.draw(line13);
        Line2D line14 = new  Line2D.Double(30,180,50,180);
        Stroke stroke14 = new BasicStroke(4, BasicStroke.CAP_BUTT, 0);
                g2.setStroke(stroke14);
                g2.draw(line14);
        Line2D line15 = new  Line2D.Double(30,140,50,140);
        Stroke stroke15 = new BasicStroke(4, BasicStroke.CAP_BUTT, 0);
                g2.setStroke(stroke15);
                g2.draw(line15);
        Line2D line16 = new  Line2D.Double(30,100,50,100);
        Stroke stroke16 = new BasicStroke(4, BasicStroke.CAP_BUTT, 0);
                g2.setStroke(stroke16);
                g2.draw(line16);
//----------------------------------------------------------------
                g2.setPaint(Color.black);
                g2.drawString("0" ,10,500 );
                g2.drawString("10" ,10,460 );
                g2.drawString("20" ,10,420 );
                g2.drawString("30" ,10,380 );
                g2.drawString("40" ,10,340 );
                g2.drawString("50" ,10,300 );
                g2.drawString("60" ,10,260 );
                g2.drawString("70" ,10,220 );
                g2.drawString("80" ,10,180 );
                g2.drawString("90" ,10,140 );
```

```
            g2.drawString("100" ,10,100 );
            g2.drawString("점 수" ,10,60 );
    Line2D line3 = new  Line2D.Double(59+50,270+50-4,59+50,450+50-4);
    Stroke stroke3 = new BasicStroke(70, BasicStroke.CAP_BUTT, 0);
    GradientPaint gp3 = new GradientPaint(109,320-4, Color.red,
             109,500-4, Color.yellow, false); //true 순환적 //false: 비순환적
            g2.setPaint(gp3);
            g2.setStroke(stroke3);
            g2.draw(line3);
    Line2D line4 = new  Line2D.Double(153+50,150+50-4,153+50,450+50-4);
    Stroke stroke4 = new BasicStroke(70, BasicStroke.CAP_BUTT, 0);
    GradientPaint gp4 = new GradientPaint(203,200-4, Color.blue,
             450,500-4, Color.green, false); //true 순환적 //false: 비순환적
            g2.setPaint(gp4);
            g2.setStroke(stroke4);
            g2.draw(line4);
    Line2D line5 = new  Line2D.Double(247+50,210+50-4,247+50,450+50-4);
    Stroke stroke5 = new BasicStroke(70, BasicStroke.CAP_BUTT, 0);
    GradientPaint gp5 = new GradientPaint(297, 260-4, Color.magenta,
             450, 500-4, Color.orange, false); //true 순환적 //false: 비순환적
            g2.setPaint(gp5);
            g2.setStroke(stroke5);
            g2.draw(line5);
    Line2D line6 = new  Line2D.Double(341+50,130+50-4,341+50,450+50-4);
    Stroke stroke6 = new BasicStroke(70, BasicStroke.CAP_BUTT, 0);
    GradientPaint gp6 = new GradientPaint(391,180-4, Color.darkGray,
             450,500-4, Color.cyan, false); //true 순환적 //false: 비순환적
            g2.setPaint(gp6);
            g2.setStroke(stroke6);
            g2.draw(line6);
            } }
```

[예제 6-21] 수행결과

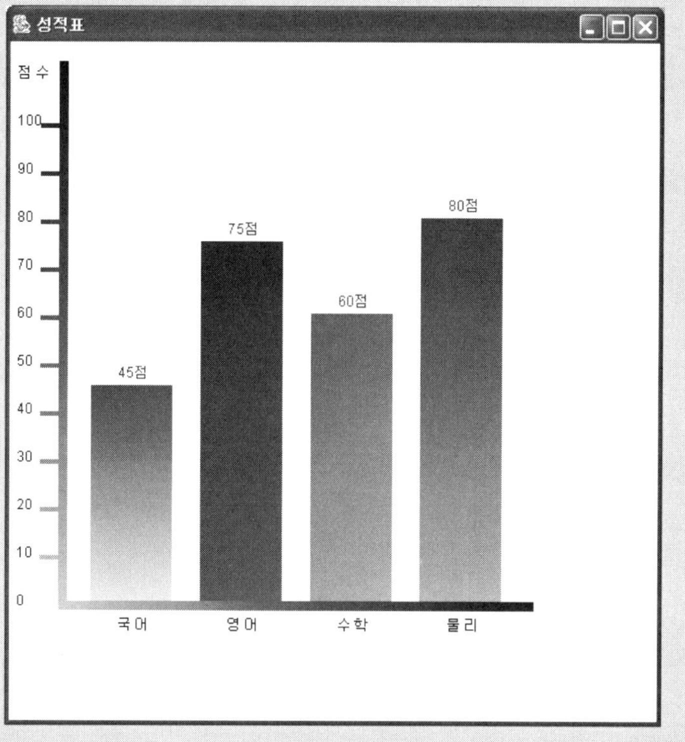

제7장

3차원 그래프 그리기

CHAPTER 07

3차원 그래프 그리기

7-1 3차원 좌표계

3차원 그래픽스는 이미 존재하는 물체를 표현하는 방법과 새로운 물체의 형태를 만들 때 그 형상을 어떻게 표현하느냐에 따른다. 실제로 존재하는 물체를 표현하는 것은 그 물체를 보기 좋게 작도하여 그래픽 화면상에 구성하는 것이다. 새로운 모양의 물체를 만드는 경우에는 선, 곡선, 평면 등을 지정하여 그 물체가 목표에 도달할 때까지 재구성하는 작업을 계속적으로 되풀이하여 완성된 3차원 물체를 만들어 낸다. 이러한 물체는 선분, 평면이나 다각형의 집합으로 그래픽 화면에 표현할 수 있으며, 3차원 물체를 표현하는 방법은 다각형을 이용하여 물체의 모양을 대강 그리는 방법이다. 또한 물체의 표면을 매개변수곡선이나 프렉탈 표현(fractal representation)으로 나타내거나, 솔리드 모델로 표현한다.

물체를 구체화하는 해석 기하학적 방법으로 3차원에 대해 생각하면 가장 단순한 물체는 점이다. 3차원은 2차원을 확장하여 좌표계를 구축하고 점의 좌표를 명시하여 한 점을 표시한다. 세 축은 높이, 넓이, 깊이에 대해 각각 x, y, z축으로 하고, 이 세 축을 모두 직각으로 만나게 한다. 이는 원점에서 x, y, z축까지 얼마나 멀리, 위로, 밖으로 떨어져 있나 을 표시하는 세 축의 교차점을 쌍(triple)(x, y, z)으로 표시한다.

3차원 좌표계에서의 방향은 다음과 같이 결정한다. [그림 7-1]은 전형적인 3차원 직각 좌표계의 기본 축 방향을 보여주고 있다. [그림 7-1]에서 보는 바와 같이 x축의 양의 방향에서 y축의 양의 방향으로 오른손 손가락의 방향을 일치시키고, z축을 잡았을 때 엄지손가락은 z축의 양의 방향을 가리키기 때문에 이때의 좌표계를 오른손 좌표계라 부른다. 모든 물체의 전체 좌표계는 오른손 좌표체계를 따른다고 할 수 있다.

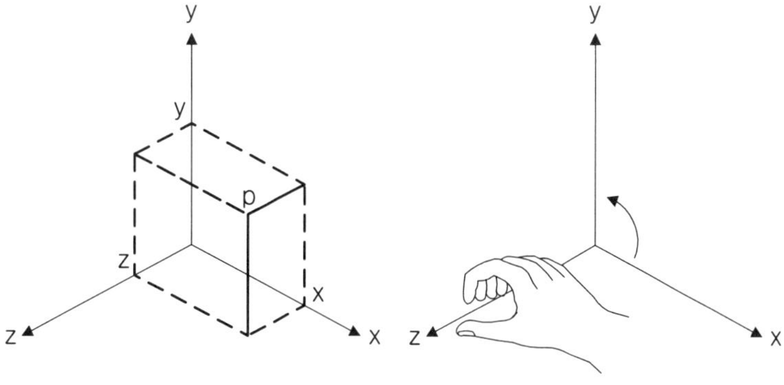

[그림 7-1] 오른손 좌표계 에서 좌표 P(x, y, z) 표현

또 다른 좌표계로서 왼손 좌표계가 있는데 이는 [그림 7-2]와 같이 왼손의 손가락들을 x축의 양의 방향에서 y축의 양의 방향으로 일치시켜서 z축을 잡을 때 왼손의 엄지손가락이 z축의 양의 방향과 일치하게 되는 좌표계를 말한다.

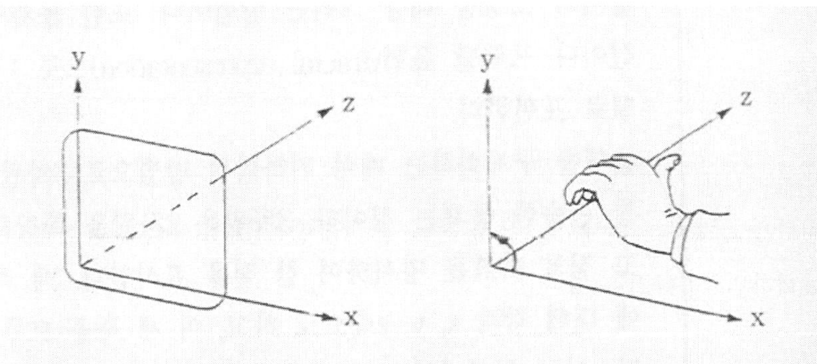

[그림 7-2] 좌표 P(x, y, z)에 대한 왼손 좌표계

기하학에서는 대부분 오른손 좌표계를 쓰고 있으나, 컴퓨터 그래픽스 응용에서는 왼손 좌표계를 쓰고 있다. 왼손 좌표계를 사용하는 이유는 왼손 좌표 체계의 원점이 화면의 왼쪽 아래에 위치하는 경우에 x, y 평면의 제 1사분면이 화면의 좌표축과 일치하게 되고 양수의 z축이 화면의 뒤에 있는 점들을 가리키게 되어 z=0인 평면이 화면이 되므로 출력 장치의 좌표를 표시하는 데 매우 편리하기 때문이다. 왼손 좌표계를 따른다면, z축의 양의 방향으로 값이 커질수록 관측자로부터 멀리 떨어져 있음을 의미한다.

2차원 그래픽스와 마찬가지로 3차원 그래픽스도 특정한 출력장치에 맞는 좌표 값으로 표현한다. 2차원 그래픽스와 차이점은 3차원 그래픽스 물체는 어느 지점에서라도 관측 가능하다는 것이다.

7-2 3차원 변환

3차원 변환(translation)은 2차원의 경우처럼 변환의 일부분이나 전체를 변경시킬 수 있으며, 2차원 그래픽 방법에서 Z좌표를 고려하여 확장된 것이다. 이러한 작업들에는 위치변환(translation), 스케일링(scaling), 회전(rotation) 등이 있다.

7-2-1 위치 변환

3차원 상에서 물체에 대한 위치 변환(Translation), 스케일링(확대, 축소), 회전 작업은 z축을 고려하여 2차원 변환방법을 확대하여 적용한다. 3차원 위치 변환 임의의 점 (x, y, z)를 x 방향으로 Tx만큼, y 방향으로 Ty만큼, z 방향으로 Tz만큼 변환하면 식 (7·1)와 같이 새로운 좌표 (x', y', z')를 얻을 수 있다[그림 7-3].

$$x' = x + Tx$$
$$y' = y + Ty \quad \cdots\cdots (7\cdot1)$$
$$z' = z + Tz$$

변환을 수행하기 위해서는 유사 좌표 행렬의 맨 아래의 행을 사용하며, 식 (7·1)을 변환행렬로 표현하면 식 (7·2)와 같다.

$$[x'\ y'\ z'\ 1] = [x\ y\ z\ 1]\begin{bmatrix} 1 & 0 & 0 & 0 \\ 0 & 1 & 0 & 0 \\ 0 & 0 & 1 & 0 \\ T_x & T_y & T_z & 1 \end{bmatrix} \quad \cdots\cdots (7\cdot2)$$

여기서, Tx, Ty, Tz는 위치변환을 위한 상대거리를 나타낸다. 이것은 3차원을 위하여 [3×3] 행렬 대신에 [4×4] 행렬이 사용되었을 뿐 2차원과 같은 방식이다.

식 (7·2)의 행렬식은 결국 식 (7·1)에 있는 3개의 식과 동일한 것이다. 즉, 원래 위치 x, y, z에 상대거리 Tx, Ty, Tz만큼 각각 더하여 새로운 위치 x', y', z'를 얻은 결과이다.

3차원 물체의 위치 변환은 물체를 정의하는 모든 점에 대해 변환 행렬을 곱하여 수행한다. 다각형인 경우에는 각 꼭지점에 대하여 행렬을 곱해서 수행하고, 그 결과는 변환된 새로운 위치에 대한 좌표가 된다. 물론 위치변환 상대거리에 음수를 주면 식 (7·1)의 변환행렬의 역 행렬이 되므로, 이는 물체가 반대방향으로 위치 변환하는 것을 의미한다.

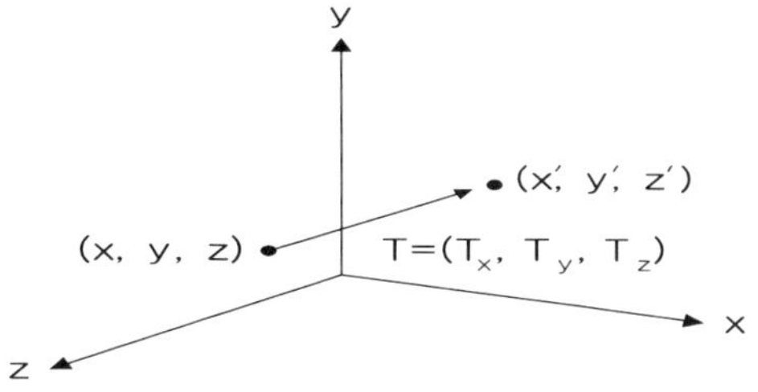

[그림 7-3] 한 점으로 위치변환 벡터의 예

7-2-2 회전

3차원 회전(Rotation)은 물체를 이루는 점 (x, y, z)을 원의 궤적에 따라 변환시키는 것을 말하며, 물체를 회전시키는 경우에는 항상 축을 중심으로 회전하므로 중심이 되는 회전축과 회전 각도를 반드시 명시하여야 한다. 2차원에서는 회전축이 x y평면에 수직이었지만 3차원에서는 임의의 방향으로 회전이 가능하다.

2차원의 경우에서는 한 물체를 회전할 때, 원점에 대한 회전으로 가정하여 식 (7·3)의 행렬식으로 정의할 수 있다.

$$[x'\ y'\ 1] = [x\ y\ 1]\begin{bmatrix} \cos\theta & \sin\theta & 0 \\ -\sin\theta & \cos\theta & 0 \\ 0 & 0 & 1 \end{bmatrix} \quad \cdots\cdots (7\cdot3)$$

이 회전은 z축에 대한 3차원의 회전으로 식(7·4)과 같이 그대로 확장 적용될 수 있다.

$$x' = x\cos\theta - y\sin\theta$$

$$y' = x\cos\theta + y\sin\theta \quad \cdots\cdots (7\cdot4)$$

$$z' = z$$

매개변수 Θ 는 회전각이며, 이를 유사 좌표로 표시하면 식 (7·5)과 같다.

$$[x'\ y'\ z'\ 1] = [x\ y\ z\ 1]\begin{bmatrix} \cos\theta & \cos\theta & 0 & 0 \\ -\sin\theta & \cos\theta & 0 & 0 \\ 0 & 0 & 1 & 0 \\ 0 & 0 & 0 & 1 \end{bmatrix} \quad \cdots\cdots (7\cdot5)$$

물체를 z축을 회전 기준 축으로 하여 회전시킨 예는 [그림 7-4]과 같다.

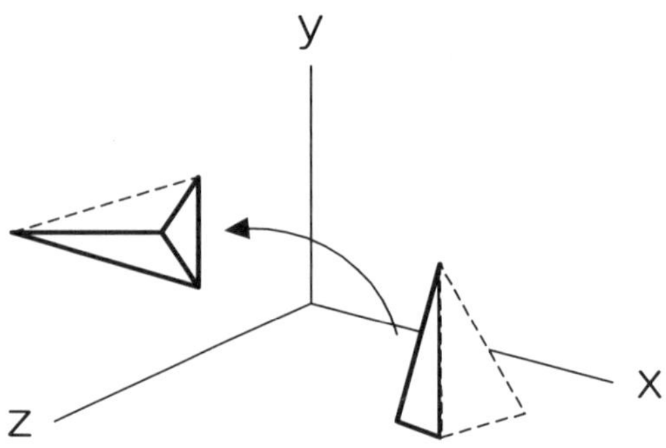

[그림 7-4] Z 축에 대한 물체의 회전 예

위의 회전 변환에서 공간에 있는 물체가 움직일 때 축은 고정되었다고 생각한다. 이와 반대로 축이 움직이고 물체들이 고정되었다고 생각할 수도 있는데 이는 해석의 차이로 회전 방향만 반대로 생각하면 된다. 다시 말해서 축을 고정시키고 물체를 반시계 방향으로 회전시킨다면 이것은 물체를 고정시키고 축을 시계 방향으로 회전시키는 것과 같을 것이다.

x축이나 y축에 대한 회전은 식 (7·4)에서 좌표 변수를 바꾸어 주면 된다. 다시 말해서 x를 y로, y를 z로, z를 x로 바꾸어 주면 된다. x축을 기준으로 하는 3차원 회전의 식 (7·6)이 된다.

$$y' = y\cos\theta - z\sin\theta$$

$$z' = y\sin\theta + z\cos\theta \quad \cdots\cdots (7\cdot6)$$

$$x' = x$$

이 식을 유사 좌표로 표시하면 식 (7·7)과 같다.

$$[x'\ y'\ z'\ 1] = [x\ y\ z\ 1]\begin{bmatrix} 1 & 0 & 1 & 0 \\ 0 & \cos\theta & \sin\theta & 0 \\ 0 & -\sin\theta & \cos\theta & 0 \\ 0 & 0 & 0 & 1 \end{bmatrix} \quad \cdots\cdots (7\cdot7)$$

물체를 x축을 회전 기준 축으로 하여 회전시킨 예는 [그림 7-5]와 같다.

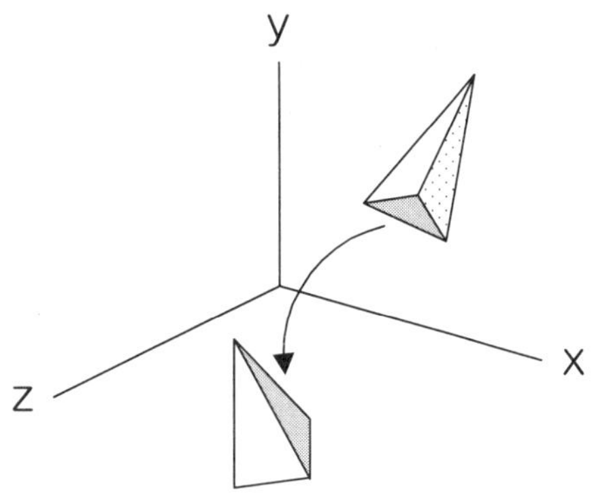

[그림 7-5] X 축에 대한 물체의 회전 예

식 (7·6)에서 다시 좌표 변수를 바꾸어 주면 y축을 기준으로 회전하는 3차원 회전의 식 (7·8)을 만들 수 있다.

$$z' = z\cos\theta - x\sin\theta$$

$$x' = z\sin\theta + x\cos\theta \quad \cdots\cdots (7\cdot8)$$

$$y' = y$$

여기서, 식 (7·8)을 유사 좌표로 표시하면 식 (7·9)과 같다.

$$[x'\ y'\ z'\ 1] = [x\ y\ z\ 1]\begin{bmatrix} \cos\theta & 0 & -\sin\theta & 0 \\ 0 & 1 & 0 & 0 \\ \sin\theta & 0 & \cos\theta & 0 \\ 0 & 0 & 0 & 1 \end{bmatrix} \quad \cdots\cdots (7\cdot9)$$

물체를 y축을 회전 기준 축으로 하여 회전시킨 예는 [그림 7-6]과 같다.

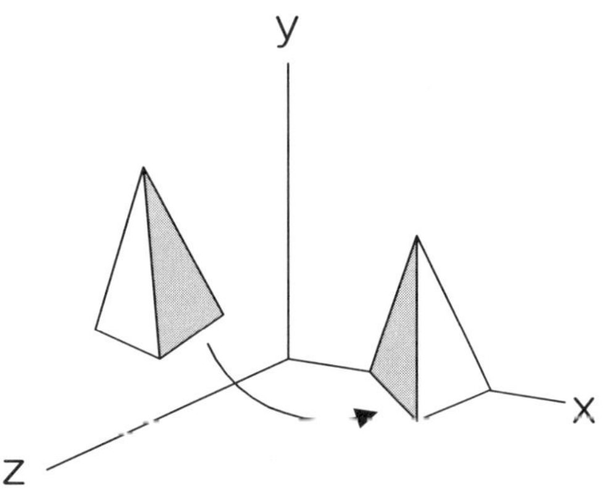

[그림 7-6] Y 축에 대한 물체의 회전 예

위의 설명에서 알 수 있듯이 좌표상의 원점을 기준으로 양수 값을 갖는 축의 방향에서 바라보면 반 시계방향으로 회전하는 양의 각도로 회전함을 알 수 있다. 즉, 음수 값을 갖는 회전각도는 시계방향으로 회전하고, 양수 값을 갖는 회전각도는 반 시계방향으로 회전한다.

[예제 7-1] 다음 원뿔 도형을 그리는 프로그램을 작성하시오.

```
import java.awt.*;
import java.awt.geom.*;
import java.applet.Applet;
// <Applet code=Elli3D_11 width=400 height=400> </Applet>
public class Elli3D_11 extends Applet{
  public  Elli3D_11(){};
//------------------------------------------------------------
void Line_1(double x0, double y0,double x1, double y1){
      Graphics g = getGraphics();
      Graphics2D g2 = (Graphics2D)g;
      Line2D line = new Line2D.Double(x0, y0, x1, y1);
          g2.setPaint(Color.black);
      Stroke stroke = new BasicStroke(4);
          g2.setStroke(stroke);
          g2.draw(line);}
//------------------------------------------------------------
 void Ellipse(double x, double y, double r1, double r2){
      Graphics   g = getGraphics();
      Graphics2D g2 = (Graphics2D)g;
      Ellipse2D  elli = new Ellipse2D.Double(x-r1, y-r2, r1*2, r2*2);
      GradientPaint dd = new  GradientPaint(150, 150, Color.green,
                          200, 200, Color.gray, true);
               g2.setPaint(dd);
     Stroke stroke = new BasicStroke(4);
               g2.setStroke(stroke);
               g2.fill(elli);}
//------------------------------------------------------------
 public void paint(Graphics g) {Graphics2D g2 = (Graphics2D)g;
  Dimension   d = size();
 double x0=200, y0=200;    // 타원의 중심 좌표
 double r1=100, r2=30, h0=150;
      Ellipse(x0, y0, r1, r2);
      Line_1(x0, y0-h0, x0-r1, y0);
      Line_1(x0, y0-h0, x0+r1, y0);
   } }
```

[예제 7-1] 수행결과

[예제 7-2] **다음 원뿔을 90도 회전시키는 프로그램을 작성하시오.**

```
import java.awt.*;
import java.awt.geom.*;
import java.applet.Applet;
// <Applet code=Elli3D_22 width=400 height=400> </Applet>
public class Elli3D_22 extends Applet{
 public  Elli3D_22(){ };
//----------------------------------------------------------------
void Line_1(double x0, double y0,double x1, double y1){
      Graphics g = getGraphics();
      Graphics2D g2 = (Graphics2D)g;
      Line2D line = new Line2D.Double(x0, y0, x1, y1);
          g2.setPaint(Color.green);
      Stroke stroke = new BasicStroke(4);
          g2.setStroke(stroke);
          g2.draw(line);
          g2.setPaint(Color.red);
          g2.translate(400, 0);
          g2.rotate(Math.PI/2.0);   // 90도 회전
          g2.draw(line); }
//-----------------------------------------------------------
 void Ellipse(double x, double y, double r1, double r2){
```

```
    Graphics  g = getGraphics();
    Graphics2D g2 = (Graphics2D)g;
    Ellipse2D elli = new Ellipse2D.Double(x-r1, y-r2, r1*2, r2*2);
    GradientPaint dd = new GradientPaint(150, 150, Color.green,
                           200, 200, Color.gray, true);
        g2.setPaint(dd);
    Stroke stroke = new BasicStroke(4);
        g2.setStroke(stroke);
        g2.fill(elli);
        g2.setPaint(Color.red);
        g2.translate(400, 0); // x0좌표 + 200 위치 y0는 처음 위치
        g2.rotate(Math.PI/2.0);
        g2.fill(elli);}
//------------------------------------------------------------
 public void paint(Graphics g) {Graphics2D g2 = (Graphics2D)g;
   double x0=200, y0=200;   // 타원의 중심 좌표
   double r1=100, r2=30, h0=150;
         Ellipse(x0, y0, r1, r2);
         Line_1(x0, y0-h0, x0-r1, y0);
         Line_1(x0, y0-h0, x0+r1, y0);
    } }
```

[예제 7-2] 수행결과

[예제 7-3] **다음 사각뿔을 그리는 프로그램을 작성하시오.**

```
import java.awt.*;
import java.awt.geom.*;
import java.applet.Applet;
// <Applet code=Rect3D_11 width=500 height=400> </Applet>
public class Rect3D_11 extends Applet{
  public  Rect3D_11(){};
//------------------------------------------------------
void Line_1(double x0, double y0,double x1, double y1){
      Graphics g = getGraphics();
      Graphics2D g2 = (Graphics2D)g;
      Line2D line = new Line2D.Double(x0, y0, x1, y1);
         g2.setPaint(Color.black);
      Stroke stroke = new BasicStroke(2);
         g2.setStroke(stroke);
         g2.draw(line);}
//----------------------------------------------------
 public void paint(Graphics g){
   int x0=100, y0=350;        // 시작 좌표
   int x1=150;                // 사각 뿔의 중심 좌표
   int h1=100, h2=200,h3=200; // h1:세로 h2:가로 h3:높이
   int[] Line_x={x0, x0+h2/2, (x0+h2/2)+h2, x0+h2};
   int[] Line_y={y0, y0-h1, y0-h1, y0};
                g.setColor(Color.gray);
                g.fillPolygon(Line_x, Line_y, 4);
 //-------------------------------------------------
      Line_1(x1+h2/2, y0-h1-h3, x0+h2/2, y0-h1);
      Line_1(x1+h2/2, y0-h1-h3, (x0+h2/2)+h2, y0-h1);
      Line_1(x1+h2/2, y0-h1-h3, x0+h2, y0);
      Line_1(x1+h2/2, y0-h1-h3, x0, y0);
            } }
```

[예제 7-3] 수행결과

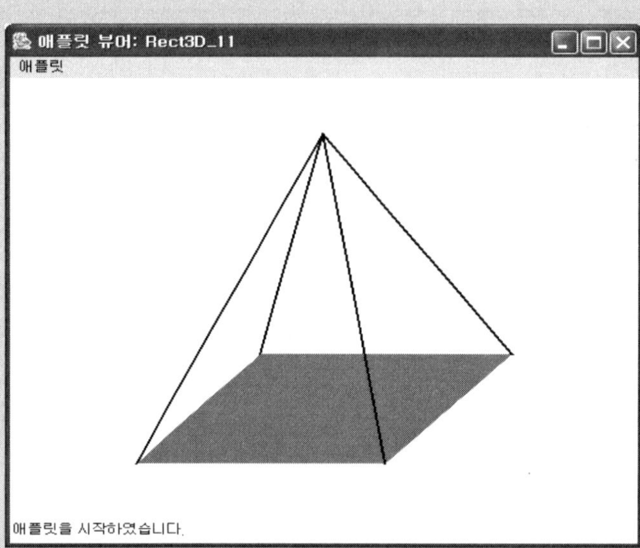

[예제 7-4] **다음 삼각뿔을 그리는 프로그램을 작성하시오.**

```
import java.awt.*;
import java.awt.geom.*;
import java.applet.Applet;
// <Applet code=Trangle3D_1 width=400 height=400> </Applet>
public class Trangle3D_1 extends Applet{
  public Trangle3D_1() {};
//---------------------------------------------------
void Line_1(double x0, double y0,double x1, double y1){
      Graphics g = getGraphics();
      Graphics2D g2 = (Graphics2D)g;
      Line2D line = new Line2D.Double(x0, y0, x1, y1);
          g2.setPaint(Color.black);
      Stroke stroke = new BasicStroke(4);
          g2.setStroke(stroke);
          g2.draw(line);}
//------------------------------------------------------
 public void paint(Graphics g) { Graphics2D g2 = (Graphics2D)g;
      double x0=100, y0=350;              // 시작 좌표
      double x1=100, n=1;  // n:기울기 // 사각 뿔의 중심 좌표
      double h1=50, h2=100, h3=200;  // h1:세로 h2:가로 h3:높이
     // Line_1(x0, y0, (x0+h2/n)+h2, y0-h1);
              Line_1((x0+h2/n)+h2, y0-h1, x0+h2, y0);
```

```
            Line_1(x0+h2, y0, x0, y0);
//--------------------------------------------------
            Line_1(x1+h2/n, y0-h1-h3,(x0+h2/n)+h2, y0-h1);
            Line_1(x1+h2/n, y0-h1-h3, x0+h2, y0);
            Line_1(x1+h2/n, y0-h1-h3, x0, y0);
    } }
```

[예제 7-4] 수행결과

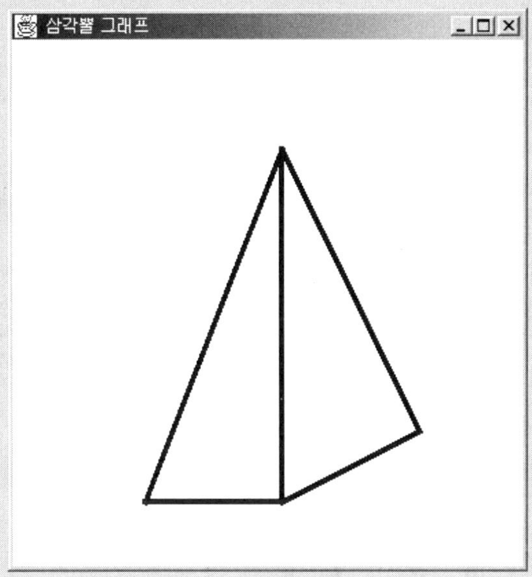

[예제 7-5] 다음 직육면체를 우측으로 3개 평행이동 하는 프로그램을 작성하시오.

```
import java.awt.*;
import java.awt.geom.*;
import java.applet.Applet;
// <Applet code=Lineto3D_1 width=800 height=400> </Applet>
public class  Lineto3D_1 extends Applet{
//-----------------------------------------------------
 public void paint(Graphics g){Graphics2D g2 = (Graphics2D)g;
           GeneralPath path = new GeneralPath(GeneralPath.WIND_EVEN_ODD);
            path.moveTo(100,100);          path.lineTo(200,100);
            path.lineTo(270,30);           path.lineTo(170,30);
            path.lincTo(100,100);
            path.lineTo(100,200);          path.lineTo(200,200);
            path.lineTo(270,130);          path.lineTo(170,130);
            path.lineTo(100,200);
```

```
//------------------------------------------------------------
          path.moveTo(170,130);        path.lineTo(170,30);
          path.moveTo(270,130);        path.lineTo(270,30);
          path.moveTo(200,100);        path.lineTo(200,200);
          g2.draw(path);
  for(double x1=0; x1<3; x1 += 1){
          g2.translate(100+x1, 0);
          g2.setPaint(Color.red);
   Stroke stroke = new BasicStroke(4);
          g2.setStroke(stroke);
          g2.draw(path);
        try{Thread.sleep(500);} catch(InterruptedException e){}
          }}}
```

[예제 7-5] 수행결과

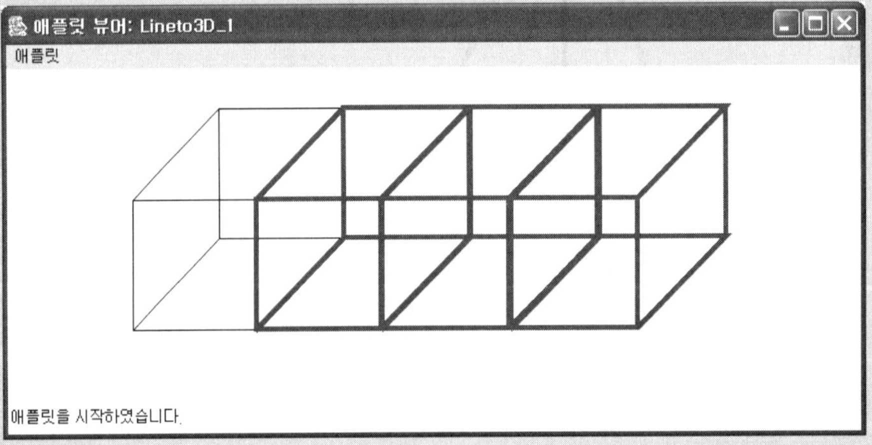

[예제 7-6] **[예제 7-5] 프로그램에서 직육면체를 30도 회전시키는 프로그램을 작성하시오.**

```
import java.awt.*;
import java.awt.geom.*;
import java.applet.Applet;
// <Applet code=Rotate3D_1 width=500 height=400> </Applet>
public class Rotate3D_1 extends Applet{
  public void paint(Graphics g){Graphics2D g2 = (Graphics2D)g;
  double th=0;
  GeneralPath path = new GeneralPath(GeneralPath.WIND_EVEN_ODD);
          path.moveTo(100,100);        path.lineTo(200,100);
```

```
        path.lineTo(270,30);          path.lineTo(170,30);
        path.lineTo(100,100);         path.lineTo(100,200);
        path.lineTo(200,200);         path.lineTo(270,130);
        path.lineTo(170,130);         path.lineTo(100,200);
//------------------------------------------------------------
        path.moveTo(170,130);         path.lineTo(170,30);
        path.moveTo(270,130);         path.lineTo(270,30);
        path.moveTo(200,100);         path.lineTo(200,200);
        g2.draw(path);
        g2.translate(100, 150);     // 위치 변환
        g2.rotate(Math.PI/6.0);     // 30도 회전
        g2.setPaint(Color.red);
  Stroke stroke = new BasicStroke(4);  // 선의 굵기
        g2.setStroke(stroke);
        g2.draw(path);
   } }
```

[예제7-6] 수행결과

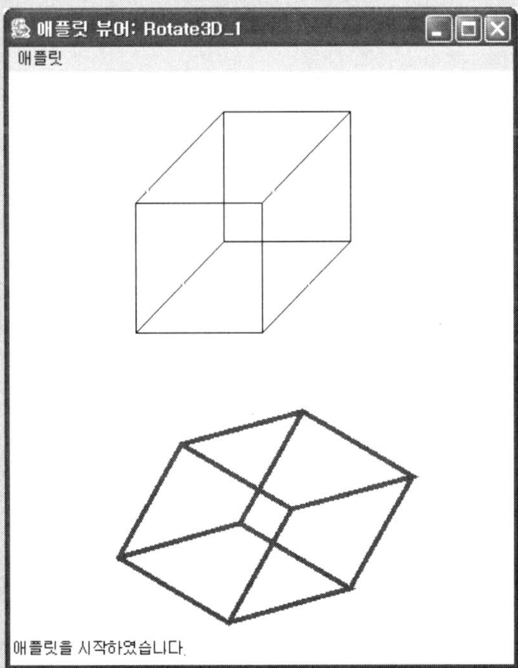

[예제 7-7] 다음 그림과 같이 Rotate 된 3차원 물체를 그리는 프로그램을 작성하시오.

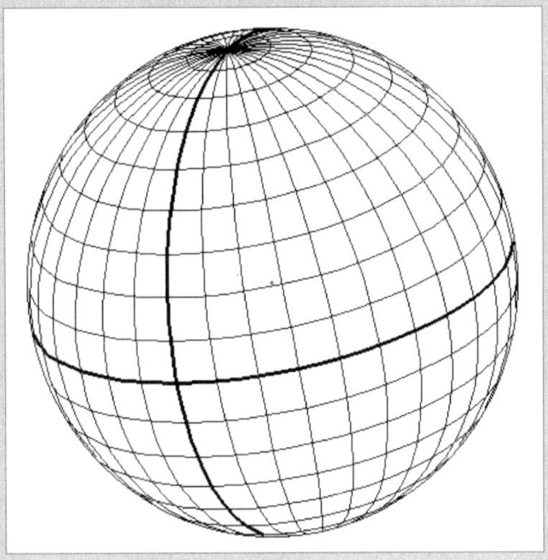

[예제 7-7] 프로그램

```
import java.awt.*;
import java.awt.geom.*;
import java.applet.Applet;
// <Applet code= Graph3D_1 width=500 height=400> </Applet>
public class Graph3D_1 extends Applet{
double LATITUTE = 20.90;
double LONGITUTE = 27.25;
double RADIUS = 150.0;
double ZROTATE = -27.25;
double YROTATE = -20.90;
double XROTATE = 10.8;
double INTERVAL = 10.0;
public Graph3D_1() { };
//-------------------------------------------------------------
 void Circle(double x, double y, double r){
      Graphics  g = getGraphics();
      Graphics2D g2 = (Graphics2D)g;
      Ellipse2D  circle = new Ellipse2D.Double(x-r, y-r, r*2, r*2);
              g2.setPaint(Color.gray);
              g2.fill(circle);}
//-------------------------------------------------------------
 public void paint(Graphics g) {
boolean plotted;
```

```
double x, y, z;
double p, fi;
double zr, yr, xr;
        xr = XROTATE * Math.PI / 180.;
        yr = YROTATE * Math.PI / 180.;
        zr = ZROTATE * Math.PI / 180.;
        for(p=Math.PI; p > -Math.PI; p -= INTERVAL*Math.PI /180){
           for(fi = 0.; fi <= 2*Math.PI; fi += Math.PI /180){
                    x = RADIUS * Math.cos(p) * Math.cos(fi)+100;
                    y = RADIUS * Math.cos(p) * Math.sin(fi)+100;
                    z = RADIUS * Math.sin(p)+100;
                    rotate3d(xr, yr, zr, x, y, z);
                         }}
/* Longitute */
    for(fi = 0;  fi < Math.PI;  fi += INTERVAL *Math.PI / 180){
          for ( p = 0;  p <= 2* Math.PI;  p += Math.PI /180){
                 x = RADIUS * Math.cos(p) * Math.cos(fi)+100;
                 y = RADIUS * Math.cos(p) * Math.sin(fi)+100;
                 z = RADIUS * Math.sin(p)+100;
                 rotate3d(xr, yr, zr, x, y, z);
           }      }        }
/* Rotation order : z axis -> y axis -> xaxis */
void rotate3d(double xr, double yr, double zr, double px, double py, double pz){
     Graphics g = getGraphics();
     Graphics2D g2 = (Graphics2D)g;
   // Dimension   d = size();
     boolean plotted = true;
     double x = px, y =py, z = pz;
     double x1, y1, z1, x2, y2, z2, x3, y3, z3;
        x1 = x * Math.cos(zr) - y * Math.sin(zr);
        y1 = x * Math.sin(zr) + y * Math.cos(zr);
        z1 = z;
        x2 = x1 * Math.cos(yr) - z1 * Math.sin(yr);
        y2 = y1;
        z2 = x1 * Math.sin(yr) + z1 * Math.cos(yr);
        x3 = x2;
        y3 = y2 * Math.cos(xr)   z2 * Math.sin(xr);
        z3 = y2 * Math.sin(xr) + z2 * Math.cos(xr);
        px = x3;  py = y3;  pz = z3;
//------------------------------------------------------
```

```
double xx, yy, xasp=66, yasp=60;
double x0 = d.width/2-40, y0 =d.height/2 +80;
        xx = x0 + py;
        yy = y0 - (pz * xasp / yasp);
        Circle(xx, yy, 2);
} }
```

지금까지는 한 좌표축에 대하여 회전식만을 생각했으나 공간내의 어떠한 선이라도 회전축으로 사용하여 일반적으로 표현할 수 있다. 그 결과는 임의의 선에 대해 각도만큼 회전하는 변환 행렬의 형태로 나타낼 수 있다. 이 변환 행렬은 이미 구한 다른 행렬들로부터 구할 수 있다. 임의의 축에 대한 3차원 회전에 있어서는 두 가지 경우, 즉 x, y, z축 중에서 어느 하나와 평행하는 경우와 평행하지 않은 경우를 생각할 수 있다. 예를 들어서 [그림 7-7]은 x축과 평행인 임의의 회전축을 기준으로 한 3차원 작업처리 순서를 나타내고 있다. 이 경우의 3차원 회전 작업 과정은 다음과 같다.

[과정 1] 먼저 회전축이 평행 좌표축과 일치하도록 물체를 전환한다[그림 7-7(b)].

[과정 2] 각θ 를 통해서 규정된 3차원 회전을 수행한다[그림 7-7(c)].

[과정 3] 회전축이 원래 위치로 되돌아 올 수 있도록 물체를 회전한다[그림 7-7(d)].

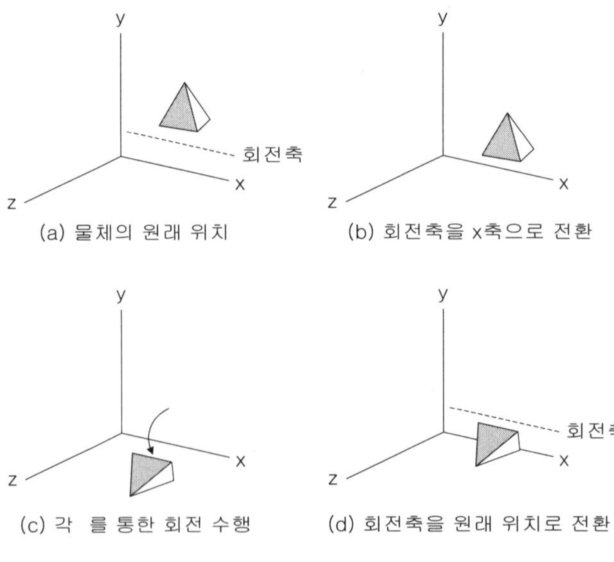

[그림 7–7] x 축에 대한 물체의 회전

θ

이와 달리 3차원 회전축이 x, y, z축 중에서 어느 하나와도 평행하지 않은 경우에는 부가적인 절차들을 위의 3단계에 추가해야 한다. 먼저 원점을 축 선으로 옮기기 위하여 전환을 수행한다. 그 다음 x축과 y축에 대하여 회전하여 축 선에 z축을 맞춘다. 이렇게 한 후에 축 선에 대해서 회전하는 것은 z축에 대한 회전과 같게 된다. 수행이 끝나면 원래의 위치로 선과 좌표를 다시 돌려보내기 위하여 y축과 x축에 대한 두 번의 회전 변환과 전환을 수행하여 처음의 역 변환을 한다.

[예제 7-8] **다음의 프로그램은 각 축에 대하여 회전시키는 프로그램이다. 실행 후 분석하시오.**

```
import java.awt.*;
import java.awt.geom.*;
import java.applet.Applet;
// <Applet code=Graph3D_2 width=600 height=600> </Applet>
public class Graph3D_2 extends Applet{
double SIZE    = 2.0;
double ZROTATE = 41;
double YROTATE = 41;
double XROTATE = 0;
double x0 = 5, y0 = 330;
 public Graph3D_2(){};
//---------------------------------------------------------
void Line_Pixel(double x0, double y0,double x1, double y1){
     Graphics g = getGraphics();
     Graphics2D g2 = (Graphics2D)g;
     Line2D line = new Line2D.Double(x0, y0, x1, y1);
              g2.setPaint(Color.black);
              g2.draw(line);}
//----------------------------------------------------------
 void Circle(double x, double y, double r){
     Graphics  g = getGraphics();
     Graphics2D g2 = (Graphics2D)g;
     Ellipse2D  circle = new Ellipse2D.Double(x-r, y-r, r*2, r*2);
              g2.setPaint(Color.black);
              g2.fill(circle);}
//---------------------------------------------------------
 public void paint(Graphics g) {Graphics2D g2 = (Graphics2D)g;
  Dimension  d = size();
  double x, y, z, x2, y2, z2;
  double zr, yr, xr;
           xr = XROTATE * Math.PI / 180.;
           yr = YROTATE * Math.PI / 180.;
           zr = ZROTATE * Math.PI / 180.;
        for(x = -115; x <= 115; x += 5){
```

```
        for(y = -115; y <= 115; y += 5){
                z = function(x, y);
                x2 = x * SIZE;
                y2 = y * SIZE;
                z2 = z * SIZE;
                rotate3d(xr, yr, zr, x2, y2, z2);
                    }}}
/* Function */
 double function(double x, double y){
  double f= (Math.pow(x,2) + Math.pow(y,2))/1800;
        if(Math.abs(f) < 1.e-5) return (40 * Math.PI);
        else return (40 * Math.sin(f * Math.PI)/f);
  }
/* Rotation order : z axis -> y axis -> xaxis */
void rotate3d(double xr, double yr, double zr, double px, double py, double pz)
  {  Graphics g = getGraphics();
     Graphics2D g2 = (Graphics2D)g;
     Dimension   d = size();
     double xx, yy, xasp=66, yasp=60;
     double x = px, y =py, z = pz;
     double x1, y1, z1, x2, y2, z2, x3, y3, z3;
         x1 = x * Math.cos(zr) - y * Math.sin(zr);
         y1 = x * Math.sin(zr) + y * Math.cos(zr);
         z1 = z;
         x2 = x1 * Math.cos(yr) - z1 * Math.sin(yr);
         y2 = y1;
         z2 = x1 * Math.sin(yr) + z1 * Math.cos(yr);
         x3 = x2;
         y3 = y2 * Math.cos(xr) - z2 * Math.sin(xr);
         z3 = y2 * Math.sin(xr) + z2 * Math.cos(xr);
         px = x3;  py = y3;  pz = z3;
//----------------------------------------------------
         xx = d.width/2 + py;
         yy = d.height/2 - (pz * xasp / yasp);
         Line_Pixel(x0, y0, xx, yy);
        Circle(xx, yy, 1);
         x0 = xx;   y0 = yy;
       }}
```

[예제 7-8] 수행결과

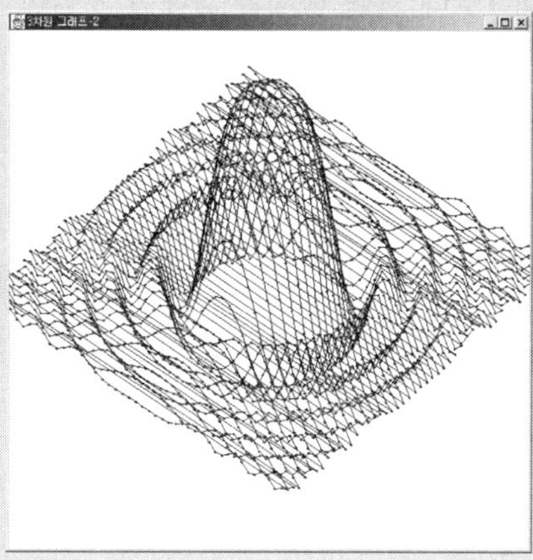

7-2-3 스케일링

3차원 스케일링(확대·축소)인 경우도 z축의 좌표를 포함한 3차원 좌표를 갖게 됨으로 유사 좌표를 사용하는 경우에는 식 (7·10)과 같은 [4×4]행렬이 필요하게 된다.

$$[x' \ y' \ z' \ 1] = [x \ y \ z \ 1]\begin{bmatrix} S_x & 0 & 0 & 0 \\ 0 & S_y & 0 & 0 \\ 0 & 0 & S_z & 0 \\ 0 & 0 & 0 & 1 \end{bmatrix} \quad \cdots\cdots (7 \cdot 10)$$

따라서 이 행렬을 이용한 변환은 식 (7·11)과 같이 수행된다.

$$[x' \ y' \ z' \ w'] = [x \ y \ z \ w]\begin{bmatrix} S_x & 0 & 0 & 0 \\ 0 & S_y & 0 & 0 \\ 0 & 0 & S_z & 0 \\ 0 & 0 & 0 & 1 \end{bmatrix} = [S_x x \ \ S_y y \ \ S_{zz} \ \ w] \quad \cdots\cdots (7 \cdot 11)$$

따라서 식 (7·12)과 같이 확대·축소가 가능한 새로운 좌표(x', y', z')를 얻을 수 있다.

$$x' = x \cdot S_x$$

$$y' = y \cdot S_y \quad \cdots\cdots (7 \cdot 12)$$

$$z' = z \cdot S_z$$

여기서 Sx, Sy, Sz는 임의의 상수이며, Sx, Sy, Sz는 각각 x방향으로의 변환율, y방향으로의 변환율, z방향으로의 변환율이라 한다. 따라서 원래의 크기 x, y, z에 이 변환율을 곱하면 변환된 좌표(x', y', z')를 구할 수 있다. 이 변환율이 1보다 크면 물체를 확대한 것이며, 1보다 적으면 물체를 축소시키는 것이 된다.

식 (7·11)의 행렬식을 3차원 물체를 나타내는 각 점에 대하여 수행한다면 물체는 원점을 기준으로 확대·축소가 되고, 확대·축소 요소의 크기가 모두 다른 경우에는 물체의 모양이 바뀌게 된다. 다시 말해서 확대·축소시 대상체의 본래 모습을 갖도록 하기 위해서는 동일한 요소의 크기(Sx = Sy = Sz)를 가져야 한다. 2배 확대의 결과를 [그림 7-8]에 나타내었다. [그림 7-8]에서 알 수 있듯이 물체의 크기를 2배로 확대하면 원점으로부터 거리도 2배로 늘어난다.

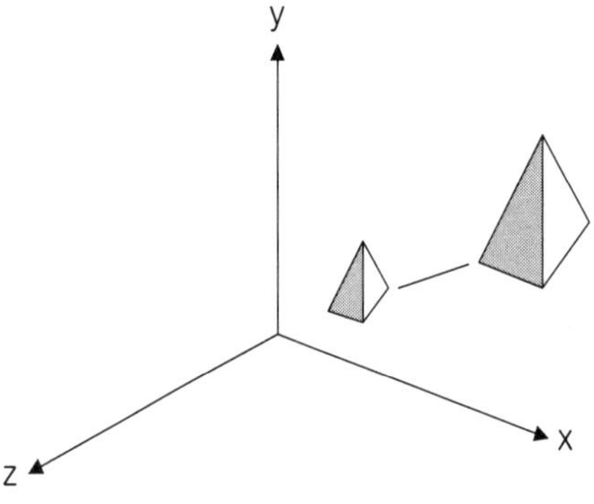

[그림 7–8] 도형의 크기에 대한 2배 확대

위에서 설명한 확대·축소의 행렬은 원점을 중심으로 확대·축소를 수행하는 것이었다. 여기서 설명한 전환 행렬을 이용하면 임의의 점에 대한 확대·축소의 행렬을 구할 수 있다.

임의의 고정점(Cx, Cy, Cz)을 기준으로 확대·축소하기 위한 작업 과정은 다음과 같이 3단계로 수행된다.

[과정 1] 고정점을 원래 위치로 변환한다[그림 7-9(b)].

[과정 2] 식 (7·10)을 이용하여 확대축소를 수행한다[그림 7-9(c)].

[과정 3] 고정점을 원래의 위치로 변환한다[그림 7-9(d)].

[그림 7-9]는 위에서 설명한 단계에 따라 선택된 고정점에 대한 물체의 확대 예를 나타낸다.

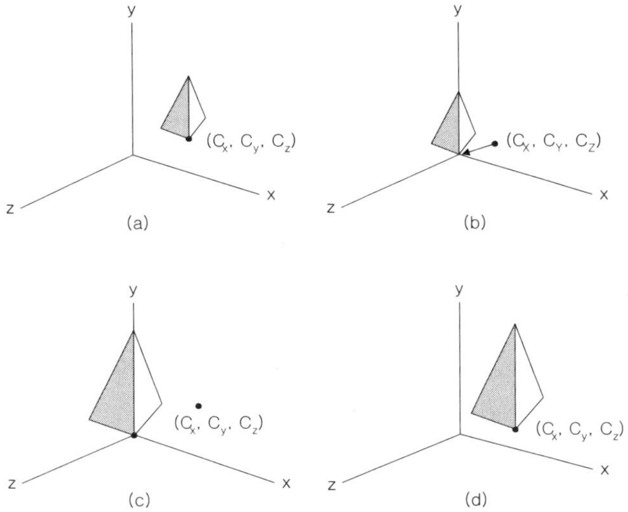

[그림 7-9] 고정점에 대한 도형의 확대

임의의 고정점(Cx, Cy, Cz)을 기준으로 확대·축소하는 행렬식은 위의 3단계를 수행하는 행렬들을 차례로 곱하면 된다. 그 결과는 식 (7·13)과 같다.

T(-Cx,-Cy,-Cz)·S(Sx, Sy, Sz)·T(Cx, Cy, Cz) = MAT ······························ (7·13)

여기서 MAT는 다음과 같다.

$$\mathrm{MAT} = \begin{bmatrix} S_x & 0 & 0 & 0 \\ 0 & S_y & 0 & 0 \\ 0 & 0 & S_z & 0 \\ (1-S_x)C_x & (1-S_y)C_y & (1-S_z)C_z & 1 \end{bmatrix}$$

여기서 T는 위치전환 행렬(translation matrix)이고 S는 확대·축소 행렬(scaling matrix) 이다.

Java Graphics2D API에서는 3차원 도형을 확대, 축소하는 메소드를 다음과 같이 제공하고 있다.

▌ public void scale(double sx, double sy)

① scale(1, 1)은 변화가 없으며, scale(3, 3)은 3배 확대를 의미한다.

② scale(0.5, 0.5)는 50% 축소를 의미한다.

[예제 7-9] 다음 3차원 도형을 2배 확대하는 프로그램을 작성하시오.

```
import java.awt.*;
import java.awt.geom.*;
import java.applet.Applet;
// <Applet code=TLineto3D_1 width=500 height=400> </Applet>
```

```
public class  TLineto3D_1 extends Applet{
 public TLineto3D_1() { };
//--------------------------------------------------------------
   public void paint(Graphics g){Graphics2D g2 = (Graphics2D)g;
   GeneralPath path = new GeneralPath(GeneralPath.WIND_EVEN_ODD);
          path.moveTo(100,100);          path.lineTo(150,80);
          path.lineTo(100,50);           path.lineTo(100,100);
          path.lineTo(50,100);           path.lineTo(100,50);
  Stroke stroke1
   = new BasicStroke(2,BasicStroke.CAP_ROUND,BasicStroke.JOIN_ROUND,0);
              g2.setStroke(stroke1);
              g2.draw(path);
//------------------------------------------------------------------
              g2.scale(2, 2);   // 도형의 두배 확대 //(0.5,0.5)인 경우 50% 축소
              g2.setPaint(Color.red);
  Stroke stroke
    = new BasicStroke(4,BasicStroke.CAP_ROUND,BasicStroke.JOIN_ROUND,0);
              g2.setStroke(stroke);  // 이음새를 라운드 한다.
              g2.draw(path);
          } }
```

[예제 7-9] 수행결과

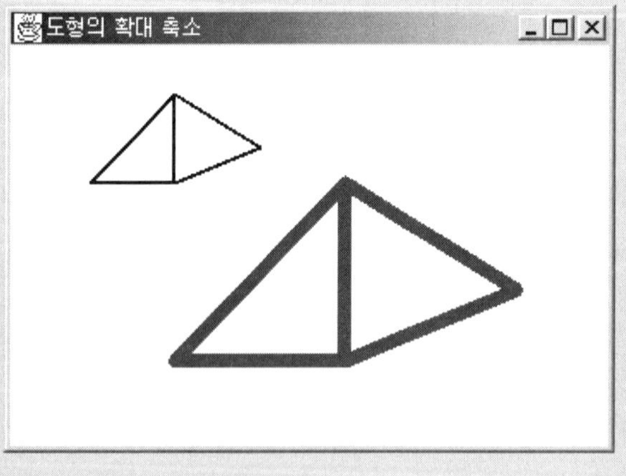

[예제 7-10] 다음 3차원 도형을 축소하는 프로그램을 작성하시오.

```
import java.awt.*;
import java.awt.geom.*;
import java.applet.Applet;
```

```
// <Applet code=Scale3D_1 width=500 height=500> </Applet>
public class Scale3D_1 extends Applet{
double LATITUTE = 20.90;
double LONGITUTE = 27.25;
double RADIUS = 150.0;
double ZROTATE = -27.25;
double YROTATE = -20.90;
double XROTATE = 10.8;
double INTERVAL = 10.0;
 public Scale3D_1(){}; //도형 축소 확대 그래프
//----------------------------------------------------------
 void Circle(double x, double y, double r){
      Graphics  g = getGraphics();
      Graphics2D g2 = (Graphics2D)g;
      Ellipse2D  circle = new Ellipse2D.Double(x-r, y-r, r*2, r*2);
                  g2.setPaint(Color.blue);
                  g2.fill(circle);
//----------------------------------------------------------
                  g2.setPaint(Color.red);
                  g2.scale(0.5, 0.5);    // 도형의 50% 축소
                  g2.fill(circle);
//----------------------------------------------------------
                  g2.translate(100,100);
                  g2.scale(2, 2);    // 도형의 2배 확대
                  g2.fill(circle); }
//----------------------------------------------------------
 public void paint(Graphics g) {Graphics2D g2 = (Graphics2D)g;
    Dimension  d = size();
    double x, y, z;
    double p, fi;
    double zr, yr, xr;
            xr = XROTATE * Math.PI / 180.;
            yr = YROTATE * Math.PI / 180.;
            zr = ZROTATE * Math.PI / 180.;
        for(p=Math.PI; p > -Math.PI; p -= INTERVAL*Math.PI /180){
            for(fi = 0.; fi <= 2*Math.PI; fi += Math.PI /180){
                        x = RADIUS * Math.cos(p) * Math.cos(fi)+100;
                        y = RADIUS * Math.cos(p) * Math.sin(fi)+100;
                        z = RADIUS * Math.sin(p)+100;
```

```
                    rotate3d(xr, yr, zr, x, y, z);
                          }}
  /* Longitute */
    for(fi = 0; fi < Math.PI; fi += INTERVAL *Math.PI / 180){
                   for ( p = 0; p <= 2* Math.PI; p += Math.PI /180){
                       x = RADIUS * Math.cos(p) * Math.cos(fi)+100;
                       y = RADIUS * Math.cos(p) * Math.sin(fi)+100;
                       z = RADIUS * Math.sin(p)+100;
                       rotate3d(xr, yr, zr, x, y, z);
            }      } }
/* Rotation order : z axis -> y axis -> xaxis */
void rotate3d(double xr, double yr, double zr, double px, double py, double pz)
    { Graphics g = getGraphics();
      Graphics2D g2 = (Graphics2D)g;
      Dimension  d = size();
      double x = px, y =py, z = pz;
      double x1, y1, z1, x2, y2, z2, x3, y3, z3;
           x1 = x * Math.cos(zr) - y * Math.sin(zr);
           y1 = x * Math.sin(zr) + y * Math.cos(zr);
           z1 = z;
           x2 = x1 * Math.cos(yr) - z1 * Math.sin(yr);
           y2 = y1;
           z2 = x1 * Math.sin(yr) + z1 * Math.cos(yr);
           x3 = x2;
           y3 = y2 * Math.cos(xr) - z2 * Math.sin(xr);
           z3 = y2 * Math.sin(xr) + z2 * Math.cos(xr);
           px = x3;  py = y3;  pz = z3;
//----------------------------------------------------
   double xx, yy, xasp=66, yasp=60;
   double x0 = d.width/2-40, y0 =d.height/2 +80;
           xx = x0 + py;
           yy = y0 - (pz * xasp / yasp);
           Circle(xx, yy, 1.5);
     }}
```

[예제 7-10]
수행결과

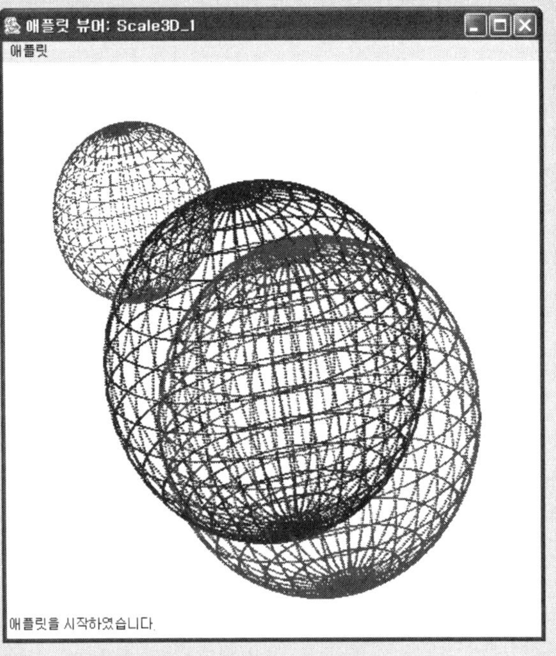

제8장

이미지 & 애니메이션

- 8-1 이미지
- 8-2 이미지 프로그래밍
- 8-3 애니메이션

CHAPTER 08 이미지 & 애니메이션

8-1 이미지

이미지(Image)는 Graphics 와 Graphics2D에 있는 drawImage() 메소드를 이용해서 드로잉 평면에 이미지를 그릴 수 있다. 이미지는 자바가 지원하는 포맷은 확장자가 GIF, JPEG이다. 이는 자바가 독립적인 플랫폼 언어이기 때문에 이미지 또한 독립적인 플랫폼 포맷인 GIF 와 JPEG를 지원한다. 자바에서 이미지를 사용할 수 있도록 지원하는 패키지는 다음과 같다.

(1) java.applet.Applet 패키지
① 자바 애플릿 프로그램에서 사용되어지는 이미지 패키지이다.
(2) java.awt.Toolkit 패키지
②자바 애플리케이션(application) 프로그램에서 사용되어지는 이미지 패키지이다.
(3) java.awt.Image 패키지

8-1-1 이미지 적재

이미지를 적재하기 위해서는 getImage() 메소드를 사용하며 이 메소드는 java.applet.Applet 클래스와 java.awt.Toolkit 클래스에서 제공된다.

(1) Applet 클래스에서 이미지 적재

애플릿은 java.applet.Applet 클래스에 있는 두 개의 메소드를 이용해서 URL(Uniform Resource Locate)로부터 이미지를 적재 할 수 있다. 다음은 관련 메소드이다.

◉ public Image getImage(URL url)

◉ public Image getImage(URL url String name)

여기서 url은 이미지의 위치를 의미하며 일반적으로 Applet 클래스에서 제공하는 getDocumentBase()나 getCodeBase() 메소드를 이용하여 인터넷상에 존재하는 이미지 주소를 URL 형태로 얻어서 사용한다.

[예제 8-1] 다음 Applet에서 getDocumentBase() 메소드를 이용하여 이미지 적재 프로그램 작성하시오.

```
import java.applet.*;
import java.awt.*;
public class ShowImage extends Applet {
 private Image Img;
 public void init() {
   Img = getImage(getDocumentBase(), "img2.gif");  // 동일 폴더에 위치
   play(getDocumentBase(),"Sori.au");  // 음악을 재생한다.
  }
 public void paint(Graphics g) {Graphics2D  g2 = (Graphics2D)g;
      g2.scale(0.5, 0.5);      // 0.5 배 축소
      g2.drawImage(Img, 0, 0, this);
 } }
```

[예제 8-1] 수행결과

[예제 8-2] 다음 Applet에서 getCodeBase() 메소드를 이용하여 이미지 적재 프로그램 작성하시오.

```
import java.applet.*;
import java.awt.*;
public class ShowImage_2 extends Applet {
 private Image mImage;
 AudioClip ac;
 public void init() {
   mImage = getImage(getCodeBase(), "photo1.jpg");
  ac = getAudioClip(getDocumentBase(),"Sori2.au");
```

```
        ac.loop();        // ac.play();는 한번 재생
  //  play(getDocumentBase(),"Sori2.au");  // 음악을 재생한다.
      }
   public void paint(Graphics g) { Graphics2D  g2 = (Graphics2D)g;
        g2.scale(0.5, 0.5);
        g2.drawImage(mImage, 0, 0, this);
     } }
```

[예제 8-2] 수행결과

(2) Toolkit 클래스의 getImage() 메소드

Toolkit 클래스에서 제공하는 이미지 메소드는 애플리케이션 프로그램과 애플릿 프로그램 모두 사용할 수 있는 메소드이다.

Toolkit 클래스의 getImage() 메소드를 사용하려면 우선적으로 Toolkit 객체를 가져야한다. 이 메소드를 얻는 방법은 다음 두 가지가 있다.

◉ Toolkit 클래스의 getDefaultToolkit() 메소드를 이용하는 방법.

◉ Component 클래스의 getToolkit() 메소드를 이용하는 방법.

여기서 Component 클래스는 6개의 Component 클래스로 Button, Panel, Checkbox(확인란), CheckboxGroup(선택란), Label, Scrollbar를 말한다.

8-1-2 이미지 화면에 표시하기

Image는 Graphics 와 Graphics2D에 있는 drawImage() 메소드를 사용하여 윈도우 화면에 이미지를 표시할 수 있다.

자바에서는 이미지의 적재 과정을 알기 위해 이미지를 추적하는 과정을 관찰하는 감시 기능을 가지는 ImageObserver의 인터페이스를 제공하고 있다. drawImage() 메소드는 이미지 관찰자를 매개 변수로 제공받아 이미지가 적재되면 이미지 관찰자에게 이 사실을 알려지게 되어 repaint() 메소드를 수행 drawImage() 메소드를 다시 호출되어 이미지가 화면에 즉시 그려지게 된다.

즉 g2.drawImage(Img, 0, 0, this);의 this는 ImageObserver로서 drawImage() 메소드에 전달되어 이미지가 그려지게 된다.

Graphics 와 Graphics2D의 클래스에서 제공되는 drawImage() 메소드는 다음과 같다.

```
▌drawImage(image, x, y, observer)
▌drawImage(image, x, y, width, height, observer)
▌drawImage(image, x, y, bgcolor, observer)
▌drawImage(image, x, y, width, height, bicolor, observer)
```

위의 메소드에서 매개변수들은 다음과 같은 의미를 갖는다.

- ◉ image : 이미지를 참조하고 있는 객체
- ◉ (x, y) : 이미지가 그려질 왼쪽 상단 좌표
- ◉ (width, height) : 이미지의 폭과 높이
- ◉ bgcolor : 이미지의 배경 색상
- ◉ observer : 이미지 관찰자 일빈적으로 this로 명시한다.

[예제 8-3] 다음 이미지를 화면에 그리는 프로그램을 애플리케이션 프로그램으로 작성하시오.

```
import java.awt.*;
import java.awt.geom.*;
import java.applet.Applet;
// <Applet code=Image_1 width=400 height=400> </Applet>
public class Image_1 extends Applet {
  private Image image;
  public Image_1(){};
  public void init(){image = Toolkit.getDefaultToolkit().getImage("car3.jpg");  }
//-----------------------------------------------------------
  public void paint(Graphics g) { Graphics2D  g2 = (Graphics2D)g;
     g2.drawImage(image, 50, 50, this); // 좌표(50, 50)에서 원래의 크기로
    } }
```

[예제 8-3] 수행결과

8-2 이미지 프로그래밍

8-2-1 이미지의 일부분 확대 메소드

이미지의 일부분을 확대시키는 메소드는 다음과 같다.

- drawImage(image, dx, dy, dw, dh, sx, sy, observer)

① 여기서 매개변수 (sx, sy)는 원래의 의미지 좌표, (dx, dy)는 원래의 이미지가 대응될 목적지 좌표를 의미한다. (dw, dy)는 그려질 이미지 폭과 높이.

[예제 8-4] 다음 drawImage()의 메소드를 사용하여 이미지를 확대하는 프로그램을 작성하시오.

```
import java.awt.*;
import java.awt.geom.*;
import java.applet.Applet;
// <Applet code=Image_2 width=400 height=400> </Applet>
public class Image_2 extends Applet {
  private Image image;
  public Image_2(){ image = Toolkit.getDefaultToolkit().getImage("car3.jpg"); }
  //------------------------------------------------------------
  public void paint(Graphics g) { Graphics2D  g2 = (Graphics2D)g;
    g2.drawImage(image, 50, 50, 400, 300, 60, 60, 200, 120, this);
  } }
```

[예제 8-4] 수행결과

[프로그램 설명]

위 프로그램에서 첫 번째 좌표 (50, 50)는 확대된 이미지가 표시될 시작좌표이며, 중간에 있는 좌표(60, 60)는 이미지의 소스의 위치로 폭 140(200-60=140), 높이 60(120-60=60) 인 부분을 시작좌표 (50, 50)에서 폭 400, 높이 300의 크기로 확대하여 화면에 표시한다.

8-2-2 이미지의 수직 축으로 회전

이미지를 수직으로 회전하기 위해서는 소스 이미지 좌표 (0, 0)와 (width, height)은 각각의 목적지 좌표 (width, 0)와 (0, height)로 일대일로 대응시키면 된다.

[예제 8-5] **다음은 이미지를 수직으로 회전시키는 프로그램이다. 실행 후 분석하시오.**

```
import java.awt.*;
import java.awt.geom.*;
 import java.applet.Applet;
// <Applet code=Image_3 width=400 height=400> </Applet>
public class Image_3 extends Applet{
  private Image image;
  public Image_3(){ image = Toolkit.getDefaultToolkit().getImage("car3.jpg"); }
//------------------------------------------------------------
  public void paint(Graphics g) {Graphics2D  g2 = (Graphics2D)g;
    g2.drawImage(image, image.getWidth(this), 50, 50, image.getHeight(this),
                 0, 0, image.getWidth(this), image.getHeight(this), this);
   }  }
```

[예제 8-5] 수행결과

위 프로그램에서 image.getWidth(this)와 image.getHeight(this)는 각각 소스 이미지의 실제 폭과 높이를 알아내는 메소드이다. 이미지가 180도 회전결과를 나타내고 있다.

8-2-3 이미지의 수평축으로 회전

이미지를 수평축으로 회전시키는 메소드는 다음과 같다.

```
drawImage(image, 0, image.getHeight(this), image.getWidth(this), 0, 0, 0,
          image.getWidth(this), image.getHeight(this), this)
```

① 이미지를 수평축으로 회전시키는 메소드이다.

[예제 8-6] 다음 프로그램은 이미지를 수평축으로 회전시키는 프로그램이다. 실행 후 분석하시오.

```
import java.awt.*;
import java.awt.geom.*;
 import java.applet.Applet;
// <Applet code=Image_4 width=400 height=400> </Applet>
public class Image_4 extends Applet {
  private Image image;
  public Image_4(){ image = Toolkit.getDefaultToolkit().getImage("car3.jpg");   }
//--------------------------------------------------------------
  public void paint(Graphics g) {  Graphics2D  g2 = (Graphics2D)g;
    g2.drawImage(image, 50, 150, this);
    g2.drawImage(image, 50, image.getHeight(this), image.getWidth(this), 0, 0, 0,
               image.getWidth(this), image.getHeight(this), this);
          } }
```

[예제 8-6] 수행결과

8-2-4 이미지의 수직/수평축으로 회전

이미지를 수직/수평축으로 회전시키는 메소드는 다음과 같다.

```
drawImage(image, image.getWidth(this), image.getHeight(this), 0, 0, 0, 0,
          image.getWidth(this), image.getHeight(this), this)
```

① 이미지를 수직/수평축으로 회전시키는 메소드이다.

[예제 8-7] 다음 프로그램은 이미지를 수직/수평축으로 회전하는 프로그램이다. 실행 후 분석하시오.

```
import java.awt.*;
import java.awt.geom.*;
import java.applet.Applet;
// <Applet code=Image_5 width=400 height=400> </Applet>
public class Image_5 extends Applet {
  private Image image;
  public Image_5(){ image = Toolkit.getDefaultToolkit().getImage("car3.jpg");  }
//-------------------------------------------------------------
  public void paint(Graphics g) { Graphics2D  g2 = (Graphics2D)g;
    g2.drawImage(image, 50, 150, this);
    g2.drawImage(image, image.getWidth(this), image.getHeight(this), 50, 50, 0, 0,
                image.getWidth(this), image.getHeight(this), this);
        } }
```

[예제 8-7] 수행결과

[예제 8-8] 다음은 이미지를 세로로 확대하는 프로그램이다. 실행 후 분석하시오.

```
import java.awt.*;
import java.awt.geom.*;
import java.applet.Applet;
// <Applet code=Image_6 width=400 height=400> </Applet>
public class Image_6 extends Applet {
  private Image image;
  public Image_6(){};
     image = Toolkit.getDefaultToolkit().getImage("car3.jpg");
   }
//-------------------------------------------------------------
  public void paint(Graphics g) {Graphics2D  g2 = (Graphics2D)g;
    g2.drawImage(image, 10, 10, image.getWidth(this)/2, image.getHeight(this)*2, 0, 0,
                image.getWidth(this), image.getHeight(this), this);
          } }
```

[예제 8-8] 수행결과

[예제 8-9] **다음 프로그램은 이미지 위에 이미지를 그리는 프로그램이다. 실행결과를 분석하시오.**

```
import java.awt.*;
import java.awt.event.*;
import java.awt.image.*;
import java.io.*;
import com.sun.image.codec.jpeg.*;
import java.applet.Applet;
// <Applet code=Img_Duplicate width=400 height=400> </Applet>
public class Img_Duplicate extends Applet{
   private BufferedImage image;
   public Img_Duplicate(){ };
//-------------------------------------------------------
  public void paint(Graphics g) { Graphics2D g2 = (Graphics2D)g;
   // offscreen image 가 생성되지 않았으면 이를 생성
   if (image == null) createOffscreenImage();
   g2.drawImage(image, 0, 0, this); // 이미지 렌더링
    }
 private void createOffscreenImage() {
   // BufferedImage 이미지 생성
   Dimension d = getSize();
   int w = d.width,  h = d.height;
   image = new BufferedImage(w, h, BufferedImage.TYPE_INT_RGB);
   // 오프스크린을 위한 Graphics2D g2를 얻는다.
   Graphics2D g2 = image.createGraphics();
   try {
     String filename = "photo1.jpg"; // 이미지 파일 로딩
     InputStream in = getClass().getResourceAsStream(filename);
     JPEGImageDecoder decoder = JPEGCodec.createJPEGDecoder(in);
     BufferedImage image = decoder.decodeAsBufferedImage();
     in.close();
     // Draw the loaded image on the offscreen image.
         g2.drawImage(image, 0, 0, w, h, null);
       }
   catch (Exception e) { System.out.print(e); }
         g2.setStroke(new BasicStroke(4));   // 선의 굵기
   Color[] colors = { Color.red, Color.blue, Color.green };
   for (int i = -32; i < 40; i += 8) {   // 중심좌표가 같은 타원을 그린다.
         g2.setPaint(colors[Math.abs(i) % 3]);
        g2.drawOval(i, i, w - i * 2, h - i * 2);
     } } }
```

[예제 8-9] 수행결과

[프로그램 설명]
위 프로그램에서 image = new BufferedImage(w, h, BufferedImage.TYPE_INT_RGB)의 TYPE_INT_RGB는 32 비트 정수에 8 비트 적색, 녹색, 청색의 샘플을 저장한다.
또한 createOffscreenImage() 메소드는 먼저 Img_Duplicate에 담을 새로운 오프스크린 이미지를 생성한다. 그리고 이미지 파일을 로드하여 이 이미지를 오프스크린 이미지의 창에 맞게 이미지를 그린다. 마지막으로 createOffscreenImage() 메소드로 오프스크린 이미지에 타원을 그린다.

8-3 애니메이션

애니메이션(Animation)이란 일련의 이미지를 화면에 일정한 시간 간격으로 연속적으로 보여줌으로서 이미지가 움직이는 것과 같은 효과를 나타내는 기법을 애니메이션이라 한다. 이는 보통 인간의 눈은 1 초에 12 프레임의 변화만으로 이미지가 움직이는 착시현상을 이용한 것이다.

이미지 화면을 반복적으로 갱신하기 위해서는 다음과 같은 과정이 필요하다.

```
public void run(){
  while(true){
       repaint();
       try{Thread.sleep(500); }catch(InterruptedException e){ }
       }
   public void paint(Graphics g){
          g2.drawImage();
       } }
```

[프로그램 설명]
위 프로그램에서 Thread.sleep(500)는 약 0.5초 정도 지연을 의미하며, 즉 0.5초마다 화면을 갱신하는 결과이다. 애니메이션 프로그램이 애플리케이션으로 작성되면 run ()메소드로, 애플릿으로 작성되면 start() 메소드 안에 애니메이션 루프가 정의되어져야 한다. 애니메이션 프로그램에서는 애니메이션 루프를 전담하는 스레드가 반드시 필요하다.

[예제 8-10-a] 애니메이션 루프를 이용하여 매초마다 카운트 값을 1씩 증가시키는 프로그램을 작성하시오.

```
import java.awt.*;
import java.awt.geom.*;
public class Animation_count extends Frame implements Runnable{
   Font font = new Font ("Serif", Font.BOLD, 24);
   Thread animator;
   int count;
public static void main(String[], args){
   Animation_count win =new Animation_count();
   }
//---------------------------------------------------------
           public boolean handleEvent(Event evt){
           if (evt.id == Event.WINDOW_DESTROY)
              System.exit(0);
           return super.handleEvent(evt);}
//---------------------------------------------------------
public Animation_count(){
    super(" 카운트 애니메이션 ");
    animator = new Thread(this);
    animator.start();
          setSize(300, 200);
          setVisible(true);
    }
 public void run(){
     while(true){
     repaint();
    try{Thread.sleep(1000); }catch(InterruptedException e){ }
        count++;
        } }
public void paint(Graphics g){Graphics2D g2 = (Graphics2D)g;
           g2.setFont(font);
           g2.drawString("Count :  " + count, 40, 50);
        } }
```

[예제8-10-a] 수행결과

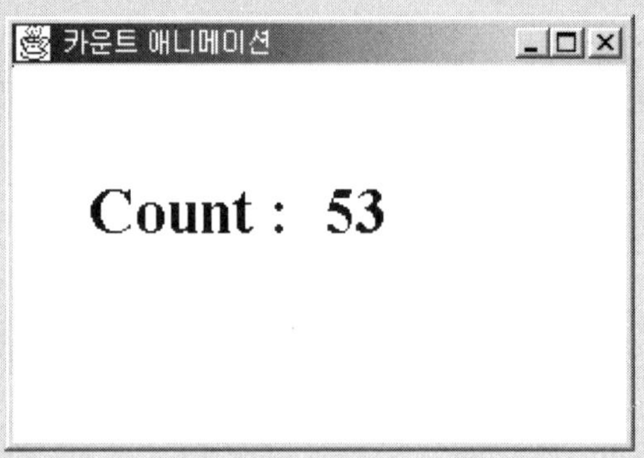

[예제 8-10-b]

다음 프로그램은 [예제 8-10-a] 프로그램을 Applet 프로그램으로 작성된 것이다. 비교 분석 하시오.

```
import java.awt.*;
import java.awt.geom.*;
import java.applet.Applet;
// <Applet code=Animation_count1 width=300 height=200> </Applet>
public class Animation_count1 extends Applet implements Runnable{
   Font font = new Font ("Serif", Font.BOLD, 30);
   Thread animator;
   int count;
public Animation_count1(){
   // 카운트 애니메이션
   animator = new Thread(this);
   animator.start();  }
//-----------------------------------------------------------
 public void run(){
    while(true){
        repaint();
        try{Thread.sleep(1000); }
        catch(InterruptedException e){}
          count++;
         } }
//-----------------------------------------------------------
    public void paint(Graphics g){Graphics2D g2 = (Graphics2D)g;
          g2.setFont(font);
          g2.drawString("Count :  " + count, 40, 100);
         } }
```

[예제 8-11-a] **다음 Ball이 좌우측으로 이동하는 프로그램을 작성하시오.**

```
import java.awt.*;
import java.awt.geom.*;
import java.applet.Applet;
// <Applet code=BallAnimation width=500 height=400> </Applet>
public class BallAnimation extends Applet implements Runnable{
  Thread animator;
  double x;
 public BallAnimation() {
      animator = new Thread(this);
      animator.start();
      }
 public void run(){
      while(true){
      for(x = 10; x <= 400; x +=5){ // 오른쪽으로 이동
         repaint();
      try{Thread.sleep(100);}catch(InterruptedException e){}     }
      for(x = 400; x >= 10; x -=5){ // 왼 쪽으로 이동
         repaint();
      try{Thread.sleep(100);} catch(InterruptedException e){}
      }  }  }
//-------------------------------------------------------
 public void paint(Graphics g){Graphics2D g2 = (Graphics2D)g;
         g2.setPaint(Color.red);
         Ellipse2D circle = new Ellipse2D.Double(x, 100, 100, 100);
         g2.fill(circle);
   }  }
```

[예제8-11-a] 수행결과

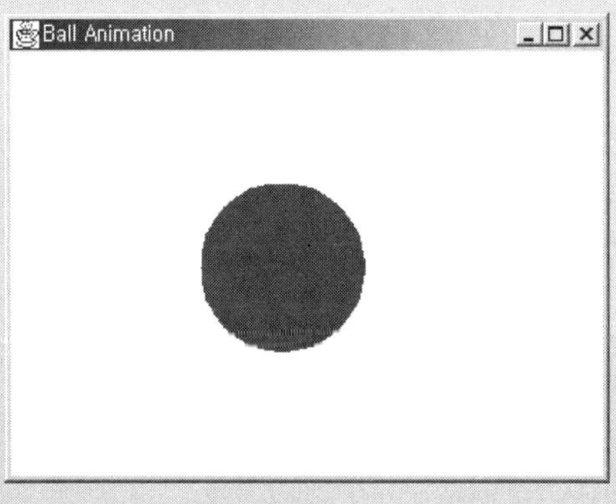

[예제 8-11-b]

[예제 8-11-a] 프로그램에서 Ellipse2D.Double(x, 50, 20+x, 20+x)로 매개변수를 바꾸면 볼의 크기가 확대 및 축소되어 이동된다.

```
import java.awt.*;
import java.awt.geom.*;
import java.applet.Applet;
// <Applet code=BallAnimation_11 width=600 height=400> </Applet>
public class BallAnimation_11 extends Applet implements Runnable{
  Thread animator;
  double x;
 public BallAnimation_11() {
      animator = new Thread(this);
      animator.start();
      }
 public void run(){
      while(true){
      for(x = 10; x <= 400; x +=5){ // 확대 이동
          repaint();
      try{Thread.sleep(30);}catch(InterruptedException e){}
                }
      for(x = 400; x >= 10; x -=5){ // 축소 이동
         repaint();
      try{Thread.sleep(20);} catch(InterruptedException e){}
      }  }  }
//------------------------------------------------------
 public void paint(Graphics g){Graphics2D g2 = (Graphics2D)g;
         g2.setPaint(Color.red);
      Ellipse2D circle = new Ellipse2D.Double(x, 50, 20+x, 20+x);
         g2.fill(circle);
   }  }
```

[예제 8-12]

[예제 8-11-a]프로그램에서 paint() 메소드 부분을 다음과 같이 변경하면 어떤 형태의 이미지가 생성되는가? 실행 후 분석하시오.

```
 public void paint(Graphics g){ Graphics2D g2 = (Graphics2D)g;
              g2.setPaint(Color.red);
   Ellipse2D cirl = new Ellipse2D.Double(x, 50, 100, 100);
             g2.fill(cirl);
   Ellipse2D cir2 = new Ellipse2D.Double(400-x, 150, 100, 100);
```

```
            g2.setPaint(Color.blue);
            g2.fill(cir2);
    } }
```

[예제 8-12] 수행결과

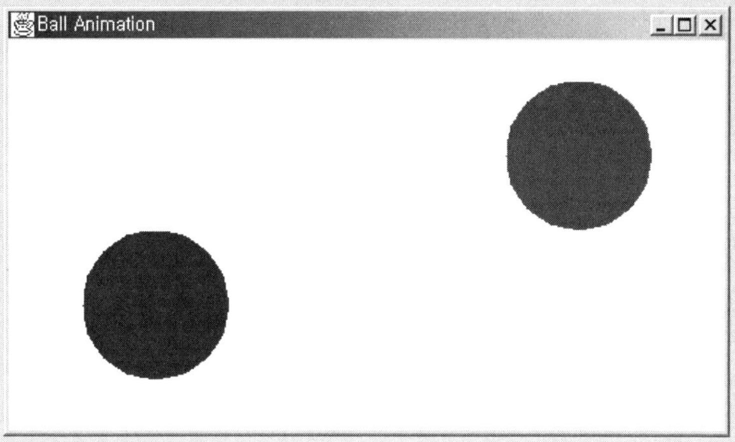

```
[프로그램]
import java.awt.*;
import java.awt.geom.*;
import java.applet.Applet;
// <Applet code=BallAnimation_12 width=500 height=400> </Applet>
public class BallAnimation_12 extends Applet implements Runnable{
  Thread animator;
  double x;
 public BallAnimation_12() {
      animator = new Thread(this);
      animator.start();
      }
 public void run(){
      while(true){
      for(x = 10; x <= 400; x +=5){ // 오른쪽으로 이동
        repaint();
      try{Thread.sleep(20);}catch(InterruptedException e){}     }
      for(x = 400; x >= 10; x -=5){ // 왼 쪽으로 이동
        repaint();
      try{Thread.sleep(20);} catch(InterruptedException e){}
      }  }  }
//----------------------------------------------------
```

```
public void paint(Graphics g){ Graphics2D g2 = (Graphics2D)g;
             g2.setPaint(Color.red);
    Ellipse2D cir1 = new Ellipse2D.Double(x, 50, 100, 100);
             g2.fill(cir1);
     Ellipse2D cir2 = new Ellipse2D.Double(400-x, 150, 100, 100);
             g2.setPaint(Color.blue);
             g2.fill(cir2);
    } }
```

[예제 8-13] 이미지가 확대 축소 이동하는 프로그램을 작성하시오.

```
import java.awt.*;
import java.awt.geom.*;
import java.applet.Applet;
// <Applet code=Animation_mg width=500 height=400> </Applet>
public class Animation_mg extends Applet implements Runnable{
  Thread animator;
  private Image image;
  int x;
 public  Animation_mg(){
 image = Toolkit.getDefaultToolkit().getImage("duke.gif");
 animator = new Thread(this);
 animator.start();
   }
  public void run(){
    while(true){
     for(x = 10; x <= 400; x +=5){ // 오른쪽으로 확대이동
     repaint();
     try{Thread.sleep(20);}catch(InterruptedException e){}}
     for(x = 400; x >= 10; x -=5){ // 왼 쪽으로 축소이동
     repaint();
     try{Thread.sleep(20);} catch(InterruptedException e){}
     }   } }
//-------------------------------------------
 public void paint(Graphics g){Graphics2D g2 = (Graphics2D)g;
       g2.drawImage(image, x, 50, 20+x, 20+x, this);
   } }
```

[예제8-13] 수행결과

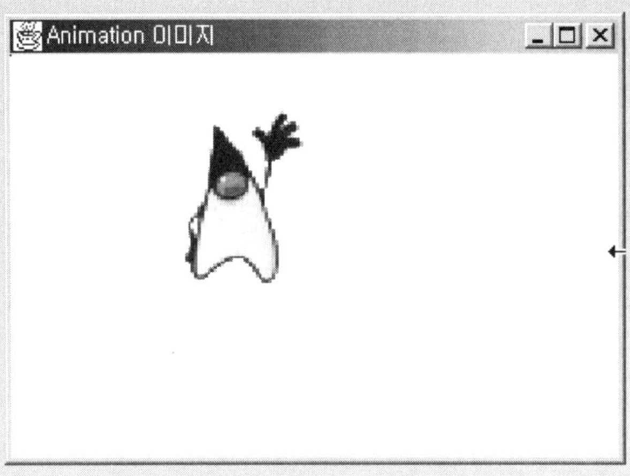

[예제 8-14] 다음 Digital 시계를 만드는 프로그램을 애플릿 프로그램으로 작성하시오.

```
import java.awt.*;
import java.applet.*;
import java.util.*;
import java.awt.geom.*;
// <applet code=FClock width=500 height=100> </applet>
public class FClock extends Applet implements Runnable{
        Date    day;
        Thread  runner;
        Font    font;
        boolean stop;
//-------------------------------------------------------
        public void start() {
                day = new Date();
                font = new Font("TimesRoman", Font.BOLD, 34);
                runner = new Thread(this);
                stop = false;
                runner.start();     }
//-------------------------------------------------------
        public void stop() {
                if(runner != null) {
                stop = true;
                runner = null;
                } }
//-------------------------------------------------------
```

```
          public void run(){
                    while(!stop){
                      day = new Date();
                      repaint();
                      try {Thread.sleep(1000);} catch(Exception ex){
                      System.out.println("Exception:" + ex.toString());
                             } } }
//----------------------------------------------------------
          public void paint(Graphics g){Graphics2D g2 = (Graphics2D)g;
                    g2.setFont(font);
                    g2.drawString(day.toString(), 10, 50);
          } }
```

[예제 8-14] 수행결과

[예제 8-15] 다음 Analog 시계를 만드는 프로그램을 작성하시오.

```
import java.awt.*;
import java.util.*;
import java.awt.geom.*;
import java.applet.*;
// <applet code=SiGe_1 width=500 height=400> </applet>
public class SiGe_1 extends Applet implements Runnable{
   Label  sganLbl;
   public SiGe_1(){setBackground(Color.blue);
   Panel p = new Panel(); // 패널 p를 프레임의 북쪽에 배치
            add("North", p);
            p.setBackground(Color.red); //바탕색
            sganLbl =  new Label("  00:00:00  "); // 라벨 추가
            p.add(sganLbl);
            sganLbl.setFont(new Font("굴림체", Font.BOLD, 30));
    Thread sigeTrd = new Thread(this);  // 쓰레드 개체를 생성
```

```
        sigeTrd.start();            // run()을 수행시킨다.
    }
//--------------------------------------------------------------
   public void run(){
         while (true){
        try { Thread.sleep(1000); }  catch(InterruptedException e){}
           siGe();                // Repaint 즉 시계 갱신
              } }
//--------------------------------------------------------------
  double    x0, y0;          // 시계 원 중심
  double    l;               // 바늘 길이
  String hour;
  void siGePan(){ Graphics g = getGraphics();
    Graphics2D g2 = (Graphics2D)g;
    Dimension d = size();
                x0 = d.width / 2;
                y0 = d.height /2 + 30;
                 l  = y0 * 0.65;
   Rectangle2D rect1 = new Rectangle2D.Double(0, 0, d.width-1, d.height-1);
                g2.draw(rect1);
                g2.setPaint(Color.white);  // 흰색 원을 그린다.
   Ellipse2D cir1 = new Ellipse2D.Double(x0-l, y0-l, l*2, l*2);
                g2.fill(cir1);
//-------------시계판 숫자--------------------
    Font f = new Font("TimesRoman", Font.PLAIN, 20);
               g2.setFont(f);
               g2.setPaint(Color.red);
      for (int i=1;i<=12 ;i++ ){// 시계 주위에 시간 단위로 숫자들을 설정해준다.
                 hour = i+" ";
               g2.drawString(hour, (int)(x0-4+140*Math.sin(2*Math.PI * i / 12)),
                       (int)(y0+8-130*Math.cos(2*Math.PI * i / 12)));
                 }
//----------------------------------------------------------
              g2.setColor(Color.black);  // 원 테두리선을 검은색으로 그린다.
   Ellipse2D cir2 = new Ellipse2D.Double(x0-l, y0-l, l*2, l*2);
   Stroke stroke = new BasicStroke(6);
              g2.setStroke(stroke);
              g2.draw(cir2);
     }
```

```
//------------------------------------------------------------
// 시계 바늘을 그리거나 지운다.
    int     PYOSI = 1;
    int     JIUM  = 2;
  void baNul(int d, double giri, int flag){//각도, 바늘길이, 그리거나 지움
    Graphics g = getGraphics();
    Graphics2D g2 = (Graphics2D)g;
    double  r = d/180.0 * Math.PI;   // d를 라디안 단위로 바꾼 값
    double x1 = x0 + (giri*Math.cos(r)); // 바늘 좌표계산
    double y1 = y0 - (giri*Math.sin(r));
         if (flag == PYOSI) g2.setColor(Color.blue);
         else     g2.setColor(Color.white); // 지움
    Line2D line1 = new Line2D.Double(x0,y0, x1,y1);
                   g2.draw(line1);
    // 시계 중심에 까만 네모를 그린다.
                   g2.setColor(Color.black);
    Rectangle2D rect2 = new Rectangle2D.Double(x0-2, y0-2, 4, 4);
                   g2.fill(rect2);
          }
//------------------------------------------------------------------
          boolean pyosi = false;
          int     초, 분, 시;             // 현재의 초, 분, 시
          int     전초, 전분, 전시;      // 이전  초, 분, 시
   void siGe(){
          if (! pyosi)
           siGePan();            // 시계 판을 그린다.
           pyosi = true;
    Date d = new Date();
  // 현재의 시, 분, 초에 대한 각도
           초 = gakDo( d.getSeconds() );
           분 = gakDo( d.getMinutes() );
           시 = gakDo( d.getHours() % 12 )*5 - 분/12;
           double      x1,y1;
         Graphics g = getGraphics();
         Graphics2D g2 = (Graphics2D)g;
         // 이전 초바늘을 지우고 현재 초바늘을 그린다.
                   baNul(전초, 0.9*l, JIUM);
                   baNul(초,   0.9*l, PYOSI);
         // 이전분이 현재 분과 다르면 이전 분 바늘을 지운다.
```

```
            if (전분 != 분) baNul(전분, 0.8*l, JIUM);
             baNul(분,    0.8*l, PYOSI);
            // 이전 시가 현재 시와 다르면 이전 시 바늘을 지운다.
            if (전시 != 시)baNul(전시, 0.6*l, JIUM);
             baNul(시, 0.6*l, PYOSI);
    // 라벨에 현재 시간을 출력
    sganLbl.setText("     "+ d.getHours() + ":" + d.getMinutes() + ":" + d.getSeconds() );
          전초 = 초;
          전분 = 분;
          전시 = 시;
          }
//-----------------------------------------------------------
       int gakDo(int t){
       return  90 - 6*t + 360*( (t>15) ? 1 : 0);    } }
//-----------------------------------------------------------
```

[예제 8-15]
수행결과

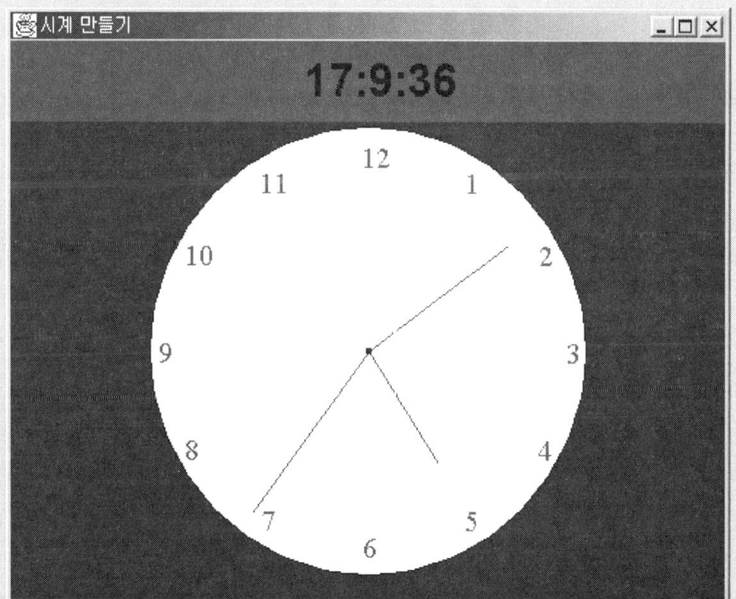

각도계산은 90 - 6*t + 360*((t>15) ? 1 : 0);에서 t=0(분, 초)에 대한 각도 90도

-6*t 는 1분 초 당 각도 6도 식 감소, t>15 는 t–20 초 분 일 경우 330도를 만들어 주는 경우이다.

[예제 8-16] 다음 Digital 시계를 만드는 프로그램이다.[예제 8-14]와 비교하시오.

```
import java.awt.*;
import java.util.*;
import java.awt.geom.*;
import java.applet.*;
// <Applet code=SiGe_3 width=600 height=100> </Applet>
public class SiGe_3 extends Applet implements Runnable{
 Label  sganLbl;
  public SiGe_3(){setBackground(Color.blue);
    Panel p = new Panel(); // 패널 p를 프레임의 북쪽에 배치
          add("Center", p);
          p.setBackground(Color.red); //바탕색
          sganLbl =  new Label(" 0000년 00월 00일 00:00:00    "); // 라벨 추가
          p.add(sganLbl);
          sganLbl.setFont(new Font("굴림체", Font.BOLD, 30));
          Thread sigeTrd = new Thread(this);  // 쓰레드 개체를 생성
          sigeTrd.start();                    // run()을 수행시킨다.
          }
//------------------------------------------------------------------
   public void run(){
          while (true){
          try {Thread.sleep(1000); } catch(InterruptedException e){}
          siGe(); // Repaint 즉 시계 갱신
          } }
//------------------------------------------------------------------
   void siGe(){
    Date d = new Date();
    int year,month,day;
          year=d.getYear();
          month=d.getMonth();
          day=d.getDay();
          year+=1900;
          month+=1;
          day+=2;
    sganLbl.setText("     "+ year + "년"+ month +"월"+ day + "일"
                      + d.getHours() + "시"+ d.getMinutes()+ "분" + d.getSeconds()+"초");


          } }
```

[예제 8-16] 수행결과

[예제 8-17] **다음의 프로그램을 실행 후 분석하시오.**

```
import java.awt.*;
import java.awt.geom.*;
public class Animation_danggu extends Frame implements Runnable{
        double          cpx, cpy;           // 현재점
        double          gbx, gby;           // 공의 위치
        double          sjx, sjy, d;        // 시작 위치, 회전각도
        int             Delay = 100;        // 100/1000 지연시간
        Canvas    cvas;
public Animation_danggu(){setTitle("애니메이션 당구");
        cvas = new Canvas();          // 그림상자 cvas를 배치
        add("Center", cvas);
        Panel p = new Panel();       // 프레임에 패널 p를 배치
        p.add(new Button("시작"));
        p.add(new Button("빨리"));
        p.add(new Button("늦게"));
        add("East", p);
        p.setBackground(Color.lightGray);
        p.setLayout(new GridLayout(3,1, 5,0));// p의 각 요소를 3행 1열로 배치
        }
//-------------------------------------------------------------
// 현재점에서 (x,y)점까지 선을 그리고 현재 점을 (x, y)점으로 이동
 void Line_To(double x, double y){
      Graphics g = getGraphics();
      Graphics2D g2 = (Graphics2D)g;
      Line2D line = new Line2D.Double(cpx, cpy, x, y);
            g2.draw(line);
            cpx = x;        cpy = y; }
//-----------------------------------------------------------
 void Move_To(double x, double y){  // 현재 점을 (x, y)점으로 이동
```

```
        cpx = x;     cpy = y;}
//---------------------------------------------------------
        // d도 방향으로 길이 1인 선을 그리고 끝점으로 이동
void Go_Run(double l){
        gbx +=  l * Math.cos(d*Math.PI/180);
        gby += -l * Math.sin(d*Math.PI/180);
        Line_To(sjx+gbx, sjy+gby); }
//---------------------------------------------------------
 void Back_Run(double gdo) {d = (d + gdo) % 360;} // gdo도 회전
//---------------------------------------------------------
 public boolean action(Event evt, Object arg){
          if (arg.equals("시작")){
    Thread  thGong = new Thread(this);  // 쓰레드 개체를 생성
          thGong.start(); }              // run()을 실행시킨다.
            else if (arg.equals("빨리"))  Delay -= 30;
                else if (arg.equals("늦게")) Delay += 30;
                    else   return super.action(evt, arg);
          if (Delay<0)  Delay = 0;
          return true;
        }
//---------------------------------------------------------
   public void run(){
        Graphics g = cvas.getGraphics();
        Graphics2D g2 = (Graphics2D)g;
                g2.setXORMode(Color.white);         // XOR 모드를 설정
                g2.setColor(Color.red);             // 공의 색
        int     Width = cvas.size().width;          // cvas의 폭
        int     Height = cvas.size().height;        // cvas의 높이
                gbx = sjx = Width/2;               // 공의 위치(gbx, gby)와
                gby = sjy = Height/2 + 30;         // 시작 위치(sjx, sjy)
                d = (31*Math.random()) + 20;  // 공의 각도. 20~50 사이
                while (true){
        Ellipse2D  circle1 = new Ellipse2D.Double(gbx-20, gby-20, 40, 40);
                g2.fill(circle1);                  // 공을 그린다.
                try{Thread.sleep(Delay); }  // Delay/1000초 만큼 지연 후
                catch(InterruptedException e){}
      Ellipse2D   circle2 = new Ellipse2D.Double(gbx-20, gby-20, 40, 40);
               g2.fill(circle2);                        // 공을 지운다.
        // cvas의 상하좌우 벽에 부딪혔으면 방향을 바꾼다.
```

```
                        if (gby-20 < 0)       Back_Run(-2*d);
                        if (gby+20 > Height)  Back_Run(-2*d);
                        if (gbx-20 < 0   )    Back_Run(-2*(d-90));
                        if (gbx+20 > Width)   Back_Run( 2*(90-d));
                        Go_Run(10);           // d도 방향으로 10 만큼 전진
                } }
//--------------------------------------------------------------
 public boolean handleEvent(Event evt){
        if (evt.id == Event.WINDOW_DESTROY)
         System.exit(0);
        return super.handleEvent(evt);}
//--------------------------------------------------------------
 public static void main(String[] args){
        Frame f =  new Animation_danggu();        // 프레임 생성
             f.resize(500, 300);               // 프레임 크기 : 500*300(화소)
             f.show();                        // 프레임 표시
        }  }
```

[예제 8-17] 수행결과

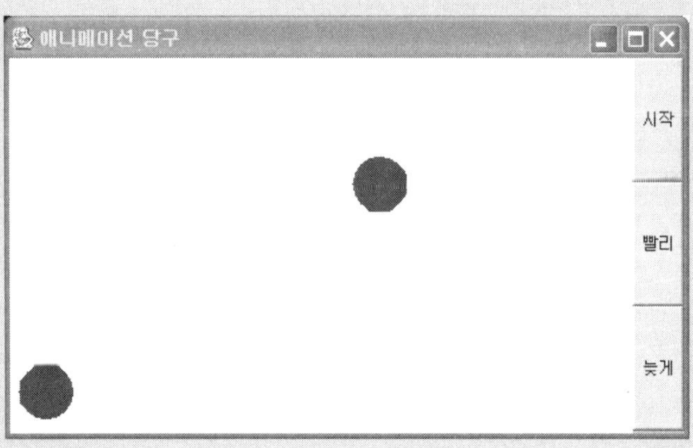

[예제 8-18] **다음의 프로그램은 공이 Sine, Cosine 방향으로 움직이는 프로그램이다. 실행 후 분석하시오.**

```
import java.awt.*;
import java.awt.geom.*;
public class BallAnimation_2 extends Frame implements Runnable{
  Thread animator;
   double x1,y1, y2;
   double x=50;
   double y=200;
```

```
//-------------------------------------------------
 public static void main(String[] args){
     BallAnimation_2 win = new BallAnimation_2();}
//-------------------------------------------------
 public BallAnimation_2(){
     super("Ball Animation");
     animator = new Thread(this);
     animator.start();
     setSize(500,400);
     setVisible(true);
          }
 public void run(){
     while(true){
       for (int n = 0; n <= 360; n++) {
                    x1 = n+50;
                    y1 = -100*(Math.sin(Math.PI*n/180))+200;
                    repaint();
       try{Thread.sleep(10);}catch(InterruptedException e){}
                   y2 = 100*(Math.cos(Math.PI*n/180))+200;
                   repaint();
       try{Thread.sleep(10);}catch(InterruptedException e){}
     }
//------------------------------------------------------
       for (int n = 410; n >= 0; n--) {
            x1 = n-50;
            y1 = -100*(Math.sin(Math.PI*n/180))+200;
            repaint();
       try{Thread.sleep(10);}catch(InterruptedException e){}
            y2 = 100*(Math.cos(Math.PI*n/180))+200;
           repaint();
       try{Thread.sleep(10);}catch(InterruptedException e){}
       } } }
//------------------------------------------------------
 public boolean handleEvent(Event e) {
        if (e.id == Event.WINDOW_DESTROY)
           System.exit(0);
        return super.handleEvent(e);}
//-------------------------------------------
 public void paint(Graphics g){
```

```
Graphics2D g2 = (Graphics2D)g;
      g2.setPaint(Color.blue);
Line2D lineX = new Line2D.Double(x,0,x,400);
      g2.draw(lineX);
Line2D lineY = new Line2D.Double(0,y,600,y);
      g2.draw(lineY);
      g2.setPaint(Color.red);
       Ellipse2D cir1 = new Ellipse2D.Double(x1-10, y1-10, 20, 20);
      g2.fill(cir1);
 Ellipse2D cir2 = new Ellipse2D.Double(x1-10, y2-10, 20, 20);
      g2.setPaint(Color.blue);
      g2.fill(cir2);
 } }
```

[예제8-18] 수행결과

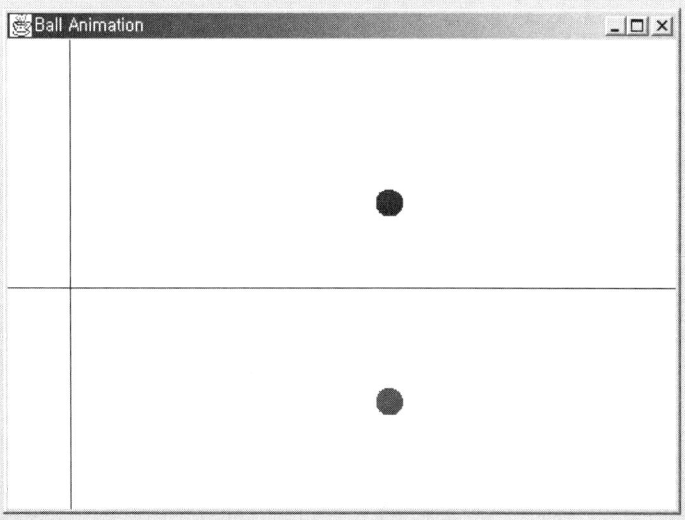

[예제 8-19] **다음의 프로그램은 이미지 위에 Text가 움직이는 프로그램이다. 실행 후 분석하시오.**

```
import java.awt.*;
import java.applet.*;
import java.util.*;
import java.awt.geom.*;
public class AnimClock extends Applet implements Runnable{
 Date    day;
 Thread  runner;
 Image   img, bg;
```

```
Graphics gr;
Font     font;
int      w, h, fw, fh;
int      y , x = 0;
int      diffX = 5, diffY = 3;
boolean  stop = false;
//--------------------------------------------------------
public void init(){bg = getImage(getDocumentBase(), "sailboat.gif");}
//--------------------------------------------------------
public void start(){
        day = new Date();
        font = new Font("Dialog", Font.BOLD, 16);
        FontMetrics metrics = getFontMetrics(font);
        fw = metrics.stringWidth(day.toString());
        fh = metrics.getHeight();
        img = createImage(w = getSize().width, h = getSize().height);
        y = (h-fh)/2;
        gr = img.getGraphics();
        gr.setFont(font);
        runner = new Thread(this);
        runner.start();
        }
//--------------------------------------------------------------
 public void stop(){
        if(runner != null){
        stop = true;
        runner = null;
        }}
//--------------------------------------------------------------
public void run() {
        ile(!stop){ x += diffX;
        if(x > (w-fw))  diffX = -5;
        else if (x < 0) diffX = 5;
        y += diffY;
        if(y > (h - fh)) diffY = -3;
        else if((y-fh) < 0) diffY = 3;
        day = new Date();
        gr.setColor(Color.lightGray);
        gr.fillRect(0, 0, w , h);
```

```
        gr.drawImage(bg, 0, 0, this);
        gr.setColor(Color.black);
        gr.drawString(day.toString(), x, y);
        repaint();
        try {Thread.sleep(1000);}    catch(Exception ex) {
        System.out.println("Exception:" + ex.toString());}
          }}
//------------------------------------------------------------
 public void update(Graphics g) {
        paint(g);}
 public void paint(Graphics g) {
        g.drawImage(img, 0, 0, this);
        } }
```

[예제 8-19] 수행결과

[예제 8-20] **다음 프로그램은 비행기가 움직이는 프로그램이다. 수행 후 분석하시오.**

```
import java.awt.*;
import java.awt.geom.*;
import java.applet.Applet;
// <Applet Code=Airplane_Applet width=1100 height=600> </Applet>
public class Airplane_Applet extends Applet implements Runnable{
Thread animator;
double x1,y1;
double x=50;
```

```
double y=200;
int 빨,녹,파;
//------------------------------------------------------------
public void start(){
animator = new Thread(this);
animator.start();
  }
public void run(){
while(true){
for (int n = 0; n <= 800; n++) {
     x1 = n+100;
     y1 = n+1;
   repaint();
   try{Thread.sleep(10);}catch(InterruptedException e){}
       빨=(int)(Math.random()*255);
       파=(int)(Math.random()*255);
       녹=(int)(Math.random()*255);
   try{Thread.sleep(10);}catch(InterruptedException e){}
    }
      x1=0;  y1=0;}}
//*********************************************************
public void paint(Graphics g){Graphics2D g3 = (Graphics2D)g;
//g.fillRect(0,0,1000,1000);
GeneralPath a = new GeneralPath(GeneralPath.WIND_EVEN_ODD);
        a.moveTo(100/2+100,100/2);  // 별 그림
        a.lineTo(125/2+100,50/2);     a.lineTo(150/2+100,100/2);
        a.lineTo(210/2+100,100/2);    a.lineTo(165/2+100,140/2);
        a.lineTo(185/2+100,195/2);    a.lineTo(125/2+100,165/2);
        a.lineTo(65/2+100,195/2);     a.lineTo(85/2+100,140/2);
        a.lineTo(40/2+100,100/2);
        a.closePath();
        g3.setPaint(new Color(빨,파,녹));
        g3.fill(a);
//*******************************************
   Graphics2D g2 = (Graphics2D)g;
      g2.setPaint(Color.red);
 GeneralPath path = new GeneralPath(GeneralPath.WIND_EVEN_ODD);
       path.moveTo(100,100);  path.lineTo(130,80); // 비행기 그림
       path.lineTo(200,80);    path.lineTo(230,60);
```

```
        path.lineTo(260,60);     path.lineTo(225,100);
        path.lineTo(100,100);    path.lineTo(145,90);
        path.lineTo(175,130);    path.lineTo(175,90);
        path.closePath();
        g2.translate(1000-x1, 500-y1);
        g2.fill(path);
} }
```

[예제 8-20] 수행결과

제9장

카오스와 프랙탈

CHAPTER 09 카오스와 프랙탈

9-1 카오스란?

카오스(Chaos)란 말은 원래 무질서함, 복잡함을 뜻하는 고대 그리스어였지만 1975년 미국 매릴랜드 대학의 수학자 요크(James York)가 명명한 이래 현대과학에서는 질서가 내재한 무질서라는 의미로 사용되고 있다. 우리들 주위에는 매우 복잡한 현상들이 무수히 일어나고 있다. 그들은 끊임없이 모이고 흩어지는 예측할 수 없는 수 없는 운동을 지금도 계속하고 있다. 즉 구름이 모이고 흩어지는 현상, 기상 이변 현상의 변화, 동식물들의 구조 배열, 동물의 신체구조 즉 DNA 구조 배열, 나무 가지의 배열, 꽃잎들의 배열 등 자연적인 현상들과 한 나라의 정세 및 경제적 변화 따른 인간사회의 복잡하고 예측 불허의 현상들을 볼 수 있다. 이러한 양상과 현상들은 너무 복잡하고 불규칙적이어서 어떤 결과가 나올지 예측이 불가능하다는 속성을 가지고 있다. 그러나 이러한 양상과 현상들은 외관으로는 복잡하고 불규칙이어서 예측 불가능해 보이지만 내적으로 들어가 보면 미시적인 운동을 지배하는 어떤 결정론적인 규칙이 있어서 이는 결국 그 복잡성에 내재된 어떤 질서구조를 갖고 있을 때 그 운동을 카오스라고 한다. 운동법칙의 결정론적인 본성을 강조하기 위한 것으로 이를 결정론적 카오스라고도 한다.

카오스는 복잡한 계통만의 복잡성을 보이는 것은 아니다. 카오스 이론은 단순한 계에도 예측이 불가능한 카오스 운동을 할 수 있음을 입증할 수 있다. 예를 들어 시계추의 진동은 규칙적이며 이 규칙성이 시계의 원리로 이용되었다. 하지만 시계를 외부로부터 무엇인가로 주기적으로 흔들어 주게 되면 시계추는 전혀 예측할 수 없는 불규칙적이고 복잡한 운동을 하게 된다.

카오스 이론은 복잡성 속에 내재한 질서구조를 다루는 학문으로 카오스에 내재하는 질서는 1963년 미국 MIT 대학의 기상학자 로렌쯔(Lorenz)에 의해 처음으로 발견되었다. 그는 기상현상을 나타내는 간단한 모형으로 고안된 연립미분방정식에 대한 수치적 연구 중에 우연히 r 방정식의 해가 초기 조건에 매우 민감하게 의존한다는 것을 발견하게 되었다. 비록 계의 미래가 어떤 규칙이 방정식에 의해 결정되긴 하지만 아주 미미한 초기 조건의 차이가 시간이 지나면 매우 다른 미래로 진화할 수 있다는 것이다. 이는 현재 상태의 측정에 피할 수 없는 오차가 있음을 감안할 때 미래를 예측하는 것이 실질적으로 불가능하다는 것을 의미하게 된다. 로렌쯔가 발견했던 기상현상의 카오스적 변화는 기상에 대한 상태공간의 "로렌쯔 끌게" 라고 불리우는 나비 모양의 기이한 끌게(Strange Attractor) 위에서 일어나는데 카오스에 내재한 질서구조란 바로 이러한 현상을 말한다.

(1) 카오스의 응용

카오스 이론은 본래 그 운동의 불규칙성과 비 예측성 때문에 초기에는 기피현상이 있었으나 근래에 와서 컴퓨터의 활용에 따른 카오스 이론이 내재하는 질서구조를 규명할 수 있는 단계에 있으며, 카오스는 그 운동의 복잡성에 기인하는 다양성 때문에 무한히 많은 정보를 저장할 수 있다는 것으로 알려졌다.

이는 자연이 무한히 많은 다양한 모습을 무작위 하게 보여주는 것과 관련하여 자연의 매카니즘을 이용하는 공학의 가능성을 보여주게 된다. 카오스의 이해와 공학적 활용 가능성은 이미 첨단 산업사회에 적용대상이 되고 있다. 즉 카오스 이론을 이용한 가전기기, 의료기기, 공장자동화 로봇, 화상압축기술 등의 개발 및 실용화가 활성화되고 있다.

(2) 카오스와 프랙탈

프랙탈은 카오스에 내재한 질서의 형상이며 그것을 묘사할 수 있는 언어이다. 즉 프랙탈은 카오스 속에서 벌어지는 프랙탈의 형상을 말한다.

9-2 프랙탈

프랙탈(Fractal)의 어원은 1975년 미국의 IBM사의 연구원 이였던 프랑스 수학자 만델브로트(Mandelbrot)가 그 동안 자신이 연구한 논문을 책으로 출간하기 위해 책의 제목에 대하여 고민하던 중 그의 옆에 있던 라틴어 사전을 뒤적이다가 fractus(라틴어로 부서진 상태)라는 단어를 발견하여 이것이 적당하다고 하여 Fractal로 정하였다. 이로 인하여 프랙탈이란 단어가 만들어지고 이 단어는 현재 물리학 수학에서 매우 중요한 영역을 차지하게 되었다. 즉 프랙탈은 어떤 물건이 부서지면 부서질수록 여러 가지 조각이 서로 비슷하게 닮은 모양으로 무수히 만들어질 부서지기 전의 자신의 모습을 닮을 것이다. 이것이 프랙탈의 본질적인 모습이다.

프랙탈은 자기 유사성을 전제로 하며 끊임없이 자기 복제를 반복한다. 이는 아주 간단한 수학식 $Z = Z^2 + C$ 에서 출발하였다. 이 간단한 수학식에서 만델브르트 집합, 줄리아 집합이라는 광활한 우주가 만들어졌으며, 이로 인해 혼돈속의 경악이라는 표현이 나왔다.

프랙탈은 컴퓨터 그래픽에서 출발하였고 현재 컴퓨터 그래픽을 통하여 프랙탈에 대한 연구가 진행중이다.

9-3 메소드 재귀 호출과 프랙탈

프랙탈의 기본 속성은 자기유사성(Self similarity)과 순환성(Recursiveness)인데 프랙탈의 순환성을 구현하는 가장 원시적인 방법이 자바 메소드의 재귀 호출을 이용하는 방법이다. 메소드 실행중 자기 자신의 메소드를 다시 호출하는 것을 재귀 호출(Recursive call) 혹은 순환호출이라 한다.

다음은 재귀 호출의 예이다.

```
class Mycall{
    static void method(int n){
        if(n != 3)
          method(n+1);    // 자기 자신을 호출
        System.out.println(n);
    }
  public static void main(String[] args){
        method(0);
        } }
```

[예제 9-1] 다음 프로그램의 예는 메소드의 재귀호출을 이용한 프랙탈 원을 그리는 프로그램이다. 실행 후 분석하시오.

```
import java.awt.*;
import java.awt.geom.*;
import java.applet.Applet;
// <Applet code=Fractal_Won width=400 height=400> </Applet>
public class Fractal_Won extends Applet{
   public Fractal_Won(){};
//----------------------------------------------------------
```

```
   void Fract_Won(double x, double y, double r){
          Circle(x, y, r);      // 중심 : (x, y), 반지름:r인 원을 그린다.
          if (r > 1){
                    Fract_Won(x-r/2, y, r/2);
                    Fract_Won(x+r/2, y, r/2);
                    }}
//---------------------------------------------------------
  public void paint(Graphics g){
          double x = 200;              // 프레임의 가로로 가운데
          double y = 200;         // 세로로 가운데
          double r = y*0.9;      // 반지름
          Fract_Won(x, y, r); }
//---------------------------------------------------------
  void Circle(double x, double y, double r){ Graphics   g = getGraphics();
      Graphics2D g2 = (Graphics2D)g;
      Ellipse2D  circle = new Ellipse2D.Double(x-r, y-r, r*2, r*2);
      Stroke stroke = new BasicStroke(2); //선 두께
                 g2.setPaint(Color.blue);
                 g2.setStroke(stroke);
                 g2.draw(circle);
   } }
```

[예제 9-1] 수행결과

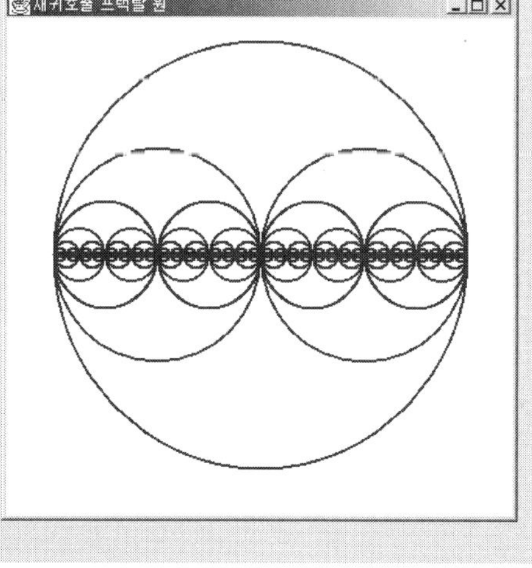

```
[프로그램 설명]
위 프로그램에서 재귀 호출 메소드가 원을 그리는 순서는 다음과 같은 메소드에서 Fract_Won(x-r/2, y, r/2)의
메소드는 [그림9-1]과 같이 x 좌표 값 r/2 감소와 반지름 값을 r/2 감소시키면서 좌측 부분의 원을 연속적으로
그리게 된다.
void Fract_Won(double x, double y, double r){
        Circle(x, y, r);      // 중심 : (x, y), 반지름:r인 원을 그린다
        if (r > 1){Fract_Won(x-r/2, y, r/2);  //x = r/2 감소, r =r/2 감소
                  Fract_Won(x+r/2, y, r/2);  //x = r/2 증가, r =r/2 감소
                  } }
```

또한 Fract_Won(x+r/2, y, r/2)의 메소드는 [그림 9-2]와 같이 x 좌표 값을 r/2식 증가시키고 반지름 r은 r/2식 감소시키며, 연속적으로 우측 원을 그리게 된다. 즉 반지름 r이 1보다 적을 때까지 감소하므로 원은 계속적으로 작아지는 원을 그리게 된다.

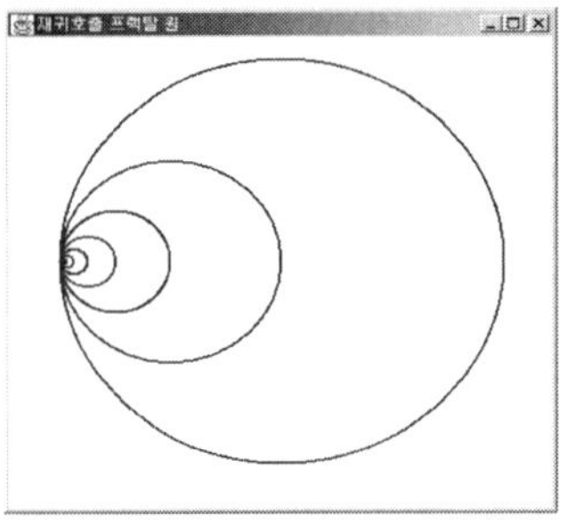

[그림 9-1] x값 감소 r값 감소인 경우

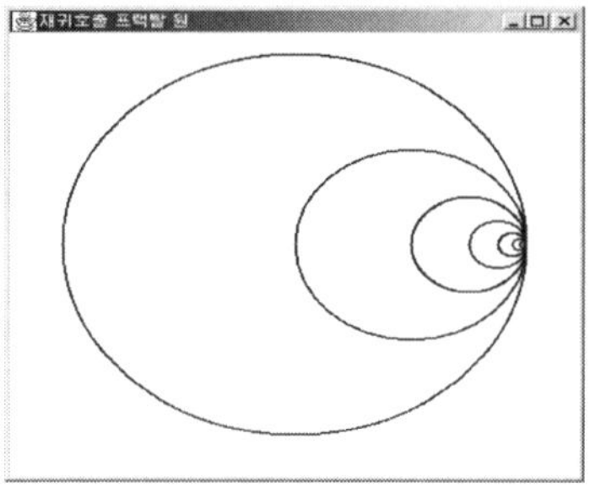

[그림 9-2] x값 증가 r값 감소인 경우

[예제 9-2] **다음 프로그램의 예는 Fract_Won()메소드의 재귀호출 인자를 변경하여 프랙탈 원을 그리는 프로그램이다. 실행 후 분석하시오.**

```
void Fract_Won(double x, double y, double r){
        Circle(x, y, r);   // 중심 : (x, y)  반지름:r인 원을 그린다.
        if (r > 10){
                Fract_Won(x-r/2, y, r/2);
                Fract_Won(x+r/2, y, r/2);
                Fract_Won(x, y-r/2, r/2);
                Fract_Won(x, y+r/2, r/2);
                } }
```

위와 같이 Fract_Won() 메소드의 인자만 바꾸어도 아래와 같이 예상하지 못하는 프랙탈이 연출된다.

```
[프로그램]
import java.awt.*;
import java.awt.geom.*;
```

```
import java.applet.Applet;
// <Applet code=Fractal_W1 width=400 height=400> </Applet>
public class Fractal_W1 extends Applet{
   public Fractal_W1(){};
//-----------------------------------------------------------------
    void Fract_Won(double x, double y, double r){
           Circle(x, y, r);      // 중심 : (x, y)  반지름:r인 원을 그린다.
           if (r > 10){
                    Fract_Won(x-r/2, y, r/2);
                    Fract_Won(x+r/2, y, r/2);
                    Fract_Won(x, y-r/2, r/2);
                    Fract_Won(x, y+r/2, r/2);
                    } }
//---------------------------------------------------------------
    public void paint(Graphics g){// 프로그램 시작
     double x = 200;                    // 프레임의 가로로 가운데
     double y = 200;                    // 세로로 가운데
     double r = y*0.9;
            Fract_Won(x, y, r);
           }
//-----------------------------------------------------------------
  void Circle(double x, double y, double r){
      Graphics   g = getGraphics();
      Graphics2D g2 = (Graphics2D)g;
      Ellipse2D  circle = new Ellipse2D.Double(x-r, y-r, r*2, r*2);
      Stroke stroke = new BasicStroke(2);
               g2.setPaint(Color.red);
               g2.setStroke(stroke);
               g2.draw(circle);
        } }
```

[예제 9-2]
수행결과

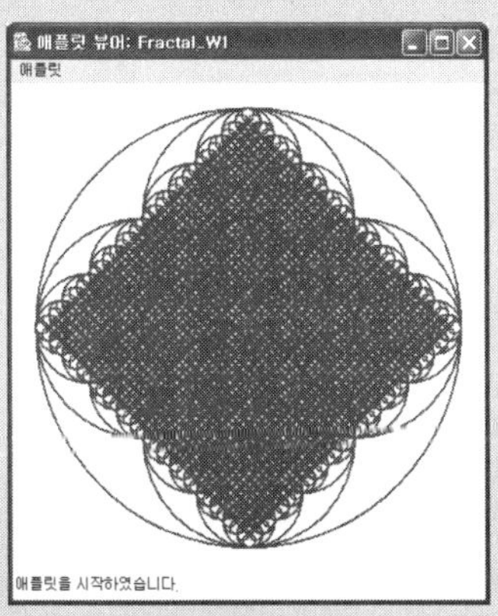

[예제 9-3] 다음과 같이 Fract_Won()메소드의 재귀호출 인자를 변경하여 프랙탈을 연출하여보시오.

```
void Fract_Won(double x, double y, double r){
        Circle(x, y, r);
        if (r > 5){
                Fract_Won(x-r/2, y, r*0.4);
                Fract_Won(x+r/2, y, r*0.4);
                Fract_Won(x, y-r/2, r*0.4);
                Fract_Won(x, y+r/2, r*0.4);
                } }
```

```
import java.awt.*;
import java.awt.geom.*;
import java.applet.Applet;
// <Applet code=Fractal_Won2 width=400 height=400> </Applet>
public class Fractal_Won2 extends Applet{
   public Fractal_Won2(){ }; // 재귀호출 프랙탈
//------------------------------------------------------------
   void Fract_Won(double x, double y, double r){
        Circle(x, y, r);     // 중심 : (x,y)  반지름:r인 원을 그린다.
        if (r > 5){
                Fract_Won(x-r/2, y, r*0.4);
                Fract_Won(x+r/2, y, r*0.4);
                Fract_Won(x, y-r/2, r*0.4);
                Fract_Won(x, y+r/2, r*0.4);
                } }
//------------------------------------------------------------
   public void paint(Graphics g){
        double x = 200;           // 프레임의 가로로 가운데
        double y = 200;       // 세로로 가운데
        double r = y*0.9;
              Fract_Won(x, y, r); }
//------------------------------------------------------------
  void Circle(double x, double y, double r){Graphics   g = getGraphics();
      Graphics2D g2 = (Graphics2D)g;
      Ellipse2D  circle = new Ellipse2D.Double(x-r, y-r, r*2, r*2);
      Stroke stroke = new BasicStroke(2); //선 두께
              g2.setPaint(Color.blue);
              g2.setStroke(stroke);
```

```
            g2.draw(circle); } }
//-----------------------------------------------------------
```

[예제 9-3] 수행결과

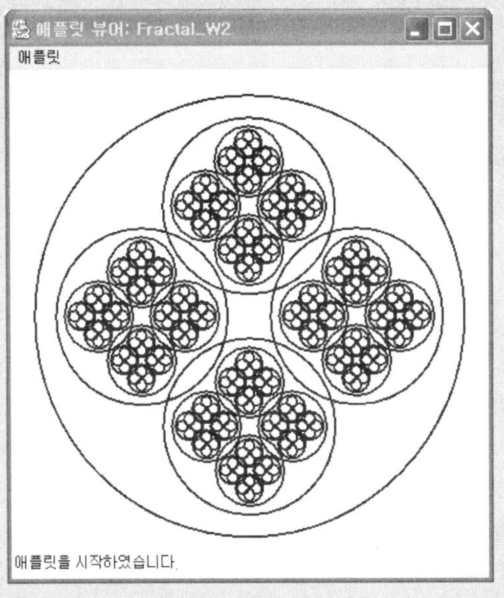

[예제 9-4] **다음 프로그램은 코흐 곡선을 그리는 프로그램이다. 실행 후 분석하시오.**

```
import java.awt.*;
import java.awt.geom.*;
import java.applet.Applet;
// <Applet code=Kock_Gok width=600 height=400> </Applet>
public class Kock_Gok extends Applet {
    double        현재점_x, 현재점_y;           // 현재 점
    double        이동_x, 이동_y;               // 이동 위치
    double        이동시작_x, 이동시작_y, 회전각도_d, 길이_l;
    int    n;
         public Kock_Gok(){};
//-----------------------------------------------------------
// 현재점에서 (x, y)점까지 선을 그리고 현재점을 (x, y)점으로 이동
  void Line_To(double x, double y){
         Line p(현재점_x, 현재점_y, x, y);        // 선을 그리다.
         현재점_x = x;             현재점_y = y;}
//-----------------------------------------------------------
  void Move_To(double x, double y){               // 현재 점을 (x, y)점으로 이동
```

```
        현재점_x = x;          현재점_y = y; }
//-------------------------------------------------------------
  void  Goto_Run(){ // d도 방향으로 길이 1인 선을 그리고 끝점으로 이동
         이동_x +=  길이_l * Math.cos(회전각도_d*Math.PI/180);
         이동_y += -길이_l * Math.sin(회전각도_d*Math.PI/180);
         Line_To(이동시작_x+이동_x, 이동시작_y+이동_y);  }
//-------------------------------------------------------------
    void  KochGok_Sun(int n){  // n=3
    if (n==0)   Goto_Run();         /* 선을 그리고 회전 */
    else {
                    KochGok_Sun(n-1);
     Back_Run(60);    KochGok_Sun(n-1);
     Back_Run(-120);  KochGok_Sun(n-1);
     Back_Run(60);    KochGok_Sun(n-1);
          } }
//-------------------------------------------------------------
    void Back_Run(double 각도){회전각도_d = (회전각도_d + 각도) % 360;}
      // 60, -120, 60 도 회전
//-------------------------------------------------------------
    public void paint(Graphics g) {  // 프로그램 실행 시작
           이동시작_x = 20;  이동시작_y = 200;    // 시작점
           이동_x = 0;       이동_y = 0;           // 이동하는 초기 위치
           회전각도_d = 0;                         // 초기 방향(각도)
           길이_l  = 20 * 0.9;                     // 선의길이 18로 본다.
           Move_To(이동시작_x, 이동시작_y);      // 현재 점을 시작점으로 이동
           KochGok_Sun(3);                       // 3은 차수를 나타냄
       }
//-------------------------------------------------------------
  void Line_p(double x, double y, double x1, double y1){
     Graphics   g = getGraphics();
     Graphics2D g2 = (Graphics2D)g;
     Line2D  line = new Line2D.Double(x, y, x1, y1);
     Stroke stroke = new BasicStroke(2);
             g2.setPaint(Color.red);
             g2.setStroke(stroke);
             g2.draw(line);
   }}
```

[예제 9-4] 수행결과

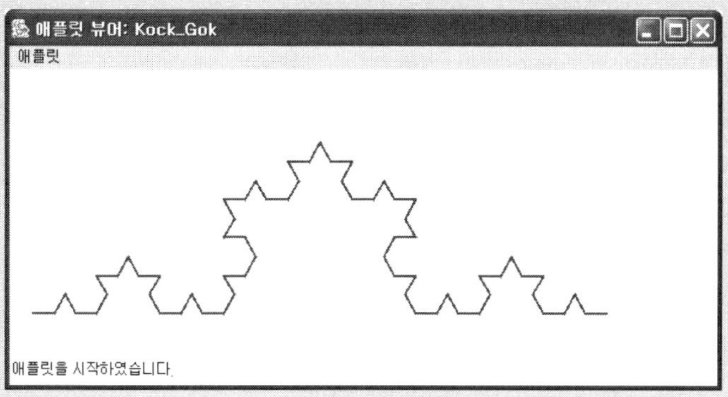

[예제 9-5] 다음의 프로그램은 거북이 피라밋 곡선을 그리는 프로그램이다. 실행 후 분석하시오.

```
import java.awt.*;
import java.awt.geom.*;
import java.applet.Applet;
// <Applet code=Gb_prmit width=800 height=800> </Applet>
public class Gb_prmit extends Applet {
    double          좌표_x, 좌표_y;                    // 현재 점
    double          이동_x, 이동_y;                    // 이동 위치
    double          시작_x, 시작_y, 각도_d;            // 이동 시작 위치, 회전각도
    public Gb_prmit(){};
// 현재점에서 (x, y)점까지 선을 그리고 현재 점을 (x, y)점으로 이동
   void Line_To(double x, double y){
               Line_p(좌표_x, 좌표_y, x, y);
               좌표_x = x;     좌표_y = y;
      try{Thread.sleep(50);}catch(InterruptedException e) {}
      }  // 수행시간 0.05초 지연
//-----------------------------------------------------------------
   void Move_To(double x, double y){              // 현재 점을 (x, y)점으로 이동
         좌표_x = x;     좌표_y = y;}
//-----------------------------------------------------------------
   void  Goto_Run(double l){// d도 방향으로 길이 1인 선을 그리고 끝점으로 이동
         이동_x +=  l * Math.cos(각도_d*Math.PI/180);
         이동_y += -l * Math.sin(각도_d*Math.PI/180);
         Line_To(시작_x+이동_x, 시작_y+이동_y);  }
//-----------------------------------------------------------------
   void Back_Run(double gdo){각도_d = (각도_d + gdo) % 360;}
//-----------------------------------------------------------------
```

```
  public void paint(Graphics g){      // 메인 프로그램 수행 시작점
         좌표_x = 좌표_y = 이동_x = 이동_y = 0;
         시작_x = insets().left + size().width/2 - 30;
         시작_y = insets().top  + size().height/2;
         Move_To(시작_x, 시작_y);                        // 현재 점을 이동
    for (int i = 0 ; 시작_y >= insets().top ; i++){
         Goto_Run((i+1)*5);                            // 만큼 전진하고
         Back_Run(90);                                // 90도 후진한다.
         } }
//------------------------------------------------------------
  void Line_p(double x, double y, double x1, double y1){
      Graphics   g = getGraphics();
      Graphics2D g2 = (Graphics2D)g;
      Line2D  line = new Line2D.Double(x, y, x1, y1);
      Stroke stroke = new BasicStroke(2);
              g2.setPaint(Color.red);
              g2.setStroke(stroke);
              g2.draw(line);
    } }
```

[예제 9-5] 수행결과

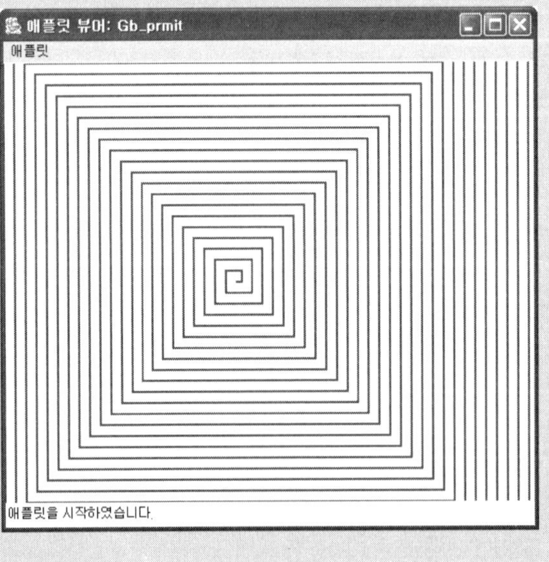

[예제 9-6] **다음은 [예제 9-4]에서 코흐의 곡선을 변형한 예이다. 실행 후 분석하시오.**

```
import java.awt.*;
import java.awt.geom.*;
import java.applet.Applet;
// <Applet code=Kock_Gok2 width=400 height=400> </Applet>
public class Kock_Gok2 extends Applet {
  double cpx, cpy; // 현재점
  double gbx, gby; // 이동 위치
  double sjx, sjy, d, l;      // 이동 시작 위치, 회전각도, 길이
  int        n;
  public Kock_Gok2(){setTitle("코흐의 그래픽");}
//------------------------------------------------------------
// 현재점에서 (x,y)점까지 선을 그리고 현재점을 (x,y)점으로 이동
  void Line_To(double x, double y){
          Line_p(cpx, cpy, x, y);
          cpx = x;    cpy = y;}
//--------------------------------------------------------------
  void Move_To(double x, double y){ // 현재점을 (x,y)점으로 이동
          cpx = x;  cpy = y;
              }
//--------------------------------------------------------------
  void  Go_Run(){ // d도 방향으로 길이 1인 선을 그리고 끝점으로 이동
          gbx +=  l * Math.cos(d*Math.PI/180);
          gby += -l * Math.sin(d*Math.PI/180);
          Line_To(sjx+gbx, sjy+gby);  }
//--------------------------------------------------------------
  void  KochGok_Sun(int n){
     if (n == 0)   Go_Run();        /* 선을 그리고 회전 */
     else {
                      KochGok_Sun(n-1);
      Go_Back(60);    KochGok_Sun(n-1);
      Go_Back(-120);  KochGok_Sun(n-1);
      Go_Back(60);    KochGok_Sun(n-1);
            } }
//--------------------------------------------------------------
  void  KochSum(int n){
                     KochGok_Sun(n);
     Go_Back(-120);  KochGok_Sun(n);
     Go_Back(-120);  KochGok_Sun(n);
     }
//--------------------------------------------------------------
```

```
   void Go_Back(double gdo){d = (d + gdo) % 360;}  // gdo도 회전
//--------------------------------------------------------------
  public void paint(Graphics g){
      Dimension w = size();
          sjx = 50;    sjy = w.height * 0.3;          // 시작점
          gbx = 0;    gby = 0;                        // 이동 점 초기 위치
          d = 0;                                      // d: 초기 방향(각도)
         l  = w.width * 0.03 * Math.pow(1/3, n);
          // System.out.println(" l = " + l);
          Move_To(sjx, sjy);           // 현재점을 시작점으로 이동
          KochSum(3);                  // 3은 차수
        }
//--------------------------------------------------------------
  void Line_p(double x, double y, double x1, double y1){
      Graphics   g = getGraphics();
      Graphics2D g2 = (Graphics2D)g;
      Line2D  line = new Line2D.Double(x, y, x1, y1);
      Stroke stroke = new BasicStroke(2);
              g2.setPaint(Color.red);
              g2.setStroke(stroke);
              g2.draw(line);
    } }
```

[예제 9-6] 수행결과

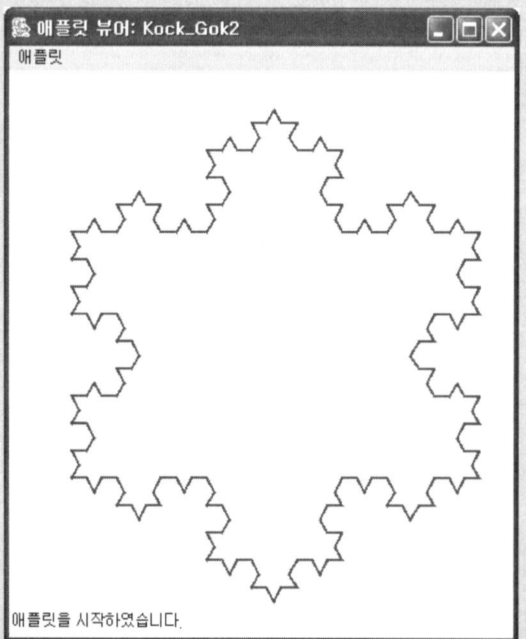

[예제 9-7] 이진 나무(Binary Tree)를 그리는 프로그램을 재귀 호출 메소드를 이용하여 프로그램 작성하시오. 관련 알고리듬은 다음과 같다.

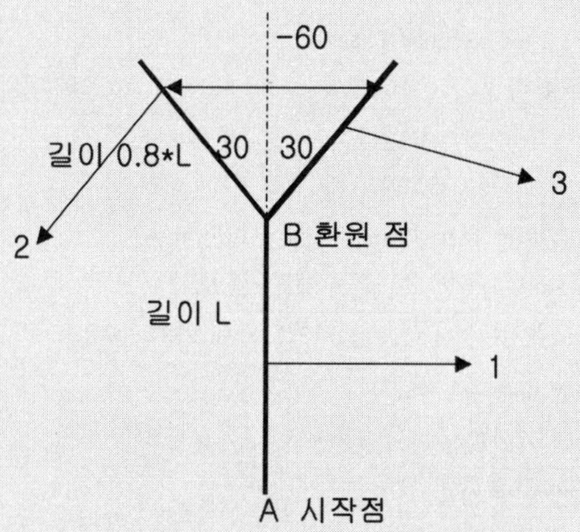

[그림 9-3] 나무 가지를 쳐 나가는 방법

이진 나무(Binary Tree)의 가지를 치는 방법은 [그림 9-3]에서 보는 봐와 같이

① 시작점 A에서 길이가 L인 가지 1 을 그린다.

② 1의 끝 지점에서 좌로 30도 회전하여 길이가 L*0.8인 가지 2를 그린다.

③ 좌표를 가지 1의 끝 지점 즉 B 지점으로 옮긴 후 -60도 우로 회전하여 가지 길이가 L*0.8인 3을 그린다.

④ 가지 3을 그림 후 좌로 30도 회전하여 방향(B점)을 원래대로 환원시킨다.

⑤ 차수 n=3인 경우 n을 1씩 감소시키면서 n=0 가될 때까지 재귀적으로 반복시키면서 나무 가지를 그린다. 즉 n이 3이면 나무 가지가 3개 그려진다.

관련 알고리듬(Algorithm)은 다음과 같다.

```
void draw_Tree(int n, double L){
 double   이동_x, 이동_y, x, y;
         x = 좌표_x;  y=좌표_y;            // 현재 점의 x, y 좌표 -> x, y
         이동_x =  L * Math.cos(d*Math.PI/180);  // x 변위
         이동_y = -L * Math.sin(d*Math.PI/180);  // y 변위
         Line_To(x+이동_x, y+이동_y);
        if (n > 0){   //n은 차수 즉 가지 수
          Back_Run( 30); draw_Tree(n-1, L*0.8);  // n과 L(길이) 감소
          Back_Run(-60); draw_Tree(n-1, L*0.8);
          Back_Run( 30);
          }
   좌표_x = x; 좌표_y = y; //현재 점을 가지 시작점으로 되돌려 보낸다.
         }
```

[프로그램]

```
import java.awt.*;
import java.awt.geom.*;
public class Binary_Tree extends Frame{
 double    좌표_x, 좌표_y;    // 현재 점
 double    d;                // 회전각도
 TextField tfd;              // 문자필드
public Binary_Tree(){setTitle("Binary_Tree(이진 나무)");
      Panel p = new Panel(); // 프레임에 패널 p를 배치
            p.add(tfd = new TextField("13")); // 차수 입력
            p.add(new Button("확인"));
            add("East", p); // 동쪽에 배치
            // p의 각 요소를 2행 1열로 배치
            p.setLayout(new GridLayout(2, 1, 5, 0));
             }
//-----------------------------------------------------------
public boolean action(Event evt, Object arg){
          Graphics   g = getGraphics();
          Graphics2D g2 = (Graphics2D)g;
          Dimension ds = size();
               g2.clearRect(0, 0, 1000, 1000); // 화면 지우기
               if (arg.equals("확인")){
            int  n = Integer.parseInt(tfd.getText()); // 문자를 정수로 변환
            double    Width = ds.width;  // 화면 폭
            double    Height = ds.height;             // 화면 높이
                      setTitle("이진나무.  차수 : " + n);
                      좌표_x = Width/2;                 // 현재 점을 창 중앙
                      좌표_y = Height + 10;             // 아래로 이동
                      d   = 90;                         // 초기 각도
                      draw_Tree(n, Height*0.24);    // L = Height*0.24(초기 가지 길이)
                           }
              else  return super.action(evt, arg);
             return true;
                  }
//-----------------------------------------------------------
void Line_p(double x, double y, double x1, double y1){
      Graphics   g =  getGraphics();
      Graphics2D g2 = (Graphics2D)g;
```

```
    Line2D  line = new Line2D.Double(x, y, x1, y1);
    Stroke stroke = new BasicStroke(2);
          //g2.setPaint(Color.red);
           g2.setStroke(stroke);
           g2.draw(line); }
//-----------------------------------------------------
// 현재 점에서 (x, y)점까지 선을 그리고 현재 점을 (x, y)점으로 이동
 void Line_To(double x, double y){
         Line_p(좌표_x, 좌표_y, x, y);
         좌표_x = x;   좌표_y = y;
          }
//-------------------------------------------------------
 void Back_Run(double gdo){   // gdo도 회전
        d = (d + gdo) % 360;}
//-----------------------------------------------------
 void draw_Tree(int n, double L){
   double  이동_x, 이동_y, x, y;
        x = 좌표_x;  y=좌표_y;  // 현재 점의 x, y 좌표 -> x, y
        이동_x =  L * Math.cos(d*Math.PI/180);   // x 변위
        이동_y = -L * Math.sin(d*Math.PI/180);  // y 변위
        Line_To(x+이동_x, y+이동_y);
         if (n > 0){
                Back_Run( 30); draw_Tree(n-1, L*0.8);
                Back_Run(-60); draw_Tree(n-1, L*0.8); // 제자리로
                Back_Run( 30);                        //가지 길이  L은 매회 L*0.8식 감소
                  }
                좌표_x = x;      좌표_y = y;
             }  //현재 점을 가지 시작점으로 되돌려 보낸다.
//-----------------------------------------------------------
 public boolean handleEvent(Event evt){
        if (evt.id == Event.WINDOW_DESTROY)
                System.exit(0);
        return super.handleEvent(evt);}
//-----------------------------------------------------------
public static void main(String[] args){
        Frame f =  new Binary_Tree();
            f.resize(600, 400);
            f.show();
        } }
```

[예제 9-7] 수행결과

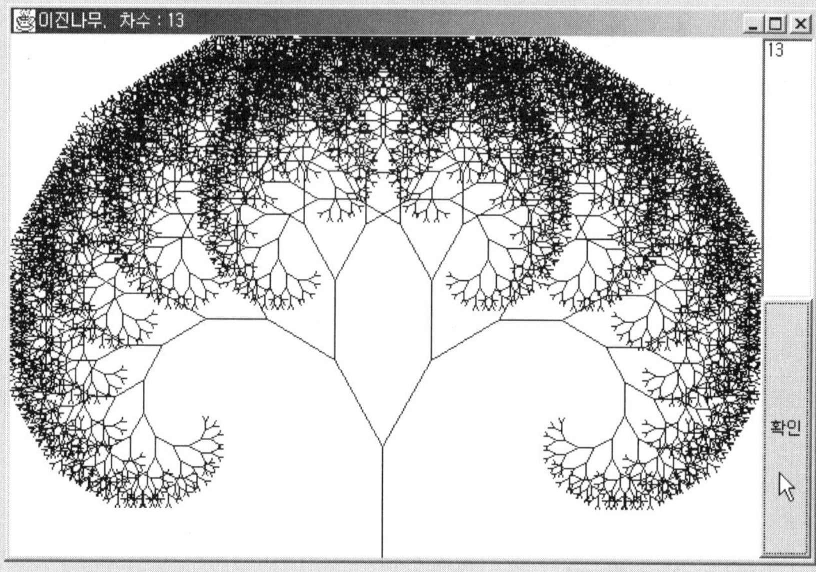

[프로그램 설명]

위 프로그램에서 프레임에 그림상자 Panel 클래스에 배치관리자 GridLayout() 메소드를 다음과 같이 사용하였다.

```
p.add(tfd = new TextField("13")); // 차수 입력
p.add(new Button("확인"));는
```

TextField() 메소드에 가지의 차수를 입력하여 Button("확인")의 확인을 클릭하면 public boolean action (Event evt, Object arg){에 의해 프로그램이 실행된다.

[예제 9-8] **다음의 프로그램을 실행 후 분석하시오.**

```
import java.awt.*;
import java.awt.geom.*;
public class Binary_Tree2 extends Frame{
 double    cpx, cpy;           // 현재 점
 double    d;                  // 회전각도
 TextField tfd;
public Binary_Tree2(){setTitle("열매와 꽃이 핀 나무");
   Panel  p = new Panel();    // 프레임에 패널 p를 배치
         p.add(tfd = new TextField("10")); // 차수 입력
         p.add(new Button("확인"));
         add("East", p); // 동쪽에 배치
         // p의 각 요소를 2행 1열로 배치
         p.setLayout(new GridLayout(2,1, 5,0));
           }
```

```
//------------------------------------------------------------
public boolean action(Event evt, Object arg){
     Graphics   g = getGraphics();
     Graphics2D g2 = (Graphics2D)g;
      Dimension ds = size();
             g2.clearRect(0, 0, 1000, 1000); // 화면 지우기
              if (arg.equals("확인")){
      int  n    = Integer.parseInt(tfd.getText());
      double       Width = ds.width;            // 화면의 폭
      double       Height = ds.size().height; // 화면의 높이
                   setTitle("이진나무.  차수 : " + n);
                   cpx = Width/2;                  // 현재 점을 창 중앙
                   cpy = Height + 10;              // 아래로 이동
                   d   = 90;                       // 초기 각도
                   draw_Tree(n, Height*0.24);  // L = Height*0.24(초기 가지 길이)
                       }
             else  return super.action(evt, arg);
             return true;
             }
//------------------------------------------------------------
// 현재 점에서 (x, y)점까지 선을 그리고 현재 점을 (x, y)점으로 이동
 void Line_To(double x, double y){
        Line_p(cpx, cpy, x, y);     // 2진 나무를 그리다.
        cpx = x;    cpy = y;
        }
//------------------------------------------------------------
 void Back_Run(double gdo){       // gdo도 회전
        d = (d + gdo) % 360;}
//------------------------------------------------------------
 void draw_Tree(int n, double L){
   double   dx, dy, x, y, jaw, woo;
         x = cpx;  y=cpy;        // 현재 점의 x, y 좌표 -> x, y
         dx =  L * Math.cos(d*Math.PI/180);        // x 변위
         dy = -L * Math.sin(d*Math.PI/180);        // y 변위
        Line_To(x+dx, y+dy);
  double r = Math.random()*0.2+0.7;              // 축소비율
        if (n > 0){
                  jaw = (30*Math.random()) + 30;
                  Back_Run( jaw); draw_Tree(n-1, L*r);
                  woo = (-70*Math.random()) - 30;
```

```
                Back_Run(woo); draw_Tree(n-1, L*r);
                Back_Run(-(jaw+woo));
                   }
         if(n == 0){ // 열매 그리기
        cpx = x; cpy = y;  //현재 점
        Circle(x, y, 4, 4);
               }
        cpx = x; cpy = y;  //현재 점을 가지 시작점으로 되돌려 보낸다.
          }
//-----------------------------------------------------------------
void Line_p(double x, double y, double x1, double y1){
      Graphics   g = getGraphics();
      Graphics2D g2 = (Graphics2D)g;
      Line2D  line = new Line2D.Double(x, y, x1, y1);
      Stroke stroke = new BasicStroke(2);
          //g2.setPaint(Color.blue);
          g2.setStroke(stroke);
          g2.draw(line); }
//--------------------------------------------------------------------
void Circle(double x, double y, double r1, double r2){
      Graphics   g = getGraphics();
      Graphics2D g2 = (Graphics2D)g;
      Ellipse2D  circle = new Ellipse2D.Double(x-r1, y-r2, r1*2, r2*2);
      Stroke stroke = new BasicStroke(2); //선 두께
          g2.setPaint(Color.red);
          g2.setStroke(stroke);
          g2.draw(circle);
     }
//-------------------------------------------------------------------
 public boolean handleEvent(Event evt){
        if (evt.id == Event.WINDOW_DESTROY)
                System.exit(0);
        return super.handleEvent(evt);}
//--------------------------------------------------------------------
public static void main(String[] args){
        Frame f =  new Binary_Tree2();
            f.resize(600,400);
            f.show();
        } }
```

[예제 9-8] 수행결과

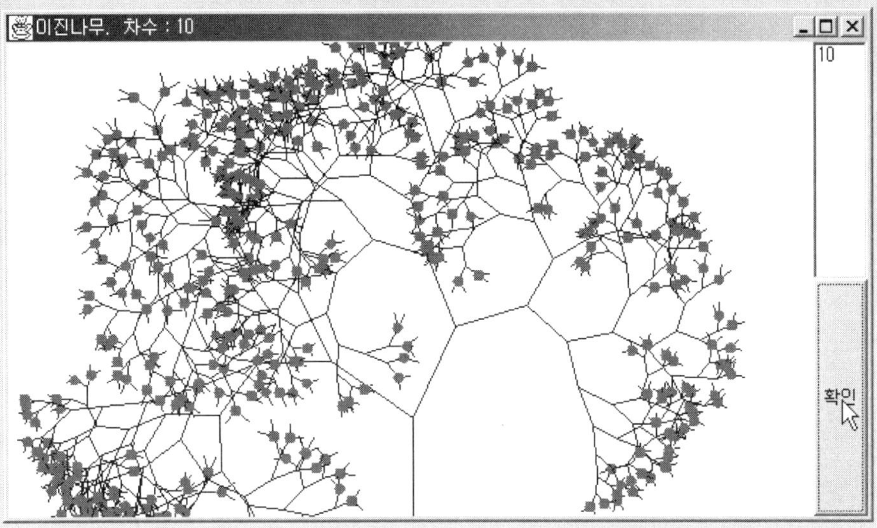

[예제 9-9] 다음 프로그램은 재귀호출 프로그램이다. 실행 후 분석하시오.

```
import java.awt.*;
import java.awt.geom.*;
import java.applet.Applet;
// <Applet code=JavaSaArc_1 width=400 height=250> </Applet>
 public class JavaSaArc_1 extends Applet{
   public JavaSaArc_1(){setBackground(Color.gray);        }
//------------------------------------------------------------
 public void paint(Graphics g){ Graphics2D g2 = (Graphics2D)g;
     Dimension dm = size();
     double Width = dm.width;
     double Height = dm.height;
          SaSunARe(Width/2, Height/2, Height/2, 0);
            }  //  L = Height/2
    double   A=5;
//------------------------------------------------------------
void SaSunARe(double x, double y, double L, double n){
        Circle(x, y, L*A, L);
   if (L > 1){
        SaSunARe(x-L*2/3, y+L/2, L/2, n+L);
           SaSunARe(x+L*2/3, y-L/2, L/2, n+L);
     }  }
//------------------------------------------------------------
```

```
void Circle(double x, double y, double r1, double r2){
  Graphics   g = getGraphics();
  Graphics2D g2 = (Graphics2D)g;
  Ellipse2D  circle = new Ellipse2D.Double(x-r1, y-r2, r1*2, r2*2);
                g2.setPaint(Color.blue);
                g2.draw(circle);
                              }}
```

[예제 9-9] 수행결과

9-4 만델브로트 집합

만델브로트 집합은 아주 간단한 복소수 점화식 $Z = Z^2 + C$ ($Z_{n+1} = Z_n^2 + C$)에서 출발한다. 만델브로트 집합의 기본 Algorithm에서 연산식은 $Z = Z^2 + C(Z = X + Yi, C = C_1 + C_2 i)$이다. Z의 초기 값을 $Z = 0 + 0i$로 하여 점화식을 계속 반복하여 계산한다. 그 결과는 C의 값에 의존한다. 즉 C의 값에 따라 Z가 하나의 값으로 수렴하기도 하고 여러 값 사이를 순환적으로 맴돌기도 하고 무한대로 발산하기도 한다.

■ $Z = Z^2 + C$의 발산, 수렴, 순환

$Z = X + Yi$, $C = C_1 + C_2 i$ 일 때 Z의 실수부와 허수부를 계산하면

$$Z^2 + C = (X^2 - Y^2 + 2XYi) + C_1 + C_2 i$$

$$= (X^2 - Y^2 + C_1) + (2XYi + C_2 i)$$

$Z = Z^2 + C$ 로 하면

$X + Yi = (X^2 - Y^2 + C_1) + (2XY + C_2)i$ 에서 식(9-1)과 식(9-2)가 된다.

$$X = X^2 - Y^2 + C_1 \quad \cdots\cdots (9\text{-}1)$$

$$Y = 2XY + C_2 \quad \cdots\cdots (9\text{-}2)$$

따라서 $Z = Z^2 + C$를 반복 계산하려면 $X = X^2 - Y^2 + C_1,$ $Y = 2XY + C_2$을 반복 계산하면 된다. 여기서 Z의 초기 값은 $Z = X + Yi = 0 + 0i$ 이다.

즉 만델브로트 집합은 Z1 = X + Yi = 0 + 0i로 하여 $Z_{n+1} = Z_n^2 + C$을 무한 반복계산을 100 ~ 1000회 이상 하여 구해진 Z 를 발산시키지 않는 C = C1 + C2i 의모임을 말한다.

[예제 9-10-a] **다음 $Z = Z^2 + C$ 의식에서 만델브로트 집합에 속하는 C의 위치에만 점을 찍는 프로그램이다. 실행 후 분석하시오.**

```
import java.awt.*;
import java.awt.geom.*;
import java.applet.Applet;
// <Applet code= Mandel_Applet1 width=600 height=400> </Applet>
public class Mandel_Applet1 extends Applet {
 int CHD_BANBOK = 100;
   public Mandel_Applet1(){};
/****************************************************************/
void M_Set(double a1, double b1, double a2, double b2){
   Graphics   g = getGraphics();
   Graphics2D g2 = (Graphics2D)g;
  Dimension dm = size();
  double c1, c2, x, y, x2, y2;
  int   i, j, k;
  int xch = dm.width - 5;
  int ych = dm.height - 10;
     for(i=0; i< ych; i++){
        for(j=0; j<=xch; j++){
          c1 = (a2 - a1)*j/xch + a1;          // z = x+yi의 실수부(x)
          c2 = (b2 - b1)*i/ych + b1;          // 허수부(y)를 계산
          x = y = 0;                    // z = 0+0i에서 계산 시작
```

```
        for(k=0; k < CHD_BANBOK && (x*x + y*y) < 10000; k++){
                x2 = x*x - y*y + c1;   // 실수부
                y2 = 2*x*y + c2;       // 허수부
                x  = x2;  y  = y2;
        }
        if(k == CHD_BANBOK){
        Ellipse2D cir = new Ellipse2D.Double(j-2, i-2, 4, 4);
                g2.setPaint(Color.red);
                g2.draw(cir);}
          } }  }
/*************************************************************************/
public void paint(Graphics g){ // 메인 프로그램 시작
        M_Set(-2.3, -1.0, 1.1, 1.1);
   } }
```

[프로그램 설명]
c1 = (a2 - a1)*j/Width + a1은 z = x+yi의 실수부에서 (j, i에 대한 좌표)
c2 = (b2 - b1)*i/Height + b1은 허수부의 (j, i) 좌표 계산

[예제9-10-a] 수행결과

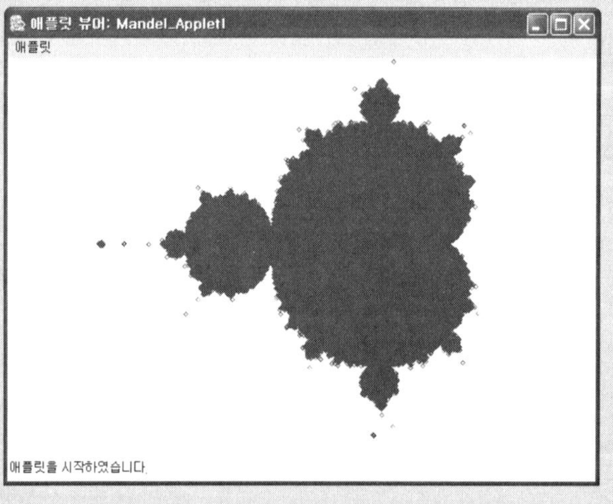

[예제 9-10-b] 다음 c = −2.1−1.5i ~ 0.9+1.5i에 대한 만델브로트 집합을 그리는 프로그램을 작성하시오.

```
import java.awt.*;
import java.awt.geom.*;
import java.applet.Applet;
// <Applet code= Mandel_Applet2 width=600 height=300> </Applet>
```

```
public class Mandel_Applet2 extends Applet{
 Color c[] = {Color.black, Color.red,    Color.green,
             Color.blue,  Color.yellow,  Color.pink,
             Color.cyan,  Color.magenta, Color.white };
  public Mandel_Applet2(){};
//-----------------------------------------------------------------
 public void paint(Graphics g){
// c = -2.1-1.5i ~ 0.9+1.5i에 대한 만델브로트 집합을 그린다.
    MandelSet(-2.1, -1.5, 0.9, 1.5);}
//-----------------------------------------------------------------
    double N=100; // z=z^2 +c를 100회 반복 계산
  void MandelSet(double a1, double b1, double a2, double b2){
   double  x, y, x2, y2, c1, c2;
   int   i, j, k;
          // 화면 영역의 폭과 높이
  int Pok  = size().width  - 10;
  int NoPi = size().height - insets().top;
      Graphics g = getGraphics();
     Graphics2D g2 = (Graphics2D)g;
             g2.setPaint(Color.white);
          // 화면 영역의 모든 점에 대해 반복
            for (i=insets().top ; i<=NoPi+insets().top ; i++){
              for (j=0 ; j<=Pok ; j++){
                  c1 = (a2 - a1)*j/Pok + a1;    // z = x+yi의 실수부(x)
                  c2 = (b2 - b1)*i/NoPi + b1;   // 허수부(y)를 계산
                  x = y = 0;                    // z = 0+0i에서 계산 시작
                for (k=0 ; k<N ; k++){
                  x2 = x*x - y*y +c1;           // z2+c를 계산
                  y2 = 2*x*y + c2;
                  x  = x2;   y = y2;          // z2+c -> z로 한다.
                  if (x*x+y*y > 10000)      // 발산했으면
                     break;               // k for루프를 빠져나간다.
                        }
              int saek = 0;
              if    (k==N)  saek = 0;    // 집합 내부(검정)
                  else if (k>N/2) saek = 8;    // 집합 근처(하양)
                       else saek = k % 7 + 1;  // 집합 바깥(형형색색)
                            g.setColor(c[saek]);
                            g.drawLine(j, i, j, i);
                                    } } } }
```

[예제9-10-b] 수행결과

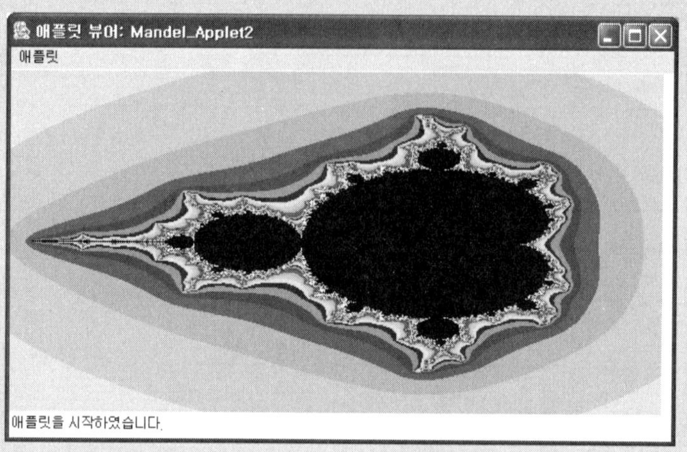

[예제 9-11] 만델브로트 집합에서 채색법을 LSM(Level Set Method)법이라 한다. 다음의 프로그램을 실행 후 분석하시오.

```
import java.awt.*;
import java.awt.geom.*;
import java.applet.Applet;
// <Applet code= Mandel_Applet3 width=600 height=350> </Applet>
public class Mandel_Applet3 extends Applet{
 Color c[] = {Color.black, Color.red,  Color.green,
              Color.blue,  Color.yellow, Color.pink,
              Color.cyan,  Color.magenta, Color.white };
    public Mandel_Applet3(){ }; //만델브로트 집합
//------------------------------------------------------------
    public void paint(Graphics g){
          // c = -2.1-1.5i ~ 0.9+1.5i에 대한 만델브로트 집합을 그린다.
          Mandel_Set(-2.1, -1.5, 0.9, 1.5);}
//------------------------------------------------------------
    double N=100; // z=z^2 +c를 100회 반복 계산
    void Mandel_Set(double a1, double b1, double a2, double b2){
    double  x, y, x2, y2, c1, c2;
  int  i, j, k;
          // 화면 영역의 폭과 높이
  int Width  = size().width  - 10;
  int Height = size().height - insets().top;
     Graphics g = getGraphics();
     Graphics2D g2 = (Graphics2D)g;
              g2.setPaint(Color.white);
```

```
    // 화면 영역의 모든 점에 대해 반복
  for (i=insets().top ; i<=Height + insets().top ; i++){
      for (j=0 ; j<=Width ; j++){
          c1 = (a2 - a1)*j/Width + a1;  // z = x+yi의 실수부(x)
          c2 = (b2 - b1)*i/Height + b1; // 허수부(y)를 계산
          x = y = 0;                    // z = 0+0i에서 계산 시작
        for (k=0 ; k<N ; k++){
          x2 = x*x - y*y +c1;           // z2+c를 계산
          y2 = 2*x*y + c2;
          x  = x2;   y = y2;            // z2+c -> z로 한다.
          if (x*x+y*y > 10000)          // 발산했으면
            break;                    // k for루프를 빠져나간다.
          }
           int saek = 0;
            if(k==N)  saek = 0;                   // 집합 내부(검정)
            else if (k>N/2) saek = 8;             // 집합 근처(하양)
                 else if(y>0) saek = k % 7 + 1;  // 집합 바깥(형형색색)
                       else saek=0;              // 검정
               g.setColor(c[saek]);
               g.drawLine(j, i, j, i);
           }  }     } }
```

[예제 9-11] 수행결과

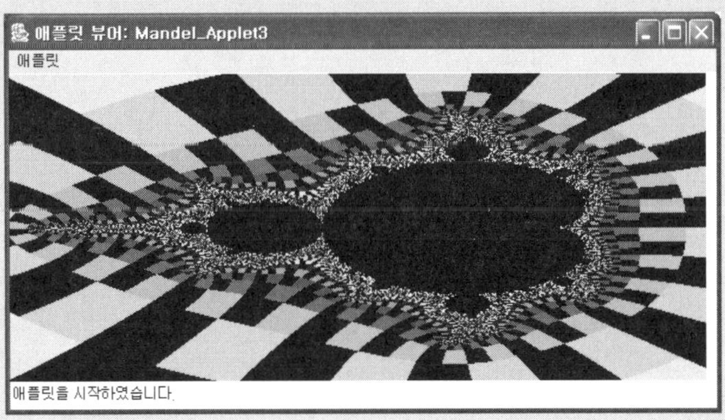

[예제 9-12] **다음의 프로그래램은 만델브로트의 집합의 값을 M_Set(-0.22, -1.0, 0, -0.8)으로 변경한 프로그램이다. [예제 9-11] 비교 분석하시오.**

```
import java.awt.*;
import java.awt.geom.*;
import java.applet.Applet;
// <Applet code= Mandel_12 width=600 height=350> </Applet>
public class Mandel_12 extends Applet{
Color c[] = {Color.black, Color.red, Color.green,
            Color.blue,  Color.yellow,  Color.pink,
            Color.cyan,  Color.magenta, Color.white };
 int banbok_check = 100;
   public Mandel_12(){ };  // 채색된 만델브로트의 집합
/*****************************************************************/
void M_Set(double a1, double b1, double a2, double b2){
   Graphics   g = getGraphics();
   Graphics2D g2 = (Graphics2D)g;
   Dimension dm = size();
  double c1, c2, x, y, x2, y2;
  int    i, j, k;
  int Width = dm.width - 5;
  int Height = dm.height - 10;
     for(i=0; i< Height; i++){
        for(j=0; j<= Width; j++){
               c1 = (a2 - a1)*j/Width + a1;          // z = x+yi의 실수부(x)
               c2 = (b2 - b1)*i/Height + b1;         // 허수부(y)를 계산
               x = y = 0;                          // z = 0+0i에서 계산 시작
              for(k=0; k < banbok_check && (x*x + y*y) < 10000; k++){
                     x2 = x*x - y*y + c1;   // 실수부
                     y2 = 2*x*y + c2;       // 허수부
                     x  = x2; y  = y2;}
            int seak=0;
                     if(k == banbok_check)          seak=0;
                     else if(k >= banbok_check/2)  seak=8;
                         else   seak=k%7+1;
                       g2.setPaint(c[seak]);
          Ellipse2D cir = new Ellipse2D.Double(j-2, i-2, 4, 4);
                      g2.draw(cir);
                } }  }
```

```
public void paint(Graphics g){
  M_Set(-0.22, -1.0, 0, -0.8); } }
```

[예제 9-12] 수행결과

[예제 9-13]

[예제9-12] 프로그램에서 다음과 같이 if 문을 추가하여 실행하여 보시오.

```
if(k == banbok_check)          seak=0;        //집합 내부색상
else if(k >= banbok_check/2)   seak=8;        //집합 경계색상
   else if(y > 0)  seak=k%7+1;               //집합 밖의 색상
        else       seak=0;                    //집합 밖의 색상
 M_Set 집합의 수치 a1, b1은  -1.31, 0.26
                  a2, b2는  -1.14, 0.47 이다
```

[예제 9-13] 수행결과

[프로그램]

```
import java.awt.*;
import java.awt.geom.*;
import java.applet.Applet;
// <Applet code= Mandel_13 width=600 height=350> </Applet>
public class Mandel_13 extends Applet {
Color c[] = {Color.black, Color.red, Color.green,
            Color.blue,  Color.yellow,  Color.pink,
            Color.cyan,  Color.magenta, Color.white };
 int CHD_BANBOK = 100;
 public Mandel_13(){  };  //채색된 만델브로트의 집합
/*************************************************************/
void M_JibHab(double a1, double b1, double a2, double b2){
   Graphics   g = getGraphics();
   Graphics2D g2 = (Graphics2D)g;
   Dimension dm = size();
   double c1, c2, x, y, x2, y2;
   int    i, j, k;
   int xch = dm.width - 5;
   int ych = dm.height - 10;
     for(i=0; i< ych; i++){
          for(j=0; j<=xch; j++){
              c1 = (a2 - a1)*j/xch + a1;              // z = x+yi의 실수부(x)
              c2 = (b2 - b1)*i/ych + b1;              // 허수부(y)를 계산
              x = y = 0;                              // z = 0+0i에서 계산 시작
            for(k=0; k < CHD_BANBOK && (x*x + y*y) < 10000; k++){
                    x2 = x*x - y*y + c1;          // 실수부
                    y2 = 2*x*y + c2;              // 허수부
                    x  = x2;  y  = y2;}
          int seak=0;
              if(k == CHD_BANBOK)         seak=0;
              else if(k>=CHD_BANBOK/2)  seak=8;
                   else if(y > 0)    seak=k%7+1;  //집합 밖의 색상
                        else          seak=0;      //집합 밖의 색상
                          g2.setPaint(c[seak]);
        Ellipse2D cir = new Ellipse2D.Double(j-2, i-2, 4, 4);
                          g2.draw(cir);
           } } }
//------------------------------------------------------------
public void paint(Graphics g){
    M_JibHab(-1.31, 0.26, -1.14, 0.47);} }
//------------------------------------------------------------
```

[예제 9-14] **다음과 같이 색상 인수를 변경하였을 때 그려지는 만델브로트의 그래픽은 아래와 같다. 실행 후 분석하시오.**

```
  if(k == banbok_check)        seak=0;
    else  seak=(int)(A*Math.log(x*x+y*y)/Math.pow(2,k));
                 g2.setPaint(c[seak]);
        M_Set(-2.3, -1.6, 1.3, 1.6);  //만델브로트 집합
```

```
[프로그램]
import java.awt.*;
import java.awt.geom.*;
import java.applet.Applet;
// <Applet code= Mandel_14 width=600 height=350> </Applet>
public class Mandel_14 extends Applet {
  Color c[] = {Color.black, Color.red, Color.green,
               Color.blue,  Color.yellow, Color.pink,
               Color.cyan,  Color.magenta, Color.white };
 int CHD_BANBOK = 100;
public Mandel_14(){ }; //채색된 만델브로트의 집합
void M_JibHab(double a1, double b1, double a2, double b2){
   Graphics   g = getGraphics(); Graphics2D g2 = (Graphics2D)g;
   Dimension dm = size();
  double c1, c2, x, y, x2, y2;
  int    i, j, k;
  int xch = dm.width - 12;
  int ych = dm.height - 12;
  int A = 10;
    for(i=0; i< ych; i++){
         for(j=0; j<=xch; j++){
                 c1 = (a2 - a1)*j/xch + a1;                // z = x+yi의 실수부(x)
                 c2 = (b2 - b1)*i/ych + b1;               // 허수부(y)를 계산
                 x = y = 0;                               // z = 0+0i에서 계산 시작
                for(k=0; k < CHD_BANBOK && (x*x + y*y) < 10000; k++){
                        x2 = x*x - y*y + c1;         // 실수부
                        y2 = 2*x*y + c2;             // 허수부
                        x  = x2;  y  = y2;}
                int seak=0;
                        if(k == CHD_BANBOK)        seak=0;
                        else   seak=(int)(A*Math.log(x*x+y*y)/Math.pow(2,k));
                        g2.setPaint(c[seak]);
          Rectangle2D rect = new Rectangle2D.Double(j, i, j, i);
```

```
                    g2.draw(rect);
            } } }
/-----------------------------------------------------------
public void paint(Graphics g){ M_Set(-2.3, -1.6, 1.3, 1.6); } }
//----------------------------------------------------------
```

[예제 9-14] 수행결과

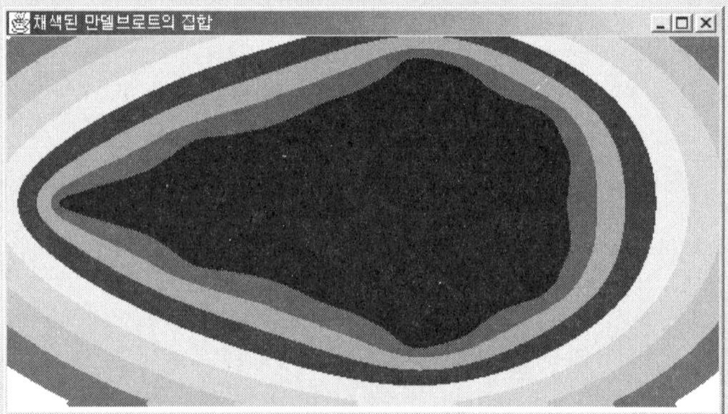

[예제 9-15] **다음 프로그램은 만델브로트의 집합 내부만 채색시키는 프로그램이다. 실행 후 분석하시오.**

```
import java.awt.*;
import java.awt.geom.*;
import java.applet.Applet;
// <Applet code= Mandel_Color width=600 height=400> </Applet>
public class Mandel_Color extends Applet {
 Color c[] = {Color.black, Color.red, Color.green, Color.gray, Color.orange,
              Color.blue,  Color.yellow,  Color.pink, Color.darkGray,
              Color.cyan,  Color.lightGray, Color.magenta, Color.white };
 int banbok_check = 100;
 public Mandel_Color(){ };  //내부채색 만델브로트 집합
/*****************************************************************/
void M_JibHab(double a1, double b1, double a2, double b2){
    Graphics   g = getGraphics();
    Graphics2D g2 = (Graphics2D)g;
    Dimension dm = size();
   double c1, c2, x, y, x2, y2;
   int  i, j, k;
   int Width = dm.width - 5;
   int Height = dm.height - 10;
   int A = 10;
     for(i=0; i< Height; i++){
```

```
        for(j=0; j<= Width; j++){
              c1 = (a2 - a1)*j/Width + a1;          // z = x+yi의 실수부(x)
              c2 = (b2 - b1)*i/Height + b1;         // 허수부(y)를 계산
              x = y = 0;                           // z = 0+0i에서 계산 시작
            for(k=0; k < banbok_check && (x*x + y*y) < 100; k++){
                   x2 = x*x - y*y + c1;   // 실수부
                   y2 = 2*x*y + c2;       // 허수부
                   x  = x2;  y  = y2;}
               if(k == banbok_check)
                  if(x>0 && y>0){g2.setPaint(c[2]);
                     Ellipse2D cir1 = new Ellipse2D.Double(j-2, i-2, 4, 4);
                       g2.draw(cir1);}
                  else if(x>0 && y<0){g2.setPaint(c[5]);
                          Ellipse2D cir2 = new Ellipse2D.Double(j-2, i-2, 4, 4);
                             g2.draw(cir2);}
                     else if(x<0 && y>0){g2.setPaint(c[7]);
                             Ellipse2D cir3 = new Ellipse2D.Double(j-2, i-2, 4, 4);
                             g2.draw(cir3);}
                        else {g2.setPaint(c[1]);
                               Ellipse2D cir4 = new Ellipse2D.Double(j-2, i-2, 4, 4);
                              g2.draw(cir4);}
                  } } }
//----------------------------------------------------------
public void paint(Graphics g){
    M_JibHab(-1.6, -1.1, 0.9, 1.1); }}
//----------------------------------------------------------
```

[예제 9-15] 수행결과

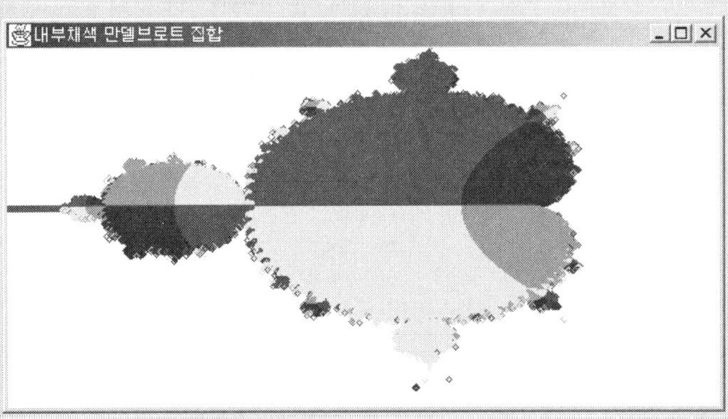

위 프로그램에서 if 문을 다음과 같이 바꾸어 실행결과를 확인하여 보시오.

```
    if(k == banbok_check*0.2) seak = 8;
    else if(y > 0)    seak=k%7+2;  //집합 밖의 색상
         else         seak=0;       //집합 밖의 색상
```

만델브로트의 집합은 M_JibHab(-1.6, -2, 1.6, 2)와 같다.

9-5 줄리아 집합

줄리아(Julia) 집합은 만델브로트 집합이 나타나기 이전인 1918년에 줄리아에 의하여 발표되었다. 줄리아의 집합은 만델브로트 집합과 밀접한 관계가 있다. 이것은 둘 다 복소수 점화식 $Z = Z^2 + C$에서 만들어진 집합이다.

점화식 $Z = Z^2 + C$에서 Z를 발산시키지 않는 C들의 모임이 만델브로트의 집합이며, 줄리아 집합은 C 값을 고정시켰을 때 발산되지 않는 Z 값의 모임이다. 따라서 줄리아 집합은 C 값에 따라 달라진다.

$Z = X + Yi, \quad C = C_1 + C_2 i$ 일 때 고정된 C 값에 대해

$Z = Z^2 + C$ 를 발산시키지 않는 Z 값들의 모임이다.

[예제 9-16] 다음의 프로그램은 줄리아 집합의 나타내는 프로그램이다. 실행 후 분석하시오.

```
import java.awt.*;
import java.awt.geom.*;
import java.applet.Applet;
// <Applet code= Julia_0 width=450 height=300> </Applet>
public class Julia_0 extends Applet {
 Color c[] = {Color.black, Color.red, Color.green, Color.gray, Color.orange,
              Color.blue,  Color.yellow,  Color.pink, Color.darkGray,
              Color.cyan,  Color.lightGray, Color.magenta, Color.white };
 int banbok_check = 100;
   public Julia_0(){}; //줄리아 집합
void Julia_set(double a1, double b1, double a2, double b2, double c1, double  c2){
       Graphics   g = getGraphics();
```

```
        Graphics2D g2 = (Graphics2D)g;
      Dimension dm = size();
      double  x, y, x2, y2;
      int    i, j, k, seak;
      int xch = dm.width - 12;
      int ych = dm.height - 12;
        for(i=0; i <= ych; i++){
          for(j=0; j <= xch; j++){
            x = (a2 - a1)*j/xch + a1;     // z = x+yi의 실수부(x)
            y = (b2 - b1)*i/ych + b1;     // 허수부(y)를 계산
            for(k=0; k < banbok_check && (x*x + y*y) < 10000; k++){
                x2 = x*x - y*y + c1;   // 실수부
                y2 = 2*x*y + c2;         // 허수부
                x  = x2;  y  = y2;}
              if(k == banbok_check){seak = 2;
              g2.setPaint(c[seak]);
              Ellipse2D cir = new Ellipse2D.Double(j-2, i-2, 4, 4);
              g2.draw(cir);}
            } }  }
/*******************************************************************/
public void paint(Graphics g){
  Julia_set(-1.5, -1.5, 1.5, 1.5, -0.745, 0.113);}}
//----------------------------------------------------------
```

[예제 9-16] 수행결과

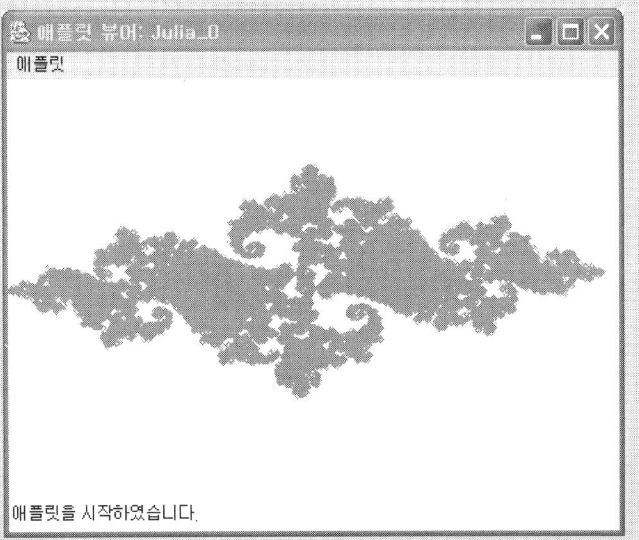

[예제 9-17] **줄리아 집합에서 c1, c2 값을 다음과 같이 바꾸어 실행하여 보시오.**

```
Julia_set(-1.5, -1.5, 1.5, 1.5, 0.2733, 0.0074)
Julia_set(-1.5, -1.5, 1.5, 1.5, -0.11, 0.6557)
Julia_set(-1.5, -1.5, 1.5, 1.5, -0.194, 0.656)
```

[예제 9-18] **다음의 프로그램은 줄리아 집합 채색에 대한 프로그램이다 실행 후 분석하시오.**

```
import java.awt.*;
import java.awt.geom.*;
import java.applet.Applet;
// <Applet code= Julia_1 width=450 height=300> </Applet>
public class Julia_1 extends Applet {
 int banbok_check = 100;
   public Julia_1(){ };    //줄리아 집합
/*****************************************************************/
void Julia_set(double a1, double b1, double a2, double b2, double c1, double c2){
            Graphics   g = getGraphics();
            Graphics2D g2 = (Graphics2D)g;
    Dimension dm = size();
    Color c[] = {Color.black, Color.red, Color.green, Color.gray, Color.orange,
                 Color.blue,  Color.yellow,  Color.pink, Color.darkGray,
                 Color.cyan,  Color.lightGray, Color.magenta, Color.white };
     double  x, y, x2, y2;
     int    i, j, k, seak;
     int xch = dm.width - 12;
     int ych = dm.height - 12;
          for(i=0; i <= ych; i++){
              for(j=0; j <= xch; j++){
                   x = (a2 - a1)*j/xch + a1;     // z = x+yi의 실수부(x)
                   y = (b2 - b1)*i/ych + b1;     // 허수부(y)를 계산
               for(k=0; k < banbok_check && (x*x + y*y) < 10000; k++){
                     x2 = x*x - y*y + c1;   // 실수부
                     y2 = 2*x*y + c2;       // 허수부
                     x  = x2;  y  = y2;}
                     x = 10*Math.sin(x)+10*Math.sin(y);
                     if(k == banbok_check)   seak = (int)(Math.abs(x))%7+1;
                     else if(k > banbok_check/2) seak = 12;
                          else if(y>0) seak = k % 7 +1;
```

```
                    else    seak = 0;
                    g2.setPaint(c[seak]);
                    Ellipse2D cir = new Ellipse2D.Double(j-2, i-2, 4, 4);
                    g2.draw(cir);
            } } }
//*****************************************************************************/
public void paint(Graphics g){
    Julia_set(-1.5, -1.5, 1.5, 1.5, -0.745, 0.113);}}
```

[예제 9-18] 수행결과

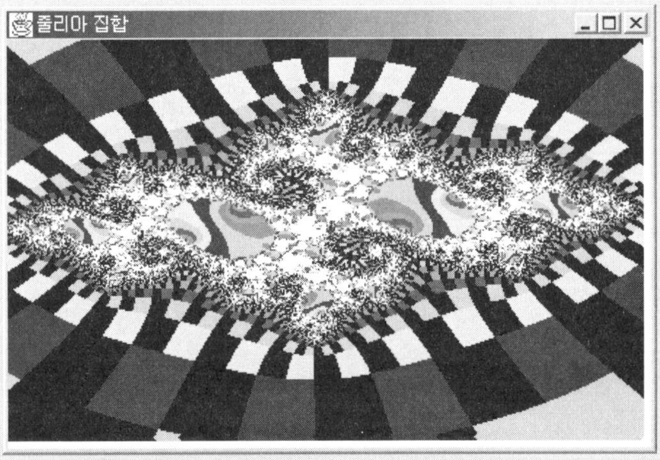

[예제 9-18] 프로그램에서 Julia_set(-1.5, -1.5, 1.5, 1.5, 0.27, 0.0074)로 변경했을 때 그려지는 줄리아 집합 그래픽은 다음과 같다.

[예제 9-19] 다음 프로그램은 만델브로트 집합 속에 있는 또 다른 집합을 나타내는 프로그램이다. 실행 후 분석하시오.

```
import java.awt.*;
import java.util.*;          // Thread, sleep()
import java.awt.geom.*;
public class Mdel_SUM extends Frame{
   public Mdel_SUM(){setTitle("만델브로트 속의 집합(확대)");
   MdCanvas cvs = new MdCanvas(this);    // 캔버스를 생성, 프레임에 배치
           add("Center", cvs); }
//------------------------------------------------------------
public boolean handleEvent(Event evt){
   if (evt.id == Event.WINDOW_DESTROY)
          System.exit(0);
   return false;}
//------------------------------------------------------------
 public static void main(String[] args){
    Frame f = new Mdel_SUM();
          f.resize(450, 400*3/4);
          f.show();
          } }
//*****************************************************************
class MdCanvas extends Canvas {
  Frame    frm;
  boolean  pyosi;
  int      xd, yd, xu, yu;
  int      Width, Height;
  // 처음에는 -2.1-1.5i ~ 0.9+1.5i 영역에 대한 집합을 그리게 한다.
  double   a1=-2.1, b1=-.9, a2=1.2, b2=.9;
//-----------------------------------------------------------
  public MdCanvas(Frame f){
         frm = f; }   // 마우스 커서 모양을 바꿀 때 사용
//-----------------------------------------------------------
       // 마우스 끌기를 시작한 곳 -> (xd, yd)
 public boolean mouseDown(Event evt, int x, int y){
          xd = x;  yd = y;  // 마우스 끌기를 시작한 곳 -> (xd, yd)
          return true;  }
//-----------------------------------------------------------
          // 마우스로 끄는 영역에 네모를 그린다.
public boolean mouseDrag(Event evt, int x, int y){
          Graphics g = getGraphics();
         Graphics2D g2 = ( Graphics2D)g;
                g2.setXORMode(getBackground());  // 그리기 모우드를 XOR로 설정
```

```
    Rectangle2D rect = new Rectangle2D.Double(xd, yd, x-xd, y-yd);
            g2.draw(rect);                  // 네모를 그리고
      try { Thread.sleep(10);}            // 0.01 초 동안 쉰 후
      catch(InterruptedException e){ }
           g2.draw(rect);               // 네모를 지운다.
      return true;}
//---------------------------------------------------------
  // 마우스 끌기를 끝낸 곳 -> (xu, yu)
  public boolean mouseUp(Event evt, int x, int y){
          xu = x;    yu = y;
     Graphics g = getGraphics();
     Graphics2D g2 = ( Graphics2D)g;
              g.setXORMode(getBackground()); // 그리기 모우드를 XOR로 설정
   Rectangle2D rect = new Rectangle2D.Double(xd, yd, x-xd, y-yd);
              g2.draw(rect);
        return true;}
//---------------------------------------------------------
          // 마우스 끌기로 잡은 영역의 수학적인 좌표 -> a1, b1, a2, b2
  public boolean keyDown(Event evt, int key){
     double aa1 = a1 + (a2-a1)*xd/Width;
     double aa2 = a1 + (a2-a1)*xu/Width;
     double bb1 = b1 + (b2-b1)*yd/Height;
     double bb2 = b1 + (b2-b1)*yu/Height;
                 a1 = aa1; a2 = aa2;
                 b1 = bb1; b2 = bb2;
          pyosi = false;
          Mdel_Set();
          return true; }
//--------------------------------------------------------
  public void paint(Graphics g){
          if (pyosi)  return;
           Mdel_Set();
          pyosi = true;        }
//-------------------------------------------------------
   int N=100;
   void Mdel_Set(){
   double x, y, x2, y2, c1, c2;
   int   i, j, k;
           Graphics    g = getGraphics();           // 이 캔버스에 집합을 그린다.
           Graphics2D g2 = ( Graphics2D)g;
                Width  = size().width;          // 캔버스의 폭
```

```
            Height = size().height;              // 캔버스의 높이
            g2.clearRect(0,0, 1000,1000);
     Color c[] = { Color.black, Color.red, Color.green,
                  Color.blue,  Color.yellow,  Color.pink,
                  Color.cyan,  Color.magenta, Color.white };
     // 캔버스의 모든 점에 대해 반복
     for (i=0 ; i<=Height ; i++){
        for (j=0 ; j<= Width ; j++){
             c1 = (a2 - a1)*j/Width + a1;   // z = x+yi의 실수부(x)
             c2 = (b2 - b1)*i/Height + b1;  // 허수부(y)를 계산
             x = y = 0;                     // z = 0+0i에서 계산 시작
            for (k=0 ; k<N ; k++){
                  x2 = x*x - y*y +c1;          // z2+c를 계산
                  y2 = 2*x*y + c2;
                  x  = x2;      y = y2;        // z2+c -> z로 한다
               if (x*x+y*y > 10000)            // 발산했으면
                 break;}                       // k for루프를 빠져나간다
                x = 10*Math.sin(x);
                 int saek = 0;
              if(k==N)  saek = (int)(Math.abs(x))%7 + 1; // 집합 내부
              else if(k>N/2) saek = 8;                // 집합 근처
                   else      saek = k % 7 + 1;        // 집합 바깥
              g2.setPaint(c[saek]);
 Ellipse2D cir = new Ellipse2D.Double(j-2, i-2, 4, 4);
              g2.fill(cir);
            } }
            // 마우스 커서 -> 네모 모양
            frm.setCursor(Frame.CROSSHAIR_CURSOR);
    }  }
```

[예제 9-19] 수행결과

[프로그램 설명]
위 프로그램에서 초기의 멘델브로트의 집합이 그려진 위치에서 마우스로 특정 한 부분을 드래그 한 다음 엔터키를 누르면 드래그 된 부분이 확대되어 새로운 멘델브로트의 집합이 그려지게 된다.

[예제 9-20] **다음 프로그램은 줄리아 집합 속의 한 부분을 마우스로 드래그 한 다음 엔터키를 누르면 마우스로 드래그 한 부분이 확대되어 나타나는 프로그램이다. 수행 후 분석하시오.**

```
import java.awt.*;
import java.util.*;
import java.awt.geom.*;
public class Julia_SUM extends Frame{
  public Julia_SUM(){setTitle("줄리아 속의 집합(확대)");
  MdCanvas cvs = new MdCanvas(this);// 캔버스를 생성, 프레임에 배치
          add("Center", cvs); }
//------------------------------------------------------------
 public boolean handleEvent(Event evt){
     if (evt.id == Event.WINDOW_DESTROY)
          System.exit(0);
    return false;}
//------------------------------------------------------------
 public static void main(String[] args){
    Frame f = new Julia_SUM();
          f.resize(450, 400*3/4);
          f.show();
          } }
//*****************************************************************
class MdCanvas extends Canvas {
 Frame    frm;
 boolean  pyosi;
 int      xd,yd, xu, yu;
 int      Width, Height;
  // 처음에는 -2.1-1.5i ~ 0.9+1.5i 영역에 대한 집합을 그리게 한다.
 double   a1=-2.1, b1=-.9, a2=1.2, b2=.9, c1=-0.2, c2=0.66;
//------------------------------------------------------------
 public MdCanvas(Frame f){
    frm = f; }    // 마우스 커서 모양을 바꿀 때 사용
//------------------------------------------------------------
       // 마우스 끌기를 시작한 곳 -> (xd, yd)
 public boolean mouseDown(Event evt, int x, int y){
```

```
            xd = x;       yd = y;  // 마우스 끌기를 시작한 곳 -> (xd, yd)
          return true;  }
//----------------------------------------------------------
          // 마우스로 끄는 영역에 네모를 그린다.
public boolean mouseDrag(Event evt, int x, int y){
       Graphics g = getGraphics();
       Graphics2D g2 = ( Graphics2D)g;
             g2.setXORMode(getBackground());  // 그리기 모우드를 XOR로 설정
    Rectangle2D rect = new Rectangle2D.Double(xd, yd, x-xd, y-yd);
            g2.draw(rect);              // 네모를 드래그
     try { Thread.sleep(10);}           // 0.01 초 동안 쉰 후
     catch(InterruptedException e){ }
            g2.draw(rect);                  // 네모를 지운다.
     return true;}
//----------------------------------------------------------
 // 마우스 끌기를 끝낸 곳 -> (xu, yu)
 public boolean mouseUp(Event evt, int x, int y){
          xu = x;    yu = y;
     Graphics g = getGraphics();
     Graphics2D g2 = ( Graphics2D)g;
            g.setXORMode(getBackground()); // 그리기 모우드를 XOR로 설정
    Rectangle2D rect = new Rectangle2D.Double(xd, yd, x-xd, y-yd);
            g2.draw(rect);
          return true;}
//----------------------------------------------------------------
          // 마우스 끌기로 잡은 영역의 수학적인 좌표 -> a1, b1, a2, b2
 public boolean keyDown(Event evt, int key){
     double aa1 = a1 + (a2-a1)*xd/Width;
     double aa2 = a1 + (a2-a1)*xu/Width;
     double bb1 = b1 + (b2-b1)*yd/Height;
     double bb2 = b1 + (b2-b1)*yu/Height;
            a1 = aa1; a2 = aa2;
            b1 = bb1; b2 = bb2;
            pyosi = false;
           Julia_Set();
           return true; }
//--------------------------------------------------------------
public void paint(Graphics g){
          if (pyosi) return;
```

```
        Julia_Set();
        pyosi = true;     }
//-------------------------------------------------------------
   int N=100;
   void Julia_Set(){
   double  x, y, x2, y2;
   int    i, j, k;
    Graphics    g = getGraphics();  // 이 캔버스에 집합을 그린다
    Graphics2D g2 = ( Graphics2D)g;
       Width  = size().width;          // 캔버스의 폭
       Height = size().height;         // 캔버스의 높이
       g2.clearRect(0,0, 1000,1000);  // 캔버스를 지운다.
  Color c[] = { Color.black, Color.red,    Color.green,
              Color.blue,  Color.yellow,  Color.pink,
              Color.cyan,  Color.magenta, Color.white };
    // 캔버스의 모든 점에 대해 반복
       for (i=0 ; i<= Height ; i++){
          for (j=0 ; j<= Width ; j++){
             x = (a2 - a1)*j/Width + a1;    // z = x+yi의 실수부(x)
             y = (b2 - b1)*i/Height + b1;   // 허수부(y)를 계산
           for (k=0 ; k<N ; k++){
                    x2 = x*x - y*y +c1;        // z2+c를 계산
                    y2 = 2*x*y + c2;
                    x  = x2;     y = y2;      // z2+c -> z로 한다
                if (x*x+y*y > 10000)           // 발산했으면
                  break; }                   // k for루프를 빠져나간다
                x = 10*Math.sin(x);
                int saek = 0;
                if(k==N)  saek = (int)(Math.abs(x))%7 + 1; // 집합 내부
                else if(k>N/2) saek = 8;                  // 집합 근처
                     else     saek = k % 7 + 1;           // 집합 바깥
                     g2.setPaint(c[saek]);
           Ellipse2D cir = new Ellipse2D.Double(j-2, i-2, 4, 4);
                    g2.fill(cir); // 발산되지 않은 부분 점을 찍음
             } }
             // 마우스 거시 -> 네모 모양
           frm.setCursor(Frame.CROSSHAIR_CURSOR);
      }   }
```

[예제 9-20] 수행결과

9-6 뉴-톤 법과 프랙탈

방정식의 해를 근사적으로 구하는 방법을 뉴-톤 법이라 하는데 근을 구할 때 사용되는 초기 값에 대해 근에 수렴 여부에 따라 다른 색으로 채색하면 프랙탈이 만들어지게 된다.

예를 들어 방정식 $x^3-1=0$ 을 생각해 보자.

복소수를 z로 표현하면 $f(z)=z^3-1=0$ 는 다음과 같이 풀이할 수 있다.

$z^3-1=(z-1)(z^2+z+1)=0$ 에서 $z^2+z+1=0$ 의해는 다음과 같다.

고로 $x^3-1=0$ 의 해는

$z=1+0i,\quad \dfrac{-1+\sqrt{3i}}{2},\quad \dfrac{-1-\sqrt{3i}}{2}$ 이다.

$f(z)=z^3-1=0$ 의 해를 뉴-톤 법으로 푸는 경우 z의 초기 값에 따라 $1+0i$ 에 수렴하기도 하고 $\dfrac{-1+\sqrt{3i}}{2}$ 또는 에 수렴하기도 한다.

$1+0i$ 에 수렴시 $z=\dfrac{-b\pm\sqrt{b^2-4ac}}{2a}=\dfrac{-1\pm\sqrt{-3}}{2}=\dfrac{-1\pm\sqrt{3i}}{2}$ 키는 z는 $\dfrac{-1-\sqrt{3i}}{2}$

흰색, $\dfrac{-1+\sqrt{3i}}{2}$ 에 수렴시키는 z는 초록색, $\dfrac{-1-\sqrt{3i}}{2}$ 에 수렴시키는 z는 빨간색, 근에

수렴시키지 못하고 발산되는 z는 검은색으로 채색되는 그래프를 그려보자.

$f(z) = z^3 - 1 = 0$ 이면 뉴-톤 법에 의한 근사해 점화식은 다음과 같다.

$$z_{n+1} = z_n - \frac{f(z_n)}{f'(z_{n})} = z_n - \frac{(z_n^3 - 1)}{3z_n^2}$$ 이 된다.

즉 $z = z - \frac{z^3 - 1}{3z_n^2}$ 을 10번 반복하여 계산한 후 $z = x + yi$ 가 세 근 중에 어느 하나에 근접하면 점을 찍으면 된다.

$$z = z - \frac{z^3 - 1}{3z^2},\quad z = x + yi$$ 에서

먼저 $z^2 = (x^2 - y^2) + 2xyi \quad \rightarrow x2 + y2i$ 라 하면

$$\frac{z^3 - 1}{3z^2} = \frac{(x + yi)(x2 + y2i) - 1}{3(x2 + y2i)}$$

$$= \frac{(x^* x2 - y^* y2 - 1) + (x^* y2 + y^* x2)i}{3(x2 + y2i)}$$

여기서 $tx = (x^* x2 - y^* y2 - 1),\quad ty = (x^* y2 + y^* x2)$ 로 놓으면

$$= \frac{tx + tyi}{3(x2 + y2i)}$$

$$= \frac{(tx + tyi)(x2 - y2i)}{3(x2 = y2i)(x2 - y2i)}$$

$$= \frac{1}{3(x2^2 + y2^{2)}}\ \{(tx^* x2 + ty^* y2) + (ty^* x2 - tx^* y2)i\ \}$$ 가 된다.

따라서 $z = z - \frac{z^3 - 1}{3z^2}$,을 자바 코드로 기술하면 다음과 같다.

```
if(x != 0 && y != 0)
        for(k=0; k < 10; k++){
          x2 = x*x - y *y;
          y2 = 2 *x * y;
          tx = x * x - y * y2 -1;
          ty = x * y2 + y * x2;
          r = 3 * (x2 * x2 + y2 * y2);
```

```
x = x - (tx * x2 + ty * y2) / r;
y = y - (ty * x2 - tx * y2) / r;
} 로 코딩하면 된다.
```

[예제 9-21] 다음 프로그램은 뉴-톤 법으로 $z^3 = 1$ 에 수렴하는 영역을 채색하는 프로그램이다. 실행 후 분석하시오.

```
import java.awt.*;
import java.awt.geom.*;
import java.applet.Applet;
// <Applet code= Newton_1 width=450 height=300> </Applet>
public class Newton_1 extends Applet {
 int banbok_check = 10;
 double SO = 0.0001;
 public Newton_1(){ };  //뉴-톤 근사법 프랙탈
/****************************************************************/
void newton_set(double a1, double b1, double a2, double b2){
    Graphics   g = getGraphics();
    Graphics2D g2 = (Graphics2D)g;
    Dimension dm = size();
    Color c[] = {Color.black, Color.red, Color.green, Color.gray, Color.orange,
                 Color.blue,  Color.yellow,  Color.pink, Color.darkGray,
                 Color.cyan,  Color.lightGray, Color.magenta, Color.white };
   double  x, y, x2, y2, tx, ty, r;
   int    i, j, k, seak;
   int xch = dm.width - 12;
   int ych = dm.height - 12;
   double A1 = 1.0, B1 = 0;
  double A2 = -1.0/2, B2 = Math.sqrt(3)/2;
  ouble A3 = -1.0/2, B3 = -Math.sqrt(3)/2;
       for(i=0; i <= ych; i++){
         for(j=0; j <= xch; j++){
             x = (a2 - a1)*j/xch + a1;              // z = x+yi의 실수부(x)
             y = (b2 - b1)*i/ych + b1;              // 허수부(y)를 계산
           if(x != 0 && y != 0)
          for(k=0; k < banbok_check ; k++){
           x2 = x*x - y *y;
           y2 = 2 *x * y;
           tx = x * x - y * y2 -1;
           ty = x * y2 + y * x2;
```

```
            r = 3 * (x2 * x2 + y2 * y2);
            x = x - (tx * x2 + ty * y2) / r;
            y = y - (ty * x2 - tx * y2) / r;
            }
          if((x-A1)*(x-A1) + (y-B1)*(y-B1) < SO) seak=12;
        else if((x-A2)*(x-A2) + (y-B2)*(y-B2) < SO) seak=2;
             else if((x-A3)*(x-A3) + (y-B3)*(y-B3) < SO) seak=1;
                  else     seak =0;
                    g2.setPaint(c[seak]);
                    Ellipse2D cir = new Ellipse2D.Double(j-2, i-2, 4, 4);
                    g2.draw(cir);
            } } }
/*****************************************************************/
public void paint(Graphics g){
      newton_set(-1.5, -1.5, 1.4, 1.4);}}
//-------------------------------------------------------------
```

[예제 9-21] 수행결과

[예제 9-22] 다음 프로그램을 실행한 후 분석하고 집합의 set 값을 변경하여 보시오.

```
import java.awt.*;
import java.awt.geom.*;
import java.applet.Applet;
// <Applet code= Newton_12 width=450 height=300> </Applet>
public class Newton_12 extends Applet {
 int banbok_check = 20;
 double SO = 0.0001;
```

```
   public Newton_12(){setTitle("뉴-톤 근사법 프랙탈 ");}
/*****************************************************************/
void newton_set(double a1, double b1, double a2, double b2){
   Graphics   g = getGraphics();
   Graphics2D g2 = (Graphics2D)g;
   Dimension dm = size();
   Color c[] = {Color.black, Color.red, Color.green, Color.gray, Color.orange,
               Color.blue,  Color.yellow,  Color.pink, Color.darkGray,
               Color.cyan,  Color.lightGray, Color.magenta, Color.white };
  double  x, y, x2, y2, tx, ty, r;
  int    i, j, k, seak, s;
  int xch = dm.width - 12;
  int ych = dm.height - 12;
  double A1 = 1.0, B1 = 0;
  double A2 = -1.0/2, B2 = Math.sqrt(3)/2;
  double A3 = -1.0/2, B3 = -Math.sqrt(3)/2;
     for(i=0; i <= ych; i++){
          for(j=0; j <= xch; j++){
                x = (a2 - a1)*j/xch + a1; // z = x+yi의 실수부(x)
                y = (b2 - b1)*i/ych + b1;// 허수부(y)를 계산
                s =-1;
               if(x != 0 && y != 0)
            for(k=0; k < banbok_check ; k++){
                x2 = x*x - y *y;
                y2 = 2 *x * y;
                tx = x * x - y * y2 -1;
                ty = x * y2 + y * x2;
                r = 3 * (x2 * x2 + y2 * y2);
                x = x - (tx * x2 + ty * y2) / r;
                y = y - (ty * x2 - tx * y2) / r;
               if((x-A1)*(x-A1) + (y-B1)*(y-B1) < SO)      {s=0; break;}
               else if((x-A2)*(x-A2) + (y-B2)*(y-B2) < SO) {s=4; break;}
                    else if((x-A3)*(x-A3) + (y-B3)*(y-B3) < SO) {s=8; break;}
                        }
                 if(s != -1) seak = s+3; // 근에 수렴한 경우
                      else seak =0;
                      g2.setPaint(c[seak]);
                  Ellipse2D cir = new Ellipse2D.Double(j-2, i-2, 4, 4);
                  g2.fill(cir);
```

```
            } } }
/*****************************************************************/
public void paint(Graphics g){
    newton_set(-1.9, -1.9, 1.8, 1.8);}}
//------------------------------------------------------------
```

[예제 9-22] 수행결과

9-7 카오스 게임

카오스 게임은 반슬리(Barnsley)에 의해 만들어진 것으로 실제로 게임은 아니고 게임 비슷한 방식으로 프랙탈을 만들어 가는 것을 말한다. 어떤 원칙을 몇 기지 정한 후 무작위 하게 원칙을 되풀이하면 프랙탈이 만들어지는데 이를 카오스게임이라 한다.

[예제 9-23] 다음 프로그램은 카오스 게임 불가사리를 그려내는 프로그램이다. 실행 후 분석하시오.

```
import java.awt.*;
import java.awt.geom.*;
import java.applet.Applet;
// <Applet code= Chaos_Fract width=450 height=300> </Applet>
public class Chaos_Fract extends Applet{
  public Chaos_Fract(){ };  // 카오스 불가사리
//--------------------------------------------------------
```

```
void Bulga_Sari(double n){
   Graphics   g = getGraphics();
  Graphics2D g2 = (Graphics2D)g;
  Dimension  d = size();
  double  i, x, y, x1=0, y1=0, x0, y0;
  double cos90 = Math.cos(90*Math.PI/180);
  double cos_90 = Math.cos(-90*Math.PI/180);
  double sin90 = Math.sin(90*Math.PI/180);
  double sin_90 = Math.sin(-90*Math.PI/180);
         x0 = d.width/2;  y0 = d.height/2;
         x = 20;        y = 15;
         int rn;
            for(i=0; i<3000; i++){
                     rn = (int)(2*Math.random());
                     switch(rn){
                     case 0 : x1 = (x*cos90 - y*sin90) - n;
                              y1 = (x*sin90 + y*cos90) +n; break;
                     case 1 : x1 = (x*cos_90 - y*sin_90) - n;
                              y1 = (x*sin_90 + y*cos_90) +n; break;
                         }
                      Circle(x0+x, y0-y, 2);
                       x = x1;  y = y1;
                       } }
//-----------------------------------------------------
  public void paint(Graphics g){
         Bulga_Sari(1);      }
//-----------------------------------------------------
  void Circle(double x, double y, double r){
      Graphics   g = getGraphics();
      Graphics2D g2 = (Graphics2D)g;
      Ellipse2D  circle = new Ellipse2D.Double(x-r, y-r, r*2, r*2);
                g2.setPaint(Color.red);
                g2.fill(circle);   }}
```

[예제 9-23] 수행결과

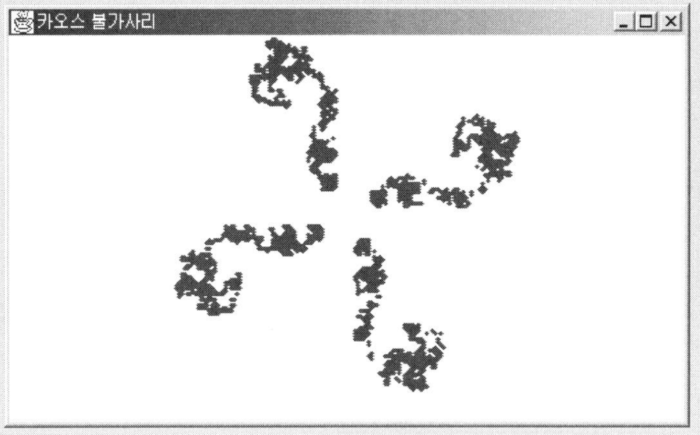

[예제 9-24] **다음 프로그램은 카오스 C 곡선을 그려내는 프로그램이다. 실행 후 분석하시오.**

```
import java.awt.*;
import java.awt.geom.*;
import java.applet.Applet;
// <Applet code= Chaos_Ckt width=450 height=300> </Applet>
public class  Chaos_Ck extends Applet{
  public Chaos_Ck(){ };  // 카오스 C 곡선
//-----------------------------------------------------------
 void C_Koksun(double n){
  Graphics   g = getGraphics();
  Graphics2D g2 = (Graphics2D)g;
  Dimension  d = size();
  double   x, y, x1=0, y1=0, x0, y0;
        x0 = d.width*3/5;  y0 = d.height*0.7;
        x = 0;        y = n;
        int rn;
          for(long i=0; i<20000; i++){
                rn = (int)(2*Math.random());
                switch(rn){
                case 0 : x1 = (x - y)/2 - n;
                         y1 = (x + y)/2 + n; break;
                case 1 : x1 = (x + y)/2 - n;
                         y1 = (-x + y)/2 + n; break;
                          }
                 Circle(x0+x, y0-y, 2);
                   x = x1;  y = y1;
```

```
                    } }
//---------------------------------------------------------
  public void paint(Graphics g){
          C_Koksun(40);}
//---------------------------------------------------------
  void Circle(double x, double y, double r){
      Graphics   g = getGraphics();
      Graphics2D g2 = (Graphics2D)g;
      Ellipse2D  circle = new Ellipse2D.Double(x-r, y-r, r*2, r*2);
              g2.setPaint(Color.red);
              g2.fill(circle);   }}
```

[예제 9-24] 수행결과

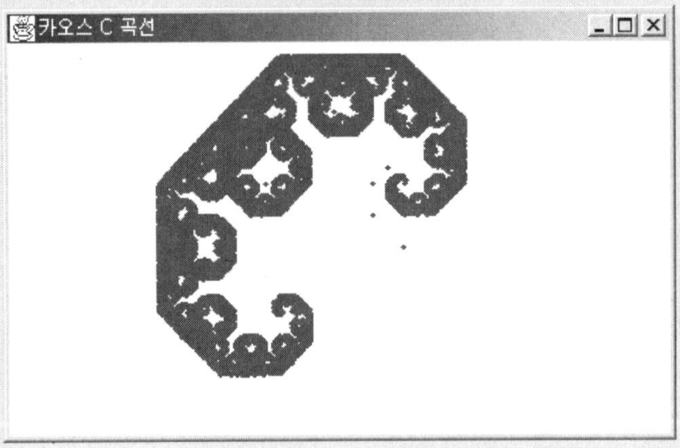

[예제 9-25] 다음 프로그램은 카오스의 반슬리 고사리 잎을 그리는 프로그램이다. 실행 후 분석하시오.

```
import java.awt.*;
import java.awt.geom.*;
import java.applet.Applet;
// <Applet code=Barn_sley width=450 height=300> </Applet>
public class Barn_sley extends Applet{
    double a[] = {0.000, -0.140, 0.180, 0.779};
    double b[] = {0.000, 0.268, -0.215, 0.034};
    double c[] = {0.000, 0.243, 0.215, 0.033};
    double d[] = {0.270, 0.225, 0.180, 0.739};
    double e[] = {0.500, 0.570, 0.408, 0.106};
    double f[] = {0.000, -0.036, 0.089, 0.270};
  public  Barn_sley(){ };   // 반슬리 고사리
 //---------------------------------------------------------
         void Barns_ley(long N){
```

```
    Graphics   g = getGraphics();
    Graphics2D g2 = (Graphics2D)g;
          Color   seak;
          int   n;
          double x=0, y=0, x1, y1, x0=50, y0=400;
          double r, w=300;  // w은 잎의 크기
          while(N-- != 0){
              r = (Math.random());
              if( r < 0.02){ n=0; seak = Color.white;}
              else if(r < 0.17) {n=1; seak = Color.green;}
                  else if(r < 0.30) {n=2; seak = Color.red;}
                      else          {n=3; seak = Color.black;}
                      x1 = a[n]*x + b[n]*y + e[n]*w;
                      y1 = c[n]*x + d[n]*y + f[n]*w;
                      Circle(x0+x, y0-y, 2, seak);
                      x = x1;  y = y1;  } }
//--------------------------------------------------------
 public void paint(Graphics g){ Barns_ley(20000); } //수행 시작
//--------------------------------------------------------
  void Circle(double x, double y, double r, Color seak){
     Graphics   g = getGraphics();
     Graphics2D g2 = (Graphics2D)g;
     Ellipse2D  circle = new Ellipse2D.Double(x-r, y-r, r*2, r*2);
            g2.setPaint(seak);
            g2.fill(circle);   }}
```

[예제 9-25] 수행결과

[예제 9-26] 카오스 게임을 이용한 고독한 나무를 그리는 프로그램이다. 실행 후 분석하시오.

```
import java.awt.*;
import java.awt.geom.*;
import java.applet.Applet;
// <Applet code=Barn_sle1 width=600 height=600> </Applet>
public class Barn_sle1 extends Applet{
    double a[] = {0.194, 0.464, -0.056, -0.033, -0.640};
    double b[] = {-0.453, 0.415, -0.069, 0.067, 0};
    double c[] = {0.350, -0.257, 0.457, -0.469, 0};
    double d[] = {0.408, 0.361, -0.110, -0.020, 0.500};
    double e[] = {0.443, 0.251, 0.597, 0.488, 0.856};
    double f[] = {0.245, 0.569, 0.097, 0.507, 0.251};
    Color co[] = {Color.red, Color.green, Color.gray, Color.orange, Color.blue};
  public  Barn_sle1(){ };  // 반슬리 고독한 나무
//-----------------------------------------------------------
    void Barns_ley(long N){
    Graphics   g = getGraphics();
    Graphics2D g2 = (Graphics2D)g;
    Dimension dm = size();
    int   n;
    double x=0, y=0, x1, y1, x0=10, y0=dm.height-2;
    double w=600;
          while(N-- != 0){
             n = (int)(5*Math.random());
            x1 = a[n]*x + b[n]*y + e[n]*w;
            y1 = c[n]*x + d[n]*y + f[n]*w;
           Circle(x0+x1, y0-y1, 2, n);
           x = x1;  y = y1;
                  } }
//-----------------------------------------------------------
   public void paint(Graphics g){ Barns_ley(20000);        }
//-----------------------------------------------------------
  void Circle(double x, double y, double r, int n){
    Graphics   g = getGraphics();
    Graphics2D g2 = (Graphics2D)g;
    Ellipse2D  circle = new Ellipse2D.Double(x-r, y-r, r*2, r*2);
            g2.setPaint(co[n]);
            g2.fill(circle);   }}
```

[예제 9-26] 수행결과

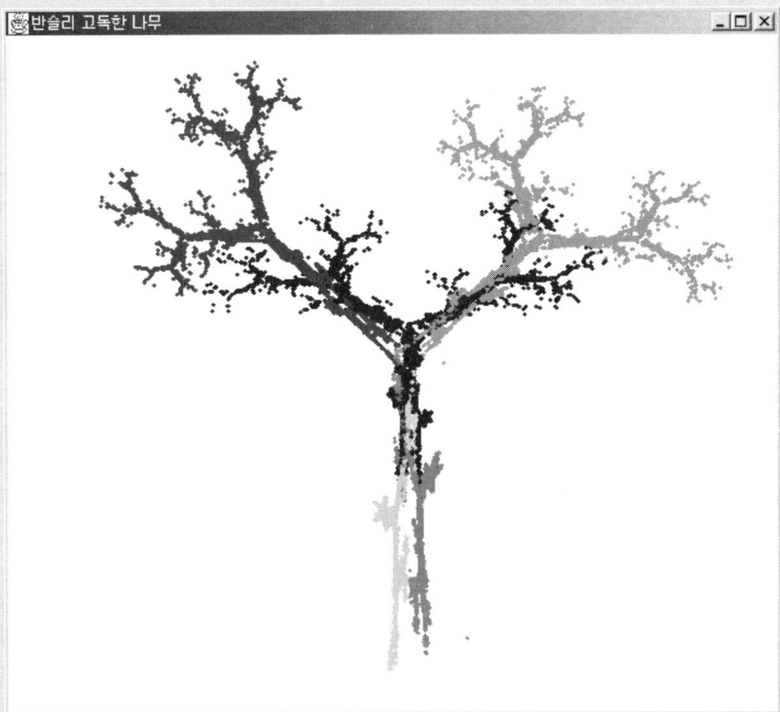

[예제 9-27] **다음 프로그램을 실행 후 분석하시오.**

```
import java.awt.*;
import java.awt.geom.*;
public class Chaos_game extends Frame{
 int   N;
 double  r;
 static TextField  nTfd, rTfd;
  public Chaos_game(){setTitle("카오스게임 프랙탈");
      Panel p = new Panel();
             p.add(new Button("확인"));
      nTfd = new TextField("7", 2);     p.add(nTfd);
      rTfd = new TextField("0.3", 5);  p.add(rTfd);
            add("East", p); // 버튼을 동쪽에 배치
            p.setLayout(new GridLayout(3,1, 5, 0)); // p 요소를 3행 1열로 배치
            p.setBackground(Color.lightGray);}
//------------------------------------------------------------
  public boolean action(Event evt, Object arg){
           if (arg.equals("확인")){
```

```
          N = Integer.parseInt(nTfd.getText());  // 입력란
          r = Double.parseDouble(rTfd.getText());}
            else return super.action(evt, arg);
           Chaos_Game(N, r);
          return true;}
//-------------------------------------------------------
   public void Chaos_Game(int N, double r){
   double  x,y,p;
   Color c[] = { Color.red,  Color.green, Color.gray, Color.yellow,
              Color.pink,  Color.cyan, Color.magenta, Color.white };
   double  px[] = new double[N];
   double  py[] = new double[N];
   setCursor(Frame.WAIT_CURSOR); // 마우스 커서 -> 모래시계 모양
      Graphics g = getGraphics();
      Graphics2D g2 = ( Graphics2D)g;
               g2.clearRect(0,0, 600,400);
          // N개의 점을 준비. 600:프레임의 폭,  400:높이
          for (int i=0 ; i<N ; i++){
               px[i] = 600/2 + 600/2.5*Math.cos(Math.PI*2*(i+1)/N) - 30;
               py[i] = 400/2 + 400/2.5*Math.sin(Math.PI*2*(i+1)/N);
                      }
               x = 123;       y = 456;  // 시작점
               int  nsu;
              for (int i=0 ; i<60000 ; i++){
                    nsu = (int)( N*Math.random());
                    x =  px[nsu] + (x-px[nsu])*r;
                    y =  py[nsu] + (y-py[nsu])*r;
                    g2.setPaint( c[nsu % 8] );
     Ellipse2D  pixel = new Ellipse2D.Double(x-2, y-2, 4, 4);
                    g2.fill(pixel); }
                    setCursor(Frame.DEFAULT_CURSOR);}// 마우스 커서 -> 화살표 모양
//---------------------------------------------------------
  public boolean handleEvent(Event evt){
         if (evt.target instanceof TextField) // 입력란에서
         if (evt.key == '\n'){                        // 엔터키를 눌렀으면
            action(evt, "확인");                      // 사건 메소드 호출도 가능
             return true;}
         if (evt.id == Event.WINDOW_DESTROY)
            System.exit(0);
```

```
        return super.handleEvent(evt);          }
//---------------------------------------------------------
  public static void main(String[] args){
        Frame f =  new Chaos_game();
             f.resize(600, 400);
             f.show();
        nTfd.requestFocus(); // nTfd에 키입력 촛점을 설정
        } }
```

[예제 9-27] 수행결과

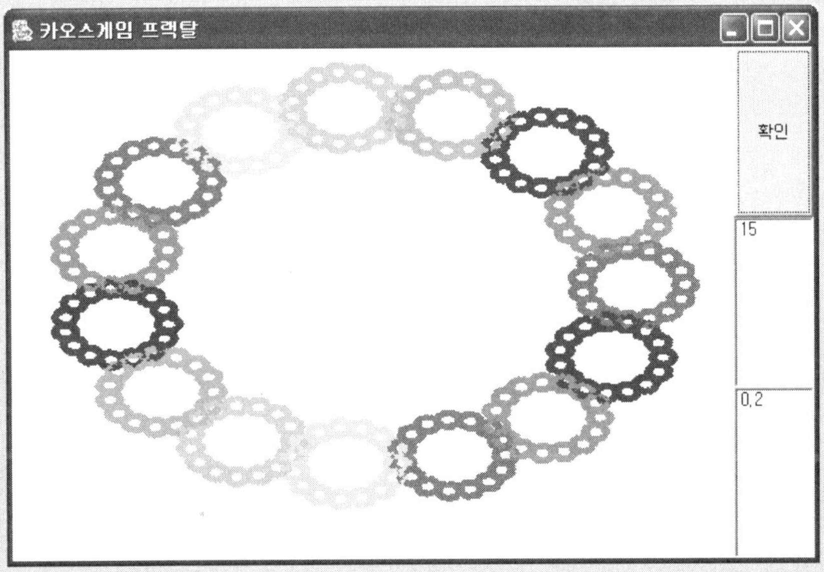

[예제 9-28] **다음 2 진 비트 곱을 이용한 프랙탈 프로그램이다. 실행 후 분석하시오.**

```
import java.awt.*;
import java.awt.geom.*;
 public class Binary_Fr extends Frame{
  public Binary_Fr(){setTitle("이진 프랙탈 ");
   setBackground(Color.white);          }
//---------------------------------------------------------
   public void paint(Graphics g){
          Binary_Frectal();
              }
 //---------------------------------------------------------
void Binary_Frectal(){
```

```
  Dimension dm = size();
  int xch, ych;
      xch = dm.width; ych = dm.height;
          for(int x=0; x < xch; x++)
            for(int y=0; y < ych; y++)
              if((x+y & Math.abs(x-y)) == 0)
                   pixel(x, y);   }
//-------------------------------------------------------------
 void pixel(int x, int y){
   Graphics   g = getGraphics();
   Graphics2D g2 = (Graphics2D)g;
   Ellipse2D  circle = new Ellipse2D.Double(x-2, y-2, 4, 4);
             g2.setPaint(Color.black);
             g2.fill(circle);}
//-------------------------------------------------------------
public boolean handleEvent(Event evt){
        if (evt.id == Event.WINDOW_DESTROY)
         System.exit(0);
        return false;}
//-------------------------------------------------------------
public static void main(String[] args){
     Frame f = new Binary_Fr();
          f.resize(400, 300);
          f.show();
                }  }
```

[예제 9-28] 수행결과

[예제 9-29] 다음 프로그램은 재귀호출을 이용한 시어핀스키(Sierpinski)의 양탄자를 그리는 프로그램이다. 실행 후 분석하시오.

```
import java.awt.*;
import  java.awt.geom.*;
import java.applet.Applet;
// <Applet code=SierPins_1 width=500 height=500> </Applet>
public class SierPins_1 extends Applet{
   double   A=1;
   public SierPins_1(){// 프랙탈 양탄자
          setBackground(Color.blue);   }
//-----------------------------------------------------------
public void paint(Graphics g){
   Dimension dm = getSize();
   double 폭 = dm.width;
   double 높이 = dm.height;
   s_carpet(폭/2, 높이/2, 높이/4);
          }
//------------------------------------------------------------
 void s_carpet(double x, double y, double r){
   if ( r > A){ Rect_P(x-r/3, y-r/3, r/3*2, r/3*2);
         s_carpet(x-r, y-r, r/2);          /* 상좌 */
         s_carpet(x+r, y-r, r/2);          /* 상우 */
         s_carpet(x-r, y+r, r/2);          /* 하좌 */
         s_carpet(x+r, y+r, r/2);          /* 하우 */
           }  }
//------------------------------------------------------------
 void Rect_P(double x, double y, double x1, double y1){
      Graphics g = getGraphics();
      Graphics2D g2 = (Graphics2D)g;
      Rectangle2D  rect = new Rectangle2D.Double(x, y, x1, y1);
          g2.setPaint(Color.red);
      Stroke stroke = new BasicStroke(4);
         g2.setStroke(stroke);
         g2.fill(rect);  } }
//-----------------------------------------------------------
```

[예제 9-29]
수행결과

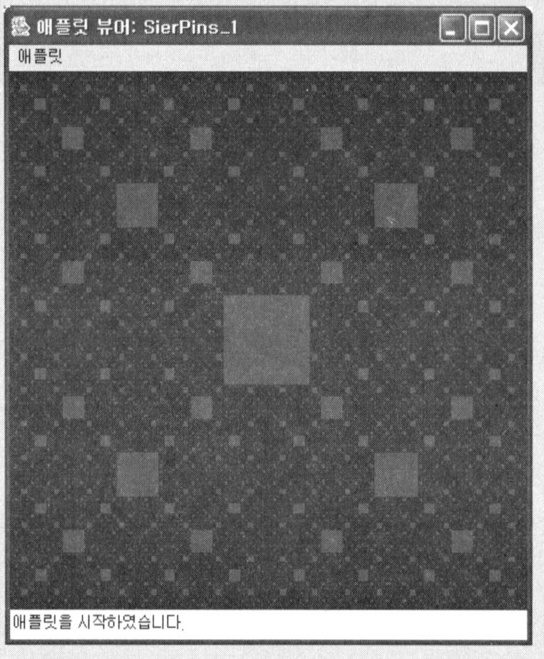

제10장

응용 프로그램

- 10-1 Pattern 프로그램
- 10-2 이차함수 그래프
- 10-3 이미지 프로그램
- 10-4 프랙탈 프로그램

CHAPTER 10

응용 프로그램

10-1 Pattern 프로그램

■ 프로그램 1

원의 중심이 정삼각형 위를 이동하면서 원의 반지름이 점차 커지면서 도형을 작성한다.

첫 번째 FOR 문 아래에서 i 를 3으로 나눈 나머지 (k)가 1인 때는 중심은 정점에서 오른쪽 아래로 이동하고, K가 2인 때는 오른쪽 아래의 정점에서 왼쪽 아래의 정점으로 이동하고, k가 3인 때는 왼쪽 아래에서 원래의 정점으로 되돌아간다.

<원의 중심의 이동>

아래의 3개의 if 문은 삼각형의 정점을 이동시키기 위한 명령문이며, 삼각형의 정점의 이동은 x좌표, y좌표를 각각 변경해야 하므로 x, y 각각의 좌표에 증가분을 주면 된다.

[응용]

첫 번째 if 문과 세 번째 if 문의 y의 값을 증감시키는 a×Math.sqrt(3)/2를 여러 가지 값으로 바꾸어 주고, a/2라고 하면 원의 중심이 이동하는 프로그램이 된다. 또한 a 의 값들을 2 에서 10 까지 변경하여 실행해 보시오.

〈프로그램〉

```
import java.awt.*;
import java.awt.geom.*;
import java.applet.Applet;
// <Applet code=Total_11 width=500 height=500> </Applet>
 public class Total_11 extends Applet{
   public Total_11(){setBackground(Color.white);  }
//---------------------------------------------------
   public void paint(Graphics g){
```

```
 Graphics2D g2 = (Graphics2D)g;
double y = 100, x = 300;
double a = 8, r = 20;   //a= 10; a=2;
int k;
   for( int i = 1; i <= 9; i++) {
         k = i % 3;
        for(int  j = 1; j <= 10; j++){
           Circle( x, y, r, r);
            if ( k == 1){
                 x = x + a / 2;
                 y = y + a * Math.sqrt(3) / 2;
                    }
                    if ( k ==2 ) {
                     x = x - a;}
                    if ( k == 3) {
                       x = x + a / 2;
                       y = y - a * Math.sqrt(3) / 2;
                                }
                      r++;
                    }  }}
//-----------------------------------------------------
void Circle(double x, double y, double r1, double r2){
      Graphics   g = getGraphics();
      Graphics2D g2 = (Graphics2D)g;
      Ellipse2D  cir = new Ellipse2D.Double(x r1, y r2, r1*2, r2*2);
               g2.setPaint(Color.blue);
               Stroke stroke = new BasicStroke(2);
               g2.setStroke(stroke);
               g2.draw(cir);
                     }}
```

[프로그램1] 실행결과

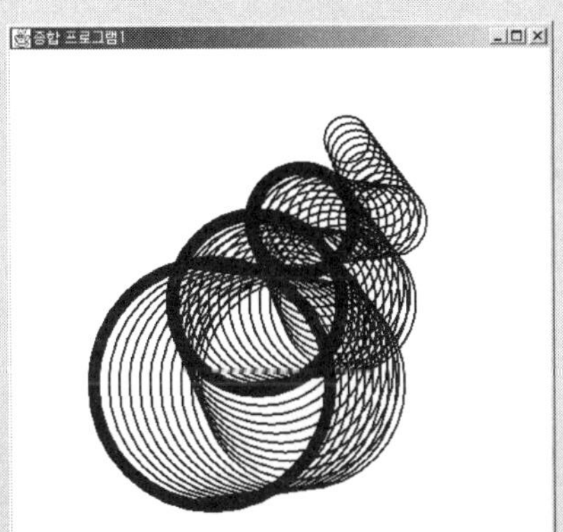

■ 프로그램 2

다음 프로그램은 원의 중심이 직선상을 왕복하면서 원의 반경이 점차 커지는 프로그램이다. if 문의 i % 10 = 0은 x를 10으로 나눌 때 나머지가 0인 것을 나타낸다. 10의 값을 7로 바꾸면 7회마다 왕복을 되풀이한다.

[원의 중심의 왕복 이동]

이 프로그램에서는 같은 색으로 10회원을 그리는 것을 다시 10회 되풀이하여 60개의 원을 그리고 있다.

c1은 검은색, c2는 빨간색을 나타내고 있으며, if 문의 i % 10은 i 을 10으로 나눌 때 나머지가 1인 것을 나타낸다. c1, c2는 10회마다 색을 바꾸고 있다.

〈프로그램〉

```
import java.awt.*;
import java.awt.geom.*;
import java.applet.Applet;
// <Applet code=Total_2 width=400 height=300> </Applet>
 public class Total_2 extends Applet{
    public Total_2(){// 종합 프로그램
    setBackground(Color.white);        }
//-----------------------------------------------------
 public void paint(Graphics g){ Graphics2D g2 = (Graphics2D)g;
 double    x = 160, y = 200;
 double da = 20;
 double r = 20;
 Color t;
 Color c1 = Color.green, c2 = Color.black;
      for(int i = 1; i < 60; i++){
            if((i % 10) == 0){
               t=c1; c1=c2; c2=t;  // 색상을 바꾼다.
               da = -da;}
               g2.setPaint(c2);
    Ellipse2D  circle = new Ellipse2D.Double(x-r, y-r, r, r);
    Stroke stroke = new BasicStroke(2);
                   g2.setStroke(stroke);
                   g2.draw(circle);
                r = r + 2;
```

```
            x = x + da;
        } } }
```

[프로그램 2] 실행결과

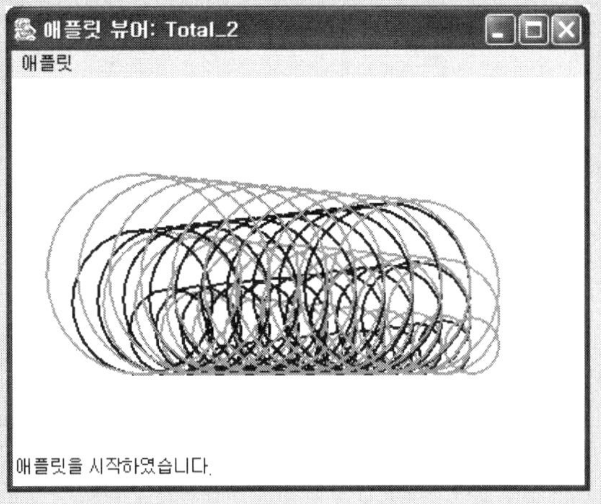

■ 프로그램 3

다음 프로그램은 화면의 중심에서 위와 아래로 원의 반지름을 늘려 나가면서 많은 원을 그린다. 색을 1 (파란색)의 색에서 차례차례 7 까지 바꾸어 나가고 다음에 또 1 로 되돌려 나가면서 원을 그리도록 변화해 나가는 프로그램이다.

[응용]

색을 한 행마다 바꾸어 나가는데 랜덤 하게 붙여 보기도 하고, 색의 순서를 바꾸어 실행해 보시오.

〈프로그램〉

```
import java.awt.*;
import java.awt.geom.*;
import java.applet.Applet;
// <Applet code=Total_3 width=400 height=300> </Applet>
 public class Total_3 extends Applet{
 Color col[] = {Color.black, Color.red, Color.green, Color.gray, Color.orange,
             Color.blue,  Color.yellow,  Color.pink, Color.darkGray,
             Color.cyan,  Color.lightGray, Color.magenta, Color.white };
  public Total_3(){ setBackground(Color.white); }
//---------------------------------------------------
 void Circle_c(double x, double y, double r, int c){
     Graphics  g = getGraphics();
```

```
      Graphics2D g2 = (Graphics2D)g;
      Ellipse2D  cir = new Ellipse2D.Double(x-r, y-r, r*2, r*2);
              g2.setPaint(col[c]);
      Stroke stroke = new BasicStroke(2);
             g2.setStroke(stroke);
             g2.fill(cir);}
//----------------------------------------------------------
 public void paint(Graphics g){ Graphics2D g2 = (Graphics2D)g;
   double wx=2, wy=1, x, x1, x2, yy, y1, y2;
   double r = 10;
  int c = 0;
        for (yy=0 ; yy<=240*wy ; yy+=(r+1)*2*wy){
            for (x=160*wx ; x<=319*wx ; x+=(r*2+2)*wx){
                  y1 = 240*wy-yy; y2 = 240*wy+yy;
                  x1 = x; x2 = 320*wx-x;
                  if (c==12)  c= 1;
              Circle_c(x1, y1, r, c);
              Circle_c(x2, y1, r, c);
              Circle_c(x1, y2, r, c);
              Circle_c(x2, y2, r, c);
              c++;
          }
             r += 0.3;
             c = 1;
     } } }
//------------------------------------------------------------
```

[프로그램 3] 실행결과

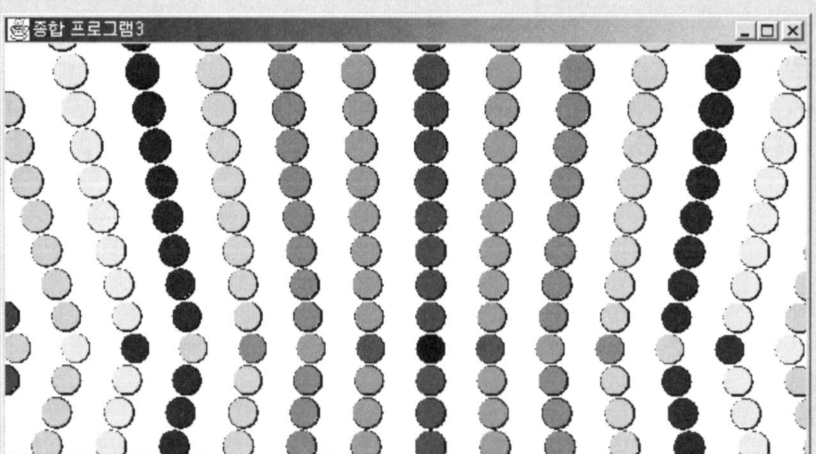

■ 프로그램 4

다음 프로그램은 규칙적으로 나란히 있는 원 가운데를 작은 원이 사이클로이드 곡선을 그리면서 굴러가는 프로그램이다. 사이클로이드 곡선이라고 하는 것은 원이 선 위를 회전 이동해 갈 때의 정점(定點)의 좌치인 궤도를 말한다.

왼쪽 구석에서 오른쪽 구석으로 이동하는 사이에 5/2*PI 변화한다. 즉, 450도 변화한다. 이것을 원의 수 n으로 나누고 있다.

〈프로그램〉

```
import java.awt.*;
import java.awt.geom.*;
import java.applet.Applet;
  // <Applet code=Total_4 width=550 height=200> </Applet>
 public class Total_4 extends Applet{
    Color c[] = {Color.black, Color.red, Color.green, Color.gray, Color.orange,
                 Color.blue,  Color.yellow,  Color.pink, Color.darkGray,
                 Color.cyan,  Color.lightGray, Color.magenta, Color.white };
  public Total_4(){  //사이크로이드 곡선
         setBackground(Color.white);  }
//---------------------------------------------------------
  public void paint(Graphics g){
          Gr_Method();  // 메소드 호출
              }
//---------------------------------------------------------
 void Gr_Method(){
 double a = 0, n = 20, p = 1, x0, y0, thc, tha, thb, k, i, th;
 double x, y, x1, y1, xx1, yy1;
 double th1, th2, th3, th4;
 th1 =  Math.PI * 7 / 4;
 th2 = -Math.PI * 3 / 4;
 th3 =  Math.PI * 3 / 4;
 th4 = -Math.PI * 7 / 4;
 int   seak;
   for(x0 = 10; x0 <= 250; x0 += 9){
      for(y0 = 10; y0 <= 190; y0 += 9){
           seak=3;
           Circle(x0, y0, 8, seak);
```

```
      } }
          seak=1;
        Circle(160, 100, 4, seak);
         x0 = 70;  y0 = 10;
    do{
       if(p == 1){
       tha = th1;  thb = th2; }
       else{ tha = th3;  thb = th4; }
       th = Math.PI * 10 / 4 / n;
       thc = tha;
     for(k = 1; k <= 4; k++){
        for(i = 1; i <= n; i++) {
          if(k == 1){ x0 += 9;    thc -= th; }
          else  if(k == 2){
               y0 += 9;    thc -= th; }
          if(k == 3){x0 -= 9;    thc -= th; }
         else  if(k == 4){y0 -= 9;  thc -= th;  }
                x1 = Math.cos(thc) * 2;
                y1 = Math.sin(thc) * 2;
                x = x0 + x1;   y = y0 - y1;
               xx1 = x*2;  yy1 = y;
              seak=1;
             Circle(xx1, yy1, 4, seak);
      } }
           x0 += 9;    y0 += 9;
           n -= 2;     p = -p;
          } while( n != 0);
   }
//-------------------------------------------------------------
  void Circle(double x, double y, double r, int seak){
    Graphics   g = getGraphics();
    Graphics2D g2 = (Graphics2D)g;
    Ellipse2D  circle = new Ellipse2D.Double(x-r, y-r, r*2, r*2);
            g2.setPaint(c[seak]);
    Stroke stroke = new BasicStroke(2);
           g2.setStroke(stroke);
           g2.draw(circle);}}
//-------------------------------------------------------------
```

[프로그램 4] 실행결과

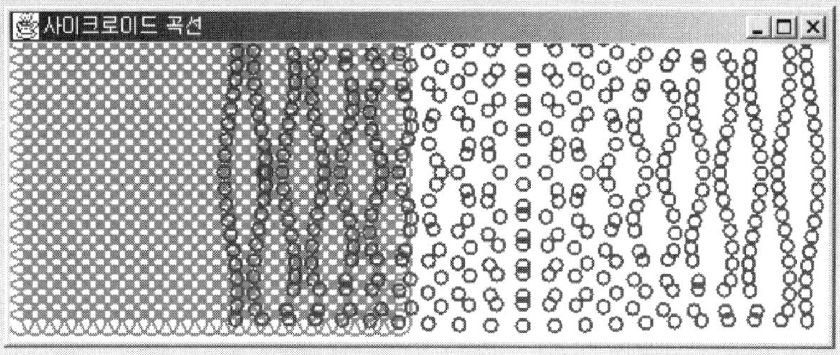

■ 프로그램 5

다음 프로그램은 원의 중심이 (x1, y1)을 중심으로 하는 원의 원주상을 이동하여 간다. 원의 중심 x, y를 x = x1 + r * cos(i / 180 * pa), y = y1 - r * sin(i / 180 * Math.PI) 문에서 구하고 있다. 그 중심(x, y)에서 정점(定點) (xa, ya)를 지나는 원을 그린다. (x, y)에서 (xa, ya)를 지나는 원의 반지름은 r1 = sqrt(pow(x - xa, 2) + Mtath.pow(y - ya, 2)) 문에서 구하고 있으며 프로그램을 실행시키면 아래 그림과 같은 심장형을 그린다.

반지름을 구하는 법은 반지름 r1은 △abc의 빗변의 길이이므로 피타고라스정리에 의해서 $ac = \sqrt{ab^2 + bc^2}$ 으로 구할 수 있으므로 r1 = Math.sqrt(Math.pow(x - xa, 2) + Math.pow(y - ya, 2)) 문에서 반지름 r1을 구하게 된다.

〈프로그램〉

```
import java.awt.*;
import java.awt.geom.*;
  import java.applet.Applet;
  // <Applet code=Total_5 width=600 height=300> </Applet>
 public class Total_5 extends Applet{
Color c[] = {Color.black, Color.red, Color.green, Color.gray, Color.orange,
            Color.blue,  Color.yellow,  Color.pink, Color.darkGray,
            Color.cyan,  Color.lightGray, Color.magenta, Color.white };
 int seak;     // Color 인수
 double wx =2, wy=1;
   public Total_5(){ setBackground(Color.white); }
//---------------------------------------------------------
  void Circle_P(double x, double y, double r1, double r2, int seak){
    Graphics  g = getGraphics();
```

```
    Graphics2D g2 = (Graphics2D)g;
    Ellipse2D  arc = new Ellipse2D.Double(x-r1, y-r2, r1*2, r2*2);
            g2.setPaint(c[seak]);
    Stroke stroke = new BasicStroke(2);
            g2.setStroke(stroke);
            g2.draw(arc);}
//-----------------------------------------------------------
void Gr_Method(){
double i, x, y, ya=100, xa=200;
double x1=160, y1=150, r=35, r1=20;
     for(i=0; i <= 360; i += 10){
            x = x1 + r * Math.cos(i/180 * Math.PI);
            y = y1 + r * Math.sin(i/180 * Math.PI);
            r1 = Math.sqrt(Math.pow(x-xa, 2) + Math.pow(y-ya, 2));
            x *= wx;  y *= wy;
            seak = 3;
            Circle_P(x, y, r1, r1, seak);
            } }
//-------------------------------------------------------
public void paint(Graphics g){          Gr_Method();} // 실행 시작
            }
//-------------------------------------------------------
```

[프로그램 5] 실행결과

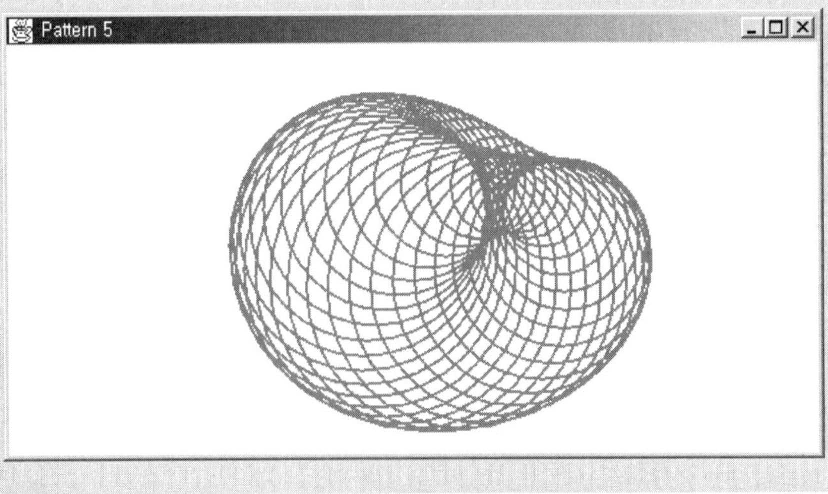

■ 프로그램 6

다음의 프로그램은 프로그램 5의 문제를 응용한 프로그램입니다. 실행 후 각 좌표 값을 바꾸어 실행해 보시오.

```
import java.awt.*;
import java.awt.geom.*;
import java.awt.geom.*;
 import java.applet.Applet;
 // <Applet code=Total_6 width=600 height=300> </Applet>
public class Total_6 extends Applet{
Color c[] = {Color.black, Color.red, Color.green, Color.gray, Color.orange,
           Color.blue,  Color.yellow,  Color.pink, Color.darkGray,
           Color.cyan,  Color.lightGray, Color.magenta, Color.white };
 int    seak;    // Color 인수
 double wx =2, wy=1;
 public Total_6(){setBackground(Color.white);    }
//-----------------------------------------------------------
 public void paint(Graphics g){
   Gr_Method(120, 60, 130, 70);
   Gr_Method(200, 60, 190, 70);
   Gr_Method(120, 140, 130, 130);
   Gr_Method(200, 140, 190, 130);
     }
//----------------------------------------------------------
 void Gr_Method(double x1, double y1, double xa, double ya){
    double x, y, r=18, r1;
    int c1=1, c2=3, t;
   for(double i=0; i <= 360; i += 10){
        x = x1 + r * Math.cos(i/180 * Math.PI);
        y = y1 + r * Math.sin(i/180 * Math.PI);
        r1 = Math.sqrt(Math.pow(x-xa, 2) + Math.pow(y-ya, 2));
        x *= wx; y *= wy;
        seak = c1;
        Circle_P(x-80, y+20, r1, r1, seak); // 80, 20은 위치조정임
        t=c1;  c1=c2;  c2=t;
          } }
//-----------------------------------------------------------
 void Circle_P(double x, double y, double r1, double r2, int seak){
```

```
    Graphics   g = getGraphics();
    Graphics2D g2 = (Graphics2D)g;
    Ellipse2D  arc = new Ellipse2D.Double(x-r1, y-r2, r1*2, r2*2);
           g2.setPaint(c[seak]);
    Stroke stroke = new BasicStroke(2);
          g2.setStroke(stroke);
          g2.draw(arc);}}
//------------------------------------------------------------
```

[프로그램 6] 실행결과

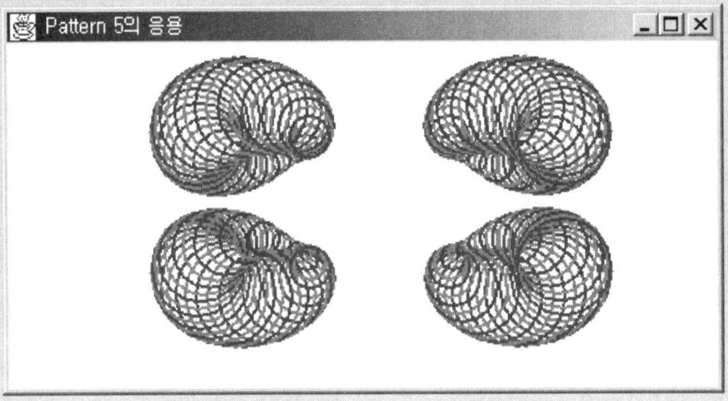

■ 프로그램 7

다음 프로그램은 화면의 중심에서 격자(grid) 상(狀)으로 원의 수를 점차 늘리면서 그려 나간다. 마지막의 while(y > 0) 문은 y좌표가 0보다 작아졌을 때 즉, 화면 밖으로 나갔을 때에 프로그램의 실행을 정지하는 명령문이다.

n은 원을 그리는 횟수를 정하고 있다. n=n+1로 하여 n을 점차 크게 해 나감으로써 중심에서 원의 수를 1회, 2회, 3회, …하는 식으로 늘려 나가며, 또 k는 중심의 이동 횟수를 부여하고 있다.

n=n+1을 n=n+0.5로 하면 원이 늘어나는 것이 적어진다. 동심원의 반지름의 변화는 r=r+2로 주고 있으므로 2의 값을 바꾸어 프로그램 하여 보시오.

〈프로그램〉

```
import java.awt.*;
import java.awt.geom.*;
  import java.applet.Applet;
```

```
 // <Applet code=Total_7 width=400 height=400> </Applet>
public class Total_7 extends Applet{
Color c[] = {Color.black, Color.red, Color.green, Color.gray, Color.orange,
           Color.blue,  Color.yellow,  Color.pink, Color.darkGray,
           Color.cyan,  Color.lightGray, Color.magenta, Color.white };
 int    seak;     // Color 인수
 public Total_7(){setBackground(Color.white);     }
//-------------------------------------------------------
  void Gr_Method(){
     double x=150, y=200, r=1;
     double  I, j, k=2, n=2, a;
     int c1=1, c2=0, t;
           seak =c1;
           Circle_P(x, y, r, seak);
          x -=10; y -=10;
            do{
        for(a=1; a <= 4; a++){
           for(j=1; j <= k; j++){
              if(a == 1) x +=10;
               else if(a ==2) y +=10;
                  else if(a ==3) x -=10;
                      else if(a ==4) y -=10;
                 for(i=1; i <= n; i++){
                   seak=c2;
                   Circle_P(x, y, r, seak);
                   t=c1; c1=c2; c2=t;   //색상 변화 루틴
                   r +=2; }
                   r=1;
                      } }
                   k +=2; n++;
                  x -=10; y -=10;
                  }while(y >=0);
          }
//----------------------------------------------------------
  void Circle_P(double x, double y, double r, int seak){
    Graphics   g = getGraphics();
    Graphics2D g2 = (Graphics2D)g;
    Ellipse2D  arc = new Ellipse2D.Double(x-r, y-r, r*2, r*2);
             g2.setPaint(c[seak]);
```

```
            g2.draw(arc);}
//-----------------------------------------------------------
  void Circle_g(int x, int y, int r){
       Graphics   g = getGraphics();
        g.drawOval(x-r, y-r, r*2, r*2); }
//---------------------------------------------------------
public void paint(Graphics g){ Gr_Method();  }}
//---------------------------------------------------------
```

[프로그램 7] 실행결과

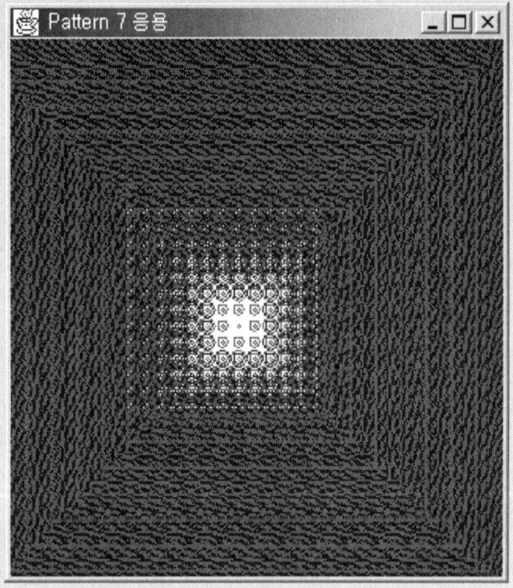

■ 프로그램 8

다음 프로그램은 4분의 1의 원을 연속하여 그리게 하는 프로그램이다. 첫 번째 arc() 문에서 180~270도의 4분의 1의 원을 그리고, 두 번째 arc() 문에서 0~90도의 4분의 1의 원을 그려 두 개의 4분의 1의 원을 연결하고 있다. r을 바꾸면 원의 흐름이 커진다.

r=40으로 바꾸어 보고 x0의 step을 2*r라고 고쳐 주고, 첫 번째 for 문의 step을 바꾸면 세로의 간격이 변화한다.

〈프로그램〉

```
import java.awt.*;
import java.awt.geom.*;
  import java.applet.Applet;
  // <Applet code=Total_8 width=600 height=200> </Applet>
public class Total_8 extends Applet{
Color c[] = {Color.black, Color.red, Color.green, Color.gray, Color.orange,
             Color.blue,  Color.yellow,  Color.pink, Color.darkGray,
             Color.cyan,  Color.lightGray, Color.magenta, Color.white };
 int seak=0;     // Color 인수
public Total_8(){setBackground(Color.yellow);     }
//-----------------------------------------------------------
void Gr_Method(){
  double x0, y0, x1, y1, y2;
  double r=40;
      for(x0=40; x0 <= 280; x0 +=80){
            for( y0=-80; y0 <=200; y0 +=5){
                if(seak == 2) seak=1;
                else seak=2;
                  x1 = x0*2;  y1 =y0*2;
                  y2 = (y0 + 80)*2;
                  Arc_P(x1, y1, r*2, 180, 90, seak);
                  Arc_P(x1, y2, r*2, 0, 90, seak);
                       } } }
//-----------------------------------------------------------
  void Arc_P(double x, double y, double r, double arc1, double arc2, int seak){
    Graphics   g = getGraphics();
    Graphics2D g2 = (Graphics2D)g;
    Arc2D  arc = new Arc2D.Double(x-r, y-r, r*2, r*2, arc1, arc2, Arc2D.OPEN);
                  g2.setPaint(c[seak]);
    Stroke stroke = new BasicStroke(2);
                  g2.setStroke(stroke);
                  g2.draw(arc);}
//-----------------------------------------------------------
 public void paint(Graphics g){ Gr_Method();  } }
//-----------------------------------------------------------
```

[프로그램 8] 실행결과

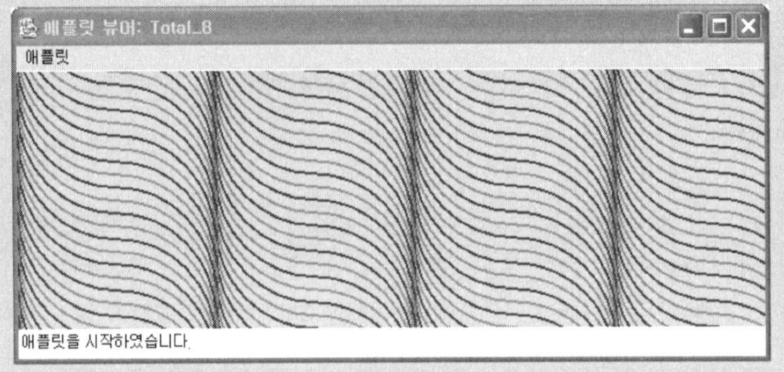

프로그램 9

다음 프로그램은 동심원 위에 나란히 늘어선 원의 열의 반지름을 차차 크게 하면서 원을 그려 나가는 프로그램이다. 중심은 x, y이다. 최초에 원을 그리는 반지름을 r1로 하고, 다음 두 번째에 원을 그리는 반지름을 r1=r1+a로서 구한다. 그러면 동심원 위의 중심은 반지름이 r0=r0+r1+r1+a로 구할 수 있으므로 원 위의 점을 구하는 식 x=중심+반지름×cos θ, y=중심-반지름×sin θ를 사용하여 x1 = x + r0 * Math.cos(i/180.*Math.PI), y1 = y - r0 * Math.sin(i/180.*Math.PI) 문에서 구할 수 있다. 이렇게 하여 연속해서 원을 그리게 한다. c1, c2는 원의 색을 정하고 있다.

a=a+6의 값을 바꾸면 원의 크기가 커지는 변화량을 의미한다.

〈프로그램〉

```
import java.awt.*;
import java.awt.geom.*;
  import java.applet.Applet;
  // <Applet code=Total_9 width=600 height=400> </Applet>
 public class Total_9 extends Applet{
Color c[] = {Color.black, Color.red, Color.green, Color.gray, Color.orange,
             Color.blue,  Color.yellow,  Color.pink, Color.darkGray,
             Color.cyan,  Color.lightGray, Color.magenta, Color.white };
 int seak;     // Color 인수
 double wx =1, wy=1;
  public Total_9(){setBackground(Color.white);  }
//-------------------------------------------------------------
  public void paint(Graphics g){ Gr_Method();  }
//-------------------------------------------------------------
```

```
void Gr_Method(){
 double x=320, y=240, r0=20, r1=5, a=4,b;
 double x1, y1;
 int c1=3, c2=2, t;
     for(double j=1; j <=6; j++){
            for(double i=0; i <= 360; i += 10){
              x1 = x + r0 * Math.cos(i/180 * Math.PI);
              y1 = y - r0 * Math.sin(i/180 * Math.PI);
              seak=c1;
             Circle_P(x1, y1, r1, seak);
             t=c1;  c1=c2;  c2=t;
              }
             r0 = r0 + r1 + r1 + a;
             r1 = r1 + a;  a = a + 3;
             } }
//-----------------------------------------------------------
  void Circle_P(double x, double y, double r, int seak){
    Graphics   g = getGraphics();
    Graphics2D g2 = (Graphics2D)g;
    Ellipse2D  arc = new Ellipse2D.Double(x-r, y-r, r*2, r*2);
               g2.setPaint(c[seak]);
    Stroke stroke = new BasicStroke(2);
               g2.setStroke(stroke);
               g2.draw(arc); }}
//-------------------------------------------------------
```

[프로그램 9] 실행결과

■ 프로그램 10

정사각형이 화면의 중앙으로 감에 따라 45도로 기울어져 간다. 방법은 중심 위치를 if 문에서 k 값에 따라 이동되고 있다. k 값에 따른 x, y 값은 +, - 에 따라 좌 우 상하로 좌표가 이동되어 반지름 r의 원주 위의 점을 4점을 정해 나간다.

〈프로그램〉

```
import java.awt.*;
import java.awt.geom.*;
 import java.applet.Applet;
 // <Applet code=Total_10 width=400 height=400> </Applet>
public class Total_10 extends Applet{
Color c[] = {Color.black, Color.red, Color.green, Color.gray, Color.orange,
             Color.blue,  Color.yellow,  Color.pink, Color.darkGray,
             Color.cyan,  Color.lightGray, Color.magenta, Color.white };
 int    seak;     // Color 인수
 double wx=2,wy=2;
 public Total_10(){setBackground(Color.white);    }
//-------------------------------------------------------------
 public void paint(Graphics g){ Gr_Method();    }
//-----------------------------------------------------------
  void Gr_Method(){
     double x=65, y=5, r=5;
     double x1, y1, xa, ya, th=0;
     int  n=19;
              do{
              for(int k=1; k <= 4; k++){
                   for(int i=1; i <= n; i++){
                  if(k == 1) x +=10;
                     else if(k ==2) y +=10;
                            else if(k ==3) x -=10;
                                else if(k ==4) y -=10;
                                 x1 = x*wx;    y1 = y*wy;
                               for(double p=45; p <= 405; p +=90){
                                 xa = x+r*Math.cos((p-th)/180*Math.PI);
                                 ya = y-r*Math.sin((p-th)/180*Math.PI);
                               if(p == 45){ x1= xa; y1=ya;}
```

```
                    else{Line_Pixel(x1, y1+50, xa, ya+50); // 50은 y 좌표 조정
                         x1 = xa; y1 = ya;}
                        } } }
                         n -=2; th +=5;
                         x +=10; y +=10;
                      } while(n >= 1);
    }
//-------------------------------------------------------------
 void Line_Pixel(double x0, double y0, double x1, double y1){
     Graphics g = getGraphics();
     Graphics2D g2 = (Graphics2D)g;
     Line2D line = new Line2D.Double(x0, y0, x1, y1);
           g2.setColor(c[seak]);
     Stroke stroke = new BasicStroke(2);
           g2.setStroke(stroke);
           g2.draw(line); }
//-------------------------------------------------------------
  void Circle_g(int x, int y, int r){
       Graphics  g = getGraphics();
       g.drawOval(x-r, y-r, r*2, r*2); } }
//-------------------------------------------------------------
```

[프로그램10] 실행결과

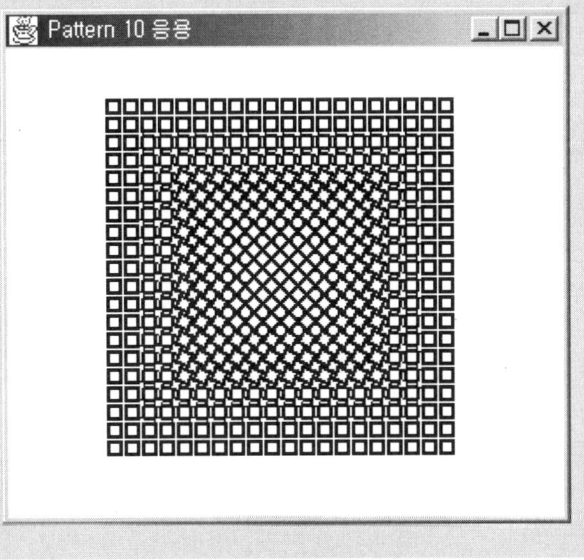

■ 프로그램 11

다음 프로그램은 좌표 (x, y)를 중심점으로 거미줄 모양으로 방사형 그래프를 그리고 있다. 실행 후 분석하고 라인을 그릴 때 색상을 임의로 부과 프로그램 변경 실행해 보시오.

```
import java.awt.*;
import java.awt.geom.*;
  import java.applet.Applet;
  // <Applet code=Pattern_22 width=500 height=400> </Applet>
public class Pattern_22 extends Applet {
Color c[] = {Color.black, Color.red, Color.green, Color.gray, Color.orange,
             Color.blue,  Color.yellow,  Color.pink, Color.darkGray,
             Color.cyan,  Color.lightGray, Color.magenta, Color.white };
 int    seak=0;    // Color 인수
 double  r, r1 = 20.0, r2;
  public Pattern_22(){};
//-------------------------------------------------------------
 void Line_Pixel(double x0, double y0, double x1, double y1, int seak){
      Graphics g = getGraphics();
      Graphics2D g2 = (Graphics2D)g;
      Line2D line = new Line2D.Double(x0, y0, x1, y1);
              g2.setColor(c[seak]);
     Stroke stroke = new BasicStroke(2);
              g2.setStroke(stroke);
              g2.draw(line);  }
//-------------------------------------------------------------------
 public void paint(Graphics g) {
   Graphics2D  g2 = (Graphics2D)g;
   Dimension dm = size();
   double  i, i1, j, x = 100, y = 100;
   double  x1, x2, x3, x4, y1, y2, y3, y4;
   double  th1 = 15.0, th2 = 7.50 ;
   double  wx =2, wy = 2;
         for( j = 1; j<=15; j++){
            for(i = 0; i<=360; i+=15){
              r  = r1 / (Math.cos(th2/ 180 * Math.PI) - Math.sin( th2 / 180 * Math.PI));
              r2 = r * Math.cos(th2 / 180 * Math.PI) + r * Math.sin( th2 / 180 * Math.PI);
              x1 = x + r * Math.cos(i /180 * Math.PI);
```

```
        y1 = y - r * Math.sin(i /180 * Math.PI);
        x2 = x + r * Math.cos((i + th1 ) / 180 * Math.PI);
        y2 = y - r * Math.sin((i + th1 ) / 180 * Math.PI);
        x3 = x + r1 * Math.cos((i + th2 ) / 180 * Math.PI);
        y3 = y - r1 * Math.sin((i + th2 ) / 180 * Math.PI);
        x4 = x + r2 * Math.cos((i + th2) / 180 * Math.PI);
        y4 = y - r2 * Math.sin((i + th2) / 180 * Math.PI);
        x1 = x1 * wx;        x2 = x2 * wx;
        x3 = x3 * wx;        x4 = x4 * wx;
        y1 = y1 * wy;        y2 = y2 * wy;
        y3 = y3 * wy;        y4 = y4 * wy;
    for(int k =1; k <= 10000; k++);  // 지연
     Line_Pixel(x1, y1, x2, y2, seak);   Line_Pixel(x2, y2, x3, y3, seak);
     Line_Pixel(x3, y3, x4, y4, seak);   Line_Pixel(x4, y4, x1, y1, seak);
         }
      r1 = r + 1.0 ;
} } }
```

[프로그램1] 실행결과

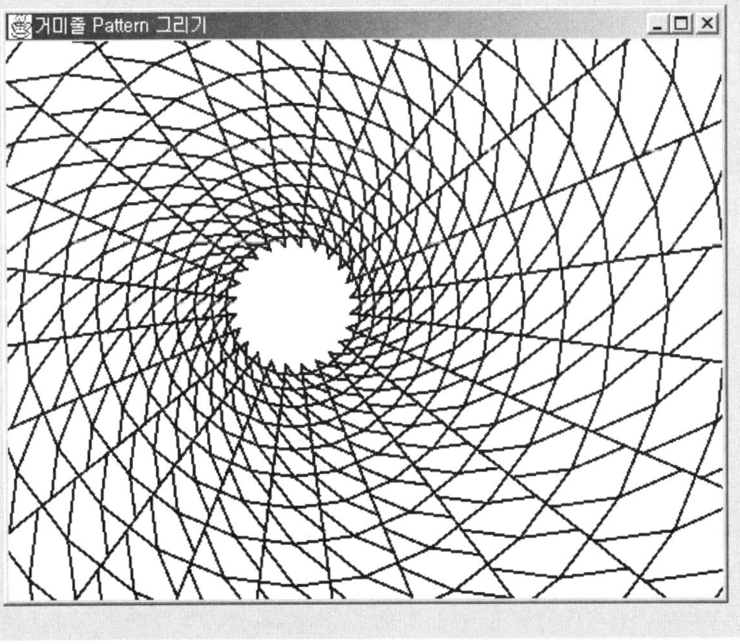

■ 프로그램 12

다음 프로그램은 색상에 따라 연속적인 선을 그릴 수 있는 프로그램이다. 실행 후 분석하고 보다 향상된 프로그램으로 바꾸어 보시오.

```
import java.applet.*;
import java.awt.*;
import java.awt.event.*;
import java.awt.geom.*;
import java.awt.Color;
// <Applet code=DragBoard width=600 height=400> </Applet>
public class DragBoard extends Applet implements ItemListener{
   Button clear;
   Checkbox chk1, chk2, chk3, chk4;
   Color Col = Color.black;
   double  x,y;
   public void init(){
      setBackground(Color.white);
      CheckboxGroup cbg = new CheckboxGroup();
            chk1 = new Checkbox("검정색", cbg, true);
            chk1.setBackground(Color.black);
            chk1.setForeground(Color.white);
            chk1.addItemListener(this);
            chk2 = new Checkbox("적 색", cbg, false);
            chk2.setBackground(Color.red);
            chk2.addItemListener(this);

            chk3 = new Checkbox("갈 색", cbg, false);
            chk3.setBackground(Color.magenta);
            chk3.addItemListener(this);

            chk4 = new Checkbox("녹 색", cbg, false);
            chk4.setBackground(Color.green);
            chk4.addItemListener(this);
            add(chk1);     add(chk2);
            add(chk3);     add(chk4);
      addMouseListener(new MouseEventHdl());
      addMouseMotionListener(new MouseMotionHdl());
```

```
    }
//-----------------------------------------------------------
  public void itemStateChanged(ItemEvent e){
        if(e.getItem().equals("검정색")) Col = Color.black;
         else if(e.getItem().equals("적 색")) Col = Color.red;
            else if(e.getItem().equals("감 색")) Col = Color.magenta;
               else if(e.getItem().equals("녹 색")) Col = Color.green;
    }
//-----------------------------------------------------------
  public void actionPerformed(ActionEvent e) {}
  public class MouseMotionHdl extends MouseMotionAdapter {
      public void mouseDragged(MouseEvent e){
      Graphics g = getGraphics();
      Graphics2D g2 = (Graphics2D)g;
             g2.setPaint(Col);
     Line2D line = new Line2D.Double(x, y, e.getX(), e.getY());
            g2.draw(line);
           x = e.getX();    y = e.getY();
             }  }
  public class MouseEventHdl extends MouseAdapter {
     public void mousePressed(MouseEvent e){
             x = e.getX();
             y = e.getY();
      }    }    }
```

[프로그램2] 실행결과

10-2 이차함수 그래프

■ 프로그램 1

다음 프로그램은 y1 = sin(x)/x 와 y2 = cos(x)/x의 그래프를 그리는 프로그램이다. 실행 후 분석하시오.

```
import java.awt.*;
import java.awt.geom.*;
 import java.applet.Applet;
 // <Applet code=Sinx_1 width=500 height=400> </Applet>
public class Sinx_1 extends Applet {
         Color c[] = {Color.black, Color.red, Color.green, Color.gray, Color.orange,
                    Color.blue,  Color.yellow,  Color.pink, Color.darkGray,
                    Color.cyan,  Color.lightGray, Color.magenta, Color.white };
  int    seak;     // Color 인수
  public Sinx_1(){ };  // sin(x)/x, cos(x)/x 그래프
//-------------------------------------------------------------
 void Line_Pixel(double x0, double y0, double x1, double y1, int seak){
      Graphics g = getGraphics();
      Graphics2D g2 = (Graphics2D)g;
      Line2D line = new Line2D.Double(x0, y0, x1, y1);
              g2.setColor(c[seak]);
     Stroke stroke = new BasicStroke(2);
             g2.setStroke(stroke);
             g2.draw(line);  }
//-------------------------------------------------------------
 void Pixel(double x, double y){ // 점을 그리는 메소드
      Graphics g = getGraphics();
      Graphics2D g2 = (Graphics2D)g;
   Rectangle2D pixel = new Rectangle2D.Double(x-1, y-1, 2, 2);
            g2.setColor(Color.red);
            g2.fill(pixel);}
//-------------------------------------------------------------
  public void paint(Graphics g) {
```

```
    Graphics2D g2 = (Graphics2D)g;
    double x1, y1, y2, x0, y0, yc;
    double xx=50, yy=200;
    Font font = new Font("Serif", Font.PLAIN, 20);
            g2.setFont(font);
     Line_Pixel(xx,0,xx,400, 0);
     Line_Pixel(0,yy,600,yy, 0);
    g2.drawString("0",55,220);
    x0=xx; y0=yy; yc=yy;
    for (double x = 0; x <= 600; x++) {
         x=x+1;
         x1 = x+50;
         y1 = -500*((Math.sin(10*Math.PI*x/180)/x))+200;
         y2 = -500*((Math.cos(10*Math.PI*x/180)/x))+200;
         seak=2;
         Line_Pixel(x0, y0, x1, y1,seak);
         x0=x1; y0=y1;
         Pixel(x1, y1);
         seak=1;
         Line_Pixel(x0, yc, x1, y2, seak);
         yc =y2;
         } } }
//-----------------------------------------------------------------
```

[프로그램 1] 실행결과

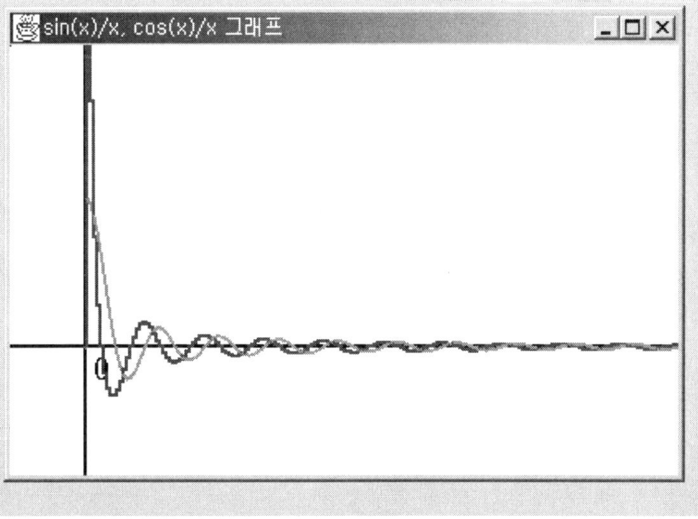

■ 프로그램 2

다음 프로그램은 y = 7*sin(x)+sin(7*x)의 그래프를 그리는 프로그램이다. 실행 후 분석하시오.

```
import java.awt.*;
import java.awt.geom.*;
 import java.applet.Applet;
 // <Applet code=Sin7X_1 width=600 height=400> </Applet>
public class Sin7X_1 extends Applet {
 Color c[] = {Color.black, Color.red, Color.green, Color.gray, Color.orange,
              Color.blue,  Color.yellow,  Color.pink, Color.darkGray,
              Color.cyan,  Color.lightGray, Color.magenta, Color.white };
  int  seak;    // Color 인수
  public Sin7X_1(){ };  // y = 7*sin(x)+sin(7*x) 그래프
//-------------------------------------------------------------
 void Line_Pixel(double x0, double y0, double x1, double y1, int seak){
      Graphics g = getGraphics();
      Graphics2D g2 = (Graphics2D)g;
      Line2D line = new Line2D.Double(x0, y0, x1, y1);
             g2.setColor(c[seak]);
     Stroke stroke = new BasicStroke(2);
             g2.setStroke(stroke);
             g2.draw(line);  }
//-------------------------------------------------------------
 void Pixel(double x, double y){ // 점을 그리는 메소드
      Graphics g = getGraphics();
      Graphics2D g2 = (Graphics2D)g;
      Rectangle2D pixel = new Rectangle2D.Double(x-1, y-1, 2, 2);
              g2.setColor(Color.red);
              g2.fill(pixel);}
//-------------------------------------------------------------
 public void paint(Graphics g) {
     Graphics2D g2 = (Graphics2D)g;
     double x1,y1,y2,x0, y0,yc;
     double xx=50;  double yy=200;
     Font font = new Font("Serif", Font.PLAIN, 20);
               g2.setFont(font);
               Line_Pixel(xx,0,xx,400, 0);
```

```
            Line_Pixel(0,yy,600,yy, 0);
            g2.drawString("0", 55, 220);
            x0=xx; y0=yy; yc=yy;
        for (double x = 0; x <=600; x++) {
              x1 = x+5;
              y1 = -100*(7*(Math.sin(Math.PI*x/180))+ (Math.sin(7*Math.PI*x/180)));
              seak=2;
             Line_Pixel(x0, y0, x1, y1, seak);
             Pixel(x1,y1);
             x0=x1; y0=y1;
        } } }
//--------------------------------------------------------------------------
```

■ 프로그램 3

다음 프로그램을 실행 후 분석하시오.

```
import java.awt.*;
import java.awt.geom.*;
 import java.applet.Applet;
 // <Applet code=Star_1 width=600 height=400> </Applet>
public class Star_1 extends Applet{
 double   x1, y1;     // 현재점
 double   bx, by;      // 이동 위치
 double   x0, y0, d;  // 시작 위치, 회전각도
 public Star_1(){ setTitle("별 그리기 그래프");}
//------------------------------------------------------------------
 void Line_To(double x, double y){
      Graphics g = getGraphics();
      Graphics2D g2 = (Graphics2D)g;
      Line2D line = new Line2D.Double(x1, y1, x, y);
            g2.draw(line);
            x1 = x;        y1 = y;
        }
//------------------------------------------------------------------
 void Move_To(double x, double y){// 현재점은 (x,y)점으로 이동
         x1 = x; y1 = y;    }
//------------------------------------------------------------------
 void Go_Run(double l){
```

```
            bx +=  l * Math.cos(d*Math.PI/180);
            by += -l * Math.sin(d*Math.PI/180);
           Line_To(x0+bx, y0+by);}         // 현재 점으로 한다.
//----------------------------------------------------------------
   void Back_Run(int gdo){d = (d + gdo) % 360;} // gdo도 회전
//----------------------------------------------------------------
   void draw_St(double x, double y, double l){// 점 (x, y) 이후에 길이 1인 별을 그린다.
                  x0 = x; y0 = y;                          // 현재 점
                  Move_To(x0, y0);                         // 현재 점 이동
                                      Go_Run(l);
                  Back_Run(-144);     Go_Run(l);                // 144도  우회전하여 전진
                  Back_Run(-144);     Go_Run(l);
                  Back_Run(-144);     Go_Run(l);
                  Back_Run(-144);     Go_Run(l);          }
//****************************************************************
  public void paint(Graphics g){
   double x, y, l;
           for (double i=0 ; i<50 ; i++){
                  x = 500*Math.random();
                  y = 300*Math.random();
                  l = 50*Math.random() + 10;
                  draw_St(x, y, l);
                  } } }
```

[프로그램 3] 실행결과

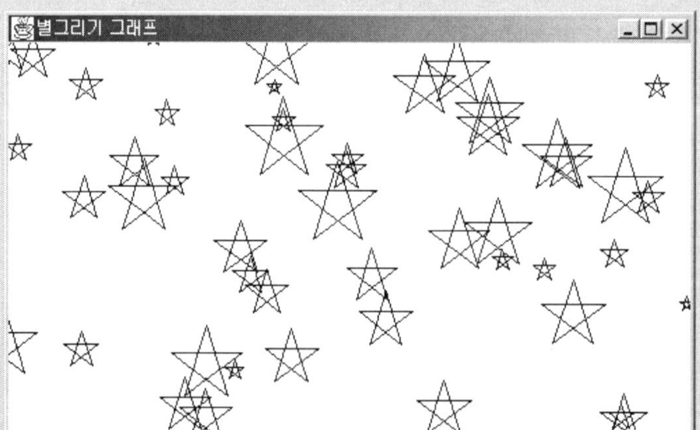

■ 프로그램 4

다음 프로그램은 Sine 함수의 극좌표를 그리는 프로그램이다. 실행 후 분석하시오.

```
import java.awt.*;
import java.awt.geom.*;
 import java.applet.Applet;
 // <Applet code=Sin_Cos_1 width=600 height=400> </Applet>
public class Sin_Cos_1 extends Applet{
 double x1, y1, y2;
 Color col;
 int x=50, y=200;
   public Sin_Cos_1(){ }; // 극좌표 그래프
//------------------------------------------------------------
  void Circle_P(double x, double y, double r, Color col){
      Graphics g = getGraphics();
      Graphics2D g2 = (Graphics2D)g;
      Ellipse2D Cir_p = new Ellipse2D.Double(x-r, y-r, r*2, r*2);
                g2.setPaint(col);
                g2.fill(Cir_p);    }
//------------------------------------------------------------
     public void paint(Graphics g){
                 g.setColor(Color.blue);
                 g.drawLine(230,0,230,400);
                 g.drawLine(0,y,600,y);
           for (double n = 0; n <= 360; n++){
                x1 = n+50;
                y1 = -100*(Math.sin(Math.PI*n/180))+200;
                y2 = 100*(Math.sin(Math.PI*n/180))+200;
                col = Color.red;
                Circle_P(x1, y1, 2, col);
                col = Color.green;
                Circle_P(x1, y2, 2, col);
           }         } }
```

[프로그램 4] 실행결과

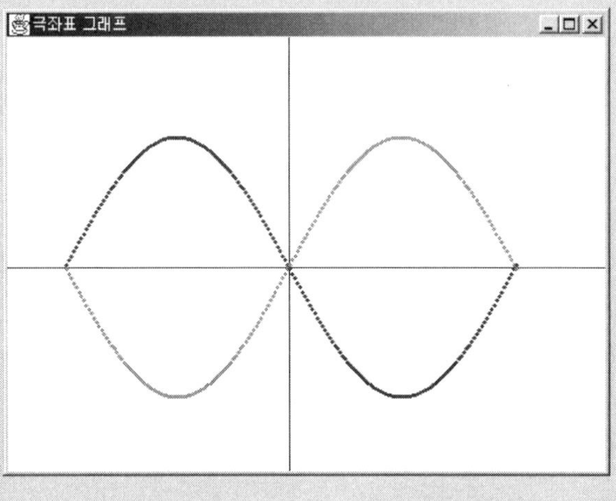

■ 프로그램 5

다음 프로그램은 Sin(3x)를 그리는 프로그램이다.

```
import java.awt.*;
import java.awt.geom.*;
  import java.applet.Applet;
  // <Applet code=Sin_Cos_2 width=600 height=400> </Applet>
public class Sin_Cos_2 extends Applet{
 double x1,y1,y2;
 Color col;
 int x=50, y=200;
   public Sin_Cos_2(){ };  // Sin(3x) 그래프
//------------------------------------------------------------
  void Circle_P(double x, double y, double r, Color col){
       Graphics g = getGraphics();
       Graphics2D g2 = (Graphics2D)g;
       Ellipse2D Cir_p = new Ellipse2D.Double(x-r, y-r, r*2, r*2);
              g2.setPaint(col);
              g2.fill(Cir_p);  }
 //------------------------------------------------------------
     public void paint(Graphics g){
             g.setColor(Color.blue);
             g.drawLine(x, 0, x, 400);
             g.drawLine(0, y, 600, y);
       for (double n = 0; n <= 360; n++){
```

```
            x1 = n+50;
            y1 = -100*(Math.sin(3*Math.PI*n/180))+200;
            col = Color.red;
            Circle_P(x1, y1, 2, col);
              } } }
 //-----------------------------------------------------------
```

[프로그램 5] 실행결과

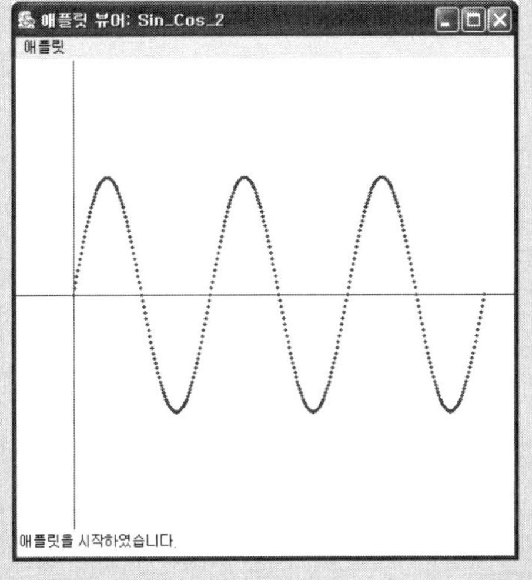

■ 프로그램 6

다음 프로그램을 실행 후 분석하시오.

```
import java.awt.*;
import java.awt.geom.*;
 import java.applet.Applet;
 // <Applet code=Sin_Cos_3 width=600 height=400> </Applet>
public class Sin_Cos_3 extends Applet{
 double x1,y1,y2, x0, y0;
 Color col;
 int x=90, y=200;
   public Sin_Cos_3(){  }:  //  극좌표 그래프
//-----------------------------------------------------------
  void Circle_P(double x, double y, double r, Color col){
       Graphics g = getGraphics();
       Graphics2D g2 = (Graphics2D)g;
       Ellipse2D Cir_p = new Ellipse2D.Double(x-r, y-r, r*2, r*2);
```

```
            g2.setPaint(col);
            g2.fill(Cir_p);}
//----------------------------------------------------------
 void Line_P(double x0, double y0, double x1, double y1, Color col){
     Graphics g = getGraphics();
     Graphics2D g2 = (Graphics2D)g;
     Line2D line = new Line2D.Double(x0, y0, x1, y1);
            g2.setPaint(col);
            g2.draw(line);}
//----------------------------------------------------------
    public void paint(Graphics g){
            g.setColor(Color.blue);
            g.drawLine(x,0,x,400);
            g.drawLine(0,y,600,y);
        for(double k=0; k <= 360; k += 45){
          for (double n = 0; n <= 90; n++){
                n=n+1;
                x1 = n+k;
                y1 = -100*(Math.sin(Math.PI*n/180))+200;
                col = Color.green;
                Circle_P(x1+k, y1, 2, col);
          }
                x0 = x1+k; y0=y1;
                Line_P(x0, y0, x1+k, y*1, col);
        } } }
```

[프로그램 6] 실행결과

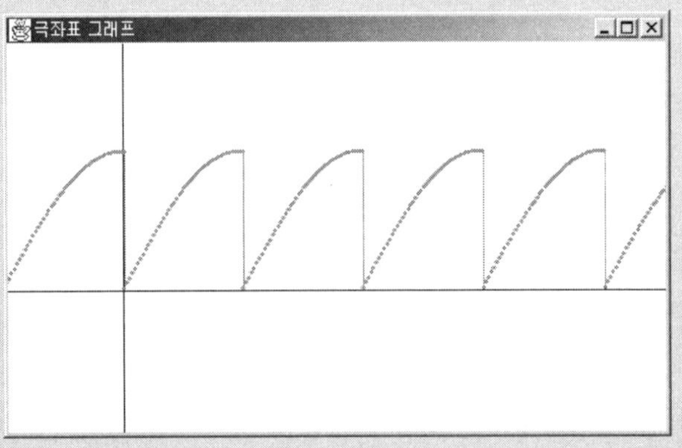

10-3 이미지 프로그램

■ 프로그램 1

다음 프로그램은 화면상에서 이미지가 이동하는 프로그램이다. 실행 후 분석하시오.

```
import java.awt.*;
import java.awt.geom.*;
 import java.applet.Applet;
 // <Applet code=Animation_img width=400 height=400> </Applet>
public class Animation_img extends Applet implements Runnable{
 Thread animator;
 private Image image;
 int x_cord;
 public  Animation_img(){setTitle("Animation 이미지");
 image = Toolkit.getDefaultToolkit().getImage("icon.gif");
 animator = new Thread(this);
 animator.start();}
 //-------------------------------------------------------
 public void run(){
    while(true){
      for(x_cord = 10; x_cord <= 400; x_cord+=5){ // 오른쪽으로 이동
      repaint();
      try{Thread.sleep(100);}    // 0.1초 지연
      catch(InterruptedException e){}     }
      for(x_cord = 400; x_cord >= 10; x_cord-=5){ // 왼 쪽으로 이동
      repaint();
      try{Thread.sleep(100);}
      catch(InterruptedException e){}
    }   }  }
//-------------------------------------------
 public void paint(Graphics g){
   Graphics2D g2 = (Graphics2D)g;
  //  g2.drawImage(image, x_cord,50, 20+x_cord, 20+x_cord, this);
     g2.drawImage(image, x_cord,100, 80, 80, this);
    }  }
```

[프로그램 1] 실행결과

■ 프로그램 2

프로그램 13과 같은 형태의 화면상에 이미지가 움직이는 프로그램이다. 실행 후 분석하고 화면 떨림 현상을 제거할 수 있는 방법을 찾아보시오.

```
import java.awt.*;
import java.awt.geom.*;
  import java.applet.Applet;
  // <Applet code= Image_1 width=600 height=400> </Applet>
public class Image_1 extends Applet {
  private Image image;
  public Image_1(){setTitle(" 이미지 화면에 표기하기");
     image = Toolkit.getDefaultToolkit().getImage("ege.gif");}
//-----------------------------------------------------------------
  public void paint(Graphics g) { Graphics2D  g2 = (Graphics2D)g;
    g2.drawImage(image, 100, 100, 200, 200, this); } // 좌표(10,50)에서 원래의 크기로
    }
//-------------------------------------------------------------------
```

[프로그램 2] 실행결과

■ 프로그램 3

다음 프로그램은 배경 화면상에서 이미지가 이동하는 프로그램이다. setXORMode() 메소드는 배경 화면에서 이미지를 이동시키되 배경 화면을 손상시키지 않고 이미지를 이동시킨다. XOR 모드 상태에서 동일한 위치에 도형을 다시 그리면 도형은 지워지고 배경화면이 복원된다.

```
import java.awt.*;
import java.awt.geom.*;
 import java.applet.Applet;
 // <Applet code= Move_img1 width=600 height=400> </Applet>
public class Move_img1 extends Applet{
   Image iconImg = Toolkit.getDefaultToolkit().getImage("fishi.gif");
   Image SumImg  = Toolkit.getDefaultToolkit().getImage("img12.gif");
  public Move_img1(){   //  XOR 모우드 이미지 이동
    setBackground(Color.white);          }
//-----------------------------------------------------------------
public void paint(Graphics g){ Graphics2D g2 = ( Graphics2D)g;
    Dimension d  = size();
    int    x = 10;
    int 폭 =  d.width;  // 프래임 폭
    int 높이 = d.height; // 프래임 높이
              g2.drawImage(SumImg, 4, 23, 폭-4, 높이 2, this);
              g2.setXORMode(Color.white);        // 매우 중요함
          for (int i=0 ; x+100 < 폭-20 ; i++){ // 고기 -> 방향으로 이동
              g2.drawImage(iconImg, x,30, 100, 200, this); // 이미지를 그린다.
          for (int j=0 ; j<100000 ; j++); //지연 시간
      //  try{Thread.sleep(100);}catch(InterruptedException e){} // 지연
              g2.drawImage(iconImg, x,30, 100, 200, this); // 이미지를 지운다.
              x += 10; }            // 오른쪽으로 이동
              g2.drawImage(iconImg, x,30, 100, 200, this);// 마지막에 지워진 이미지 다시 그린다.
            }  }
```

[프로그램 3] 실행결과

프로그램 4

다음 프로그램은 마우스를 누르면 마우스 위치에 이미지가 그려지며, Shift 키를 누른 상태에서 마우스를 누를 때 또 다른 이미지가 화면에 그려지는 프로그램이다.

여기서 핵심 메소드는 다음과 같다.

```
if (evt.shiftDown())  img = Img2;  // Shift 키가 눌려졌으면
```

〈프로그램〉

```
import java.awt.*;
import java.awt.geom.*;
public class Event_shift1 extends Frame{
   Image Img1 = Toolkit.getDefaultToolkit().getImage("flower.gif");
   Image Img2 = Toolkit.getDefaultToolkit().getImage("pic3.gif");
   public  Event_shift1(){setTitle("이미지 나타내기");}
//------------------------------------------------------------
   public boolean handleEvent(Event evt){
      if (evt.id == Event.WINDOW_DESTROY)
         System.exit(0);
     return super.handleEvent(evt);}
//------------------------------------------------------------
   public boolean mouseDown(Event evt, int x, int y){
      Graphics g = getGraphics();
```

```
      Graphics2D g2 = (Graphics2D)g;
      Image  img = Img1;
     if (evt.shiftDown())  img = Img2;  // Shift 키가 눌려졌으면
         g2.drawImage(img, x, y, this);
      return true; }
//-----------------------------------------------------------
  public static void main(String[] args){
     Frame f = new Event_shift1();
           f.resize(600, 400);
           f.show();
       }    }
```

[프로그램 4] 실행결과

■ 프로그램 5

다음 프로그램은 Java Component 의 하나인 Button을 이용하여 프로그램을 실행하는 방법이다. 실행 후 그 결과를 분석하시오.

```
import java.awt.*;
import java.awt.geom.*;
public class Button 1 extends Frame{
   public Button_1(){setTitle("Button 이용한 프로그램");
              add(new Button("네모"));
              add(new Button(" 원 "));
              add(new Button("타원"));
```

```
            add(new Button("이미지"));
  setLayout(new FlowLayout(FlowLayout.RIGHT)); }// 각 요소를 오른쪽에 배치
     private int    hyung;
     static final int NEMO =0;
     static final int WON  =1;
     static final int TAWON=2;
     static final int IMG = 3;
//-----------------------------------------------------------------
// 버튼을 마우스로 누르면 자동으로 실행된다
          public boolean action(Event evt, Object arg){
                  if(arg.equals("네모"))hyung = NEMO;
                  else if (arg.equals(" 원 "))hyung = WON;
                      else if (arg.equals("타원"))hyung = TAWON;
                         else if (arg.equals("이미지"))hyung =IMG;
                              else  return super.action(evt, arg);
//--------------------------------------------------------------
         Graphics g = getGraphics();
         Graphics2D g2 = (Graphics2D)g;
         g2.clearRect(0,0, 1000,1000);
         switch (hyung){
         case NEMO:  Rect_P(10, 50, 300, 200);      break;
         case WON:   Circle_P(200, 150, 100, 100);  break;
         case TAWON: Circle_P(200, 150, 200, 100); break;
         case IMG:   IMG_P(10, 50, 300, 200);       break;
                  }
         return true;
           }
//-----------------------------------------------------------
 void Rect_P(double x, double y, double x1, double y1){
      Graphics g = getGraphics();
      Graphics2D g2 = (Graphics2D)g;
      Rectangle2D  rect = new Rectangle2D.Double(x, y, x1, y1);
               g2.setPaint(Color.red);
     Stroke stroke = new BasicStroke(2);
              g2.setStroke(stroke);
              g2.fill(rect);  }
//-----------------------------------------------------------
 void Circle_P(double x, double y, double r1, double r2){
      Graphics g = getGraphics();
```

```
      Graphics2D g2 = (Graphics2D)g;
      Ellipse2D cir = new  Ellipse2D.Double(x-r1, y-r2, r1*2, r2*2);
          g2.setPaint(Color.green);
      Stroke stroke = new BasicStroke(2);
         g2.setStroke(stroke);
         g2.fill(cir);  }
//------------------------------------------------------------
 void IMG_P(int x, int y, int w, int h){
  Image image;
  image = Toolkit.getDefaultToolkit().getImage("pic10.jpg");
    Graphics g = getGraphics();
    Graphics2D  g2 = (Graphics2D)g;
    g2.drawImage(image, x, y, w, h, this);
    }
//------------------------------------------------------------
public boolean handleEvent(Event evt){
         if (evt.id == Event.WINDOW_DESTROY)
                  System.exit(0);
         return super.handleEvent(evt);}
//------------------------------------------------------------
public static void main(String[] args){
         Frame f =  new Button_1();
              f.resize(500, 300);
              f.show();
         }  }
```

[프로그램 5] 실행결과

10-4 프랙탈 프로그램

■ 프로그램 1

칸토어 먼지는 프랙탈 중 가장 오래된 것으로 1872년 독일의 수학자 칸토어(Cantor)에 의해 발표되었으며, 칸토어 먼지를 칸토어 집합(Cantor Set)이라고도 한다.

칸토어 먼지의 알고리즘은 메소드의 재귀 호출을 이용하여 구현할 수 있다. 첫 번 째 실행에 있어서 하나의 직사각형을 그린다음 두 번째 실행에서 첫 번째에 그려진 직사각형의 높이(height)를 1/3로 3등분하여 중앙부분을 공백으로 채워 계속적인 반복실행으로 직사각형의 폭을 1/3씩 3등분하여 줄려나간다.

칸토어 먼지의 알고리즘에 사용되는 모든 연산은 정수로 이루어지도록 정의하며, 주어지는 수치 값도 연산에 의해서 정수 값이 되도록 하여야 한다.

다음 프로그램에서 Rectangle2D rect = new Rectangle2D.Double(x*1, y*1, w*1, h*1);에 1을 곱하여 주는 것은 Rectangle2D.Double()의 메소드 내의 인수를 실수 화하기 위함이다.

〈프로그램〉

```
import java.awt.*;
import java.awt.geom.*;
import java.applet.Applet;
// <Applet code= Cantor_1 width=600 height=400> </Applet>
public class Cantor_1 extends Applet{
  int  w=80;     // 직사각형의 폭 치수
 public Cantor_1(){ };  //   칸토어 먼지 그래프
//-----------------------------------------------------------
        void chantor_Method(int x, int y, int h){
          if (h > 0){
                Rectangle_P(x, y, w, h);
                chantor_Method(x+w+10,  y,  h/3);                    // 오른쪽 위
                chantor_Method(x+w+10,  (int)(y+h*2/3.0), h/3);    // 오른쪽 아래
                } }
        //---------------------------------------------------
        public void paint(Graphics g){
        int x=10, y=30;              // 시작 위치 : (10, 30)
```

```
        int h = 360;                // 직사각형의 높이
        chantor_Method(x, y, h);}
//------------------------------------------------------------
 void Rectangle_P(int x, int y, int w, int h){
     Graphics g = getGraphics();
     Graphics2D g2 = (Graphics2D)g;
     Rectangle2D rect = new Rectangle2D.Double(x*1, y*1, w*1, h*1);
          g2.setColor(Color.red);
          g2.fill(rect);} }
```

[프로그램1] 실행결과

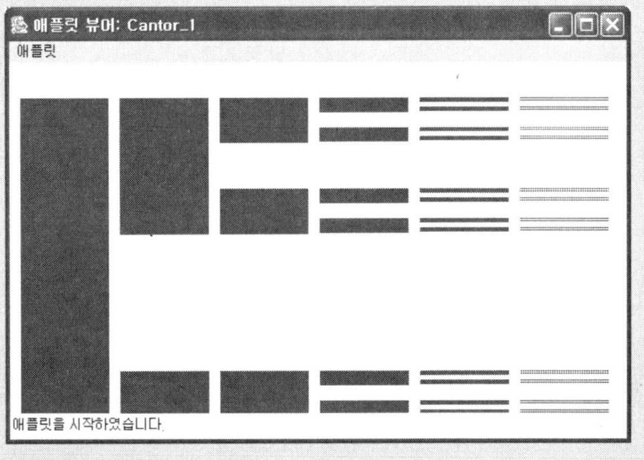

■ 프로그램 2

다음 프로그램은 시어핀스키의 양탄자를 그리는 프랙탈 프로그램이다. 실행 후 분석하시오.

```
import java.awt.*;
import  java.awt.geom.*;
public class SierPins extends Frame{
 double   A=1;
 public SierPins(){setTitle("프랙탈 양탄자");
           setBackground(Color.blue);  }
//------------------------------------------------------------
public void paint(Graphics g){
  Dimension dm = getSize();
  double Width = dm.width;
  double Height = dm.height;
     s_carpet(Width/2, Height/2, Height/4);
          }
```

```
//------------------------------------------------------------
void s_carpet(double x, double y, double r){
  if ( r > A){ Rect_P(x-r/3, y-r/3, r/3*2, r/3*2); // 폭과 높이(r)를 2배하여 원래의 메소드가 됨
         s_carpet(x-r, y-r, r/2);          /* 상좌 */
         s_carpet(x+r, y-r, r/2);          /* 상우 */
         s_carpet(x-r, y+r, r/2);          /* 하좌 */
         s_carpet(x+r, y+r, r/2);          /* 하우 */
           }  }
//------------------------------------------------------------
void Rect_P(double x, double y, double x1, double y1){
     Graphics g = getGraphics();
     Graphics2D g2 = (Graphics2D)g;
     Rectangle2D  rect = new Rectangle2D.Double(x, y, x1, y1);
              g2.setPaint(c[seak]);
    Stroke stroke = new BasicStroke(2);
             g2.setStroke(stroke);
             g2.draw(rect);  }
//--------------------------------------------------------
public boolean handleEvent(Event evt){
         if (evt.id == Event.WINDOW_DESTROY)
           System.exit(0);
         return false;}
//---------------------------------------------------------
public static void main(String[] args){
      Frame f = new SierPins();
           f.resize(500, 500*3/4);
           f.show();
                  }  }
```

[프로그램 2] 실행결과

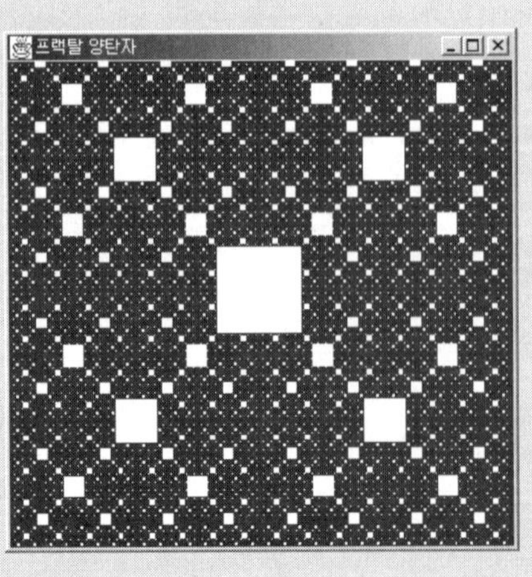

■ 프로그램 3

다음 프로그램은 삼지창을 그리는 프로그램으로 삼지창의 선형 변환은 x' = 0.5x+e, y' = -0.5y+f 이다. 그러므로 Mapping() 메소드에서는 간단하게 x[n-1] = 0.5*x[n] + e[map]*w; y[n-1] = -0.5*y[n] + f[map]*w; 로 정의하였다.

만약 n=5일 때 SamJiChange(5)가 실행되면 먼저 Pixel_P(x0+x[n], y0-y[n], saek); 메소드에 의해 x[5], y[5] 배열의 위치에 점을 찍는다. 배열에 초기 값을 주지 않았으므로 x[5]=0, y[5]=0가 된다.

〈프로그램〉

```
import java.awt.*;
import  java.awt.geom.*;
import java.applet.Applet;
// <Applet code= Sam_Ji  width=600 height=400> </Applet>
public class Sam_Ji extends Applet{
Color c[] = {Color.black, Color.red, Color.green, Color.gray, Color.orange,
           Color.blue,  Color.yellow,  Color.pink, Color.darkGray,
           Color.cyan,  Color.lightGray, Color.magenta, Color.white };
 int saek=0,map,w=400;
 double  x0=10,y0=300;
 double[] x = new double[20];
 double[] y = new double[20];
 double e[] = {0, 0.5, 0};
 double f[] = {0, 0, 0.5};
public Sam_Ji(){   // 삼지창 그래프
        setBackground(Color.white); }
//------------------------------------------------------------
        public void paint(Graphics g){ SamJiChang(10);    }
//-------------------------------------------------------------
 void SamJiChang(int n){
   Pixel_P(x0+x[n], y0-y[n], saek);
          if(n > 0){
          map = 0; Mapping(n); saek = 2;   SamJiChang(n-1);
          map = 1; Mapping(n); saek = 0;   SamJiChang(n-1);
          map = 2; Mapping(n); saek = 1;   SamJiChang(n-1);
          }}
```

```
//--------------------------------------------------------------
 void  Pixel_P(double x, double y, int seak){
      Graphics g = getGraphics();
      Graphics2D g2 = (Graphics2D)g;
      Ellipse2D  cir = new Ellipse2D.Double(x-1, y-1, 2, 2);
          g2.setPaint(c[seak]);
        // Stroke stroke = new BasicStroke(2);
        // g2.setStroke(stroke);
          g2.draw(cir);  }
//---------------------------------------------------------
void Mapping(int n){
   x[n-1] =  0.5*x[n] + e[map]*w;
   y[n-1] = -0.5*y[n] + f[map]*w;
   }}
```

[프로그램 3] 실행결과

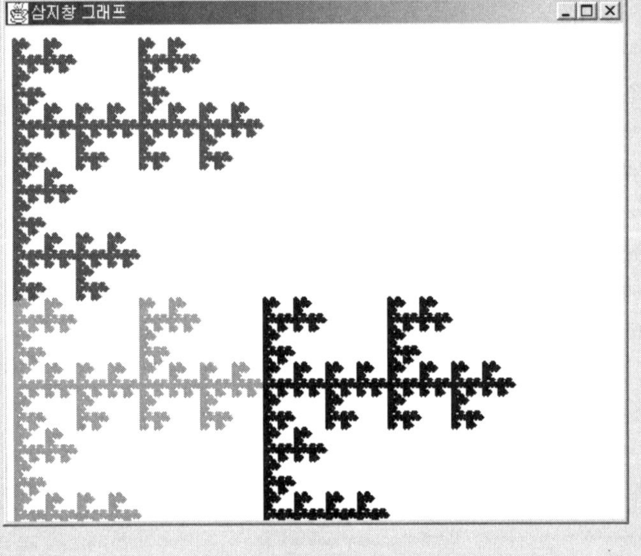

■ 프로그램 4

다음 프로그램은 변형된 나무 가지와 잎을 그리는 프랙탈 프로그램이다. 실행 후 또 다른 형태로 프로그램 변경하여 실행해 보시오.

```
import java.awt.*;
import java.awt.geom.*;
public class Binary_Tree extends Frame{
```

```
 double    x_좌표, y_좌표;    // 현재 점
 double    d;                 // 회전각도
 TextField tfd;
 Color seak;
public Binary_Tree(){setTitle("Binary_Tree(이진 나무)");
    Panel p = new Panel();    // 프레임에 패널 p를 배치
         p.add(tfd = new TextField("10")); // 차수 입력
         p.add(new Button("확인"));
         add("East", p); // 동쪽에 배치
         p.setLayout(new GridLayout(2,1, 5,0));   } // p의 각 요소를 2행 1열로 배치
//-------------------------------------------------------
public boolean action(Event evt, Object arg){
      Graphics  g = getGraphics();
      Graphics2D g2 = ( Graphics2D)g;
      Dimension  dm = size();
                g2.clearRect(0, 0, 1000, 1000);
               if (arg.equals("확인")){
      int n    = Integer.parseInt(tfd.getText());
      double   Width = dm.width;        // 프레임의 폭
      double   Height = dm.height;     // 프레임의 높이
               setTitle("이진나무.  차수 : " + n);
                   x_좌표 = Width/2;               // 현재 점을 창 중앙
                   y_좌표 = Height/2+100;            //아래로 이동
                   d   = 90;                        // 초기 각도
                   draw_Tree(n, Height*0.24);
                       }
                   else  return super.action(evt, arg);
               return true;  }
//------------------------------------------------------------
// 현재 점에서 (x, y)점까지 선을 그리고 현재 점을 (x, y)점으로 이동
 void Line_To(double x, double y, Color seak){
      Graphics  g = getGraphics();
      Graphics2D g2 = ( Graphics2D)g;
      Line2D  line = new Line2D.Double(x_좌표, y_좌표, x, y);
                   g2.setPaint(seak);
                   g2.draw(line);
                   x_좌표 = x;  y_좌표 = y;  }
//--------------------------------------------------------------
 void Back_Run(double gdo){ d = (d + gdo) % 360;} // gdo도 회전
//--------------------------------------------------------------
```

```
void draw_Tree(int n, double l){
  double  dx, dy, x, y,even;
         x = x_좌표;  y=y_좌표;                        // 현재점의 x, y 좌표 -> x, y
         dx =  l * Math.cos(d*Math.PI/180);          // x 변위
         dy = -l * Math.sin(d*Math.PI/180);          // y 변위
         if( n == 5) seak=Color.red;
            seak=Color.black;
         Line_To(x+dx, y+dy, seak);
         if (n > 0){
            Back_Run(45); draw_Tree(n-1, l*0.8);
            Back_Run(even= -11*Math.random()+100); draw_Tree(n-1, l*0.8);
            Back_Run(-30);
            }
            x_좌표 = x; y_좌표 = y;  //현재점을 가지 시작 점 으로 되돌려 보낸다.
            }
//------------------------------------------------------------------
 public boolean handleEvent(Event evt){
         if (evt.id == Event.WINDOW_DESTROY)
           System.exit(0);
         return super.handleEvent(evt);}
//------------------------------------------------------------------
public static void main(String[] args){
         Frame f =  new Binary_Tree();
               f.resize(600, 400);
               f.show();
         } }
```

[프로그램 4] 실행결과

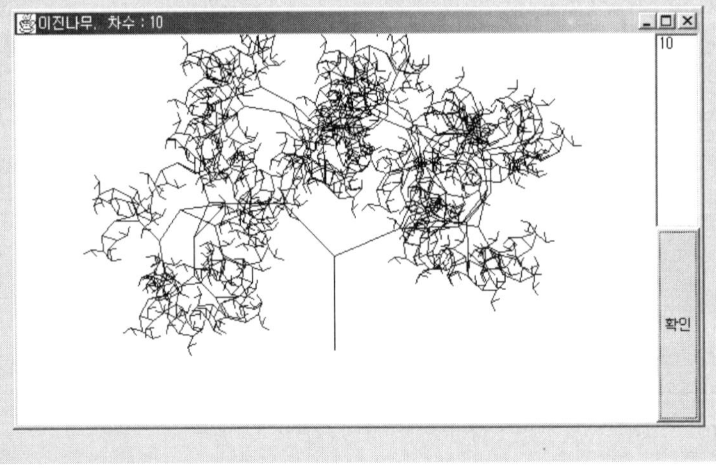

■ 프로그램 5

다음 프로그램은 만델브로트의 집합 속에서 단계별로 확대 복제하는 프로그램이다. 마우스 끌기로 확대 영역을 설정한 다음 엔터 키를 누르면 선택된 영역이 확대되어 새로운 세계가 그려지는 프로그램이다.

〈프로그램〉

```
import java.awt.*;
import java.util.*;          // Thread, sleep()
import java.awt.geom.*;
public class Mendel_Frectal extends Frame{
  Color c[] = { Color.black, Color.red,    Color.green,
               Color.blue,  Color.yellow,  Color.pink,
               Color.cyan,  Color.magenta, Color.white };
  int saek = 0;
 public Mendel_Frectal(){setTitle("만델브로트 집합의 종합 ");
          MCanvas cvs = new MCanvas(this);          // 캔버스를 생성, 프레임에 배치
          add("Center", cvs); }
//--------------------------------------------------------------
class MCanvas extends Canvas{
   Frame    frm;
   boolean  pyosi;
   int      xd,yd, xu, yu;
   int      Width, Height;
          // 처음의 -2.1-1.5i ~ 0.9+1.5i 영역에 대한 진한
   double  a1=-2.1, b1=-.9, a2=1.2, b2=.9;
 //--------------------------------------------------------------
  public MCanvas(Frame f)      {
         frm = f;     // 마우스 커서 모양을 바꿀 때 사용
          }
 //--------------------------------------------------------------
   public boolean mouseDown(Event evt, int x, int y){
          xd = x;    yd = y; //마우스 끌기 좌표
          return true;   }
//--------------------------------------------------------------
  public boolean mouseDrag(Event evt, int x, int y){
           Graphics g = getGraphics();
```

```
      Graphics2D g2 = (Graphics2D)g;
               g2.setXORMode(getBackground());
      Rectangle2D rect1= new Rectangle2D.Double(xd*1, yd*1, x-xd*1,y-yd*1);
              g2.draw(rect1);                 // 네모를 그리고
      try { Thread.sleep(10); }               // 0.01 초 동안 쉰 후
     catch(InterruptedException e){}
           g2.draw(rect1);                   // 네모를 지운다.
     return true;}
//-----------------------------------------------------------------
 public boolean mouseUp(Event evt, int x, int y){
       xu = x;          yu = y;   // 마우스 끌기를 끝낸 곳 -> (xu, yu)
      Graphics g = getGraphics();
      Graphics2D g2 = (Graphics2D)g;
               g2.setXORMode(getBackground());
      Rectangle2D rect2= new Rectangle2D.Double(xd*1,yd*1, x-xd*1,y-yd*1);
               g2.draw(rect2);                // 네모를 그리고
               return true;}
//-----------------------------------------------------------------
 public boolean keyDown(Event evt, int key){
      double aa1 = a1 + (a2-a1)*xd/Width;
      double aa2 = a1 + (a2-a1)*xu/Width;
      double bb1 = b1 + (b2-b1)*yd/Height;
      double bb2 = b1 + (b2-b1)*yu/Height;
            a1 = aa1; a2 = aa2;
            b1 = bb1; b2 = bb2;
            pyosi = false;
           Mdel_Set();
           return true; }
//-----------------------------------------------------------------
 public void paint(Graphics g){
         if (pyosi)  return;
         Mdel_Set();
         pyosi = true; }
//-----------------------------------------------------------------
  int N=100;
  void Mdel_Set(){
  double x, y, x2, y2, c1, c2;
   int   I, j, k;
  Graphics    g = getGraphics();  // 이 프레임에 집합을 그린다.
```

```
    Graphics2D g2 = (Graphics2D)g;
            Width  = size().width;            // 프레임의 폭
            Height = size().height;           // 프레임의 높이
            frm.setCursor(Frame.WAIT_CURSOR); //마우스 모양
            g2.clearRect(0,0, 1000,1000);// 프레임을 지운다.
          for (i=0 ; i<= Height ; i++){
            for (j=0 ; j<= Width ; j++){
                  c1 = (a2 - a1)*j/Width + a1;    // z = x+yi의 실수부(x)
                  c2 = (b2 - b1)*i/Height + b1;   // 허수부(y)를 계산
                  x = y = 0;                      // z = 0+0i에서 계산 시작
                for (k=0 ; k<N ; k++){
                    x2 = x*x - y*y +c1;           // z2+c를 계산
                    y2 = 2*x*y + c2;
                    x  = x2;    y = y2;           // z2+c -> z로 한다.
                        if (x*x+y*y > 10000)  // 발산했으면
                        break;            // k for루프를 빠져나간다.
                        }
                    x = 10*Math.sin(x);
                  if(k == N)  saek = (int)(Math.abs(x))%7 + 1; // 집합 내부
                  else if(k>N/2) saek = 8;                     // 집합 근처
                    else          saek = k % 7 + 1;            // 집합 바깥
         Rectangle2D  rect = new Rectangle2D.Double(j*1, i*1, j*1, i*1);
             g2.setPaint(c[saek]);
             g2.draw(rect);
                  } }
         frm.setCursor(Frame.CROSSHAIR_CURSOR);
       }  }
//-----------------------------------------------------------------
 boolean handleEvent(Event evt){
       if (evt.id == Event.WINDOW_DESTROY)
        System.exit(0);
       return false;  }
//-----------------------------------------------------------------
 public static void main(String[] args){
       Frame f = new Mendel_Frectal();
           f.resize(600, 400);
           f.show();
       }    }
```

[프로그램 5] 실행결과

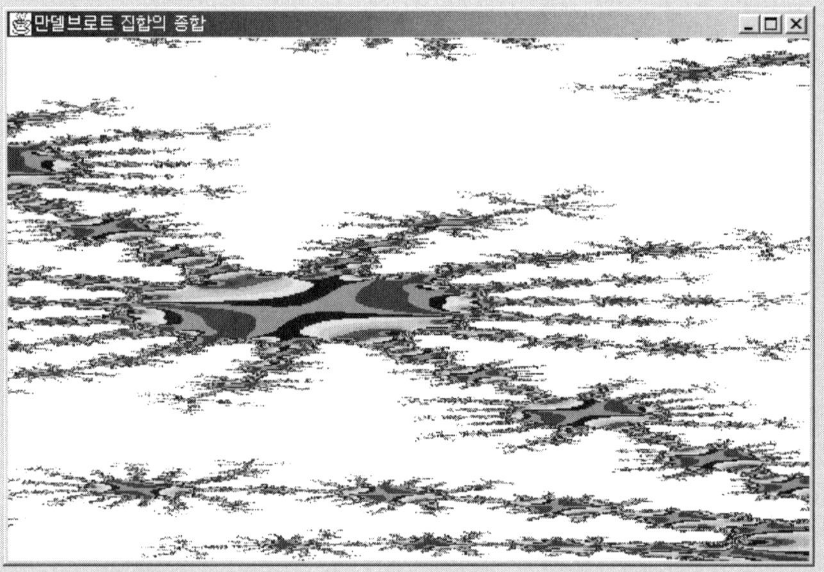

프로그램 6

다음의 프로그램은 셀룰라 오토마타 프랙탈로서 배열의 첫 번째 행에서는 두 개의 셀에{1, 0} 을 채우고 2 번째 행에는 {1, 1, 0}을 그 다음 행부터 계속해서 {1, 2 ,0}, {1, 3, 3, 1, 0},으로 수치를 연산하여 채워나가는 형태를 말한다. 우선 제일 왼쪽 셀에는 1을 채운 후 그 다음 셀들에는 위 두셀의 합을 채운다 그리고 마지막 셀에는 0을 채운다.

셀을 채운 후 셀 값이 짝수일 때만 화면상에 점을 찍는 형태로 그래프를 그려 가는 형태를 셀룰라 오토마타 프랙탈이라 한다.

다음 프로그램을 실행 후 분석하시오.

```
import java.awt.*;
import java.awt.geom.*;
 public class B_Auto extends Frame{
     public B_Auto(){setTitle("Automata 프랙탈 ");}
//--------------------------------------------------------------
 public void paint(Graphics g){
      B_Automata(3);  // n = 1 ~ 10 의 수
                 }
 //-------------------------------------------------------------
 void B_Automata(int n){
    Dimension dm = size();
```

```
   int [] a = new int [1000];
   int [] b = new int [1000];
   int xch = dm.width, ych = dm.height;
   int x, y, i;
         for(i=0; i < 1000; i++)
                     b[i] = (int)(1000 * Math.random() + 1); // 임의 수 발생
                     for(y=1; y < ych; y++){
                        for(x=1; x < xch; x++){
                                 a[x] = (b[x-1]+b[x]+b[x+1])/3;
                                  if(a[x] % n == 0) // 짝수 일 때 점을 찍음
                                 pixel(x, y);
                    }
                       b = a;  // a 배열을 b 배열에 복사
                     } }
//----------------------------------------------------------
  void pixel(int x, int y){
   Graphics   g = getGraphics();
   Graphics2D g2 = (Graphics2D)g;
   Ellipse2D  cir = new Ellipse2D.Double(x-1, y-1, 2, 2);
               g2.setPaint(Color.black);
   Stroke stroke = new BasicStroke(2);
               g2.setStroke(stroke);
               g2.fill(cir);}
//----------------------------------------------------------
 public boolean handleEvent(Event evt){
         if (evt.id == Event.WINDOW_DESTROY)
           System.exit(0);
         return false;}
//----------------------------------------------------------
 public static void main(String[] args){
       Frame f = new B_Auto();
            f.resize(500, 300);
            f.show();
                   } }
```

[프로그램 6] 실행결과

부록

자바 컴파일러 및 프로그램 에디터 설치

- 1. Java2 컴파일러 설치
- 2. 프로그램 에디터 설치
- 3. 프로그램 에디터 기동
- 4. 프로그램 에디터 환경설정
- 5. 프로그램 편집 및 실행

CHAPTER 부록 자바 컴파일러 및 프로그램 에디터 설치

1 Java2 컴파일러 설치

자바 컴파일러는 [그림1]의 http://java.sun.com 사이트에서 J2SE 1.4.2를 다운로드 하여 설치하면 된다.

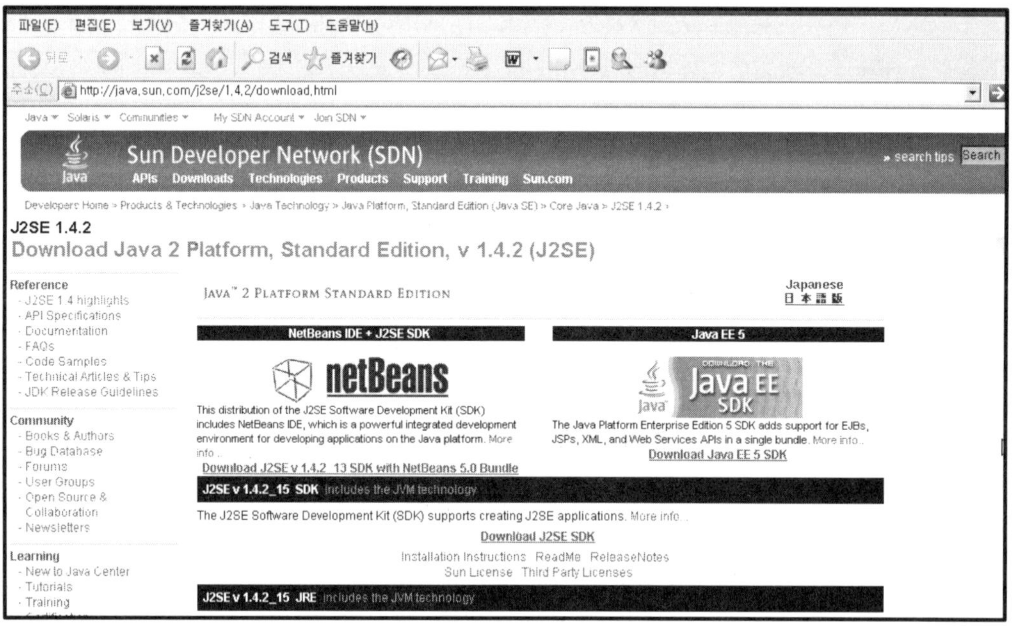

[그림 1] 자바 소프트웨어 사이트 화면

2 프로그램 에디터 설치

① 자바 프로그램 편집기 EditPlus.EXE를 실행시킨다..

② SetUp을 클릭 하면 표시되는 대화상자에서 Yes를 마우스로 클릭 한다.

③ 표시되는 대화상자에 C:\EditPlus의 디렉토리 항목을 입력하고 대화상자에서 Yes를 마우스로 클릭 한다.

④ 다음 표시되는 대화상자에서 OK를 클릭하면 에디터 플러스 설치는 끝난다.

3 프로그램 에디터 기동

① 윈도우 바탕화면에 표시된 Editplus 아이콘을 버블클릭 하거나 또는 윈도우 초기화면에서 시작/프로그램/Editplus/를 찾아가서 Editplus 메뉴를 선택하여 마우스로 클릭 하여 Editplus를 기동시키면 [그림 2]와 같은 대화상자가 표시된다.

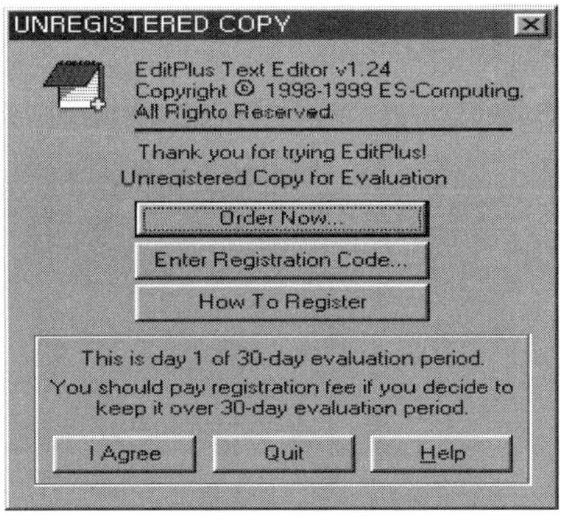

[그림 2] Editplus(에디터 플러스) 기동화면

② [그림 2]에서 I Agree 버튼을 마우스로 클릭하면 에디터가 실행되며, [그림 3]과 같은 에디터 화면이 표시된다.

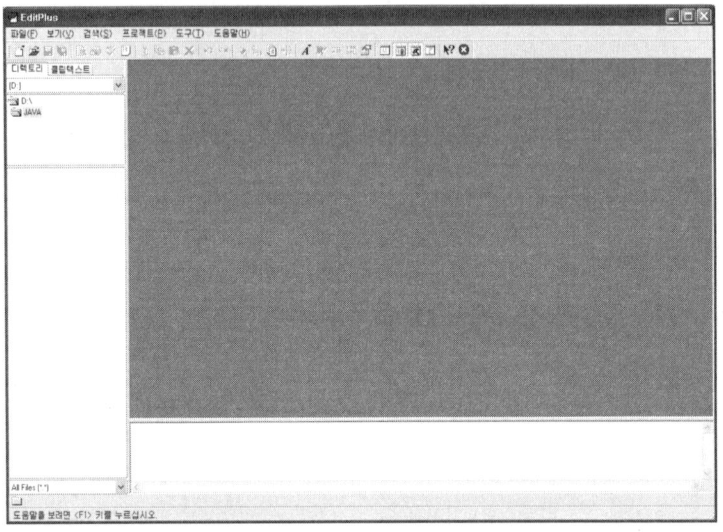

[그림 3] Editplus(에디터 플러스) 실행 화면

4 프로그램 에디터 환경설정

(1) Editplus에 Compile 메뉴 추가

[그림 4] Editplus의 도구(T)메뉴에 메뉴 추가

① [그림 3]에서 Editplus의 주 메뉴에서 도구(T)를 선택하면 [그림 4]와 같은 화면이 나타난다.

② [그림 4]에서 사용자 도구 구성(C)을 항목을 클릭하면 [그림 5]와 같은 메뉴가 나온다.

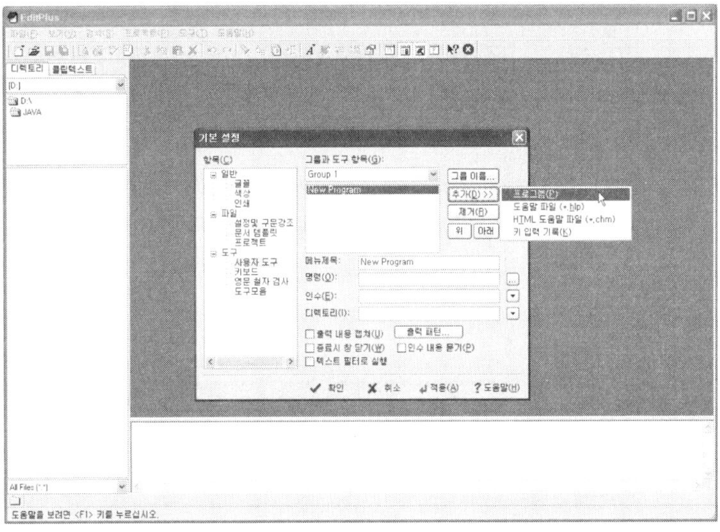

[그림 5] Editplus의 사용자 구성 도구(C)메뉴에 컴파일러 메뉴 추가

③ [그림 5]에서 추가 및 프로그램(P)을 클릭 하면 [그림 6]과 같은 대화상자가 표시된다.

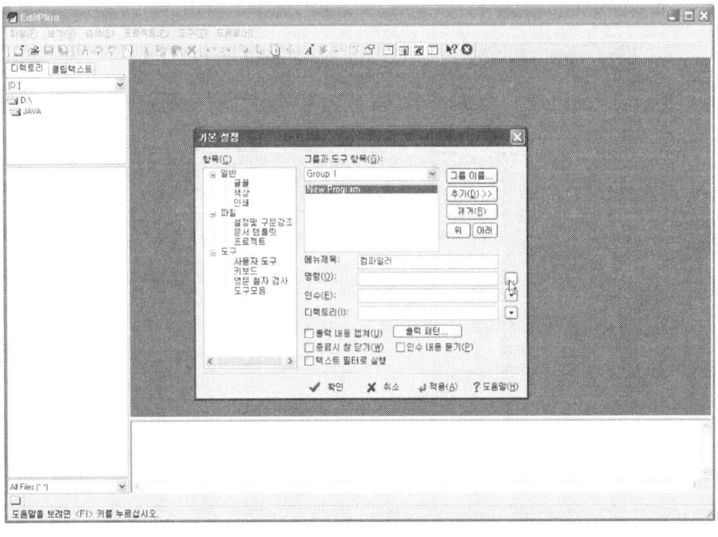

[그림 6] 컴파일러 추가화면

④ [그림 6]에서 메뉴제목에 "컴파일러" 라고 입력하고 화살표 위치를 클릭하면 [그림 7]과 같은 대화 상자가 표시된다.

[그림 7] 자바(JDK) Compile 가 있는 폴더 추적 화면

⑤ [그림 7]에서 화살표가 있는 위치를 클릭하여 자바 컴파일러가 있는 폴더를 추적하여 컴파일러를 선택하여 열기를 클릭하면 [그림 8]과 같은 화면이 나타난다.

[그림 8] 컴파일러 메뉴 추가

⑥ [그림 8]에서 열기 버튼을 클릭 하여 [그림 9]와 같이 명령 라인에 자바 컴파일러 javac.exe를 등록한다.

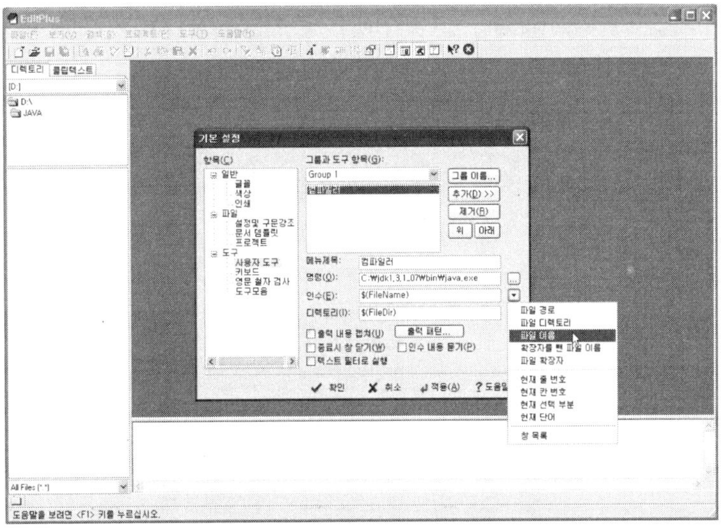

[그림 9] 컴파일러 등록 및 인수 입력 대화상자

⑦ 인수 라인에는 화살표가 위치한 "파일이름"을 선택하고 디렉토리 라인은 "파일디렉 토리"를 선택하고 기본설정 메뉴에서 "적용", "확인" 버튼을 클릭하면 자바 컴파일러가 [그림 10]과 같이 등록된다.

⑧ 명령라인에 직접 패스 명령을 C:\jdk1.4.2\bin\javac.exe를 직접 입력하거나 네모상자의 내용을 석절히 선택한다.

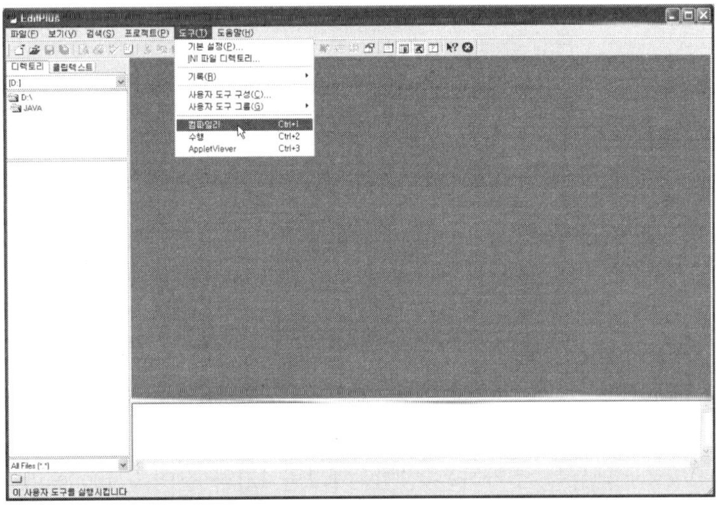

[그림 10] 자바 편집기에 컴파일러가 등록된 화면

(2) Editplus에 Run 메뉴 추가

① Editplus에 Run 메뉴 추가는 Compile 메뉴 추가형태와 같은 방법으로 하면된다.

② 특별한 사항은 인수(Argument) 입력라인에 [그림 11]과 같이 확장자를 뺀 파일이름을 입력하면 된다.

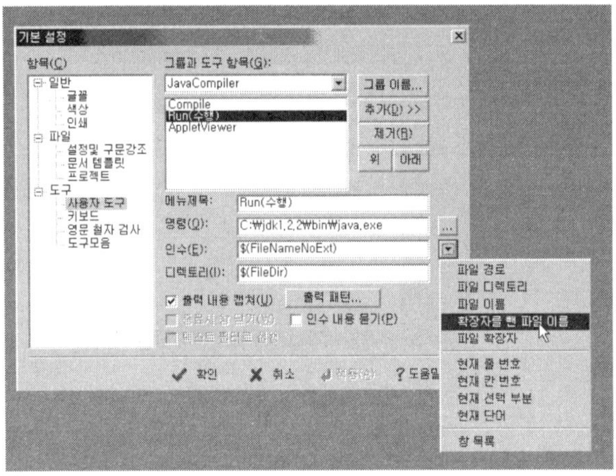

[그림 11] Run 메뉴 추가 대화상자

(3) Editplus에 AppletViewer 메뉴 추가

① AppletViewer 메뉴는 자바 프로그램이 Applet으로 작성된 프로그램을 웹 상에서 실행되게 되는데, Editplus 메뉴 상에서 실행될 수 있도록 지원한다.

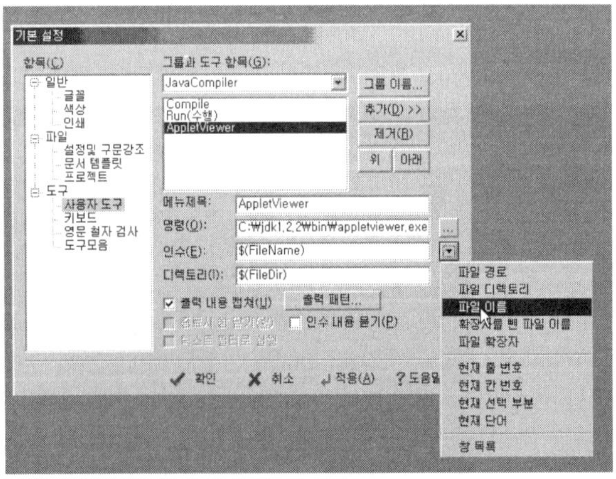

[그림 12] AppletViewer 메뉴를 추가하는 대화상자

② AppletViewer 메뉴를 추가하는 방법은 [그림 12]와 같이 Compile 메뉴를 추가하는 형태와 같이 하면 된다.

5 프로그램 편집 및 실행

(1) 프로그램 편집화면

① EditPlus 를 이용한 자바 프로그램 편집은 [그림 1]에서 화면의 좌측상단의 파일(F)를 클릭하면 [그림 13] 과 같은 부 메뉴가 나타난다.

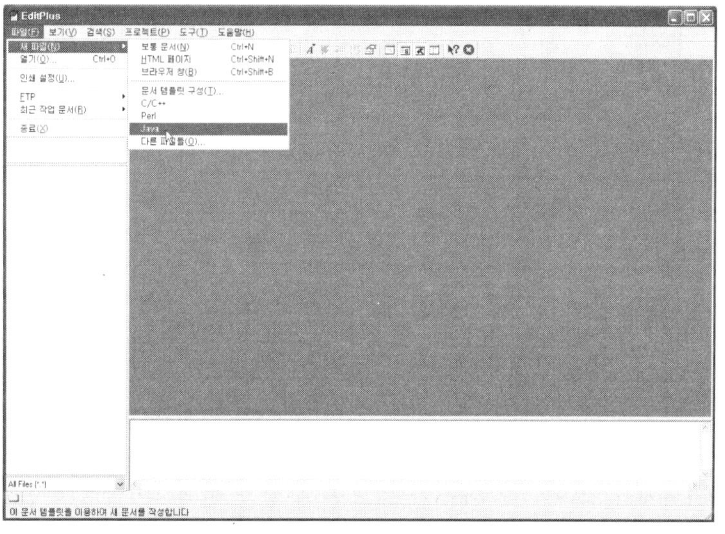

[그림 13] 프로그램 편집 초기화면

② [그림 13]에서 자바를 클릭하면 [그림 14]의 프로그램 편집 화면이 나타난다.

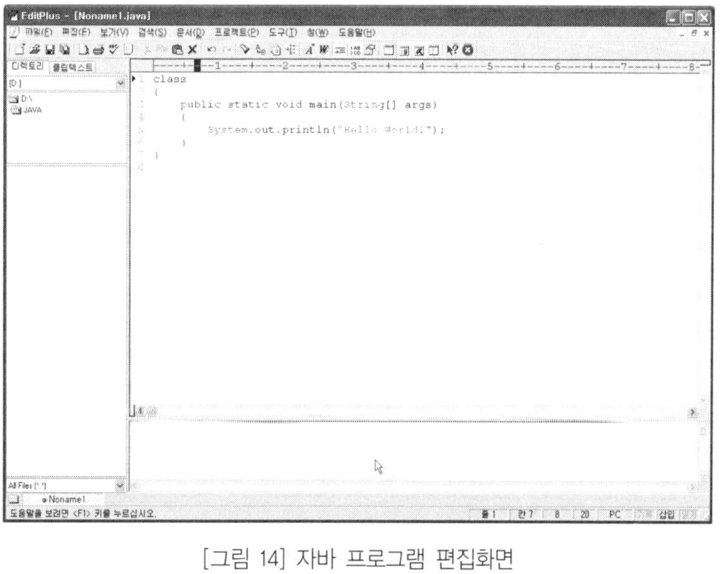

[그림 14] 자바 프로그램 편집화면

(2) 프로그램 컴파일 및 실행

① [그림 14]에서 프로그램을 편집한 다음 [그림 15]같이 컴파일 하면 된다.

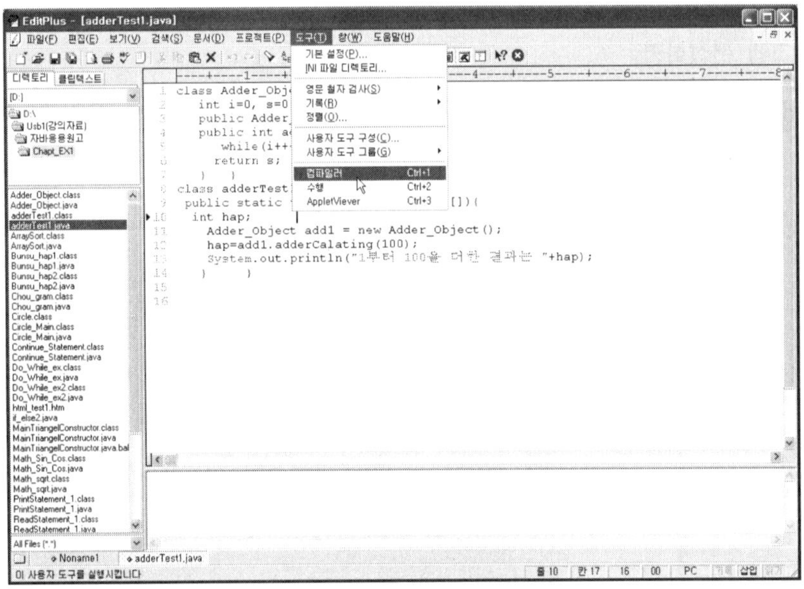

[그림 15] 자바 컴파일 화면

② [그림 15]에서 컴파일 후 에러가 없으면 수행을 선택하여 클릭하면 프로그램의 수행결과 [그림 16]과 같이 된다.

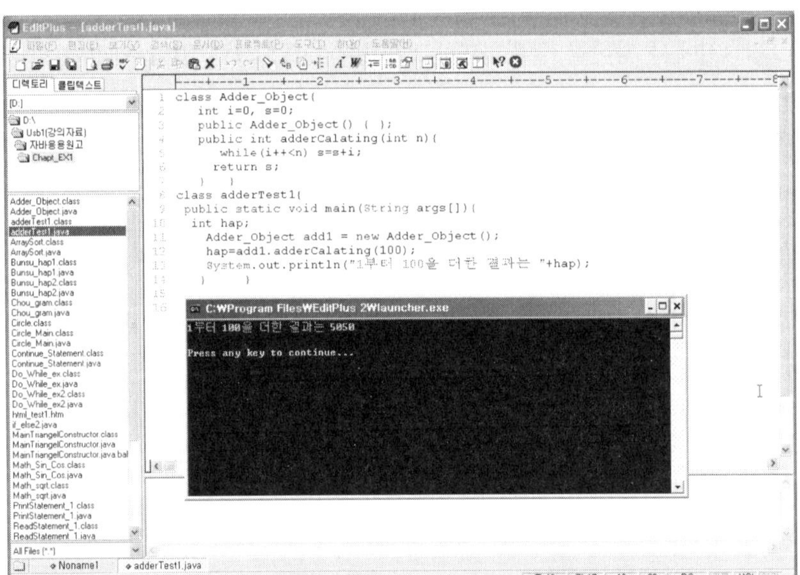

[그림 16] 프로그램 수행 결과

참고 문헌

[1] 강 민섭 외 1 『컴퓨터 그래픽스의 이해와 활용』 상조사 1999
[2] 정 용욱 외 1 『JAVA 2D 그래픽스』 한빛미디어 2000
[3] 국 형태 외 1 『C로 배우는 카오스와 프랙탈』 기전연구사 1996
[4] 신 동준 『예제로 배우는 자바 스크립트와 자바』 기전연구사 2001
[5] 이 창훈 외 1 『JAVA2 자바 토피아』 성안당 2000
[6] 오 세만 외 3 『자바 입문』 생능출판사 2002
[7] 안 용화 『자바 배움터』 생능출판사 2001
[8] 최 재영 외 2 『프로그래머를 위한 Java2』 홍릉과학출판사 2000
[9] 오 영환 외 1 『컴퓨터 그래픽스』 홍릉과학출판사 1993
[10] 노 영덕 『컴퓨터 그래픽스』 도서출판 대림 1991

저자 프로필〉〉

*** 김성원**

- 단국대학교 전기공학과 졸업
- 단국대학교 대학원 전기공학과 졸업(공학석사)
- 대구가톨릭대학교 대학원 전산통계학과 졸업(이학박사)
- 수원과학대학 전자계산학과 부교수
- 현, 안양대학교 전기전자공학과 교수

자바 프로그래밍 응용

- 그래픽 중심으로 -

초판인쇄 | 2007년 12월 5일
초판발행 | 2007년 12월 10일
지 은 이 | 김성원
펴 낸 이 | 유덕우
펴 낸 곳 | 도서출판 **그린**
등록번호 | 제8-161호
등록일자 | 1995. 5. 3
주 소 | 서울시 서대문구 연희동 219-20 (우) 120-828
전 화 | 02) 333-2574, 2575
팩 스 | 02) 333-2561
홈페이지 | http://www.greenpress.co.kr
e-mail | greenpress@greenpress.co.kr
정 가 | 20,000원

ISBN **978-89-5727-098-1**